Hans-Heinrich Ellermann

Dividendenpolitik und Long-Run-Performance in Deutschland

GABLER EDITION WISSENSCHAFT

Geld – Banken – Börsen

Herausgegeben von Professor Dr. Wolfgang Bessler

Mit der Schriftenreihe *Geld - Banken - Börsen* wird der zunehmenden Bedeutung der kapitalmarktorientierten Sichtweise innerhalb der Betriebswirtschaftslehre Rechnung getragen. In diese Reihe sollen Dissertationen und Habilitationen aufgenommen werden, die aktuelle Fragestellungen in den Themengebieten Finanzierung und Geldanlage sowie Finanzmärkte und Finanzinstitutionen behandeln und sich durch neue, für Theorie und Praxis relevante Forschungsergebnisse auszeichnen.

Hans-Heinrich Ellermann

Dividendenpolitik und Long-Run-Performance in Deutschland

Der Einfluss von Steuern auf die Dividendenpolitik sowie Aktienkursreaktionen bei Dividendenausfällen

Mit einem Geleitwort von Prof. Dr. Wolfgang Bessler

Deutscher Universitäts-Verlag

Bibliografische Information Der Deutschen Bibliothek
Die Deutsche Bibliothek verzeichnet diese Publikation in der Deutschen Nationalbibliografie; detaillierte bibliografische Daten sind im Internet über <http://dnb.ddb.de> abrufbar.

Dissertation Universität Gießen, Fachbereich Wirtschaftswissenschaften, 2002

1. Auflage Mai 2003

Lektorat: Brigitte Siegel / Sabine Schöller

Der Deutsche Universitäts-Verlag ist ein Unternehmen der Fachverlagsgruppe BertelsmannSpringer.
www.duv.de

Umschlaggestaltung: Regine Zimmer, Dipl.-Designerin, Frankfurt/Main

Gedruckt auf säurefreiem und chlorfrei gebleichtem Papier

ISBN-13: 978-3-8244-7829-3 e-ISBN-13: 978-3-322-81511-8
DOI: 10.1007/978-3-322-81511-8

Geleitwort

Die Gewinnverwendungspolitik von Unternehmen hat eine außerordentliche Bedeutung sowohl für die Unternehmen als auch für die Investoren, da es im Zusammenhang mit Dividendenzahlungen im allgemeinen zu signifikanten Aktienkursreaktionen kommt. Die Ankündigung von Dividendenänderungen führt also gewollt oder ungewollt dazu, dass private Informationen des Managements an den Kapitalmarkt gelangen, die dann unverzüglich oder im Zeitablauf zu einer Neubewertung des Unternehmens durch den Kapitalmarkt führen. Hier ist nicht unbedingt auf die Höhe der Dividendenzahlungen oder die Ausschüttungsquote abzustellen, sondern auf die Änderung der Dividende. Dabei führt eine Aufnahme der Dividendenzahlung zu positiven Kursreaktionen. Dividendensenkungen und Dividendenausfälle führen dagegen zu signifikanten negativen Bewertungseffekten. Zudem ist die Besteuerung von Gewinnen und Dividenden sowohl für die Dividendenpolitik der Unternehmen als auch für die Rendite der Anleger von besonderer Bedeutung.

In der vorliegenden Arbeit untersucht Herr Ellermann genau diese beiden zentralen Aspekte der Dividendenpolitik. Zunächst wird der Einfluß der verschiedenen Steuergesetzänderungen auf die Dividendenpolitik deutscher Unternehmen untersucht mit dem Ergebnis, dass auf steuerlich gebotene Dividendensenkungen verzichtet wird. Das negative Signal einer Dividendensenkung wird also höher bewertet als die erzielbaren Steuervorteile. Die Kosten, die durch den Verzicht auf eine Dividendensenkung entstehen, werden bewußt in Kauf genommen. Bei erheblichen Ertragsverschlechterungen hingegen kann das negative Signal „Dividendenausfall" langfristig nicht vermieden werden, wobei etablierte Unternehmen eher als Neuemissionen geneigt sind, eine negative Geschäftsentwicklung relativ zeitnah durch einen Dividendenausfall zu dokumentieren. Die empirische Untersuchung zeigt dann auch, dass der Kapitalmarkt die Neuemissionen für diese verzögerte Informationspolitik durch eine signifikante langfristige Underperformance nach dem Dividendenausfall deutlich abstraft.

Diese Dissertation bietet dem Leser eine sehr fundierte Auseinandersetzung mit verschiedenen Aspekten der Dividendenpolitik. Die Ergebnisse der verschiedenen empirischen Untersuchungen für die Bundesrepublik Deutschland sind von hohem akademischen Interesse und von besonderer praktischer Relevanz sowohl für die Unternehmen als auch für die Anleger. Ich wünsche der Arbeit deshalb eine gute Aufnahme und weite Verbreitung in Wissenschaft und Praxis.

Prof. Dr. Wolfgang Bessler

Vorwort

Die vorliegende Arbeit wurde im Dezember 2002 an der Justus-Liebig-Universität Gießen als Dissertation angenommen. Ich danke allen, die mich während meiner Promotionszeit unterstützt haben. Darüber hinaus gebührt einigen Personen mein spezieller Dank.

Entscheidenden Anteil am Gelingen meiner Promotion hat mein akademischer Lehrer und Betreuer, Herr Prof. Dr. Wolfgang Bessler. Er hat mir zunächst ermöglicht und mich dazu ermutigt, über Dividendenpolitik zu promovieren und mir jederzeit das Gefühl gegeben, daß ich diese Arbeit erfolgreich abschließen werde. Seine konstruktiv kritischen Kommentare zu meinen Manuskripten und die wissenschaftlichen Diskussionen mit ihm über die Arbeit waren entscheidende Hilfen für mich. Vielen Dank!

Herrn Prof. Dr. Martin Morlock danke ich sehr für die Übernahme des Korreferats. Herrn Prof. Dr. Horst Zündorf von der Hamburger Universität für Wirtschaft und Politik (HWP) danke ich für seine stets freundliche Unterstützung bei dem Teil „Steuern und Dividendenpolitik“ sowie für sein Gutachten.

Meine Mitdoktoranden am Lehrstuhl für Finanzierung und Banken haben immer wieder Teile der Arbeit kritisch beurteilt, mir wichtige Hinweise gegeben und mich darüber hinaus im organisatorischen Bereich phantastisch unterstützt. Dafür danke ich Claudia Bittelmayer, Jürgen Herf, Andreas Kurth, Heiko Opfer und Matthias Stanzel herzlich. Die Verfasser der ersten beiden Dissertationen in dieser Schriftenreihe, Dr. Stefan Thies und Dr. Thomas Book haben wertvolle Vorarbeiten für mich geleistet. Dafür danke ich ihnen. Darüber hinaus gilt mein ganz besonderer Dank Dr. Stefan Thies, der während unserer gemeinsamen Assistentenzeit an der HWP durch seine hohe Leistungsbereitschaft und sein strukturiertes Arbeiten ein Vorbild für mich war und mir insbesondere mit seinen EDV-Kenntnissen sehr geholfen hat. Meinen Freunden danke ich für die moralischen Unterstützungen. Insbesondere Christa Germer und Markus Hild gelang es sehr gut, mich immer wieder zu motivieren. Dr. Katharina Müller-Plate danke ich für das hervorragende Korrekturlesen.

Verbunden mit großer Dankbarkeit widme ich diese Arbeit meinen Eltern und meinen Kindern Jan Hendrik und Janina.

Hans-Heinrich Ellermann

Inhaltsübersicht

Inhaltsverzeichnis

Abbildungsverzeichnis

Tabellenverzeichnis

Abkürzungs- und Symbolverzeichnis

*** (**, *)	Signifikanzniveau des t-Tests 1% (5%, 10%)
A	ausgeschüttete Gewinne
Abs.	Absatz
AG	Aktiengesellschaft
AktG	Aktiengesetz
AR	Abnormale Rendite(n)
Bd	Bardividende
BGBl	Bundesgesetzblatt
BGH	Bundesgerichtshof
BHAR	Buy and Hold Abnormal Return(s)
BHR	Buy and Hold Return(s)
BMF	Bundesministerium der Finanzen
bzw.	beziehungsweise
CAPM	Capital Asset Pricing Model
CAR	Cumulative Abnormal Return(s)
CF	Cashflows
c. p.	ceteris paribus
CR	Cumulative Return(s)
cum	vor Dividendenabschlag
D	Dividende
DAFOX	Deutsche Aktien Forschungsindex
DAX	Deutscher Aktienindex
DBA	Doppelbesteuerungsabkommen
Div	Dividende
DVFA	Deutsche Vereinigung für Finanzanalyse und Asset Management
E	einbehaltene Gewinne
EK	Eigenkapital
EPS	Earnings per Share
ESt	Einkommensteuer
EStG	Einkommensteuergesetz
et al.	et altera
ex	nach Dividendenabschlag
f.	und folgende Seite
ff.	und folgende Seiten
Fn.	Fußnote

Gew	Gewinn
GewStG	Gewerbesteuergesetz
GuV	Gewinn- und Verlustrechnung
HGB	Handelsgesetzbuch
HV	Hauptversammlung
i. d. R.	in der Regel
i. e. S.	im engeren Sinne
IPO	Initial Public Offerings; Unternehmen, die in einem bestimmten Zeitraum erstmals an die Börse gegangen sind
i. a.	im allgemeinen
incl.	inclusive
i. V. m.	in Verbindung mit
JÜ	Jahresüberschuß
K_A	ermäßigte Körperschaftsteuerzahlung
k_{ek}	Eigenkapitalkostensatz
KiSt	Kirchensteuer
KonTraG	Gesetz zur Kontrolle und Transparenz im Unternehmensbereich
KSt	Körperschaftsteuer
KStG	Körperschaftsteuergesetz
KVStG	Kapitalverkehrsteuergesetz
LZB	Landeszentralbank
M(..)	Intervall in Monaten gemessen am Zeitpunkt des Ereignisses
Mio.	Millionen
MM	Miller und Modigliani
n. F.	neueste Fassung
Nr.	Nummer
o. a.	oben angegeben
o. V.	ohne Verfasserangabe
P	Kurs
R	Rendite
ROE	Return on Equity
ROI	Return on Investment
S.	Seite
s_a	Körperschaftsteuersatz auf ausgeschüttete Gewinne
Sahz	Schütt-aus-hol-zurück
s_e	Einkommensteuersatz

s_{ege}	Ertragsteuersatz
SG	Schmalenbach-Gesellschaft
s_{ge}	Gewerbeertragsteuersatz
SHV	Shareholdervalue
s_k	Körperschaftsteuersatz
StA	Stammaktien
STD	Standardabweichung
StSenkG	Steuersenkungsgesetz
T(..)	Intervall in Tagen gemessen am Zeitpunkt des Ereignisses
t_d	Steuersatz auf Dividendenerträge
t_{kg}	Steuersatz auf Kursgewinne
u. a.	unter anderem
vst	vor Steuern
VzA	Vorzugsaktien
WpHG	Wertpapierhandelsgesetz
z. B.	zum Beispiel

Einführung

„How much cash should firms give back to their shareholders? And what should be the form of payment?“[1] Das sind die grundlegenden Fragen der Dividendenpolitik, die jedes erfolgreiche Unternehmen in regelmäßigen Abständen immer wieder beantworten muß. In den vergangenen 50 Jahren haben zahlreiche Wissenschaftler mit Hilfe von Theorien und empirischen Untersuchungen versucht, Antworten auf diese Fragen zu geben.

Die zwei grundlegenden, in ihrer Herangehensweise völlig unterschiedlichen Ansätze wurden von Lintner (1956) sowie von Miller und Modigliani (1961) entwickelt. Lintner beschreibt in seinem Modell, das auf einer Umfrage zur Dividendenpolitik in Unternehmen beruht, wie Dividendenpolitik in der Praxis betrieben wird. Danach sind Dividendenzahlungen in erster Linie ein Ergebnis der aktuellen und vergangenen Gewinnentwicklung und orientieren sich zudem sehr stark an den vorangegangenen Dividenden. Daraus läßt sich jedoch nicht ableiten, ob das Unternehmen mit einer bestimmten Dividendenpolitik eine Erhöhung seines Marktwertes erreichen kann.

Den Einfluß der Dividendenpolitik auf den Marktwert des Unternehmens bestimmen dagegen Miller und Modigliani (1961) in ihren theoretischen Überlegungen, die auf den Annahmen eines vollkommenen Marktes beruhen. Nach diesem Modell ist die Dividendenpolitik für den Marktwert des Unternehmens irrelevant. Werden jedoch die restriktiven Prämissen der Realität angenähert, dann wird die Dividendenpolitik insbesondere unter dem Einfluß von Steuern und asymmetrischer Informationsverteilung wieder relevant. In der Folgezeit sind verschiedene Theorien entwickelt worden, die auf die Relevanz der Dividendenpolitik hindeuten.

Die Spannbreite dieser Modelle reicht von der Free-Cashflow-Theorie von Jensen (1986), nach der eine Dividendenpolitik, die sich an dem Finanzbedarf für werterhöhende Investitionen orientiert, vom Aktienmarkt positiv aufgenommen wird, bis hin zu Modellen dcr Signaling-Theorie von Bhattacharya (1979), Miller und Rock (1985) sowie John und Williams (1985). Danach wird die Dividendenpolitik gezielt eingesetzt, um eine Informationsasymmetrie zwischen Management und Investoren, die zu einer Unterbewertung am Aktienmarkt geführt hat, zu beseitigen.

---

[1] Allen und Michaely (2001), S. 3.

In dieser Arbeit wird zunächst der aktuellen Stand der theoretischen Überlegungen und der empirischen Untersuchungen zur Dividendenpolitik vorgestellt und kritisch diskutiert. Diese kritische Auseinandersetzung wird ergänzt durch eine eigene empirische Untersuchung über die Bedeutung von Steueränderungen auf die Dividendenpolitik der Unternehmen und der Long-Run-Performance im zeitlichen Umfeld von Dividendenausfällen für deutsche börsennotierte Aktiengesellschaften, wobei eine Differenzierung zwischen etablierten Unternehmen und Neuemissionen vorgenommen wird.

A. Zur Bedeutung der Dividendenpolitik

Die Bedeutung der Dividendenpolitik für die Finanzierung der Unternehmen ist unbestritten. Das gilt auch für die hier untersuchten deutschen börsennotierten Aktiengesellschaften. Ihr zahlenmäßiger Anteil an allen deutschen Aktiengesellschaften ist mit unter 10% im Jahr 2000[2] zwar gering, aber die wirtschaftliche Bedeutung einzelner Unternehmen ist in aller Regel nur bei den börsennotierten Unternehmen gegeben.

Als Beispiel für den Umfang der Finanzierung durch einbehaltene Gewinne sind in Abbildung 1.1 die Ausschüttungsquoten[3] für die 20[4] größten[5] Aktiengesellschaften für 1996 und 1997 dargestellt.

2 Die Zahl aller Aktiengesellschaften ist in Deutschland in den letzten Jahren außerordentlich stark angestiegen, von 3780 im Jahr 1995 auf 10.582 im Jahr 2000. Daß es sich dabei vor allem um kleinere Unternehmen handelt, zeigt der Rückgang des durchschnittlichen Grundkapitals im gleichen Zeitraum um etwa 50% von 55,9 Mio DM auf 27,3 Mio DM. Hansen (2001a), S. R67.

3 Das Ausschüttungsvolumen wird ins Verhältnis gesetzt zu dem um außerordentliche Aufwendungen und Erträge nach DVFA/SG bereinigten Gewinn. Lückmann (1998), S. 19.

4 Für den Karstadt-Konzern konnte keine Quote ermittelt werden, weil er für 1996 ein negatives DVFA-Ergebnis ausweist.

5 Die Größe wurde am Umsatz gemessen.

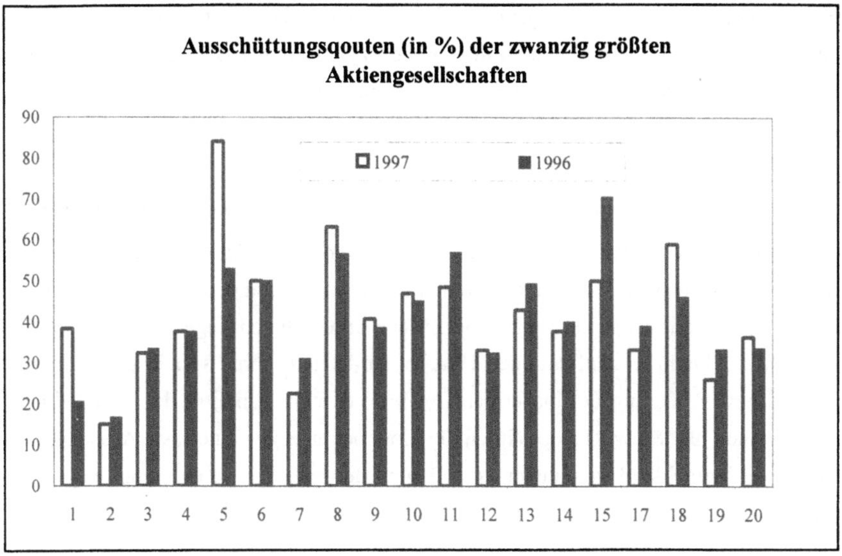

Abbildung 1.1 Ausschüttungsquoten (in %) der zwanzig[6] größten Aktiengesellschaften
Quelle: Lückmann (1998), S. 19.

Bereits bei diesen wenigen Unternehmen zeigen sich ganz unterschiedliche Verhaltensweisen in der Dividendenpolitik. Die Spanne der Ausschüttungsquoten reicht von 16,7% bis zu 70,6% für 1996 und von 14,9% bis zu 84% für 1997. Sie lagen bei den meisten Unternehmen unter 40% und nur bei einigen wenigen über 60%. Auch der Vergleich der Quoten im Zeitablauf läßt keine allgemein gültigen Aussagen zu. Die Versorger (Veba, RWE, Viag) halten ihre Ausschüttungsquote konstant[7], andere erhöhen oder senken sie, einige sogar stark. Sie orientieren sich offenbar nicht an der Ausschüttungsquote. Kein Unternehmen hat dabei die Ausschüttungssumme reduziert.

In Deutschland hat nahezu jedes Unternehmen, das in den letzten Jahrzehnten neu an die Börse gegangen ist, zu dem Zeitpunkt auch eine Dividende gezahlt. Das gilt nicht

---

6 1: Daimler-Benz, 2: VW, 3: Siemens, 4: Veba, 5: Telekom, 6: RWE, 7: BMW, 8: Metro, 9: BASF, 10: Bayer, 11:Hoechst, 12: Viag, 13: Thyssen, 14: Mannesmann, 15: Preussag, 16: Karstadt (Verlust), 17: Lufthansa, 18: MAN, 19: Henkel, 20: Degussa.

7 Das ist eine Politik, die gelegentlich auch bei anderen Unternehmen anzutreffen ist: „Triumph-Adler erhöht zum dritten Mal in Folge die Dividende. Damit bleibt die Verwaltung ihrer Politik treu, wonach 75% des DVFA-Ergebnisses ausgeschüttet werden. Der Jahresüberschuß hingegen sank um rund 20%." o.V. (1997), S. 20.

mehr für die am Neuen Markt geführten Unternehmen.[8] Diese Unternehmen gehen in einem wesentlich früheren Stadium ihres Lebenszyklus an die Börse. Zu diesem Zeitpunkt ist für die meisten dieser Unternehmen eine Ausschüttung gar nicht möglich, da noch keine Gewinne erzielt wurden, oder zumindest nicht sinnvoll.[9]

Ein immer geringer werdender Anteil der Unternehmen, die noch Dividende zahlen, ist in den USA schon länger zu beobachten.[10] Die Gründe dafür können sowohl in der starken Zunahme von Wachstumsunternehmen relativ zu anderen Unternehmen als auch in einer geringeren Leistungsfähigkeit der Unternehmen liegen. Eine starke Zunahme von Aktienrückkäufen in den USA in den letzten Jahren spricht aber auch dafür, daß eine Änderung der bisherigen Gewinnverwendungspolitik der Unternehmen stattgefunden hat. So wuchs der Anteil der Unternehmen, die eine erste Ausschüttung mittels Aktienrückkauf vornahmen, seit Beginn der achtziger Jahre stetig an und erreichte 1998 bereits 81%.[11] Die Ausschüttungen durch Aktienrückkäufe erreichten 1998 erstmals den gleichen Umfang wie die mittels Dividendenzahlungen.[12] Ein wesentlicher Grund für diese Entwicklung in den USA dürfte in der steuerlichen Mehrbelastung von Dividendenerträgen gegenüber Kursgewinnen liegen. Den Fragen, inwieweit diese Bedingungen auch in Deutschland vorliegen und ob somit eine ähnliche Entwicklung zu erwarten ist, soll in dieser Arbeit ebenfalls nachgegangen werden, indem die steuerlichen Rahmenbedingungen unter denen Dividendenpolitik stattfindet und deren Einfluß auf die Dividendenpolitik dargestellt und untersucht werden. Dieser oben angegebene Trend dürfte sich für die USA aber grundlegend verändern, wenn die Pläne der US Regierung vom Herbst 2002 realisiert werden, nach der die Dividenden bei Anlegern nicht mehr besteuert werden sollen. Diese Veränderung hätte dann auch Konsequenzen für die Unternehmensüberwachung.

Ganz allgemein gesehen handelt es sich bei der Dividendenpolitik um eine Finanzierungsentscheidung im weitesten Sinne. Die Thesaurierung von Gewinnen ist eine

---

8 So haben nur 8,2% der 1999 an den Neuen Markt gegangenen Unternehmen auch bereits im Jahr des Going Public die Dividendenzahlung aufgenommen. Bessler (2001), S. 313.

9 Zur Abhängigkeit der Dividendenpolitik von dem Lebenszyklus des Unternehmens siehe Damodaran (2000), S. 664. Für eine empirische Untersuchung zur Abhängigkeit der Dividendenpolitik vom Lebenszyklus des Unternehmens siehe Grullon, Michaely, Swaminathan (2002).

10 Der Anteil sank von 66,5% in 1978 auf 20,8% in 1999. Fama und French (2001), S. 6.

11 Allen und Michaely (2001), S. 5 f.

12 Allen und Michaely (2001), Anhang Abb. 1.

Form der Eigenkapitalfinanzierung (Selbstfinanzierung). Daneben stellt die Dividendenpolitik aber auch eine wichtige Komponente der Investor Relations dar.[13] An ihr entscheidet sich häufig, wie sich das Verhältnis des Managements und der Aktionäre, insbesondere der Kleinaktionäre, zueinander entwickelt. Dabei kann es leicht zu einem Interessenskonflikt kommen, nämlich dann, wenn die Manager einerseits versuchen, so viele Mittel wie möglich im Unternehmen zu thesaurieren, die Aktionäre andererseits dagegen so hohe Ausschüttungen, wie sie ökonomisch sinnvoll sind, verlangen.

Dieser Interessenskonflikt ist ein Teil der Agency-Problematik, der die Aktionäre ausgesetzt sind. Je mehr Mittel dem Management zur Verfügung stehen, um so größer ist die Gefahr, daß nicht alle Mittel werterhöhend eingesetzt werden. Die Aktionäre benötigen die Kontrolle des Managements durch den Kapitalmarkt. Der Gang an den Kapitalmarkt ist in der Regel um so häufiger notwendig, je höher die Ausschüttungsquoten sind. Die Kursreaktionen auf Finanzierungsentscheidungen unterstützen diese Überlegungen. Unerwartete Auszahlungen an die Aktionäre führen kurz- und langfristig zu abnormalen, positiven Renditen. Unerwartete Einzahlungen oder das Ausbleiben erwarteter Auszahlungen hingegen verursachen sowohl kurz- als auch langfristig deutlich negative abnormale Renditen für die betreffende Aktie.

Abbildung 1.2 zeigt die kurz- und langfristigen Kursreaktionen für wesentliche Finanzierungsmaßnahmen von Industrieunternehmen in den USA. Die einzige Ausnahme des aufgestellten Zusammenhangs bildet die kurzfristige Kursreaktion bei Neuemissionen. Die positiven Ersttagsrenditen bei IPO lassen sich aber hinreichend mit den verschiedenen Theorien zum Underpricing bei Neuemissionen erklären.[14]

---

13 So räumte z.B. der Vorstandsvorsitzende der Turbon International AG auf der folgenden Hauptversammlung ein, daß der Dividendenausfall für 1997, der zu erheblichen Kursrückgängen geführt hatte, aus Investor-Relations-Sicht unglücklich war. o.V. (1999a), S. 16.

14 Für einen umfassenden Überblick und eine tiefer gehende Analyse der Kursreaktionen bei IPO siehe Thies (2001).

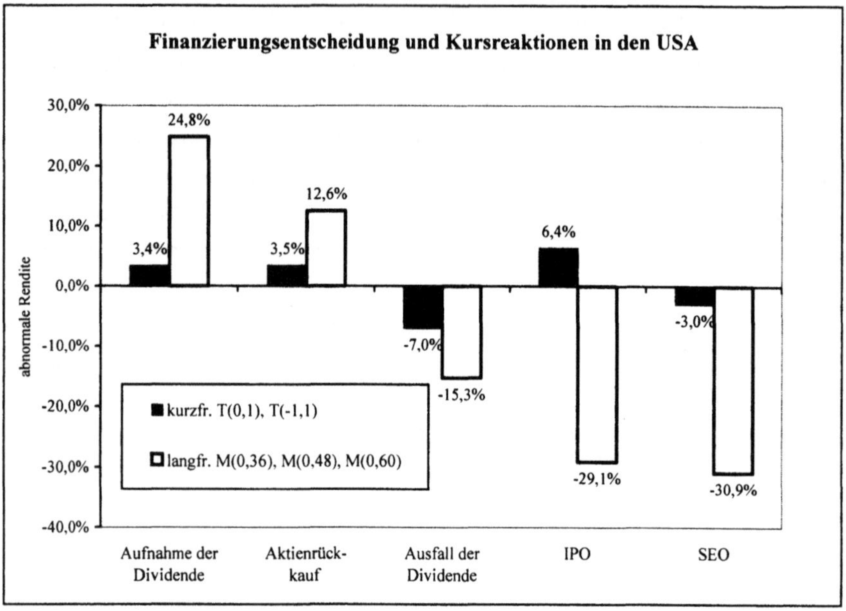

Abbildung 1.2 Finanzierungsentscheidung und Kursreaktionen in den USA
Quelle: Thies (2001), S. 3.

Die für den deutschen Aktienmarkt vorliegenden Untersuchungen zu den kurzfristigen Kursreaktionen (Abb. 1.3) zeigen tendenziell gleiche Ergebnisse[15]. Studien zu langfristigen Kursreaktionen bei Dividendenänderungen liegen für den deutschen Markt noch nicht vor. Es ist ein Ziel dieser Arbeit, diese Lücke für Dividendenausfälle bei etablierten Unternehmen und bei Neuemissionen zu füllen. Für den Börsengang (IPO) und für Kapitalerhöhungen gegen Bareinlagen (SEO)) liegen bereits empirische Ergebnisse zur Long-Run-Performance für den deutschen Kapitalmarkt vor (Thies 2001).

15 Auch die Untersuchungen von Amihud und Murgia (1997) und von Heiden (2001) kommen zu ähnlichen Ergebnissen für die kurzfristigen Kursreaktionen.

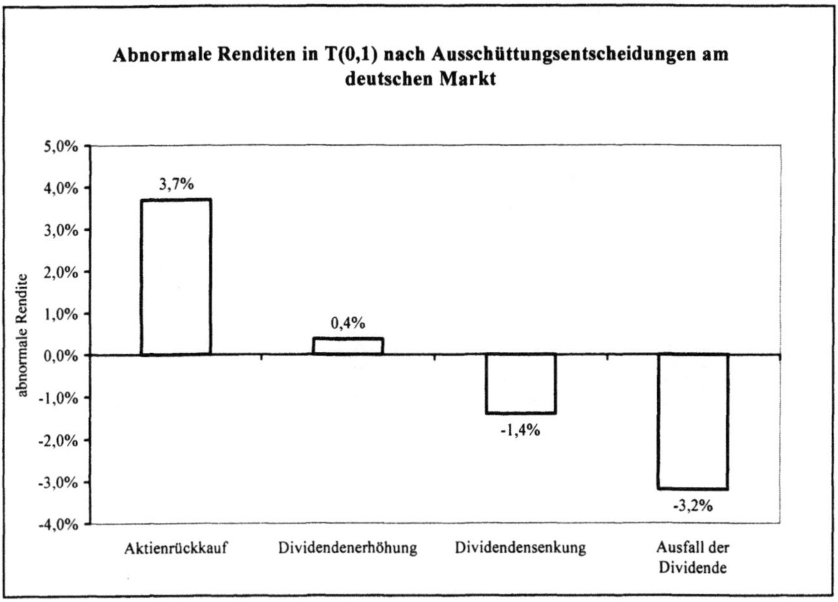

Abbildung 1.3 Abnormale Renditen in T(0,1) nach Ausschüttungsentscheidungen am deutschen Markt

Quelle: Aktienrückkauf: Schremper (2002), S.182; Dividendenänderungen: Gerke et.al (1997), S.820.

Zur Einschätzung des Informationsgehalts eines Ereignisses kann es hilfreich sein, sich auch die Kursentwicklung davor anzuschauen, da sich dort bereits entsprechende Erwartungen niedergeschlagen haben sollten. Mögliche Auswirkungen der Dividendenpolitik auf die langfristige Kursentwicklung sind in die Entscheidung über die Dividendenzahlungen mit einzubeziehen. Auf einem informationseffizienten Markt wäre zu vermuten, daß die Ankündigung einer Dividendenänderung, sofern sie zumindest teilweise noch unerwartet ist, sich sofort in den Kursen niederschlägt und sich somit längerfristig keine signifikanten relativen Kursänderungen mehr ergeben, die auf dieses Ereignis zurückgeführt werden können.

Aber zumindest für die beiden Extremfälle einer Dividendenänderung trifft das für den amerikanischen Markt nicht zu. Die Abbildung 1.3 zeigt die abnormalen Renditen für beide Ereignisse ein Jahr vor und ein, zwei und drei Jahre nach der Ankündigung. Sowohl vor als auch nach der Ankündigung eines Dividendenausfalls bzw. einer Dividendenaufnahme kommt es längerfristig zu abnormalen Renditen in beträchtlichem Umfang. Deshalb stellt sich immer wieder die Frage, ob ein Dividendenausfall bzw.

eine Dividendensenkung den Anfang oder das Ende einer schlechten Periode signalisiert, oder ob es irgendwo dazwischen liegt.

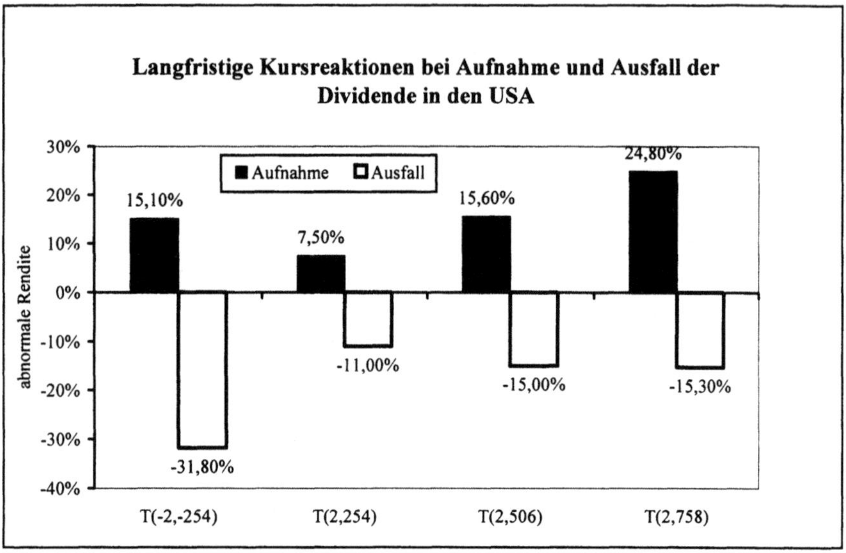

Abbildung 1.4 Langfristige Kursreaktionen bei Aufnahme und Ausfall der Dividende in den USA
Quelle: Michaely et.al (1995), S.586, 597.

Diese empirischen Ergebnisse allein lassen jedoch noch keine Rückschlüsse auf deren Ursachen zu. Sollte eine asymmetrische Informationsverteilung Einfluß auf die Ergebnisse haben, dann sollten zwei Untersuchungsgruppen mit Unternehmen, bei denen die Informationsasymmetrien unterschiedlich stark ausgeprägt sind, auch unterschiedliche Kursreaktionen aufweisen. Aus diesen Überlegungen heraus entstand die Idee, neben den steuerlichen Aspekten auch die langfristigen Kursentwicklungen am deutschen Aktienmarkt im Zusammenhang mit Dividendenausfällen bei IPO einerseits und etablierten Unternehmen andererseits zu untersuchen.

B. Aufbau der Arbeit

Eine Aktiengesellschaft hat unterschiedliche Möglichkeiten, liquide Mittel an ihre Aktionäre auszuzahlen. Grundsätzlich erfolgt die Gewinnausschüttung durch eine reguläre Dividendenzahlung. Daneben gibt es Gewinnausschüttungen in Form besonderer Dividendenzahlungen (Sonderdividende, Bonuszahlung). Alle Entscheidungen, die diese Formen der Ausschüttungen betreffen, umschreibt der Begriff „Dividendenpolitik". Der Abfluß liquider Mittel an die Aktionäre kann aber auch über eine Teilliquidation in Form einer Kapitalherabsetzung oder eines Aktienrückkaufs erfolgen. Die Kapitalherabsetzung wird in erster Linie mit einem notwendigen Schritt zur Sanierung eines Unternehmens in Zusammenhang gebracht. Darauf wird in dieser Arbeit nicht näher eingegangen.

Im Mittelpunkt dieser Arbeit stehen die regulären Dividendenzahlungen. Um sie jedoch ökonomisch beurteilen zu können, sind immer wieder Vergleiche zu den anderen Alternativen einer Auszahlung an die Aktionäre anzustellen. Werden somit neben der Dividendenpolitik auch Entscheidungen über Aktienrückkäufe in die Überlegungen mit einbezogen, ist von der „Ausschüttungspolitik" des Unternehmens die Rede.

Von der Wissenschaft wird erwartet, daß sie möglichst realitätsnahe Modelle entwikkelt, die eine optimale Dividendenpolitik beschreiben. Der erste Teil von Kapitel II gibt einen Überblick über die wichtigsten theoretischen Ansätze zur Dividendenpolitik. Ausgangspunkt ist dabei das Modell von Miller und Modigliani (1961). Seitdem liegt ein Schwerpunkt der betriebswirtschaftlichen Forschung für diesen Bereich darin, das Verhalten der Unternehmen zu erklären, die trotz der Irrelevanz der Dividendenpolitik dennoch Dividenden in großem Umfang zahlen. Dafür wurden die Prämissen des Modells schrittweise der Realität angepaßt. Zunächst wurde die Existenz von Steuern einbezogen. Aufgrund der Steuergesetze in den USA, wo die Modelle entwikkelt und darauf bezogene Untersuchungen durchgeführt wurden, ergab sich eine Benachteiligung der Ausschüttung durch Dividendenzahlungen. Das machte die Dividendenpolitik der Unternehmen noch unverständlicher.

Erst die Modelle, die die Existenz von Informationsasymmetrien zwischen Aktionären und Unternehmensleitung berücksichtigten, boten überzeugende Argumente für die Zahlung von Dividenden. Hier lassen sich zwei Richtungen unterscheiden. Zum einen kann die Dividende selbst eine Information sein. Die Höhe der Dividendenzahlung hat Einfluß auf die Cashflows, die dem Management des Unternehmens zur Verfügung stehen und damit Auswirkungen auf die Agency Costs der Aktionäre (Agency-Theorie). Zum anderen kann die Dividendenentscheidung Informationen über die zukünftige Entwicklung des Unternehmens beinhalten. Das Management kann danach die Dividendenpolitik nutzen, um den schlechter informierten Aktionären und potentiellen Investoren (Marktteilnehmer) Ertragsaussichten zu signalisieren (Signaling-Theorie). Führt die mit der Dividendenpolitik signalisierte Information zu einer Korrektur der bisherigen Ertragserwartungen, dann ist diese neue Information kursrelevant und verändert dadurch den Marktwert des Unternehmens.

Damit sind die zwei Schwerpunkte der Untersuchungen in dieser Arbeit vorgegeben, die Relevanz der Steuern und der Informationsasymmetrie für die Dividendenpolitik. Dabei können die Ergebnisse der Untersuchungen für den US-amerikanischen Markt nur bedingt auf den deutschen Kapitalmarkt übertragen werden. Deshalb wird zuvor im ersten Teil von Kapitel I nach der Festlegung des Unternehmensziels auf die Rahmenbedingungen, unter denen in Deutschland Dividendenpolitik stattfindet, eingegangen. Zum besseren Verständnis der dann in Kapitel II beschriebenen Theorien zur Dividendenpolitik, die sich in aller Regel auf den US-amerikanischen Kapitalmarkt beziehen, erfolgt noch eine kurze Beschreibung der Rahmenbedingungen in den USA.

Aus den Theorien ergeben sich die beiden Hauptteile dieser Arbeit, „Dividendenpolitik und Steuern" (Teil 2) sowie „Dividendenpolitik und Informationsasymmetrie" (Teil 3). Jeweils im ersten Kapitel dieser beiden Teile werden die Ergebnisse der wichtigsten bisher dazu durchgeführten empirischen Untersuchungen wiedergegeben. Die Darstellung erfolgt wegen der unterschiedlichen Rahmenbedingungen getrennt nach Ländern, wobei in beiden Bereichen die Untersuchungen für den US-amerikanischen Markt dominieren.

Die Ergebnisse der Untersuchungen ergeben kein einheitliches Bild über den Einfluß der Besteuerung auf die Dividendenpolitik der Unternehmen. Die ökonomische Bedeutung der festgestellten Kursreaktionen am Tag des Dividendenabschlags wird unterschiedlich interpretiert. Entscheidend dafür ist die Frage, wer letztlich als marginaler Anleger den Kurs durch seine Transaktionen bestimmt. Inwieweit Manager Steueraspekte in ihre Entscheidung über die zu zahlende Dividende einfließen lassen, läßt sich aus den Untersuchungen nicht ablesen.

In dieser Arbeit wird ein anderer Weg beschritten. Die Art der Gewinnverwendung einer Aktiengesellschaft beeinflußt die Höhe der zu entrichtenden Steuerzahlungen sowohl auf Unternehmensebene als auch auf Seiten der Anleger. Dementsprechend ist davon auszugehen, daß sich auch die Gewinnverwendungspolitik ändert, wenn sich die steuerlichen Rahmenbedingungen entscheidend ändern. Nach der Darstellung der für die Dividendenpolitik wesentlichen Steuern in Deutschland werden deshalb die relevanten Steueränderungen der vergangenen 25 Jahre und deren Einfluß auf die Besteuerung der Gewinnverwendung erörtert. Das Ziel ist es, im Kapitel III von Teil 2 herauszuarbeiten, welche Dividendenänderungen man aufgrund von Steuergesetzänderungen erwarten durfte. Dort, wo deutliche Dividendenänderungen angezeigt waren, soll überprüft werden, inwieweit die Unternehmen dem mit ihrer Dividendenpolitik Rechnung getragen haben. Ein Ausblick auf die Auswirkungen der neuen Steuergesetze, die das Halbeinkünfteverfahren an die Stelle des Anrechnungsverfahren setzen, beschließt den Teil 2.

Der Teil 3 widmet sich der Dividendenpolitik bei Informationsasymmetrie. Zunächst werden im Kapitel I die Ergebnisse der empirischen Untersuchungen zu diesem Bereich vorgestellt. Daraus ergeben sich Hinweise für die eigenen Untersuchungen im Kapitel II. Für eine empirische Untersuchung beobachtbar sind ex-post die Dividendenentscheidung und die damit im Zusammenhang stehenden kurz- und langfristigen Kursreaktionen. Statistische Zusammenhänge lassen sich daraus ermitteln, nicht aber unmittelbar ökonomische Erkenntnisse. Zur empirischen Überprüfung der theoretischen Zusammenhänge ist es notwendig, die vom Markt erwartete und damit im Kurs bereits reflektierte Dividende zu kennen. Die notwendige Unterscheidung zwischen erwarteter und unerwarteter Dividendenentscheidung ist nicht fehlerfrei zu treffen. Alle Versuche, das Problem zu lösen, beinhalten ein Fehlerpotential. Diese Schwierigkeit, zwischen erwarteten und unerwarteten Dividendenänderungen eindeutig differenzieren zu können, läßt es sinnvoll erscheinen, nur die extremen Änderungen (Dividendenausfall und Dividendenaufnahme) zu betrachten. Bei ihnen kann man in aller Regel davon ausgehen, daß sie unerwartet sind.

Unerwartete Dividendenaufnahmen kommen allerdings in Deutschland nur selten vor. Wenn Unternehmen an die Börse gehen, zahlen sie in aller Regel auch sofort eine Dividende.[16] Die wenigen Ausnahmen bieten nicht genügend Daten für eine empirische Untersuchung. Die eigenen Untersuchungen im Kapitel II beschränken sich deshalb auf die Dividendenausfälle börsennotierter deutscher nichtfinanzieller[17] Unternehmen. Dabei werden zwei Gruppen unterschieden: die „etablierten Unternehmen“ und die

[16] Das hat sich erst mit der Schaffung des Neuen Marktes (ab 1997) geändert. In diesem Marktsegment kommen auch Unternehmen an die Börse, die noch keine Gewinne erzielt haben. Für sie stellt sich häufig die Frage der Dividendenpolitik noch gar nicht. Diese Unternehmen sind nicht Gegenstand der Untersuchung. Sobald genügend Daten vorliegen, sollten interessante Untersuchungen zu Dividendenaufnahmen dieser Unternehmen möglich sein.

[17] Diese Ausgrenzung ist üblich und notwendig, da die finanziellen Unternehmen auch in Hinblick auf die Dividendenpolitik besondere Eigenschaften aufweisen.

„IPO der Jahre von 1984 bis 1995“ (IPO). Nach einer allgemeinen Statistik über die Dividendenausfälle für beide Gruppen erfolgt eine empirische Analyse der langfristigen Kursreaktionen bei einem Dividendenausfall. Erst die Beschränkung auf die langfristigen Effekte erlaubt es, Aussagen zu treffen, inwieweit das Signal „Dividendenausfall“ von Markt richtig bewertet worden ist und inwieweit sich für die Aktionäre, die langfristig ihren Vermögenszuwachs maximieren wollen, daraus ein Handlungsbedarf ergibt.

Abschließend werden die wichtigsten Ergebnisse der gesamten Arbeit noch einmal zusammenfassend präsentiert und Empfehlungen für Manager und Eigenkapitalgeber daraus abgeleitet.

Teil 1 Grundlagen und Theorien der Dividendenpolitik

Voraussetzungen für die Beurteilung empirischer Untersuchungen und der Interpretation der Ergebnisse der eigenen Studie sind Kenntnisse über die Theorien zur Dividendenpolitik (Kapitel II) und über die Möglichkeiten, die Rahmenbedingungen und die Auswirkungen der Dividendenpolitik (Kapitel I).

Kapitel I Grundlagen der Dividendenpolitik

Zur Beurteilung der Dividendenpolitik ist es notwendig, Kriterien zu finden, anhand derer sich die verschiedenen Gewinnverwendungsalternativen messen lassen. Im ersten Teil dieses Kapitels werden deshalb die grundsätzlichen Auswirkungen der Dividendenpolitik auf das Unternehmensziel und die Bilanzkennzahlen untersucht.

Welche Ziele letztlich mit der Dividendenpolitik verfolgt werden, hängt auch davon ab, wer über die Ausschüttung von Cashflows in welchem Umfang entscheiden kann. Die gesetzlichen Regelungen hierzu sind ebenso darzustellen, wie die weiteren Rahmenbedingungen für die Dividendenpolitik, die darüber entscheiden, inwieweit und wodurch die Entscheidungsträger in ihrer Entscheidungsbefugnis eingeschränkt oder von anderen abhängig sind. Die Rahmenbedingungen für die Dividendenpolitik in Deutschland sind im zweiten, die für die USA im dritten dieses Kapitels dargelegt.[18] Letzteres geschieht zum besseren Verständnis der Theorien und der vielen empirischen Untersuchungen, die zur Dividendenpolitik in den USA vorliegen.

Mittlerweile bietet der Aktienrückkauf auch in Deutschland eine interessante Alternative zur Dividendenzahlung. Um Dividendenpolitik im Vergleich zu dieser Alternative beurteilen zu können, werden im vierten Teil dieses Kapitels die Besonderheiten eines Aktienrückkaufs aufgezeigt.

---

18 Solche Rahmenbedingungen werden häufig mit dem Begriff „Corporate Governance" erfaßt. Der Begriff wird nicht einheitlich verwendet. Bessler, Kaen und Shermann (1998), S. 570 f., stellen unterschiedlich weit gefaßte Definitionen von Corporate Governance vor. Hier kann auf eine Definition verzichtet werden, da nicht Corporate Governance als solche erörtert wird, sondern gezielt die Rahmenbedingungen für die Dividendenpolitik. Dabei ist es unerheblich, ob die einzelnen Bedingungen unter dem Begriff „Corporate Governance" erfaßt sind oder nicht.

A. Auswirkungen der Dividendenpolitik

Bevor eine bestimmte Dividendenpolitik verfolgt wird, sind zunächst die Auswirkungen der damit verbundenen Entscheidungen auf das Unternehmensziel zu ermitteln.

1. Auswirkungen auf das Unternehmensziel

"Maximizing shareholder value is now embraced as the „politically correct“ stance by corporate board members and top management in the United States.“ [19] Der Gesamtwert eines Unternehmens setzt sich zusammen aus dem Wert des Fremdkapitals und dem Wert des Eigenkapitals. Der Anteil des Eigenkapitals an dem Gesamtwert wird als Shareholder Value (SHV) bezeichnet.[20] Der SHV ergibt sich als Barwert aller zukünftigen Einzahlungsüberschüsse nach Fremdkapitalzahlungen (Cashflows [CF]).[21] Als Diskontierungssatz muß dann der Eigenkapitalkostensatz (k_{ek}) benutzt werden.

(1.1)
$$SHV = \sum_{t=1}^{n} \frac{CF_t}{(1 + k_{ek})^t}$$

Ausgehend von der Gleichung 1.1 gibt es drei grundsätzliche Möglichkeiten, den SHV zu erhöhen[22]:

- Senkung der Kapitalkosten
- Erhöhung der Cashflows
- Zeitliches Vorziehen der Cashflows

Die Senkung der Kapitalkosten kann durch geringere Kosten der einzelnen Kapitalkomponenten oder durch eine kostengünstigere Kapitalstruktur[23] erfolgen. In beiden Fällen ist ein Einfluß der Dividendenpolitik möglich. Eine Thesaurierung von Gewinnen führt im Vergleich zu einer Kapitalerhöhung aufgrund der geringeren Transakti-

---

19 Rappaport (1998), S. 2.

20 Rappaport (1998), S. 32.

21 Für die Zahlungen sind Erwartungswerte anzusetzen, da sie unsicher sind.

22 Zu den Einflußfaktoren (Werttreibern) des Shareholder Value siehe die Abbildung 3-1 bei Rappaport (1998), S. 56.

23 Zur optimalen Kapitalstruktur und deren Relevanz für die Kapitalkosten siehe Bessler und Thies (2000).

onskosten zu geringeren Eigenkapitalkosten. Die Dividendenpolitik kann darüber hinaus ein bedeutendes Instrument zur Steuerung des Verschuldungsgrades sein. Die Ausschüttung von aktuellen und in Vorperioden thesaurierten Gewinnen ist eine der wenigen Möglichkeiten, das Eigenkapital aktionärsfreundlich zu verringern.[24]

Ein direkter Einfluß der Dividendenpolitik auf die Cashflows des Unternehmens besteht hingegen nicht. Indirekt kann die Dividendenpolitik über die Höhe der Kapitalkosten jedoch Einfluß auf die Vorteilhaftigkeit von Investitionsalternativen und damit auf die zukünftigen Cashflows haben.

Nur in Ausnahmefällen entspricht der SHV aus Unternehmenssicht (Gleichung 1.1) dem Marktwert der Aktien und dem Vermögenswert, den der einzelne Aktionär der Aktie beimißt. Die Unterschiede können aus unterschiedlichen Erwartungswerten für die Zahlungsströme aufgrund von Informationsasymmetrien und aus der individuellen Besteuerung von Dividendenerträgen und Kursgewinnen beim Aktionär resultieren.

Der Wert einer Aktie (P_0)[25] ergibt sich für einen Investor aus den zukünftig erwarteten Zahlungen aus der Aktie nach Steuern (D_s), die mit der geforderten Rendite (k_{ek}) zu diskontieren sind.

(1.2) $$P_0 = \sum_{t=1}^{n} \frac{D_{st}}{\left(1 + k_{ek}\right)^t}$$

Kann allein durch die Dividendenpolitik der Wert der Aktie für den Investor (Gleichung 1.2) erhöht werden bei gegebenem SHV (Gleichung 1.1)? Aus zwei Gründen sollte das möglich sein. Zum einen kann es Situationen geben, in denen eine zeitliche Verschiebung von Dividendenzahlungen zu Steuervorteilen beim Aktionär führen. Grundlagen dafür können sowohl Gesetzesänderungen als auch Änderungen in der individuellen Lebenssituation sein.

---

[24] Zu den Zusammenhängen zwischen den Theorien zum optimalen Verschuldungsgrad, der Ermittlung der Kapitalkosten und der Dividendenpolitik siehe Bessler (2000), S. 7, Abbildung 1.

[25] Hier wird der Investor unterstellt, für den der Preis der Aktie (P_0) genau dem für ihn ermittelten Wert entspricht. Aufgrund unterschiedlicher Erwartungen und Besteuerungen differieren individueller Wert und Preis für viele Investoren. Zu den Unterschieden zwischen Wert und Preis siehe Stützel (1976).

Zum anderen ist nicht auszuschließen, daß die Dividendenpolitik zusätzliche Informationen beinhaltet, die für den Investor zu einer besseren Schätzung der zukünftig aus der Aktie resultierenden Zahlungen führen. Entscheidend für die Auswertung der Information „Dividendenzahlung“ kann die Einstellung des Investors zum Management sein. Vertraut der Investor darauf, daß das Management in seinem Sinne handelt, dann wird er davon ausgehen, daß eine Thesaurierung nur für Investitionen benutzt wird, deren Rendite die Kapitalkosten übersteigen wird. Die Verschiebung der Auszahlung an den Aktionär wird sich dann letztlich positiv auf dessen Vermögen auswirken. Mißtraut der Investor dem Management jedoch und befürchtet einen nicht effizienten Einsatz der einbehaltenen Mittel, dann erwartet dieser Investor einen Vermögensnachteil durch die Verschiebung der Auszahlung.[26] Eindeutiger ist der Einfluß der Dividendenpolitik, wenn man voraussetzt, daß die Unternehmen wesentliche Dividendenerhöhungen nur dann vornehmen, wenn sie sicher sind, die erhöhte Dividende dauerhaft aufrecht erhalten zu können. Dann signalisiert eine solche Änderung einen Anstieg der zukünftig vom Unternehmen erzielten Cashflows.

Dementsprechend stehen diese beiden Aspekte (Steuern und Informationsasymmetrien) im Mittelpunkt dieser Arbeit. Bei den Steuern ist insbesondere zu untersuchen, ob die Unternehmen sich am SHV (Gleichung 1.1) orientieren, oder ob sie auch die steuerlichen Bedingungen der oder zumindest einiger Aktionäre in ihre Dividendenentscheidung einbeziehen. Im Bereich der Informationsasymmetrien soll insbesondere untersucht werden, inwieweit Dividendenentscheidungen als Informationsträger von den Marktteilnehmern erkannt werden.

Eine andere Möglichkeit für die Investoren, Informationsasymmetrien zu verringern, kann in der Auswertung von Bilanzen liegen. Bilanzkennzahlen erlangen dann Einfluß auf die Bewertung des Unternehmens durch Investoren und Analysten und damit auch Einfluß auf den Preis der Aktien. Im folgenden werden die Auswirkungen der Dividendenpolitik auf die Bilanzkennzahlen des Unternehmens dargestellt.

---

[26] Offenbar trauen viele Investoren den Unternehmen nicht zu, zusätzliche Mittel rentabel genug zu investieren. Jede Maßnahme, dem Unternehmen zusätzliches Eigenkapital zu verschaffen, wird grundsätzlich von Kursabschlägen begleitet. Siehe dazu Bessler (2001), S. 296.

2. Auswirkungen auf Bilanzkennzahlen

Die am häufigsten publizierten Kennzahlen, die aus den Bilanzen gewonnen werden, sind der Gewinn pro Aktie (EPS, earnings per share), die Renditen auf Investitionen (ROI, return on investment) und auf das Eigenkapital (ROE, return on equity).

Entscheidend für den Wert der Aktien sind jedoch die Cashflows und deren Zahlungszeitpunkt, nicht aber periodisierte Buchgrößen wie z.B. der Gewinn. Insbesondere die vielen alternativen Wertansätze im Rechnungswesen bieten die Möglichkeiten zu sehr unterschiedlichen Gewinnausweisen und geben somit nur wenig Aufschluß über den Wert oder die Wertentwicklung des Unternehmens. Wenn aber in der Praxis trotz der überzeugenden Warnungen in der Literatur[27] weiterhin diese Kennzahlen benutzt werden und sie dadurch Bedeutung für die Preisfindung erlangen, dann sollten dabei zumindest auch die Auswirkungen der Dividendenpolitik berücksichtigt werden.

Jede Gewinnverwendung, mit Ausnahme der exakten Vollausschüttung des Jahresüberschusses, verändert den Buchwert des Eigenkapitals der Aktiengesellschaft. Jede Einstellung von Teilen des Jahresüberschusses in die Gewinnrücklagen erhöht dieses Eigenkapital, ohne das Grundkapital und damit die Zahl der ausgegebenen Aktien zu erhöhen. Auf dieses zusätzliche Eigenkapital muß das Unternehmen aber ebenfalls eine adäquate Rendite erzielen. Es sollte somit zur Gewinnsteigerung der nächsten Periode in angemessener Höhe beitragen. Ein Periodenvergleich der Jahresüberschüsse gibt dann aber wegen der veränderten Eigenkapitalbasis direkt keinen Aufschluß über den relativen Erfolg der letzten Periode. Gleiches gilt für die Kennzahl „Gewinn pro Aktie". Ein Anstieg bedeutet nicht zwangsläufig gesteigerte Profitabilität, sondern kann allein auf dem größeren Kapitaleinsatz durch die Thesaurierung beruhen.[28] Als Kennzahl für die Profitabilität geeignet erscheint, wenn überhaupt, deshalb nur die „Eigenkapitalrentabilität" (Jahresüberschuß zu gesamtem Eigenkapital).

Auch beim Vergleich der Dividendenzahlungen im Zeitablauf treten Probleme auf. Was bedeutet z.B. eine Politik konstanter Dividenden? Gewöhnlich versteht man darunter eine gleich hohe Bardividende pro Aktie. Ob auch die Dividendensumme kon-

---

27 Siehe u.a. Brealey und Myers (2000), S. 77. Besonders ausführlich beschäftigt sich Rappaport im 2. Kapitel mit den Unzulänglichkeiten dieser Kennzahlen. Rappaport (1998), S. 13 ff.

28 Bei einer Erhöhung des gezeichneten Kapitals hingegen erfolgt häufig eine retrograde Bereinigung der Kurs- und Bilanzdaten, um die Vergleichbarkeit im Zeitablauf zu gewährleisten.

stant bleibt, hängt von der zwischenzeitlichen Veränderung des Eigenkapitals ab. Erhöht sich das Eigenkapital durch Gewinneinbehaltung bleibt die Dividendensumme bei konstanter Bardividende konstant, im Falle der Ausgabe neuer Aktien jedoch nicht. Selbst bei konstantem Eigenkapital und konstanter Bardividende kann die Ausschüttungssumme steigen, wenn zuvor eine Kapitalerhöhung aus Gesellschaftsmitteln[29] vorgenommen wurde. Das Verhältnis Dividendensumme zu bilanziertem Eigenkapital gibt dann den Sachverhalt besser wieder. Soll das Verhältnis konstant bleiben, dann muß auch auf einbehaltene Gewinne eine entsprechende Dividende ausgeschüttet werden.[30] Allgemein läßt sich festhalten, daß die Gewinnverwendung besonderen Einfluß auf alle Finanzkennzahlen hat, die sich auf eine Aktie beziehen. Jede Thesaurierung verbessert bestimmte Kennzahlen, jede Erhöhung des Grundkapitals führt c.p. zu einer Verschlechterung.

Am Beispiel der Daimler-Benz AG[31] werden die Zusammenhänge noch einmal verdeutlicht. Ende 1997 entnahm die Daimler-Benz AG 7,4 Mrd. DM den Gewinnrücklagen, um sie 1998 zusammen mit der darauf entfallenden Steuererstattung (2,9 Mrd. DM) als Sonderausschüttung an die Aktionäre auszuzahlen. Anschließend erfolgte eine Kapitalerhöhung durch die Ausgabe von 52,38 Millionen neuer Aktien zu 144 DM, wodurch das Eigenkapital in etwa wieder auf den alten Stand aufgefüllt wurde. Durch dieses Schütt-aus-hol-zurück (Sahz)-Verfahren verändert sich das Eigenkapital der AG lediglich in seiner bilanziellen Zusammensetzung, nicht aber in seiner Höhe. Aber diese Änderung hat Einfluß auf einige Kennzahlen. Reduziert man den Jahresüberschuß von 5,8 Mrd. DM um die außergewöhnliche Steuererstattung aufgrund der Sonderausschüttung, verbleibt ein Überschuß von 2,9 Mrd. DM oder 5,61 DM pro Aktie für 1997. Um den gleichen Überschuß pro Aktie auch 1998 zu erzielen, muß der Jahresüberschuß um gut 10% steigen bei unverändertem Eigenkapital, da die Zahl der Aktien um gut 10% gestiegen ist. Möchte die AG auch für das Jahr 1998 eine unveränderte Bardividende von 1,60 DM pro Aktie ausschütten, muß sie dafür 83,8 Millionen DM mehr aufwenden als vor der Sahz-Aktion. Sollte die AG lediglich die Divi-

---

29 Durch die Umwandlung von Kapital- und Gewinnrücklagen erhöht sich das Grundkapital. §207 AktG.

30 Wenn sich diese Sichtweise durchsetzt, kann niemand mehr einen Vorteil der Selbstfinanzierung im Fehlen einer Belastung mit Dividenden sehen, wie z.B. Bierich (1988), S. 211.

31 Die Daten entstammen dem Geschäftsbericht der Daimler-Benz AG (1997), S. 61 f.

dendensumme konstant halten wollen oder können, dann muß sie in diesem Fall die Dividende auf rund 1,45 DM kürzen.[32]

B. Rahmenbedingungen für die Dividendenpolitik in Deutschland

In Deutschland ist der Vorstand[33] für die Leitung der Aktiengesellschaften zuständig und verantwortlich.[34] Der Vorstand arbeitet jedoch als Agent der Eigentümer und sollte dementsprechend ihre Interessen bei der Geschäftsführung zugrunde legen. Neben den Eigentümern gibt es noch weitere Gruppen, die eng mit dem Unternehmen verbunden sind. Auch sie möchten ihre Interessen berücksichtigt wissen. Dazu zählen vor allem die Arbeitnehmer und die Fremdkapitalgeber (Gläubiger). Entscheidungen des Vorstandes können nur selten im Interesse aller sein. In aller Regel kommt es zu Interessenkonflikten[35] zwischen den einzelnen Gruppen. Zusätzlich kann man nicht ausschließen, daß die Mitglieder des Vorstandes eigene Zielvorstellungen haben, die sie aufgrund ihrer Position gut erreichen können. Vor diesen Begehrlichkeiten des Vorstandes müssen sich die anderen Gruppen schützen. Zum Schutz ihrer berechtigten Interessen gibt es umfangreiche gesetzliche Vorschriften. Darüber hinaus gibt es Möglichkeiten, über Verträge oder die Schaffung von Anreizen den Vorstand dazu zu bewegen, daß er die Interessen der jeweiligen Gruppe berücksichtigt.

1. Gesetzliche Vorschriften zum Schutz der Interessen der Kapitalgeber

Insbesondere das Aktiengesetz enthält Vorschriften, die geeignet sind, berechtigte Interessen der einzelnen Gruppen zu schützen.[36] Für die Gruppe der Arbeitnehmer trifft das nur indirekt zu. Ihre Interessen sollen vor allem durch die gesetzlichen Regelungen

---

32 Zur Vorteilhaftigkeit des Sahz-Verfahrens der Daimler-Benz AG siehe Pape (1998), S. 1786-1788.

33 Im folgenden werden synonym auch die Begriffe „Management" oder „Manager" benutzt.

34 §76 Abs. 1 AktG.

35 Diese Interessenkonflikte werden im folgenden auch unter dem Begriff „Agency-Probleme" behandelt.

36 In der Einführung zum Aktiengesetz wird auf diese Interessenkonflikte besonders hingewiesen: „Aus dieser strukturellen Zusammenfassung (das Zusammenwirken dreier Interessengruppen: Aktionäre, Verwaltung und Arbeitnehmer; Anmerkung des Autors) folgt, daß nicht eine dieser Gruppen die alleinige Herrschaft unumschränkt ausüben darf, sondern eine sinnvolle Ordnung notwendig ist, die jeder Gruppe die ihr funktionell gebührende Rolle zuweist." Hefermehl (2001), S. XII. In dieser Aussage nicht erfaßt, aber im Aktiengesetz dennoch umfassend berücksichtigt, ist die Gruppe der Gläubiger.

im Betriebsverfassungsgesetz und im Mitbestimmungsgesetz gewahrt werden.[37] Diese Regelungen haben keinen direkten Einfluß auf die Ausschüttungspolitik[38], so daß auf sie hier nicht explizit eingegangen wird. Somit verbleiben die Eigen- und Fremdkapitalgeber als zu schützende Gruppen.

I. Gläubigerschutzvorschriften

Die Fremdkapitalgeber müssen davon ausgehen, daß das Management eine Ausschüttungspolitik im Sinne der Eigenkapitalgeber betreibt. Das kann dazu führen, daß trotz vertraglicher Zusicherung ihre Forderungen nicht mehr beglichen werden können. Das Grundkapital einer Aktiengesellschaft bildet das Haftungspotential für die Gläubiger (§ 1 Abs.1 S. 2 AktG). Um dieses Kapital zum Schutz der Gläubiger zu erhalten, erlauben die Vorschriften des Aktiengesetzes lediglich Auszahlungen an die Eigenkapitalgeber bis zur Höhe vorhandener Gewinne. Im Aktiengesetz ist geregelt, wie die Gewinnverwendung einer Aktiengesellschaft durchzuführen ist und wer darüber entscheidet.

Zusätzlich schützen weitere Bestimmungen die Gläubiger davor, daß diese Gewinne als zu hoch ausgewiesen werden können. Die Vorschriften, die den Gewinnausweis beeinflussen, finden sich vor allem im Handelsgesetzbuch (HGB). Die gesetzlich vorgeschriebene Orientierung am Gewinn als einem Begriff aus der Rechnungslegung, der die Vermögensebene betrifft, für einen Vorgang, der auf der Zahlungsmittelebene stattfindet, kann zu Schwierigkeiten bei der betriebswirtschaftlichen Argumentation führen. In dieser Arbeit wird deshalb unterstellt, daß für die Auszahlung der Cashflows genügend Gewinne zu Buche stehen und umgekehrt für die gewünschte Ausschüttung von Gewinnen genügend Cashflows verfügbar sind.

a. Gewinnausweis

„Die Höhe der Dividende ist abhängig von dem Umfang der Verteilungsbasis, den gesetzlichen oder statutarischen Verwendungsbestimmungen und –beschränkungen und

---

37 Zu dem Einfluß der Arbeitnehmer auf die Corporate Governance in Deutschland siehe Schmidt et al. (1997), S. 194-231.

38 Im folgenden werden nur die gesetzlichen Regelungen betrachtet, die einen direkten Zusammenhang zur Ausschüttungspolitik aufweisen.

der von der Gesellschaft verfolgten Gewinnverwendungspolitik.“[39] Die Verteilungsbasis ergibt sich aus dem in der Gewinn- und Verlustrechnung (GuV) ermittelten Jahresergebnis.

Das nach den handelsrechtlichen Vorschriften ermittelte Jahresergebnis gibt den bilanziellen Vermögenszuwachs des Unternehmens in der Periode an. Der tatsächliche Erfolg, den ein Unternehmen im Geschäftsjahr erzielt, stimmt nicht mit diesem ausgewiesenen Gewinn überein.

Zum einen zwingen gesetzliche Vorschriften das Unternehmen zur Bildung stiller Reserven. Zum Schutz der Gläubigerinteressen gilt das Vorsichtsprinzip.[40] Dazu zählt das Realisationsprinzip (§ 252 Abs.1 Nr. 5 HGB). Es besagt, daß noch nicht realisierte Gewinne nicht ausgewiesen werden dürfen. Dementsprechend dürfen Vermögensgegenstände höchstens mit den um Abschreibungen verminderten Anschaffungs- oder Herstellungskosten in der Bilanz angesetzt werden. Im Gegensatz dazu müssen auch noch nicht realisierte Verluste bereits ausgewiesen werden (Imparitätsprinzip). Dementsprechend gilt für Werte des Umlaufvermögens das strenge Niederstwertprinzip (§ 253 Abs.3 HGB).

Zum anderen bieten die Gesetze den Unternehmen einige Bilanzierungs- und Bewertungswahlrechte, die eine gezielte Gewinnausweispolitik ermöglichen.[41] Dabei steht häufig die Absicht im Vordergrund, durch die Bildung stiller Reserven Steuerzahlungen zu minimieren. Das kann im Interesse aller Beteiligten sein. Aber auch eine gewisse Bilanzkosmetik durch das Management für Kreditgeber und Aktionäre kann Einfluß auf die Gewinnausweispolitik haben. Im weitesten Sinne kann man in der Nutzung dieser Rechte auch schon eine Gewinnverwendung durch das Management sehen.[42]

---

[39] Lammert (1987), S. 151.

[40] In den Vorschriften zur Bilanzierung spielt der Gläubigerschutz eine ganz wesentliche Rolle: „Um überhöhte Gewinnentnahmen und –ausschüttungen zu vermeiden, darf der Kaufmann seinen Bestand an Reinvermögen (Rohvermögen – Schulden) nicht günstiger ausweisen als er tatsächlich ist.“ Knobbe-Keuck (1979), S. 26.

[41] Für eine ausführliche Erörterung der Gewinnausweisalternativen siehe Lammert (1987), S. 161 – 170.

[42] Diese Möglichkeiten werden in dieser Arbeit nicht unter dem Begriff „Gewinnverwendung“ erfaßt.

b. Gewinnverwendung

Für den externen Betrachter sind die Veränderungen der stillen Reserven und die Vorteile aus der Nutzung von Wahlrechten aber nicht sichtbar. Nur das in der GuV ausgewiesene Jahresergebnis (Jahresüberschuß oder Jahresfehlbetrag), das sich nach Anwendung der Vorschriften und genutzten Wahlrechte ergibt, ist als Periodenerfolg erkennbar. Dieser Jahresüberschuß stellt den handelsrechtlich für eine Ausschüttung verfügbaren Periodengewinn des Unternehmens dar und bildet dadurch die Grundlage für die Gewinnverwendungsentscheidung.[43] Eine wichtige Fragestellung der Gewinnverwendungspolitik lautet deshalb: Wieviel Prozent des Jahresüberschusses werden an die Aktionäre ausgeschüttet (Ausschüttungsquote) und wieviel bleiben als Eigenkapitalzuwachs im Unternehmen (Thesaurierungsquote)? Die Kennzahl „Ausschüttungsquote" setzt die Bruttodividende ins Verhältnis zum Jahresergebnis vor Körperschaftsteuer und die „Nettoausschüttungsquote" die Bardividende ins Verhältnis zum Jahresüberschuß nach Steuern.

Die Ausschüttungspolitik beschränkt sich aber nicht nur auf den Periodengewinn. Neben dem aktuellen Jahresüberschuß der AG können auch in Vorperioden erzielte und thesaurierte Gewinne ausgeschüttet werden. Inwieweit auch sie zur Ausschüttung zur Verfügung stehen, ist abhängig von ihrer Zuordnung zur Bilanzposition „Eigenkapital". Das Eigenkapital einer AG gliedert sich gem. § 266 Abs. 2 HGB wie folgt:

I. Gezeichnetes Kapital
II. Kapitalrücklage
III. Gewinnrücklagen
   1. Gesetzliche Rücklage
   2. Rücklage für eigene Anteile
   3. Satzungsmäßige Rücklage
   4. **Andere Gewinnrücklagen**
IV. **Gewinnvortrag** / Verlustvortrag
V. Jahresüberschuß/Jahresfehlbetrag

---

43 Andere Zielsetzungen als in dieser Arbeit können hingegen modifizierte Gewinngrößen erfordern. So ist das Ergebnis nach DVFA/SG als das von Sondereinflüssen bereinigte Jahresergebnis besser geeignet, den Ergebnistrend im Zeitablauf aufzuzeigen und Ertragsvergleiche zwischen verschiedenen Unternehmen zu ermöglichen. Busse v. Colbe, et al.(1996), S. 3.

Davon bilden die Positionen „Gewinnvortrag“ und „andere Gewinnrücklagen“ das zusätzliche Ausschüttungspotential des Unternehmens.

Auf der ersten Stufe der Gewinnverwendung trifft der Vorstand seine Entscheidungen. Dabei muß er jedoch zunächst die gesetzlichen Gläubigerschutzbestimmungen des Aktiengesetzes beachten. Vom Jahresüberschuß ist ein eventueller Verlustvortrag der Vorperiode abzuziehen. § 150 AktG fordert dann ein Auffüllen der gesetzlichen Rücklage mit 5% des verbleibenden Jahresüberschusses, solange die gesetzliche Rücklage und die Kapitalrücklage zusammen nicht 10% des Grundkapitals erreicht haben.[44] Größere Relevanz dürfte jedoch die Beschränkung des § 58 Abs. 2 AktG haben. Danach darf der Vorstand höchstens 50% des Jahresüberschusses in die anderen Rücklagen einstellen.[45] Zwar kann die Satzung den Vorstand ermächtigen, einen höheren Anteil einstellen zu dürfen, aber das gilt nur, sofern dadurch die anderen Gewinnrücklagen 50% des Grundkapitals nicht übersteigen. Da das Grundkapital der börsennotierten Aktiengesellschaften i.a. relativ gering ist, greift diese mögliche Ausnahmeregelung nur selten. In der Regel ist deshalb von der Existenz der 50% Grenze auszugehen. Der nach möglichen Einstellungen in die Gewinnrücklagen verbleibende Überschuß erhöht sich dann eventuell noch um den Gewinnvortrag der Vorperiode. Falls die Summe jedoch nicht für die vom Vorstand gewünschte Dividendenzahlung ausreicht, kann der Vorstand noch Mittel aus den anderen Rücklagen entnehmen und der Summe zuschlagen. Durch diese Zurechnungen und Abzüge wird aus dem Jahresergebnis das Bilanzergebnis (Bilanzgewinn oder –verlust) ermittelt, das angibt, bis zu welchem Betrag Dividendenzahlungen möglich sind. Der Vorstand macht der Hauptversammlung einen Vorschlag für die Verwendung des Bilanzgewinns (§ 170 Abs. 2 AktG). Damit ist die erste Stufe der Gewinnverwendung abgeschlossen und der Jahresabschluß steht fest, sofern der Aufsichtsrat ihn gebilligt hat (§ 172 AktG).[46]

Hinzu kommen noch weitere Gläubigerschutzbestimmungen, die nur in besonderen Situationen zum Tragen kommen, dann aber auch Beschränkungen in der Gewinnaus-

---

44 Bei den meisten börsennotierten Unternehmen übersteigt schon allein die Kapitalrücklage durch das hohe Agio bei Aktienausgabe diese Grenze.

45 Diese Beschränkung ist erst mit dem Aktiengesetz von 1965 in Kraft getreten. Bis dahin konnten die Aktionäre auf die Verwendung des Gewinns keinen Einfluß nehmen. Hefermehl (2001), S. XII.

46 Falls der Aufsichtsrat den Jahresabschluß nicht billigt, stellt ihn die Hauptversammlung fest. Siehe zu den Einzelheiten § 172 AktG.

schüttung mit sich bringen. Das gilt für die Kapitalherabsetzung (§§ 225, 230, 233 AktG) ebenso wie für Beherrschungs- und Gewinnabführungsverträge (§§ 300 – 303 AktG).[47]

II. Vorschriften zum Schutz der Aktionäre

Die Aktionäre als wirtschaftliche Eigentümer haben nur in den vom Gesetz oder der Satzung vorgesehenen Fällen eine Entscheidungsbefugnis (§ 119 Abs. 1 AktG). Für die Dividendenpolitik relevant sind die Wahl der von den Aktionären zu stellenden Aufsichtsratsmitglieder (§ 101 AktG), die Entlastung der Mitglieder des Vorstandes und des Aufsichtsrats (§ 120 Abs. 1 AktG), sowie der Beschluß über die Verwendung des Bilanzgewinns (§ 174 AktG).

Durch die Entlastung der beiden Organe billigen die Aktionäre die Verwaltung der Gesellschaft.[48] Darüber hinaus stellt das Gesetz einen Zusammenhang zwischen der Entlastung und der Verwendung des Bilanzgewinns her (§ 120 Abs. 3 S. 1 AktG). Noch mehr Einfluß auf das Management ist über den Aufsichtsrat möglich. Obwohl bei allen größeren Unternehmen[49] nur die Hälfte der Mitglieder des Aufsichtsrats von den Aktionären gewählt wird, haben sie in aller Regel dennoch die Entscheidungsmacht in diesem Gremium, da sie die Möglichkeit haben, den Aufsichtsratsvorsitzenden zu stellen.[50] Der Vorsitzende hat bei Stimmengleichheit nach zwei Wahlgängen zwei Stimmen und kann dadurch die Entscheidung herbeiführen und somit den Aktionärsvertretern die Mehrheit im Aufsichtsrat sichern.[51] Durch die Bestellung und die Abberufung der Mitglieder des Vorstandes (§ 84 AktG) übt der Aufsichtsrat eine stärkere Kontrollfunktion als die Hauptversammlung aus. Zudem hat er das Recht, umfassend durch den Vorstand informiert zu werden (§ 90 AktG). Ein direkter Bezug zur Dividendenpolitik ergibt sich aus seiner Zustimmungspflicht zum vom Vorstand er-

---

[47] Auf die Unternehmen, die einen Gewinnabführungsvertrag zugunsten der Muttergesellschaft abgeschlossen haben, wird in dieser Arbeit nicht näher eingegangen, da über die Gewinnverwendung damit bereits dauerhaft entschieden worden ist.

[48] § 120 Abs. 2 S. 1 AktG.

[49] Die paritätische Mitbestimmung gilt in der Regel für Unternehmen, die mehr als 2000 Arbeitnehmer beschäftigen.

[50] Der Aufsichtsrat wählt aus seiner Mitte den Vorsitzenden mit einer Zweidrittelmehrheit. Wird ein zweiter Wahlgang notwendig, wählen allein die von den Aktionären bestellten Mitglieder den Vorsitzenden, die Arbeitnehmervertreter seinen Stellvertreter. Hefermehl (2001), S. XIX.

[51] Hefermehl (2001), S. XIX.

stellten Jahresabschluß. Billigt der Aufsichtsrat den Jahresabschluß nicht, so hat die Hauptversammlung ihn festzustellen und damit die Möglichkeit, in den ersten Teil der Gewinnverwendungsentscheidung einzugreifen (§ 173 AktG).[52]

Auf der zweiten Stufe der Gewinnverwendungsentscheidung verteilt die Hauptversammlung den vom Vorstand festgelegten Bilanzgewinn, sofern einer erzielt wurde.[53] An dem vom Vorstand und Aufsichtsrat festgestellten Jahresabschluß kann die Hauptversammlung nichts mehr ändern (§ 174 Abs. 1 AktG). Aufgrund der ersten Stufe der Gewinnverwendung haben sich einige Posten des ausgewiesenen Eigenkapitals geändert. Das Jahresergebnis und der Gewinn- oder Verlustvortrag des Vorjahres gehen im Bilanzergebnis und in der Veränderung der Gewinnrücklagen auf. Auf der zweiten Stufe der Gewinnverwendung beschließt die Hauptversammlung mit der Mehrheit der vertretenen Stimmen die Höhe der Dividende und wieviel des Bilanzgewinns gegebenenfalls als Gewinn im neuen Jahr vorgetragen oder noch zusätzlich in die Gewinnrücklagen eingestellt werden soll. Das geschieht durch einen entsprechenden Beschluß der Hauptversammlung (§ 174 AktG). Grundlage für den Beschluß ist der Vorschlag des Managements.

---

[52] Einen Überblick über die verschiedenen Aufgaben der drei Organe einer Aktiengesellschaft geben Schmidt et al. (1997), S. 75.

[53] Ein Bilanzverlust kann sich aufgrund eines Jahresfehlbetrags und/oder eines Verlustvortrags des Vorjahres ergeben, nicht aber aus Einstellungen in Rücklagen. Ein Bilanzverlust wird ins neue Jahr vorgetragen.

Tabelle 1.1 Vom Jahresergebnis zum Gewinnvortrag

Jahresergebnis	
+ Gewinnvortrag	– Verlustvortrag des Vorjahres
= zu verteilender Gewinn oder	zu deckender Verlust
zu verteilender Gewinn - **Einstellungen** in, oder + **Entnahmen** aus: freien Rücklagen und/oder gesetzlichen Rücklagen	zu deckender Verlust + **Entnahmen** aus: freien Rücklagen und/oder gesetzlichen Rücklagen Kapitalrücklagen
= **Bilanzergebnis** (Bilanzgewinn oder Bilanzverlust)	
Bilanzgewinn - Ausschüttung - Einstellung in die Gewinnrücklagen	**Bilanzverlust:** keine Ausschüttung keine Thesaurierung
Gewinnvortrag	**Verlustvortrag**

Die Verwendung des Bilanzgewinns selber hatte von 1977 bis 2001 aber auch direkten Einfluß auf das Jahresergebnis wegen des gespaltenen Körperschaftsteuertarifs. § 278 HGB verlangt, daß die Ermittlung der Ertragsteuern in der GuV-Rechnung bereits die Verwendung des Gewinns berücksichtigt. Ist der Verwendungsbeschluß noch nicht gefaßt (das ist die Regel), dann dient der Vorschlag der Verwaltung als Berechnungsgrundlage.[54] Eine geplante Dividendenzahlung führt dann über die dafür in der Regel geringeren Steuerzahlungen zu einem höheren Jahresüberschuß. In vielen Fällen gilt deshalb, je höher die Dividende desto höher der Jahresüberschuß. Durch die Ausschüttung von Gewinnrücklagen konnten aufgrund der Steuererstattungen aus geringen Jahresverlusten doch noch Jahresüberschüsse werden. Der höhere Jahresüberschuß führt zu höheren Tantiemen für Vorstand und Aufsichtsrat, sofern sie eine ergebnisorientierte Entlohnung erhalten.[55] Sollte der Beschluß der Hauptversammlung doch vom Vorschlag des Vorstandes abweichen und eine andere Ausschüttung vorsehen, dann führt das zu einer Änderung der im Jahresabschluß ausgewiesenen Körperschaftsteuerbelastung. Aber dennoch ändert sich der Jahresabschluß nicht mehr (§ 278 HGB).

54 Offenbar geht auch der Gesetzgeber davon aus, daß der Vorschlag des Vorstands von der HV beschlossen wird.

55 Für den Vorstand dient als Berechnungsgrundlage nach § 86 AktG der disponible Jahresüberschuß. Für den Aufsichtsrat hingegen ist nach § 113 Abs. 3 AktG der Bilanzgewinn nach Abzug einer Mindestverzinsung des Grundkapitals maßgeblich.

Ein zusätzlicher Aufwand geht zu Lasten des Bilanzgewinns[56], ein zusätzlicher Ertrag erhöht den Gewinnvortrag.

In der Praxis veröffentlichen die meisten börsennotierten Unternehmen zwei Bilanzen. Neben den Einzelabschluß tritt der Konzernabschluß. In diesem Zusammenhang stellt sich die Frage, welche Bilanzzahlen und insbesondere welche Jahresergebnisse hier verwendet werden sollten? Da der Konzernabschluß umfassender ist, gibt er das gesamte wirtschaftliche Potential des Unternehmens wieder. Deshalb wird z.B. das Ergebnis nach DVFA/SG anhand von Konzernabschlüssen ermittelt.[57] Durch die Konsolidierung von verbundenen Unternehmen erhöhen auch deren nicht ausgeschüttete Gewinne das Jahresergebnis in der Konzernbilanz. Gegenüber dem Einzelabschluß der Aktiengesellschaft bietet sich dann zwar ein genauerer Einblick in das wirtschaftliche Periodenergebnis des Unternehmens. Dennoch kann der Konzerngewinn nicht Grundlage der Gewinnverwendung sein. So war der im Tochterunternehmen verbleibende Gewinn bereits Gegenstand der Gewinnverwendung[58] der Tochter.[59] Er kann deshalb von der Muttergesellschaft nicht ausgeschüttet werden, obwohl er ihrem Konzernjahresergebnis direkt zugerechnet wird.[60] Auch rechtlich gesehen kann der Vorstand der Aktiengesellschaft nur den Jahresüberschuß der Aktiengesellschaft verwenden, um ihn als Bilanzgewinn auszuweisen oder in die Rücklagen einzustellen und nur dieser Bilanzgewinn steht dann zur Disposition der Aktionäre.[61] Das Konzernergebnis kann aber zusätzliche Informationen liefern, inwieweit die vorgeschlagene Ausschüttung sich am wirtschaftlichen Potential des Konzerns orientiert.

---

56 Siehe für einen ausführlichen Kommentar Zöllner (1991), S. 911 ff.

57 Busse v. Colbe, et al. (1996), S. 9.

58 Sofern ein Gewinnabführungsvertrag besteht, entfällt bei der Tochtergesellschaft die Gewinnverwendungsentscheidung, da die Abführung des Gewinns als Aufwand verbucht wird. Zöllner (1991), S. 912.

59 Bei Ausschüttungen ergeben sich zudem zeitliche Differenzen. Während beim Einzelabschluß das Jahresergebnis erst im Jahr des Zahlungseingangs der Dividende, also eine Periode später, erhöht wird, wirkt sich in der Konzernbilanz der gesamte Jahresüberschuß der Töchter unabhängig von deren Gewinnverwendung bereits im gleichen Jahr aus.

60 Das gilt nur für die einer Voll- oder Quotenkonsolidierung unterliegenden Unternehmen. Bei assoziierten Unternehmen, die nach der Equity-Methode in den Konzernabschluß einbezogen werden, geht deren Jahresergebnis direkt in die Bewertung der Beteiligung ein und erlangt darüber Einfluß auf das Jahresergebnis der Mutter. Scherrer (1994), S. 531.

61 Küting und Weber (1989), S. 573.

Neben dem Aktiengesetz bieten auch weitere Gesetze den Aktionären Schutz vor einem Machtmißbrauch durch das Management. Das 2. Kapitalmarktförderungsgesetz von 1994 verbietet den Insiderhandel und schreibt Ad-hoc-Mitteilungen für kursrelevante Neuigkeiten vor (§ 15 WpHG). Für den Kleinaktionär (weniger als 5% der Stimmrechte) kann es wichtig sein, über eventuelle Großaktionäre (mindestens 5% der Stimmrechte) informiert zu werden. § 21 Abs. 1 WpHG schreibt eine Meldepflicht vor, wenn ein Investor 5%, 10%, 25%, 50% oder 75 % aller Stimmrechte erreicht oder ein Großaktionär durch den Verkauf von Anteilen unter eine dieser Grenzen fällt.

Die Aktionäre bilden in aller Regel hinsichtlich ihrer Interessen keine homogene Gruppe. So kann es auch zwischen den Anteilseignern zu Interessenkonflikten kommen, insbesondere zwischen Klein- und Großaktionären.[62] Während Großaktionäre mit der Mehrheit der Stimmrechte die Beschlüsse der Hauptversammlung herbeiführen, haben die Kleinaktionäre so gut wie keine Möglichkeit, ihre Interessen durchzusetzen. Es besteht die Gefahr, daß die Mehrheitsaktionäre (ein Aktionär oder mehrere verbündete Großaktionäre besitzen über 50% der Stimmrechte) ihren Einfluß nutzen, sich selbst zu Lasten anderer einen Vorteil zu verschaffen.[63] Deshalb gibt es einige gesetzliche Vorschriften zum Schutz der Minderheitsaktionäre (komplementär zu den Mehrheitsaktionären). So hat jeder Aktionär die Möglichkeit, einen Beschluß der Hauptversammlung anzufechten (§ 243 AktG). Damit kann er sich gegen einen offensichtlichen Mißbrauch der Machtposition des Mehrheitsaktionärs wehren.[64] Einige Unternehmen[65] haben von der Möglichkeit nach § 134 Abs. 1 S. 2 AktG Gebrauch gemacht, in ihrer Satzung die Stimmrechte des einzelnen Aktionärs der Höhe nach zu beschränken.

Zusammenfassend läßt sich feststellen, daß die berechtigten Interessen der Fremdkapital- und Eigenkapitalgeber durch eine Reihe von Gesetzen geschützt werden. Für die Aktionäre geschieht das durch die Beschlüsse auf der Hauptversammlung und den in der Regel von Aktionärsvertretern dominierten Aufsichtsrat. Letztlich entscheidend ist

---

[62] „The most likely corporate governance problem in large German firms is a conflict of interest between the controlling owner and the minority owners.“ Edwards und Nibler (2000), S. 242.

[63] Shleifer und Vishny (1997), S. 737.

[64] Es dürfte im Einzelfall schwierig sein, den Mißbrauch nachzuweisen. Darunter leidet die praktische Relevanz dieses Schutzes. Wenger hat in den vergangenen Jahren als Kleinaktionär zunehmend von dieser Möglichkeit Gebrauch gemacht.

[65] Für eine Übersicht siehe die Aufstellung bei Gorton und Schmid (2000), S. 43.

jedoch, wie die Umsetzung der gesetzlichen Vorschriften in der Praxis aussieht und wer dadurch de facto welchen Einfluß auf das Management und damit auch auf die Dividendenpolitik des Unternehmens hat. Damit beschäftigt sich der folgende Abschnitt.

2. Einfluß auf das Management und dessen Kontrolle

Wie sehr Manager diszipliniert werden, hängt vor allem von der Aktionärsstruktur ab, insbesondere von der Konzentration der Anteile und der Identität der Anteilseigner.[66] Die unterschiedlichen Gruppen der Großaktionäre können unterschiedliche Zielsetzungen haben. Dadurch entstehen unterschiedliche Anreize und Vorgehensweisen, Kontrolle über das Management auszuüben.[67] Einfluß auf das Management kann aber möglicherweise auch über das Ausnutzen von Stimmrechtsvollmachten erfolgen. Darüber hinaus werden in diesem Abschnitt die Möglichkeiten des Aufsichtsrats und des Kapitalmarkts, Einfluß auf das Management auszuüben, dargestellt.

I. Aktionärsstruktur

Die Aktionärsstruktur der börsennotierten deutschen Aktiengesellschaften ist von einer hohen Konzentration des Anteilbesitzes geprägt. Nach Franks und Mayer (2001) haben 1990 fast 85% der 171 größten börsennotierten deutschen Industrieaktiengesellschaften zumindest einen Aktionär, dem mindestens 25% der Anteile am Unternehmen gehören. 57% dieser Unternehmen haben einen Mehrheitsaktionär (>50%). Edwards und Nibler (2000) analysieren für 1992 die Aktionärsstruktur der 105 größten börsennotierten deutschen Aktiengesellschaften, für die Daten vorlagen. Demnach haben 45% dieser untersuchten Aktiengesellschaften einen Mehrheitsaktionär. In 71% der Unternehmen gibt es zumindest einen Großaktionär, der über 25% der Anteile besitzt. In nur neun der 105 Aktiengesellschaften hält der größte Aktionär einen Anteil von unter 10%.

Die Mehrheitsaktionäre kontrollieren über ihren Aktienbesitz das Unternehmen. Aber bereits bei Beteiligungen von über 25% kann man häufig davon ausgehen, daß eine Kontrollmacht des Großaktionärs vorhanden ist, insbesondere dann, wenn es noch einen weiteren Großaktionär mit ähnlicher Interessenlage gibt. Von den 75 Unterneh-

---

[66] Prowse (1995), S. 22.
[67] Prowse (1995), S. 23.

men, an denen der größte Aktionär zu mehr als 25% beteiligt ist, haben 36 Unternehmen (48%) eine Privatperson[68] als größten Aktionär. Bei rund 17% der Unternehmen sind Nicht-Bank-Unternehmen, bei 13% Banken, bei 12% ausländische Anteilseigner[69] und bei 9% ist der öffentliche Sektor der größte Aktionär.[70]

Ein anderes Bild ergibt sich, wenn man die Aktionärsstruktur aller deutschen Aktiengesellschaften gemäß Berechnungen der Deutschen Bundesbank für Ende 1995 betrachtet.[71] Dort dominieren die nichtfinanziellen Unternehmen mit 42,1% den Anteilsbesitz. Private Haushalte kommen auf nur 14,6% und Banken auf 10,3%. Andere finanzielle Institutionen halten 20% der Aktien. Der Anteil ausländischer Investoren ist mit 8,7% angegeben.[72]

Einen nicht unwesentlichen Einfluß auf die Kontrolle des Managements dürften auch die Verflechtungen der Unternehmen untereinander haben. Durch direkte und indirekte Überkreuzbeteiligungen sind die Unternehmen in Deutschland eng miteinander verbunden. Schätzungsweise drei Viertel der Aktienbestände inländischer Produktionsunternehmen stellen gegenseitige Kapitalverflechtungen dar. Hinter rund einem Drittel der Beteiligungen von Banken stehen Verflechtungen innerhalb des Bankensektors.[73] Wechselseitiger Aktienbesitz verhindert eine effektive Unternehmenskontrolle, weil die, die kontrolliert werden sollen, ein Netz von Allianzen mit den Kontrolleuren gesponnen haben.[74] Gefördert werden solche Verflechtungen vor allem durch das steuer-

---

68 Darunter sind auch Eigentümerfamilien erfaßt.

69 Auffällig ist dabei die Höhe des durchschnittlichen Beteiligungsumfangs ausländischer Anteilseigner mit 75%. Edwards und Nibler (2000), S. 246, Tabelle 1.

70 Edwards und Nibler (2000), S. 246, Tabelle 1.

71 Diese Zahlen lassen keine direkten Aufschlüsse über die Machtverhältnisse innerhalb der einzelnen Unternehmen zu, da daraus nicht auf Mehrheiten geschlossen werden kann. Besonders die Werte von den nichtfinanziellen Unternehmen unterscheiden sich deutlich. Dieser Unterschied fällt wesentlich geringer aus, wenn man aus der Studie von Edwards und Nibler (2000) auch die Daten für den zweitgrößten Aktionär mit einbezieht.

72 Bei den Statistiken der Deutschen Bundesbank zur Aktionärsstruktur ist zudem zu beachten, daß die Daten häufig auf den Auswertungen der Depotstatistiken der Banken beruhen. Aktien werden dadurch lediglich zu 63% erfaßt. In den Depots inländischer Banken werden dem Nennwert nach schätzungsweise weniger als die Hälfte aller Aktien der Unternehmen gehalten. Dies ist hauptsächlich auf den umfangreichen Aktienbesitz zurückzuführen, der im Zusammenhang mit Unternehmensbeteiligungen und Konzernverflechtungen bei den Unternehmen gehalten wird. Deutsche Bundesbank (1995), S. 59 u. S. 65.

73 Deutsche Bundesbank (1997), S. 39.

74 Schmidt et al. (1997), S. 70.

liche Schachtelprivileg. Um die Vorteile nutzen zu können, muß die Beteiligung mindestens 10% (bis 1983 sogar 25%) betragen. Über die Bildung von Holdinggesellschaften[75], die ihrerseits mindestens 10% an den Unternehmen halten, lassen sich die steuerlichen Vorteile auch bei indirekten Beteiligungen von weit unter 10% erzielen.

In allen Unternehmen, in denen ein oder mehrere Großaktionäre der gleichen Anlegergruppe die Mehrheit am Unternehmen besitzen, wird sich die Dividendenpolitik an deren Interessen ausrichten. Dabei ist nicht entscheidend, ob sie der Mehrheit der Aktien und damit die Mehrheit am wirtschaftlichen Erfolg des Unternehmens haben. Entscheidend ist die Mehrheit der Stimmrechte und damit der Kontrollrechte.

So verbietet der § 12 AktG zwar grundsätzlich Mehrstimmrechte für eine Aktie, gestattet aber auf der anderen Seite die Ausgabe von stimmrechtslosen Vorzugsaktien.[76] Das senkt zwar den Anteil am wirtschaftlichen Erfolg für die Altaktionäre, aber nicht ihren Anteil an den Stimmrechten. Eine Möglichkeit, den Einfluß ohne weiteren Kapitaleinsatz zu erhöhen, ist der Aufbau von Beteiligungspyramiden. Dafür sind Partner notwendig, die ohnehin die gleichen Interessen verfolgen und/oder an Kontrollrechten kein Interesse haben. Mit ihnen zusammen wird eine Finanzholding gegründet, die wiederum Groß- oder besser noch Mehrheitsaktionär bei den betreffenden Unternehmen ist. Der Aktionär, der die Mehrheit an der Holding hält, hat dadurch auch den entscheidenden Einfluß auf das Zielunternehmen, obwohl die Beteiligung am wirtschaftlichen Ergebnis lediglich gut 25% beträgt. Gerade im Hinblick auf die Besteuerung der Ausschüttungen kann der Mehrheitsaktionär eventuelle Interessenkonflikte unter den Aktionären in seinem Sinne entscheiden.

Im folgenden Abschnitt gilt es zu klären, wer letztlich in den Unternehmen entscheidet, in denen nicht Großaktionäre über die Stimmenmehrheit verfügen (Publikumsgesellschaften).[77] Bei diesen Unternehmen erhalten Stimmrechtsvollmachten eine besondere Bedeutung.

---

[75] Siehe dazu Schmidt et al. (1997), S. 131.

[76] Gerade diese Möglichkeit, lediglich Rechte am Cashflow verkaufen zu können, ohne gleichzeitig Kontrollrechte zu verlieren, hat einigen Familienunternehmen den Weg an die Börse überhaupt gangbar gemacht. Das galt in Deutschland besonders für die IPO in der zweiten Hälfte der achtziger Jahre. Siehe dazu die Untersuchung von Erhardt und Nowak (2001).

[77] Die Kleinaktionäre verfügen zwar zusammen über die Mehrheit der Stimmrechte, aber viele dieser Unternehmen haben aber dennoch einen oder auch mehrere Großaktionäre.

II. Stimmrechtsvollmachten

Trotz der Regelungen des AktG ist der Schutz der Minderheitsaktionäre nicht sehr weit entwickelt.[78] Für Aktionäre, die nur eine geringe Beteiligung am Unternehmen halten, ist es wenig sinnvoll, hohe Aufwendungen zu tätigen, um sich über die zur Abstimmung stehenden Vorschläge des Managements eingehend zu informieren, denn die Informationskosten dafür wären für sie weit höher als der daraus erzielbare Nutzen.[79] Hinzu kommen Informationsnachteile, Kosten für die Bildung von Koalitionen und „Free Rider“ Probleme.[80] Selbst wenn diese Aktionäre von ihrem Recht Gebrauch machen, Gegenvorschläge auf der Hauptversammlung zu unterbreiten, haben sie doch aufgrund der fehlenden Unterstützung der übrigen Minderheitsaktionäre kaum Chancen auf Durchsetzung ihrer Interessen.[81] Selbst die Interessenverbände der Kleinaktionäre haben oftmals nur eine schwache Stellung[82] und können deshalb nur ex-post eine Kontrolle ausüben, indem sie gegen das Vorgehen des Managements klagen.[83] Deshalb ist es für diese Aktionäre in aller Regel vorteilhaft, nicht in die Ausübung ihrer Stimmrechte zu investieren und passiv zu bleiben. Dementsprechend lassen sich viele Aktionäre auf der Hauptversammlung vertreten.

Die in Deutschland weit verbreitete Erteilung einer Vollmacht zur Stimmrechtsausübung[84] durch die Depotbanken führt zu der Trennung der Kontrollrechte vom Aktienbesitz. Vor der Hauptversammlung müssen die Banken dem Aktionär ihre Empfehlungen zu den Tagesordnungspunkten mitteilen und um spezielle Instruktionen bitten. Erhalten sie keine Weisungen, müssen sie entsprechend ihrer Empfehlungen abstimmen.[85] Die meisten Kleinanleger machen von diesem Weisungsrecht keinen Ge-

---

78 Schmidt et al. (1997), S. 97.

79 Baums und von Randow (1995), S. 147.

80 Schmidt et al. (1997), S. 94.

81 Anträge von Aktionären zu außerordentlichen Tagesordnungspunkten haben, sofern sich die Verwaltung dagegen ausspricht, keine Chance auf Zustimmung. Siehe dazu die Abstimmungsergebnisse zu ausgewählten außerordentlichen Tagesordnungspunkten im Jahre 1992 bei Baums und Fraune (1995), S. 110.

82 Der Stimmrechtsanteil aller Aktionärsvereinigungen ist sehr gering. Bei den Publikumsgesellschaften lag er 1992 unter 0,3%. Baums und Fraune (1995), S. 102.

83 Schmidt et al. (1997), S. 135.

84 Zu den Bedingungen siehe § 135 AktG.

85 §§ 128 Abs. 2 und 135 Abs. 5 AktG.

brauch.[86] Deshalb können die Banken meistens die Stimmrechtsvollmachten vollständig in ihrem Sinne ausüben.

Die Ergebnisse der Untersuchungen von Baums und Fraune (1995) zeigen die Bedeutung der Stimmrechtsvollmachten für den Einfluß der Banken auf die 24 Publikumsgesellschaften, die zu den einhundert nach der Wertschöpfung größten börsennotierten Aktiengesellschaften zählen.[87] Einschließlich der Stimmen abhängiger Kapitalanlagegesellschaften verfügten Banken in 20 der 24 Unternehmen über die Mehrheit der Stimmen, in 18 Fällen sogar mit einer Dreiviertelmehrheit.[88] In Gesellschaften mit hohem Streubesitzanteil entfaltet das Depotstimmrecht seine größte Wirkung. In den wenigen Fällen, in denen Banken nicht über die Mehrheit der Stimmen verfügen, sind immer Großaktionäre außerhalb des Bankensektors beteiligt.[89]

Die erhobenen Daten zeigen auch, daß aufgrund der geringen Präsenz auf der jeweiligen Hauptversammlung (HV) bereits ein Anteilsbesitz von deutlich unter 50% ausreichen kann, um die erforderliche Mehrheit der vertretenen Stimmen zu erzielen.[90] Bei den zwölf Publikumsgesellschaften, bei denen weniger als 20% der Anteile im Festbesitz sind, liegt die HV-Präsenz unter 50%.[91]

Das Management der meisten Publikumsgesellschaften steht somit unter der Kontrolle der Banken. Das gilt insbesondere für die damals fünf größten Banken, die in fast allen Fällen mindestens 40% der vertretenen Stimmen auf sich vereinen konnten. Dadurch können in Einzelfällen diese Kreditinstitute einen Einfluß erlangen, den sonst nur Mehrheitsaktionäre haben.[92] De facto werden die Banken damit zu Fremdkapitalge-

---

86 Baums und Fraune (1995), S. 109.

87 Weitere Untersuchungen dazu liefern Böhm (1992) sowie Perlitz und Seger (1994).

88 Baums und Fraune (1995), S. 101.

89 Baums und Fraune (1995), S. 103.

90 Das gilt insbesondere für Banken, da dann noch die Stimmrechte aus den Vollmachten hinzukommen.

91 Die durchschnittliche Präsenz auf den Hauptversammlungen dieser Unternehmen lag 1992 bei 58%. Baums (1996), S. 12.

92 Dagegen behaupten Edwards und Nibler (2000) S. 248: Stimmrechtsvertretung ist kein bedeutendes Einflußmittel. Nur ganz selten kommen Banken damit auf über 10% der Stimmen. Alle drei Großbanken zusammen aber haben in Einzelfällen schon mehr Stimmrechte als der größte Aktionär. Sie erreichen aber auch dann idR nicht mehr als 10%. Andere Banken spielen überhaupt keine Rolle. Bei dieser Aussage zu beachten ist, daß sich ihre Untersuchung nicht auf Publikumsgesellschaften, sondern generell auf die größten Gesellschaften bezieht.

bern mit Stimmrechten, die die Vorteile risikoscheuer Unternehmenspolitik geniessen, ohne die damit verbundenen Nachteile tragen zu müssen. Ihre Interessen decken sich damit mit denen der Unternehmensverwaltung, die ebenfalls am risikolosen Erhalt und Ausbau ihrer Führungspositionen interessiert ist.[93] So überraschen auch nicht die deutlichen Abstimmungsergebnisse zu den obligatorischen Tagesordnungspunkten, die sich nur wenige Prozent unterhalb der Einstimmigkeit bewegen oder sie sogar erreichen.[94] Das betrifft auch die Beschlüsse über die Verwendung des Bilanzgewinns.[95] Damit bestimmt praktisch allein der Vorstand die Gewinnverwendungspolitik.[96] Offen bleibt dabei die Frage[97], wie die Entscheidung letztlich zustande kommt. Kann die jeweilige Unternehmensführung eigenständig entscheiden? Ist die Entscheidung Ausdruck gleichgerichteter Interessen, oder erfolgt im Vorfeld der Hauptversammlung eine Einigung mit dem Aufsichtsrat und/oder dem Großaktionär über die Verwendung des Bilanzgewinns?[98]

Eine effiziente Kontrolle setzt voraus, daß der Kontrolleur seinerseits wirksam überwacht werden kann.[99] Interessanterweise gehören alle fünf großen Banken selbst zu dem Kreis der Publikumsgesellschaften ohne großen Festbesitz. Zusammen vertreten die fünf größten Aktienbanken jeweils mehr als 50% der Stimmrechte auf den Hauptversammlungen der Banken.[100] Besonders über die bankeigenen Investmentgesellschaften haben sie einen hohen Anteil der Stimmrechte.[101] Wenn man unterstellt, daß

---

93 Baums und von Randow (1995), S. 150.

94 Siehe Baums und Fraune (1995), S. 110, Tab. 17.

95 Häufig disponiert bereits der Vorstand den Bilanzgewinn so, daß er nahezu der vorgeschlagenen Dividendensumme entspricht. Diese Aussage gilt nur bei Ausschüttungsquoten über 50%, da sonst § 58 Abs. 2 AktG der Disposition des Vorstandes Grenzen setzt.

96 § 254 AktG bietet Aktionären, die zusammen mindestens 5% der Anteile oder eine Million DM vertreten, die Möglichkeit, einen Beschluß anzufechten, wenn nicht mindestens 4% des Grundkapitals ausgeschüttet worden sind, weil der entsprechende Bilanzgewinn statt dessen in die Gewinnrücklagen eingestellt worden ist. Auch diese Vorschrift hat kaum praktische Relevanz.

97 Die Fragestellung gilt auch für alle anderen Punkte und letztlich auch für alle anderen Unternehmen, die unter dem Einfluß von Großaktionären stehen.

98 Z.B. war für die Hauptversammlung 2001 der Commerzbank AG Opposition angekündigt worden. Dann wurden jedoch die Anträge wieder zurückgezogen und die Abstimmungsergebnisse lagen bei fast 100%.

99 „Who monitors the monitor?" Prowse (1995), S. 46.

100 Baums und Fraune (1995), S. 106, Tab.11.

101 Auf eigenen Hauptversammlungen benötigen die Banken allerdings explizite Anweisungen ihrer Aktionäre für die Ausübung der Stimmrechte. § 135 Abs. 1 AktG.

die Banken auf diesem Gebiet sich gegenseitig unterstützen, anstatt zu konkurrieren - eine Annahme die empirisch beobachtbar ist -, haben die fünf größten Banken die Mehrheit auf ihren Hauptversammlungen.[102] Das bedeutet letztlich, daß die Großbanken[103] zusammen mit ihren Konkurrenten sich selbst kontrollieren.[104]

Stimmrechtsvollmachten und Beteiligungen der Banken an anderen Unternehmen einerseits und Beteiligungen dieser Unternehmen an den Banken andererseits schaffen wechselseitige Abhängigkeiten.[105] Dadurch können sich die Manager womöglich ganz oder teilweise der Kontrolle durch die Aktionäre entziehen. Dann aber verfolgen die Banken in aller Regel nicht mehr die Interessen der Aktionäre, deren Stimmen sie vertreten. Die Interessenkonflikte erscheinen ziemlich ausgeprägt. Banken haben vielschichtige wirtschaftliche Interessen: als Fremdkapitalgeber, als Underwriter, im Trading, bei Pensionsfondstransaktionen und in der Investmentberatung.[106] Das nährt immer wieder die seit Jahrzehnten nicht verstummende Kritik am Depotstimmrecht.[107]

Allein die Stimmenmehrheit auf der einmal im Jahr stattfindenden Hauptversammlung reicht aber nicht aus, um diese Interessen der Banken wirkungsvoll umzusetzen. Hilfreicher sind da die Mitgliedschaften eigener Vorstände in den Aufsichtsräten der jeweiligen Unternehmen.

III. Aufsichtsrat

Eine hohe Zahl an Stimmrechten auf der Hauptversammlung ermöglicht es den Banken, ihnen genehme Aktionärsvertreter in den Aufsichtsrat zu entsenden.[108] Besonders die drei Großbanken sind in den Aufsichtsräten stark vertreten und vor allem, aber

---

102 Schmidt et al. (1997), S.101.

103 Ab 1999 erfaßt die Deutsche Bundesbank in ihren Statistiken die Bayrische Hypo- und Vereinsbank AG als vierte Großbank. Hier sind die damals noch getrennten Regionalbanken bereits mit erfaßt.

104 Baums (1996), S. 14.

105 Baums und von Randow (1995), S. 150.

106 Schmidt et al. (1997), S. 100.

107 Für einen umfassenden Literaturüberblick zur Diskussion um das Depotstimmrecht siehe Baums und von Randow (1995), S. 146.

108 In der Realität entscheidet de facto die Hauptversammlung oft gar nicht über die Neubesetzung eines Aufsichtsratspostens. Der Aufsichtsratsvorsitzende, manchmal sogar der Vorstandsvorsitzende, bestimmt weitgehend in Eigenregie, wer bestellt wird. O.V. (1997a), S. 18.

längst nicht nur in den Unternehmen, an denen sie selbst beteiligt sind oder viele Stimmrechte vertreten.[109] Edwards und Niber (2000) ermitteln, daß von den 105 in ihre Untersuchung einbezogenen großen börsennotierten Aktiengesellschaften 57 Unternehmen (54%) zumindest ein Aufsichtsratsmitglied haben, das für eine Bank arbeitet. Der Anteil von Bankrepräsentanten am gesamten Aufsichtsrat liegt in etwa der Hälfte dieser Fälle zwischen 5% und 10%. Für die Einflußnahme entscheidender ist jedoch, daß in fast 39% dieser 57 Unternehmen Banken den Aufsichtsratsvorsitzenden stellen.[110] Der Vorsitzende hat eine besondere Stellung, da er engen und häufigen Kontakt zum Management hat.[111] Das verhilft den Banken in vielen Fällen zu Insiderwissen, das anderen Fremdkapitalgebern nicht zugänglich ist.[112] Das könnte zumindest bei den Publikumsgesellschaften aber auch ein Forum sein, um die Dividendenpolitik des Managements mit dem Interessenvertreter der Banken abzustimmen. Dabei dürften die Interessen der Aktionäre jedoch kaum eine Rolle spielen.[113]

Die rechtlichen Möglichkeiten für eine effektive Kontrolle durch den Aufsichtsrat liegen vor. Aber sie werden unzureichend genutzt.[114] Das Netz der Unternehmen konzentriert die Macht bei den Intermediären. Es beruht auf gegenseitigem Anteilsbesitz, persönlichen Kontakten mit den Aufsichtsratsmitgliedern, auf dem Depotstimmrecht und wahrscheinlich anderen informellen Kontakten.[115]

---

109 Edwards und Niber (2000), S. 250, finden durch eine Regressionsanalyse bestätigt, daß die Repräsentanz der drei Großbanken in den Aufsichtsräten mit ihren Anteils- und Vollmachtsstimmrechten zusammenhängt.

110 Edwards und Niber (2000), S. 249. In anderen Fällen hat häufig auch ein ehemaliges Vorstandsmitglied des Unternehmens den Vorsitz. Es verfügt dann zusätzlich über informelle Informationsquellen. Prowse (1995), S. 30.

111 Der Aufsichtsrat hingegen tagt selten. Er sollte viermal, muß aber nur zweimal pro Jahr tagen. § 110 Abs. 3 AktG.

112 Zum Informationsvorsprung dieser Banken gegenüber anderen Gläubigern siehe Schwiete und Weigang (1997), S. 12 f. und die dort angegebene Literatur.

113 „Der Glaube, daß Vertreter von Kreditinstituten gute Kontrolleure im Sinne der von ihnen vertretenen Aktionäre seien, hat aufgrund von Hauptversammlungsabläufen und empirischen Untersuchungen stark gelitten." Drukarczyk und Schmidt (1997), S. 263. Eine Ausnahme davon besteht offenbar, wenn Banken selbst am Unternehmen beteiligt sind. Dann bestehen keine Interessenskonflikte mit den übrigen Aktionären und diese Unternehmen weisen eine bessere Performance als vergleichbare Unternehmen ohne Bankbeteiligung auf. Das sind die Ergebnisse der Studie von Gorton und Schmid (2000).

114 Schmidt et al. (1997), S. 110.

115 Schmidt et al. (1997), S. 137.

Den Minderheitsaktionären, die ihre Interessen vom Aufsichtsrat und dem Management nicht genügend vertreten sehen, bleibt dann letztlich als Konsequenz nur der Verkauf der Anteile über den Kapitalmarkt. Die Unzufriedenheit dieser Aktionäre sollte sich dann in Kursrückgängen niederschlagen.

IV. Kapitalmarkt

In dem bankorientierten deutschen Finanzsystem[116] spielte in der Vergangenheit der Kapitalmarkt nur eine untergeordnete Rolle. Die deutsche Wirtschaft ist traditionell von mittelständischen Unternehmen geprägt. Die Hausbankbeziehungen dieser Unternehmen sind ein typisches Merkmal des deutschen Finanzsystems.[117] Die Bedeutung des Bankkredits kann als eine Ursache für die über einen langen Zeitraum geringe Bedeutung der Aktienfinanzierung in Deutschland betrachtet werden. Von 1991 bis 1996 z.B. sind nur 77 inländische Unternehmen neu an die Börse gegangen.[118]

Wichtigste Fremdmittelquelle für größere Betriebe hingegen sind die Pensionsrückstellungen, die etwa 15% der Verbindlichkeiten der Unternehmen mit einem Jahresumsatz von mindestens 100 Mio. DM ausmachen.[119] Hinzu kommen beträchtliche Mittel aus einbehaltenen Gewinnen. Diese Selbstfinanzierung, die aufgrund der Kontrollsituation für das Management problemlos zu realisieren sein dürfte, führt dazu, daß ein Unternehmen, wenn überhaupt, dann nur sehr selten mit einer Kapitalerhöhung an den Markt gehen muß.[120] Dadurch versucht das Management, sich einer Kontrolle durch die Marktteilnehmer zu entziehen. Diese Politik, die sich nicht vorrangig an den Interessen der Aktionäre ausrichtet und damit in aller Regel zu einem geringeren Marktwert des Eigenkapitals führt, birgt dann die Gefahr einer feindlichen Übernahme. Diese Gefahr sollte einen Disziplinierungseffekt auf das Management haben.[121]

---

116 Zum Finanzsystem in Deutschland siehe Bessler (1999a).

117 Deutsche Bundesbank (2000), S. 39.

118 Deutsche Bundesbank (1997), S. 28.

119 Deutsche Bundesbank (2000), S. 40. Eine Gegenüberstellung der Finanzierungsstrukturen von kleineren und größeren Aktiengesellschaften zeigt für eine allerdings etwas andere Stichprobe die erheblichen Unterschiede in der Fremdfinanzierung dieser beiden Gruppen. In dieser Statistik erreichen die Pensionsrückstellungen der größeren Aktiengesellschaften 1994 sogar über 26% der gesamten Fremdmittel. Deutsche Bundesbank (1997), S. 32.

120 Als Grund dafür wird auch die Finanzierung aus Rückstellungen verantwortlich gemacht. Salzberger (2000), S. 214. Eine Untersuchung von Kaen und Sherman (1997) zeigt jedoch, daß Pensionsrückstellungen vorrangig zur Substitution anderen Fremdkapitals eingesetzt werden.

121 Prowse (1995), S. 6.

In Deutschland ist die empirische Relevanz von feindlichen Übernahmen vernachlässigbar gering.[122] Eine Vielzahl von Gründen erschwert feindliche Übernahmen.[123] Die Unternehmen sind meistens gut davor geschützt. Die hohe Konzentration des Anteilsbesitzes[124], häufig in Verbindung mit wechselseitigem Anteilsbesitz, die Ausgabe von Vorzugsaktien und die Beschränkung der Stimmrechte auf eine Höchstgrenze führen einzeln oder in Kombination dazu, daß es Außenstehenden nur schwer möglich ist, die Mehrheit am Unternehmen zu erzielen. Im Rahmen der Dividendenpolitik würde eine hohe Thesaurierungsquote c.p. zu einem Kursanstieg führen und so einen höheren Kapitalaufwand für die Übernahme erfordern. Aber daran sollte letztlich eine feindliche Übernahme nicht scheitern, so daß dieses Argument nicht unmittelbar praktische Relevanz haben dürfte.

Wenn die Disziplinierung über den Kapitalmarkt versagen sollte, dann bleibt als weitere Möglichkeit, Anreize für das Management zu schaffen. Mittlerweile hat es sich auch in Deutschland durchgesetzt, die Entlohnung der Manager teilweise an eine erfolgreiche Arbeit zu knüpfen. Die Anknüpfung der Entlohnung an Größen des Rechnungswesens, wie z.B. den Jahresüberschuß oder den Bilanzgewinn, muß dabei nicht immer im Sinne der Aktionäre sein, da diese Größen vom Management durch Gewinnausweis- bzw. Gewinnverwendungspolitik steuerbar sind, ohne daß der Aktionär davon profitiert.

Nach § 86 Abs. 1 AktG kann den Vorstandsmitgliedern für ihre Tätigkeit eine Gewinnbeteiligung gezahlt werden. Die Beteiligung berechnet sich nach dem Jahresgewinn des Unternehmens, vermindert um einen eventuellen Verlustvortrag und die Beträge, die in die Gewinnrücklagen einzustellen sind. Damit hat die Gewinnverwendungspolitik keinen direkten Einfluß auf die Höhe der Tantieme. Aber über hohe Thesaurierungen, die dann zu höheren Jahresüberschüssen in den kommenden Jahren füh-

---

122 Schmidt et al (1997), S. 122. Zwischen 1968 und 1997 wurden 15 feindliche Übernahmeangebote unterbreitet. Sieben davon waren erfolgreich. Prigge (1998), S. 992 f. In der jüngeren Vergangenheit haben hier zwei Versuche für viel Aufsehen gesorgt. Der gescheiterte Versuch von Krupp-Hoesch, die Thyssen AG zu übernehmen und der nach langem Kampf erfolgreiche Versuch von Vodafone, die Mannesmann AG zu übernehmen.

123 Für eine ausführliche Zusammenstellung siehe Schmidt et al. (1997), S. 128 - 130.

124 Der hohe Anteil selbstverwahrter Aktien unterstreicht die besondere Bedeutung des Beteiligungsmotivs. Diese Aktien stehen dem Markt zum Handel nicht zur Verfügung. Deutsche Bundesbank (1995), S. 65.

ren, erlangt die Dividendenpolitik in diesen Fällen doch Einfluß auf die zukünftige persönliche Vermögenssituation der Manager.

In der Praxis ist jedoch häufig eine Kopplung der Tantieme an die Dividendenzahlungen anzutreffen. Damit soll dem Horten der Gewinne im Unternehmen, wie es dem Management häufig unterstellt wird, entgegengewirkt werden. Rechtlich ist die Vereinbarung einer dividendenabhängigen Tantieme zulässig. Das gilt auch für Ausschüttungen, die aus der Auflösung von Gewinnrücklagen gespeist werden.[125] In den Fällen verzichten Vorstandsmitglieder auf Teile ihres Einkommens, wenn sie entscheiden, Gewinne zu thesaurieren. Dieser Verzicht ist zunächst nur zeitlich begrenzt, kann aber endgültig werden, wenn der Manager ausscheidet, bevor die thesaurierten Gewinne doch noch ausgeschüttet werden.

Um dem Ziel, die Interessen der Manager mit denen der Aktionäre zu verknüpfen, näher zu kommen, muß die Verbindung zum Marktwert des Eigenkapitals hergestellt werden. Das kann entweder über die direkte Ausgabe von Aktien an die Manager oder über die Gewährung von Aktienoptionen geschehen. Aber auch hier kann es zu Mißbrauch kommen, wenn dem Management wohlgesinnte Aufsichtsräte unverhältnismäßig hohe Vergütungen in dieser Form gewähren.[126] Ob Aktienoptionen in den Händen der Manager einen Einfluß auf deren Dividendenpolitik haben, hängt nicht zuletzt davon ab, ob die Basispreise der Optionen um Dividendenzahlungen bereinigt werden oder nicht.

Besonders in Publikumsgesellschaften könnte über eine erfolgsabhängige Vergütung der Aufsichtsratsmitglieder eine größere Übereinstimmung mit den Aktionärsinteressen erzielt werden. Aber bisher setzt sich die Vergütung regelmäßig aus einem Fixbetrag, Sitzungsgeldern und einem an die Ausschüttungen gekoppelten Betrag zusammen.[127] § 113 AktG sieht die Möglichkeit einer Gewinnbeteiligung der Aufsichtsratsmitglieder vor. Ist eine Beteiligung am Jahresgewinn vorgesehen, dann muß sie sich am Bilanzgewinn orientieren, der jedoch um mindestens vier Prozent des Grundkapitals zu verringern ist. Dadurch ist die auch an anderer Stelle vorgesehene Mindest-

---

[125] BGH, Urteil v. 3.7.2000 - ZR 12/99.

[126] Shleifer und Vishny (1997), S. 745. Siehe zu der Gefahr auch Wenger (1997), S. 63 f.

[127] Salzgeber (2000), S. 216. Für eine empirische Untersuchung zu den Aufsichtsratsvergütungen in Deutschland siehe Knoll et al. (1997).

verzinsung (4%) des Grundkapitals für die Aktionäre aus dem Bilanzgewinn geschützt. Anders als beim Vorstand erlauben die gesetzlichen Vorschriften keinen Erwerb eigener Aktien durch das Unternehmen, um sie an den Aufsichtsrat auszugeben.

Durch eine entsprechende Dividendenpolitik läßt sich eine derartige Vergütung für die Aufsichtsratsmitglieder erhöhen. Das setzt voraus, daß der Vorstand darauf verzichtet, selbst bereits einen Teil des Jahresüberschusses in die Gewinnrücklagen zu stellen, und statt dessen der Hauptversammlung vorschlagen müßte, aus dem dadurch höheren Bilanzgewinn die Gewinnrücklagen aufzufüllen. Bei Publikumsgesellschaften sollte das aufgrund der Dominanz der Banken problemlos durchführbar sein. Bei Unternehmen mit Großaktionären dagegen könnten Probleme auf der Hauptversammlung auftreten, da diese Vorgehensweise durch die erhöhten Vergütungen zu Nachteilen für die Aktionäre und insbesondere für den Großaktionär führt. In der Praxis basieren gewinnabhängige Regelungen für die Tantiemen jedoch fast ausnahmslos auf den Dividendenzahlungen des Unternehmens.[128] Rechtlich wird dieses Vorgehen nicht beanstandet. Erhalten die Aufsichtsratsmitglieder eine derartige Vergütung, dann sollte ihr Interesse hohen Dividendenzahlungen gelten. Insgesamt gesehen sind die Aufsichtsratsvergütungen jedoch nur in unzureichendem Maße an die finanziellen Ziele der Aktionäre gekoppelt.[129]

3. Zusammenfassung

Die Stimmrechtsverhältnisse in Unternehmen sind offenbar entscheidend dafür, welche Ziele mit der Dividendenpolitik verfolgt werden sollen. Gibt es einen Mehrheitsaktionär, dann wird die Dividendenpolitik vorrangig an seinen Interessen ausgerichtet sein. Das gilt auch für mehrere Großaktionäre, die zusammen über die Mehrheit der Stimmrechte verfügen und deren Interessen gleichgerichtet sind. Handelt es sich bei den Unternehmen um Publikumsgesellschaften mit breit gestreutem Anteilsbesitz, dann verfügen in den meisten Fällen Banken über die Mehrheit der Stimmrechte.

---

128 Knoll et al. (1997), S. 241.

129 Knoll et al. (1997), S. 251.

Deren Interesse an einer wirksamen Kontrolle und Einflußnahme dürfte von ihren sonstigen Beziehungen zum Unternehmen abhängen.[130]

Ein wichtiges Indiz für das Interesse der Bank dürfte es sein, wenn ein Bankrepräsentant den Vorsitz im Aufsichtsrat hat. Falls das Eigeninteresse der Banken an der Publikumsgesellschaft eher gering sein sollte, ist der Vorstand in der Lage, seine Interessen unabhängig von denen der einzelnen Aktionäre stärker zu verfolgen. Das trifft auch zu, wenn enge wechselseitige Beziehungen zwischen den Unternehmen und den Kontrolleuren bestehen, wie es insbesondere unter den Großbanken der Fall ist. Hier kann von einem völlig autarken Management ausgegangen werden.

Die Dividendenpolitik der Unternehmen wird in Abhängigkeit von den Interessen des Kontrolleurs unterschiedlich ausfallen. Insbesondere hinsichtlich der steuerlichen Präferenzen für eine bestimmte Dividendenpolitik lassen sich folgende Gruppen von Entscheidungsträgern unterscheiden: Wohlhabende Privatpersonen[131] (inklusive der am Unternehmen beteiligten Manager) und Personengesellschaften, andere Unternehmen (Kapitalgesellschaften), Banken und ausländische Anteilseigner. Sie alle werden bestrebt sein, ihren individuellen Nutzen zu maximieren. Abhängig davon, wer letztlich die Entscheidungsmacht hat, ergeben sich daraus in den verschiedenen Unternehmen unterschiedliche Gewinnverwendungsstrategien.

C. Rahmenbedingungen für die Dividendenpolitik in den USA

Der Schwerpunkt der Entwicklung von Theorien und empirischen Untersuchungen zur Dividendenpolitik liegt seit langem in den Vereinigten Staaten von Amerika (USA).

---

130 Gorton und Schmid (2000) finden in ihrer Studie Unterstützung für die Behauptung: Banken sind ein wichtiger Teil der Corporate Governance in Deutschland. Eine höhere Bankbeteiligung korreliert mit einer besseren Performance der betroffenen Unternehmen. Dieser Zusammenhang gilt jedoch nicht für den Einfluß der Banken über das Depotstimmrecht. Außerdem haben sie keine Anhaltspunkte gefunden, die auf ein Handeln im Eigeninteresse der Banken zu Lasten der übrigen Aktionäre hindeuten. Baums zeigt hingegen auf, daß sich die Depotbank mit den höchsten Stimmrechtsanteilen sich regelmäßig die Emissionsführerschaft bei Emissionen des betreffenden Unternehmens verschafft. Der Nachteil für die anderen Aktionäre liegt in den dafür zu zahlenden tendenziell überhöhten Preisen, die die Depotbank aufgrund des mangelnden Wettbewerbs verlangen kann. Baums (1996), S. 13 und S. 23 f., Tabelle 3.

131 Wenn es sich dabei nicht um Einzelpersonen, sondern um Familien handelt, weisen Bessler, Kaen und Shermann (1998), S. 584 f., zurecht darauf hin, daß es auch innerhalb dieser Familien zu Interessenkonflikten kommen kann.

Zum besseren Verständnis der dort gestellten Fragen und gefundenen Antworten ist es sinnvoll, zunächst einen Überblick über die dortigen Rahmenbedingungen zu geben.

Die amerikanischen Unternehmen haben verschiedene Möglichkeiten, an ihre Aktionäre Geld fließen zu lassen. Die Ausschüttungen erfolgten lange Zeit überwiegend in Form von Bardividenden. Sie werden normalerweise in jedem Quartal gezahlt. Entscheidungsparameter der Dividendenpolitik ist jedoch die jährliche Dividende. So erfolgen Änderungen in der Höhe der Dividende gewöhnlich auch nur jährlich,[132] d.h. es erfolgen vier gleich hohe Zahlungen pro Jahr. In den empirischen Untersuchungen wird deshalb in der Regel ebenfalls mit der jährlichen Dividende gearbeitet. Neben der regelmäßigen Dividende (Regular Dividend) kann zusätzlich eine „Extra Dividend" oder eine „Special Dividend" gezahlt werden. Die Ankündigung der Dividende erfolgt am „Declaration Date". Gleichzeitig wird auch der „Holder-of-Record" Tag bekannt gegeben. Der Aktionär, der an diesem Tag als Eigentümer dem Unternehmen bekannt ist, erhält die Dividendenzahlung. Tatsächlich wird das Recht auf die Dividende bereits vier Tage vorher von der Aktie getrennt (Ex-Dividend Date).[133] Die Zahlung selbst erfolgt einige Zeit später (Payment Date).

Die Bardividende kann ganz oder teilweise durch einen Aktienrückkauf substituiert werden. Grundsätzlich bieten sich dem Unternehmen dafür drei Wege an. Der Rückkauf erfolgt

- am offenen Markt,
- über ein Tender Angebot (mit festem Preis oder als Auktion) oder
- durch eine direkte Vereinbarung mit einem oder mehreren Großaktionären.[134]

Die Entscheidung über die Gewinnausschüttung liegt beim Board of Directors. Die Mitglieder werden von den Aktionären gewählt, allerdings auf Vorschlag des CEO. Häufig ist der CEO auch der Vorsitzende des Board. Im allgemeinen dominieren Manager des eigenen Unternehmens das Board of Directors[135] und entscheiden deshalb

---

132 Brigham und Gapenski (1997), S. 684.

133 Brigham und Gapenski (1997), S. 685.

134 Brigham und Gapenski (1997), S. 691.

135 Shleifer und Vishny (1997), S. 751.

mit über ihre Vergütungen und mögliche Abberufungen.[136] Eine unabhängige Kontrolle über das Management durch das Board of Directors ist somit nicht gegeben.

Diese mangelnde Kontrolle über das Management kann dazu geführt haben, daß die Manager über Anreizsysteme dazu gebracht werden sollen, Entscheidungen im Interesse der Aktionäre zu treffen. Dafür müssen die Interessen der Manager denen der Aktionäre angeglichen werden. So richten sich die Vergütungen häufig nach der Performance-Entwicklung des Unternehmens. Vorwiegend über Aktienoptionspläne sind die meisten Manager auch zu Aktionären ihrer Unternehmen gemacht worden.[137]

Die Aktionärsstruktur amerikanischer Unternehmen unterscheidet sich stark von der deutscher Aktiengesellschaften. Groß- und besonders Mehrheitsaktionäre bilden die Ausnahme. Der Anteilsbesitz ist weit gestreut. Private Haushalte investieren viel Geld in Aktien.[138] Es gibt gesetzliche Beschränkungen für den Aktienbesitz von Banken, Versicherungen und Pensionsfonds.[139] Eine vermehrte Konzentration des Anteilsbesitzes kann sich aber in Zukunft durch die hohe Zahl der Übernahmen ergeben.

Sowohl die Interessen der Klein- als auch der Großaktionäre sind in den USA durch eine Reihe gesetzlicher Vorschriften[140] geschützt, und die Gerichte sorgen mit ihren Entscheidungen dafür, daß Aktionäre ihre Rechte auch durchsetzen können.[141] Diese Gesetze unterstützen ein System, in dem der Einfluß von Banken gering ist und eine Kontrolle über das Management hauptsächlich von einem aktiven Kapitalmarkt aus-

---

[136] Für eine Übersicht der unterschiedlichen Strukturen dieses Kontrollgremiums in verschiedenen Ländern siehe Prowse (1995), S. 34.

[137] Prowse (1996), S. 5.

[138] Der Anteil der privaten Haushalte am Gesamtumlauf an Aktien betrug Ende 1995 für die USA 36,4% und nur 14,6% für Deutschland. Deutsche Bundesbank (1997), S. 29.

[139] Siehe dazu eine Übersicht bei Prowse (1996), S. 8.

[140] Dazu zählen auch die strengen Publikationsvorschriften für börsennotierte Unternehmen.

[141] Shleifer und Vishny (1997), S. 769.

geht.[142] Die Kapitalmärkte sind sehr liquide und erleichtern somit die Möglichkeiten feindlicher Übernahmen.

Anders als in Deutschland wird man bei der Erörterung der Dividendenpolitik amerikanischer Unternehmen die Bedeutung des Kapitalmarktes als Kontrollinstrument berücksichtigen müssen. Eine hohe Ausschüttung, die das Unternehmen zwingt, sich über eine Kapitalerhöhung wieder neue Eigenmittel zu beschaffen, erhöht die Kontrollmöglichkeiten durch den Markt.

D. Der Aktienrückkauf als Alternative zur Dividendenzahlung

Im Mittelpunkt dieser Arbeit stehen die regulären Dividendenzahlungen. Um diese jedoch ökonomisch beurteilen zu können, sind jeweils Vergleiche mit anderen Auszahlungsmöglichkeiten an die Aktionäre anzustellen. Zum besseren Verständnis soll deshalb an dieser Stelle die Alternative „Aktienrückkauf" ebenfalls dargestellt werden, insbesondere deshalb, weil der Aktienrückkauf häufig als Substitut für Dividendenzahlungen angesehen wird.[143]

In den USA hat der Aktienrückkauf bereits seit Mitte der siebziger Jahre stark an Bedeutung zugenommen.[144] Jagannathan, Stephens und Weisbach (2000) kommen in der Auswertung ihrer statistischen Erhebung zu dem Ergebnis, daß in den USA die Aktienrückkäufe von 1985 bis 1996 zwar stark angestiegen sind, aber dennoch nicht annähernd die Dividendenzahlungen ersetzt haben.[145] 1985 erfolgten 69% der Gesamtausschüttung in Form von Dividendenzahlungen. Dieser Anteil sank trotz der starken Zunahme der Aktienrückkäufe nur auf 65% im Jahr 1996.[146] Nimmt man jedoch die Zahlen für 1997 und 1998 hinzu, dann zeigt sich deutlich der Trend zu immer höheren

---

142 Ende 1996 betrug die Börsenkapitalisierung in den USA 13.354 Mrd. DM, in Deutschland nur 1.002 Mrd. DM. Bezogen auf das jeweilige Bruttoinlandsprodukt unterstreicht ein Anteil von 122% für die USA im Vergleich zu den 27% für Deutschland die unterschiedliche Bedeutung der Aktienmärkte. Deutsche Bundesbank (1997), S. 28.

143 Für eine ausführliche Beschreibung der Rahmenbedingungen von Aktienrückkäufen und eine empirische Untersuchung der Kapitalmarktrelevanz von Aktienrückkäufen in Deutschland siehe Schremper (2002).

144 Von Rosen und Helm (1996), S. 434.

145 In Europa gab es bis 1996 nur in Großbritannien Aktienrückkäufe in größerer Zahl. Siehe dazu die Übersichten bei Dugan und Meroz (1996).

146 Jagannathan, Stephens und Weisbach (2000), S. 365.

Anteilen der Aktienrückkäufe an den Gesamtausschüttungen. Bereits für 1998 liegt der Anteil bei nahezu 50%.[147] Während sich die Gesamtausschüttungen durch Dividendenzahlungen langsam, aber stetig erhöhen, variiert der Umfang der Aktienrückkäufe stark in Abhängigkeit vom Wirtschaftszyklus.[148]

In Deutschland ist der Aktienrückkauf erst seit 1998[149] in einer Form zulässig, die ihn zu einem möglichen Instrument der Finanzierungspolitik[150] macht. Nach § 57 Abs. 1 S. 1 AktG ist die Einlagenrückgewähr unzulässig. Die Ausnahmen von diesem Erwerbsverbot eigener Aktien sind in § 71 AktG festgelegt. Erst das Gesetz zur Kontrolle und Transparenz im Unternehmensbereich (KonTraG) vom 27.4.1998[151] hat durch die Erweiterung des § 71 Abs.1 AktG um die Nr. 8 eine liberalere Regelung geschaffen, die einen Aktienrückkauf ohne Zweckbindung ermöglicht.[152] Damit nähern sich die Vorschriften denen in den USA an. Dort ist der Aktienrückkauf seit vielen Jahren ein von den Unternehmen in großem Umfang genutztes Instrument der Gewinnverwendungspolitik.[153] Insbesondere in Bezug auf den maximal zulässigen Umfang eines Aktienrückkaufs bleibt die deutsche Regelung noch immer weit hinter der US-amerikanischen zurück.

Nach wie vor gilt der § 71 Abs.2 S. 1 AktG, wonach der Bestand an eigenen Aktien nach dem Rückkauf 10% des Grundkapitals nicht übersteigen darf. Zudem können Aktien nur bis zur Höhe der ausschüttungsfähigen Gewinne und der freien Rücklagen erfolgen. Damit soll dem Gläubigerschutz entsprochen werden.

---

147 Siehe dazu die Grafik bei Damodaran (2000), S. 688.

148 Für eine Übersicht über die Ausschüttungen der Jahre 1985 bis 1996 siehe Jagannathan, Stephens und Weisbach (2000), S. 361, Tab. 1.

149 Zur historischen Entwicklung des Aktienrückkaufs siehe Peltzer (1998), S. 322 ff.

150 Nicht jeder sieht im Aktienrückkauf ein Finanzierungsinstrument. Wer mit Finanzierungsmaßnahmen zwingend eine Anfangseinzahlung verbindet, sieht aufgrund der Auszahlung beim Aktienrückkauf darin eine Investition in „eigene Aktien", wie z.B. Schultz (1999), S 381. Hier werden jedoch unter dem Begriff Finanzierung alle Vorgänge erfaßt, die die Passivseite der Bilanz verändern.

151 BGBl I 1998, S. 786.

152 Zu den Regelungen zuvor und zu der Entwicklung der Neuregelung siehe von Rosen und Helm (1996).

153 Zu dem Umfang der Nutzung siehe die Aufstellung bei Lease et al. (2000), S. 162 f. Dort sind die Volumina verschiedener Rückkaufverfahren den Dividendenzahlungen in den betreffenden Jahren gegenübergestellt.

Voraussetzung für den Aktienrückkauf ist ein Beschluß der Hauptversammlung, in dem der Vorstand zum Erwerb eigener Aktien ermächtigt wird. Der Beschluß ist höchstens 18 Monate gültig. In diesem Beschluß **muß** festgelegt werden, wie hoch der Anteil der zurückgekauften Aktien am Grundkapital sein wird und wie hoch der niedrigste und der höchste Rückkaufpreis[154] sein darf. Zusätzlich **kann** in dem Beschluß festgelegt werden:

- der Zweck des Erwerbs (unzulässig ist der Erwerb zum Handel, § 71 Abs.1 Nr.8 S. 2 AktG),
- die Art des Erwerbs und einer möglichen späteren Veräußerung,
- die Notwendigkeit eines Beschlusses der Hauptversammlung bei Veräußerung,
- die Möglichkeit der Einziehung der Aktien[155],
- zeitliche oder sonstige Verwendungsvorgaben.

Im Zuge der Liberalisierung von Aktienrückkäufen sind Fragen der bilanziellen und steuerlichen Behandlung ausführlich in wissenschaftlichen Beiträgen diskutiert worden.[156] Eigene Aktien stellen in der Hand eines Dritten einen Vermögenswert dar, führen jedoch in der Hand der AG zu keiner Vermögensmehrung.[157] Abhängig vom Zweck des Aktienrückkaufs sieht das HGB durch die Neufassung des § 272 Abs.1 HGB jetzt zwei verschiedene Bilanzierungsansätze vor. Dadurch ergaben sich unterschiedliche Meinungen, wie der Erwerb eigener Aktien steuerrechtlich einzuordnen sei. Erst im Dezember 1998 beendete ein Schreiben des BMF[158] endgültig die Unsicherheit in der steuerlichen Behandlung von Aktienrückkäufen.

Die durch den Aktienrückkauf erworbenen eigenen Aktien sind in der Regel als Vermögensgegenstände erfolgsneutral im Umlaufvermögen mit ihren Anschaffungskosten zu bilanzieren.[159] Da für Werte des Umlaufvermögens das strenge Niederstwertprinzip nach § 253 HGB gilt, führt hier bei börsennotierten Unternehmen ein sich am Bilanzstichtag ergebender Kursrückgang zu einer Teilwertabschreibung und damit

---

154 Die Preise müssen nicht absolut bestimmt werden, sondern können auch als prozentuale Abweichung vom Börsenkurs festgelegt werden. Vigelius (2000), S. 222.

155 Die Einziehung der Aktien ist nach wie vor auch über § 71 Abs. 1 Nr. 6 AktG möglich. Das erfordert dann aber zuvor einen Kapitalherabsetzungs- und Einziehungsbeschluß.

156 Pellens und Schremper (2000), S. 134. Siehe dazu die dort aufgeführte Literatur.

157 Klingberg (1998), S. 1576.

158 BMF-Schreiben vom 2.12.1998.

159 § 266 Abs. 2 B III 2 und Abs. 3 A III 2 sowie § 272 Abs. 4 S. 1 HGB und § 255 Abs. 1 HGB.

zu einer Verringerung des Jahresüberschusses.[160] Werden die eigenen Aktien wieder ausgegeben, ist die Differenz zwischen dem Verkaufserlös und dem Buchwert der Position „eigene Anteile“ ebenfalls erfolgswirksam. Dieser Vermögensgegenstand „eigene Aktien“ hat jedoch für die Gläubiger im Liquidationsfall keinen Wert.[161] Um ihre Ansprüche zu schützen, ist zusätzlich eine „Rücklage für eigene Anteile“ zu bilden. Das geschieht in der Regel durch eine entsprechende Abbuchung aus den frei verwendbaren Rücklagen, kann aber auch aus dem Jahresüberschuß oder einem Gewinnvortrag erfolgen. Diese Mittel stehen dann für künftige Ausschüttungen nicht zur Verfügung. Bei Veräußerung der Anteile werden im Ergebnis die Buchungen rückgängig gemacht. Bei einer vorzunehmenden Teilwertabschreibung ist die Rücklage in entsprechender Höhe aufzulösen.[162]

Werden die eigenen Aktien jedoch zur Einziehung erworben, wird darin das Gegenteil einer Kapitalerhöhung und keine Anschaffung eines Vermögenswertes gesehen. Folgerichtig erfolgt eine Korrektur des „gezeichneten Kapitals“, indem der Nennbetrag[163] der zurückgekauften Aktien in einer Vorspalte zum „gezeichneten Kapital“ offen ausgewiesen wird.[164] Die Differenz zwischen Kaufpreis und Nennwert vermindert die anderen Gewinnrücklagen. Anfallende Anschaffungsnebenkosten dürfen hier als Aufwand verbucht werden.[165] Werden die Anteile doch wieder veräußert, entspricht die Bilanzierung dieser Veräußerung der einer Kapitalerhöhung. Das Agio ist in die Position „Kapitalrücklage“ einzustellen.[166] Im Gegensatz zur Bilanzierung als Vermögensgegenstand erhöht ein beim Wiederverkauf realisierter Kursgewinn hier nicht den Jah-

---

160 Führen Verluste des Unternehmens in der Periode zu einem Kursrückgang unter den Kaufkurs, dann erhöht sich der Verlust noch weiter. Einige Autoren sprechen in diesem Zusammenhang von einer doppelten Erfassung des operativen Verlustes, z.B. Pellens und Schremper (2000), S. 140.

161 Der Ansatz, „eigene Aktien“ als Vermögensgegenstand zu behandeln, ist auch der Kritik ausgesetzt. Aus der Aktie stehen dem Unternehmen selbst keine Rechte zu. Die Möglichkeit des Wiederverkaufs ist mit der Möglichkeit, eine Kapitalerhöhung durchzuführen, gleichzusetzen. Thiel (1998), S. 1583. Anders hingegen Klingberg (1998), S. 1576.

162 Wiese (1999), S. 188.

163 Bei Stückaktien ist der rechnerische Wert anzusetzen.

164 § 272 Abs. 1 S. 4 HGB.

165 § 272 Abs. 1 S. 6 HGB.

166 Dieser Bilanzansatz kommt der „Par Value Method“ der Amerikaner sehr nahe. Für einen Vergleich und eine Übersicht mit Beispielen zu den amerikanischen Methoden siehe Pellens und Schremper (2000), S. 136 ff.

resüberschuß. Die Voraussetzungen für diesen Ansatz sind gegeben, wenn einer der folgenden Sachverhalte zutrifft:

- Die Hauptversammlung hat die Einziehung beschlossen.
- Neben der Ermächtigung zum Aktienrückkauf zum Zweck der Einziehung erfolgt auch die Ermächtigung zur Durchführung der Einziehung.
- Die Ermächtigung zum Aktienrückkauf erfolgt zum Zweck der Einziehung und die Einziehung muß durch die Hauptversammlung zu beschließen sein.
- Ein Wiederverkauf der Aktien am Markt erfordert die vorherige Genehmigung der Hauptversammlung.[167]

Zur Durchführung des Aktienrückkaufs stehen verschiedene Verfahren zur Verfügung:[168]

1. Rückkauf über die Börse

Dieser Weg ist explizit im Gesetzestext des § 71 Abs. 1 Nr. 8 AktG genannt und steht allen börsennotierten Aktiengesellschaften offen. Dieses Verfahren hat in den USA eine herausragende Bedeutung und wird es auch in Deutschland haben[169], da der Rückkaufskurs dem aktuellen Börsenkurs entspricht und somit keine Prämie gezahlt werden muß. Allerdings ist der Aktienrückkauf wegen der ansonsten zu starken Kursreaktionen dann nur über einen längeren Zeitraum möglich. Der Verwaltungsaufwand ist hier vergleichsweise gering.

2. Tenderverfahren

Die Tenderverfahren hingegen sind besser für größere Aktionen geeignet. Sie bieten eine höhere Preissicherheit auf einem jedoch oft wesentlich höheren Preisniveau. Das Unternehmen muß in aller Regel eine Prämie zahlen, um die Aktionäre zu einem Verkauf zu bewegen. Bei diesen Verfahren kann der gesamte Aktienrückkauf schneller durchgeführt werden. Legt das Unternehmen den Rückkaufpreis fest, spricht man von Fixed Price-Tender Offers. Bei den Dutch Auction-Tender Offers hingegen bestimmen die Aktionäre durch ihre Gebote den Preis. Es werden alle Aktien zu dem niedrigsten

---

167 Der Beschluß muß hinsichtlich des Mehrheitserfordernisses einem Beschluß über eine Kapitalerhöhung entsprechen. Klingenberg (1998), S. 1577.

168 Vigelius (2000), S. 223 f.

169 Die ersten Untersuchungen belegen das bereits. In der Studie von Schremper erfolgten 105 der 112 untersuchten Aktienrückkäufen über die Börse. Schremper (2002), S. 203.

Preis zurückgekauft, zu dem der gesamte vorgesehene Erwerb realisierbar ist. Bei einem Angebotsüberhang wird pro rata zugeteilt.[170]

3. Put Options

Bei diesem Verfahren[171] begibt das Unternehmen Verkaufsoptionen an die Aktionäre. Diese Verkaufsoptionen sind frei handelbar. Wie bei den Fixed Price-Tender Offers bestimmt das Unternehmen den Rückkaufpreis. Wählt es den Basispreis zu niedrig, wird kein Rückkauf erfolgen. Es bleibt schwer einzuschätzen, wie hoch der Aufschlag sein muß, um gerade genügend Rückkäufe durchführen zu können.

4. Accelerated Buy Back

Ein Kreditinstitut übernimmt die Rückkaufaktion am Markt und verkauft vorher schon mittels Wertpapierleihe das gesamte Paket an das Unternehmen.

5. Rückkauf von einzelnen Aktionären

Dieses Verfahren (Negotiated Repurchase) ist in Deutschland aufgrund des Gleichbehandlungsgrundsatzes aller Aktionäre nicht zulässig.

Die Motive für einen Aktienrückkauf sind vielfältig. Unternehmen berufen sich gerne darauf, durch den Aktienrückkauf den Shareholder Value zu erhöhen.[172] Der mit dem Aktienrückkauf verfolgte Zweck variiert aber je nach Unternehmen.[173] In der Regel werden verschiedene Motive gleichzeitig das Unternehmen zum Aktienrückkauf veranlassen. Viele Motive entsprechen denen, die auch auf eine Dividendenerhöhung zutreffen. Dazu zählen vor allem die Auszahlung überschüssiger Liquidität, weil nicht genügend rentable Investitionen vorliegen, und das Signalisieren einer Unterbewer-

---

170 Pellens und Schremper (2000), S. 145. In Deutschland hat die Kögel Fahrzeugwerke AG im Dezember 1998 als erstes Unternehmen in Deutschland nach diesem Verfahren, das als Reverse Bookbuilding bezeichnet wurde, 7,5% ihres Grundkapitals zurückgekauft. O.V. (1998b).

171 Siehe ausführlicher dazu Angel, Gastineau und Weber (1997).

172 Die Ankündigung eines Aktienrückkaufs wird als Zeichen für einen Shareholder Value orientierten Umgang mit überschüssigen liquiden Mitteln angesehen. Löwe (1998), S. 26.

173 Für eine ausführlichere Erläuterung zu den einzelnen Motiven siehe Pellens und Schremper (2000), S. 141-150 oder Lease et al. (2000), S. 154-157.

tung,[174] d.h. der aktuelle Preis der Aktie liegt unter dem vom Management ermittelten Wert der Aktie. Hinzu kann eine Erhöhung des Leverage-Effekts durch die Verringerung des Eigenkapitalanteils kommen.

Aber es gibt auch Folgen des Aktienrückkaufs, die sich von denen einer Dividendenerhöhung unterscheiden. Auch diese Folgen können der entscheidende Grund für den Aktienrückkauf sein. Dazu zählen insbesondere die gegenüber einer Dividendenzahlung in aller Regel geringere steuerliche Belastung und die Veränderung der Eigentümerstruktur. Letzteres kann gewünscht sein, um feindliche Übernahmen zu erschweren und/oder durch einen kleineren Kreis von Aktionären Verwaltungsaufwand einzusparen.

Daneben bietet der Aktienrückkauf ideale Voraussetzungen, die Aktien zu beschaffen, die notwendig sind, um die Mitarbeiterbeteiligung (Aktienoptionen, Belegschaftsaktien) am Unternehmen zu erhöhen, oder um mit ihnen freundliche Übernahmen oder Fusionen zu bezahlen, ohne das Eigenkapital durch die Ausgabe neuer Aktien zu erhöhen.

Die Motive für einen Aktienrückkauf sind für Außenstehende nicht ohne weiteres ersichtlich. Sie sind auf die Erklärungen des Managements angewiesen und können oft erst später aus der Verwendung der erworbenen eigenen Aktien (Einziehung, Wiederverkauf, Ausgabe an Mitarbeiter oder Aktionäre eines übernommenen Unternehmens) eventuell weitere Schlüsse ziehen.

Insbesondere ein späterer Wiederverkauf spricht gegen einige der zuvor genannten Motive. Soll der Rückkauf eine Unterbewertung der Aktie aus Sicht des Managements signalisieren, dann signalisiert ein Wiederverkauf dieser Aktien das Gegenteil und sendet somit ein negatives Signal aus, das zu ungewollten Kursreaktionen führen dürfte. Wird die Verringerung des Eigenkapitalanteils durch einen Wiederverkauf rückgängig gemacht, kann das in einem gestiegenen Unternehmensrisiko begründet sein. Folgt dem beabsichtigten Liquiditätsabbau durch den Aktienrückkauf nach kurzer

[174] Aber nicht jeder Aktienrückkauf sendet per se ein glaubhaftes positives Signal. STADA Arzneimittel AG, die erst im Oktober 1997 zu 302 DM an die Börse kamen (erster Kurs 349 DM), haben als erste einen Aktienrückkauf durchgeführt. Das geschah offenbar nur, um den inzwischen stark gesunkenen Kurs zu beeinflussen. Anders läßt sich wohl kaum erklären, warum ein Unternehmen so kurz nach dem Going Public das Geld schon wieder zurückzahlt. Der Aktienkurs büßte dementsprechend bei der Ankündigung des Rückkaufs 1,6% ein. O.V. (1998), S. 14.

Zeit bereits wieder eine Liquiditätszufuhr durch den Wiederverkauf, spricht das nicht für eine vorausschauende Planung des Managements.

Nach § 160 Abs. 1 S. 2 AktG sind in jedem Anhang zum Jahresabschluß Angaben über den Bestand an eigenen Aktien und den Erwerb oder die Veräußerung eigener Aktien im Laufe des Geschäftsjahres zu machen. Beim Aktienrückkauf sind ferner die Publikationspflichten zu beachten. Nach § 15 WpHG sind börsennotierte Unternehmen verpflichtet, kursbeeinflussende Tatsachen zu veröffentlichen. Dementsprechend muß der Vorstand der Öffentlichkeit mitteilen, wenn er von der Ermächtigung zum Aktienrückkauf Gebrauch machen will.[175] Analog sollte auch der Wiederverkauf eigener Aktien als kursbeeinflussende Tatsache eine Ad-hoc-Mitteilung notwendig machen.

Es liegen bereits die Ergebnisse der ersten Umfragen bei deutschen Unternehmen zum Aktienrückkauf vor. Pellens und Schremper (2000) haben 52 börsennotierte deutsche Aktiengesellschaften, deren Hauptversammlungen 1998 Ermächtigungsbeschlüsse zum Aktienrückkauf nach dem neuen Gesetz erteilt haben, zu den Motiven befragt. Ihre Auswertung beruht auf den Angaben der 37 Unternehmen, die geantwortet haben.[176] Die zum Teil breite Streuung der Antworten[177] läßt vermuten, daß die Motive, die zum Aktienrückkauf führten, stark von den individuellen Gegebenheiten des einzelnen Unternehmens abhängen. Die Rangfolge der wichtigsten Motive wird eindeutig von der Signalfunktion des Aktienrückkaufs hinsichtlich einer Unterbewertung des Aktienkurses dominiert. Die Relevanz der Steuervorteile dürfte größer sein, als hier ermittelt. Die Untersuchung fand teilweise zu einem Zeitpunkt statt, zu dem noch Unsicherheit über die steuerliche Behandlung des Aktienrückkaufs herrschte. Alle anderen Motive spielten bezogen auf die Gesamtheit der Unternehmen eher untergeordnete Rollen.[178]

Kellerhans und Rausch (2000) haben die im Dax enthaltenen Unternehmen nach ihren Motiven und Zielen beim Aktienrückkauf befragt. 23 Unternehmen haben Auskunft gegeben, davon können 14 Unternehmen einen Aktienrückkauf bereits jetzt oder zumindest nach der nächsten Hauptversammlung durchführen. Als wichtigstes Motiv

---

175 Vigelius (2000), S. 222.

176 Pellens und Schremper (2000), S. 133.

177 Die ist auch bei der Untersuchung von Kellerhans und Rausch (2000) festzustellen.

178 Pellens und Schremper (2000), S. 151.

wurde das Erzielen eines Leverage-Effekts genannt. Die damit verbundene Senkung der Kapitalkosten soll den Shareholder Value des Unternehmens steigern.[179] Häufig will das Management durch den Aktienrückkauf auch signalisieren, daß eine Unterbewertung der Aktien vorliegt. Erst danach wurde der Aktienrückkauf zur Vorbereitung freundlicher Übernahmen und Fusionen als Motiv genannt. Nur sehr wenige Unternehmen sehen im Aktienrückkauf eine Alternative zu Dividendenzahlungen.[180]

Eine von Gerke initiierte Untersuchung über Aktienrückkäufe zwischen 1999 und März 2002 ermittelt als vorrangige Motive für den Erwerb eigener Aktien, eine Akquisitionswährung zu schaffen und eine bestehende Unterbewertung zu verringern.[181]

Es gibt offenbar viele verschiedene Motive, die ein Unternehmen veranlassen können, einen Aktienrückkauf durchzuführen. Es ist davon auszugehen, daß in aller Regel mit einem Aktienrückkauf verschiedene Ziele gleichzeitig erreicht werden. Der Aktienrückkauf ersetzt zwar nicht die Dividendenzahlungen, aber durch die Möglichkeit des Aktienrückkaufs wird es vermutlich weniger Dividendenerhöhungen, vor allem in Form von Bonusdividenden, geben.[182] Die Erfahrungen in den USA zeigen, daß generell Zuwächse der Cashflows, die als dauerhaft angesehen werden, zu Dividendenerhöhungen führen. Handelt es sich eher um temporäre Zuwächse, werden sie thesauriert und später oder auch gleich, wenn das Volumen groß genug ist, für einen Aktienrückkauf verwendet.

Kapitel II Theoretische Ansätze zur Dividendenpolitik

Zur Dividendenpolitik von Unternehmen gibt es zahlreiche theoretische und empirische Untersuchungen mit sehr unterschiedlichen Fragestellungen. Eine Gruppe von Untersuchungen beschreibt die Veränderungen der Dividendenzahlungen im Zeitablauf absolut oder in Relation zu den Gewinnen (Änderung der Ausschüttungsquote) oder den Cashflows. Die meisten Studien untersuchen jedoch die Bewertungseffekte der Dividendenpolitik. Insbesondere wird der Frage nachgegangen, ob sich der Marktwert einer Unternehmung durch eine bestimmte Dividendenpolitik erhöhen läßt.

---

179 Zu den Zusammenhängen siehe Rams (1997).

180 Kellerhans und Rausch (2000), S. 224, Tabelle 1.

181 O.V. (2002), Lohnender Aktienrückkauf – Gerke: Nach Ankündigung Renditen von bis zu 9 Prozent festgestellt, in: Börsen-Zeitung vom 25.09.2002, S. 10.

182 Ob das tatsächlich in Deutschland eintritt, läßt sich erst in ein paar Jahren empirisch überprüfen.

Als theoretische Grundlage für diese Untersuchungen dienen zahlreiche, in ihren Aussagen sehr unterschiedliche Modelle, die den Einfluß der Dividendenpolitik auf die Aktienkurse theoretisch ableiten und mögliche Begründungen dafür heraus filtern.[183]

A. Grundlegende Theorien zur Dividendenpolitik

Investoren bevorzugen eine hohe Ausschüttungsquote! Diese traditionelle Sichtweise der Dividendenpolitik herrschte lange in der Literatur vor. Die bekanntesten Vertreter dieser These sind Gordon (1959) und Graham und Dodd (1951). Die Vorliebe der Aktionäre für Dividendenzahlungen beruht auf der langen Tradition und den desillusionierenden Erfahrungen, die sie mit den Kursentwicklungen gemacht haben[184]. In sehr vielen Fällen ist es den Unternehmen nicht gelungen, mit hohen einbehaltenen Gewinnen einen entsprechenden Anstieg zukünftiger Gewinne und Dividenden zu erzielen. Im wesentlichen wurden die thesaurierten Gewinne in Projekte mit negativem Nettobarwert investiert. Deshalb führen einbehaltene Gewinne oftmals nicht zu den erwarteten Kurssteigerungen. **Graham und Dodd (1951)** kommen in ihrer Studie zu dem Ergebnis, daß der Einfluß einer Dividendenzahlung auf den Aktienkurs etwa vier mal so groß ist wie der Einfluß des entsprechenden Thesaurierungsbetrages. Allerdings ist eine Vollausschüttung der Gewinne keinesfalls im Interesse der Aktionäre. Ein gewisser Teil sollte einbehalten werden, um die Kapitalposition zu stärken, Expansion zu fördern und eine Reserve für schlechtere Zeiten zu bilden, damit auch dann die Dividende zumindest konstant gehalten werden kann. In der vierten Auflage ihres Buches empfehlen **Graham, Dodd und Cottle (1962)** den Aktienanalysten, die Unternehmen in Wachstumsunternehmen und in solche Unternehmen zu unterteilen, die nicht genügend Rendite auf ihr Kapital erzielen. Für die ersteren sollten die Dividendenzahlungen bei der Bewertung der Aktien keine Rolle spielen. Bei den anderen hingegen behält die Ausschüttungsquote ihre traditionelle Bedeutung.[185]

Eine auch heute noch aufschlußreiche Studie über die Dividendenpolitik amerikanischer Unternehmen führte **Lintner (1956)** durch. An den Anfang seiner Untersuchung für die Jahre 1947 bis 1953 stellt er eine Befragung mehrerer Manager eines Unternehmens bezüglich deren Dividendenpolitik. Von 28 nach bestimmten Firmencharak-

---

[183] Die folgenden Beschreibungen der Modelle beruhen jeweils auf der in dem Absatz hervorgehobenen Quelle.

[184] Ein gutes Beispiel für diese Überlegungen ist die aktuelle Entwicklung am Neuen Markt.

[185] Graham, Dodd und Cottle (1962), S. 490 f.

teristika ausgewählten Industrieunternehmen erhält er dadurch Aufschluß über Hintergründe der jeweiligen Ausschüttungsentscheidung. Die Auswertung dieser Befragung und eine eingehende Analyse aller Unternehmensdaten, die im Zusammenhang mit Dividendenzahlungen stehen können, dienen ihm als Grundlage für sein Erklärungsmodell. Abschließend führte er weitere statistische Tests durch, um sein Modell empirisch zu überprüfen.

Die Umfrage von **Lintner (1956)** zeigt folgende interessante Ergebnisse. Die Manager glauben, daß die Aktionäre eine stabile oder stetig steigende Dividende bevorzugen und der Markt eine solche Politik honoriert. Bei der Festsetzung der Dividendenhöhe stellen sie sich also die Fragen: Soll die bisherige Dividende geändert werden und in welcher Höhe soll die Änderung gegebenenfalls erfolgen? Die abhängige Variable im Entscheidungsprozeß ist demnach nicht die Höhe der Dividende selbst, sondern die Höhe ihrer Änderung. Die Manager erhöhen nur dann die Dividende, wenn sie sich sicher sind, das Niveau auch künftig zumindest halten zu können, da sie sonst negative Kapitalmarktreaktionen befürchten. Die mit Abstand wichtigste Determinante zur Beantwortung der Frage nach der „optimalen" Dividendenpolitik ist die Gewinnentwicklung. Viele Unternehmen haben sich eine bestimmte Ausschüttungsquote des Gewinns als Ziel ihrer Dividendenpolitik gesetzt, das sie langfristig erreichen wollen.

Die Erkenntnisse aus diesem ersten Teil der Untersuchung faßt **Lintner (1956)** in einem einfachen Modell über die Höhe der Dividendenänderungen zusammen. Danach ist die Dividendenänderung abhängig von der Differenz zwischen der Dividende, die sich aus der Zielausschüttungsquote bezogen auf den Gewinn nach Steuern ergibt, und der Vorjahresdividende. Da die Anpassung an die Zielausschüttung nur sehr langsam erfolgt, ist die Differenz noch mit einem Anpassungsfaktor zu korrigieren. Ökonomisch bedeutet das, daß die Dividenden sich als gewichteter Durchschnitt aktueller und vergangener Gewinne ergeben.[186] Die anschließend durchgeführten Tests bestätigten diese Hypothese eindrucksvoll.[187]

---

[186] Brealey und Myers (2000), S. 444.

[187] Auch Fama und Babiak (1968) unterstützen mit den Ergebnissen ihrer Untersuchung das Modell von Lintner.

Der Einfluß der Dividendenpolitik auf die Bewertung der Aktien des Unternehmens ist Gegenstand der grundlegenden Theorie von **Miller und Modigliani (1961)**[188]. Sie gehen der Frage nach: Gibt es eine optimale Ausschüttungsquote, die den derzeitigen Wert der Aktien maximiert? Zur Beantwortung der Frage betrachteten sie zunächst nur eine Wirtschaft mit perfekten Kapitalmärkten, rationalem Verhalten und vollkommener Sicherheit. Das bedeutet vor allem:

- Alle Markteilnehmer haben gleichen und kostenlosen Zugriff auf alle kursrelevanten Informationen.
- Es fallen keine Transaktionskosten beim Aktienhandel an.
- Einbehaltene und ausgeschüttete Gewinne werden gleich besteuert. Auch in der Besteuerung von Dividenden und Kapitalgewinnen gibt es keinen Unterschied.
- Kein Marktteilnehmer ist so mächtig, daß er spürbaren Einfluß auf den Aktienkurs ausüben kann.
- Aufgrund des rationalen Verhaltens sind die Aktionäre indifferent, ob ihr Vermögenszuwachs als Dividendenzahlung oder als Kursgewinn auftritt.
- Aufgrund der perfekten Sicherheit kann von einem vollständig eigenfinanzierten Unternehmen ausgegangen werden.

Miller und Modigliani (1961) zeigen mathematisch, daß bei gegebener Investitionspolitik der Marktwert der Aktien unabhängig davon ist, ob das Unternehmen Gewinne einbehält oder als Dividende ausschüttet und gleichzeitig die Mittel über eine Kapitalerhöhung wieder hereinholt. Auch bei Unsicherheit über künftige Gewinne und vorhandener Fremdkapitalfinanzierung ändert sich nichts an der Irrelevanz der Dividendenpolitik. Selbst wenn unerwartete Dividendenänderungen zu Kurssteigerungen führen, so spricht das nicht unbedingt gegen die Irrelevanzthese. Die Dividendenpolitik gibt in den Fällen zwar den Anlaß, stellt aber nicht die Ursache für die Kurssteigerungen dar. Die Ursache sind weiterhin nur die Erwartungen auf steigende Gewinne. Die Dividende dient hier lediglich als Informationsträger bezüglich der Erwartungen.

Miller und Modigliani (1961) selbst schlagen vor, ihre Überlegungen zu erweitern, indem man die unrealistischen Prämissen eines perfekten Marktes aufhebt. Dabei kommt es nur auf solche Imperfektionen an, die einen Investor aufgrund seiner Präferenzen dazu bringen, eine Dividendenzahlung anders zu bewerten als einen entspre-

---

[188] Im folgenden auch als „MM“ bezeichnet.

chenden Kursgewinn. Wenn die Präferenzen der Anleger in diesen Fällen unterschiedlich ausfallen und die Ausschüttungspolitik der Unternehmen diesen Präferenzen im wesentlichen entspricht, dann bleibt die Dividendenpolitik aufgrund des Klientel-Effektes weiterhin irrelevant. Nur aufgrund der persönlichen Einkommensbesteuerung könnte eine einheitliche Präferenz entstehen, in dem Fall zugunsten der geringer besteuerten Kapitalgewinne. Da aber ein Teil der Anleger steuerbefreit ist und für einen weiteren Teil sogar Dividendenzahlungen steuerlich günstiger sind, greift letztlich auch hier der Klientel-Effekt. Am Markt läßt sich demnach keine Prämie für eine bestimmte Ausschüttungspolitik erzielen.

Diese Theorie der Dividendenpolitik von MM bildet seitdem den Ausgangspunkt für alle weiteren Modelle und Untersuchungen zu dem Thema. Die Irrelevanz der Dividendenpolitik ist für vollkommene Märkte weithin akzeptiert. Die weitergehende Forschung in den Vereinigten Staaten und anderen Ländern konzentrierte sich im folgenden auf verschiedene Ausprägungen von Marktimperfektionen. Dabei standen und stehen besonders die Folgen der Besteuerung und einer asymmetrischen Informationsverteilung im Mittelpunkt des Interesses.

B. Dividendenpolitik und Steuern

Für die Berücksichtigung von Steuereffekten beschritten Brennan (1970) sowie Elton und Gruber (1970) mit ihren Modellen zwei unterschiedliche Wege. Beide Modelle bilden die theoretischen Grundlagen für eine Vielzahl empirischer Untersuchungen zum Steuereffekt bei Dividendenzahlungen.[189]

Brennan (1970) entwickelt mit Hilfe des Capital Asset Pricing Model (CAPM) die Bedingungen für ein Kapitalmarktgleichgewicht bei Anlegern mit unterschiedlichen marginalen Steuersätzen. In der eigenen Untersuchung kommt er zu dem Ergebnis, daß die vom Markt geforderte Risikoprämie zusätzlich von der erwarteten Dividendenrendite abhängt. Finanzwirtschaftlich läßt sich das durch die höhere Besteuerung der Dividenden im Vergleich zu Kapitalgewinnen erklären. Der Anleger fordert deshalb bei Aktien mit hoher Dividendenrendite eine höhere Gesamtrendite vor persönlichen Steuern. Um den Einfluß der Dividendenpolitik auf den Marktwert der Unternehmung deutlich zu machen, transformiert Brennan die Gleichung für das Kapitalmarktgleich-

---

[189] Einen Überblick über die Ergebnisse der wichtigsten Untersuchungen gibt Kapitel I im Teil 2 dieser Arbeit.

gewicht unter der Annahme einer konstanten Dividende pro Periode und bildet die partielle Ableitung bezüglich der Dividende. Das Ergebnis zeigt, daß für alle Investoren, deren Steuersatz > 0 ist, ein Aktienrückkauf immer einer Dividendenzahlung vorzuziehen ist. Die Irrelevanzthese von MM gilt bei Berücksichtigung der persönlichen Steuern des Anlegers demnach nur, wenn der Steuersatz nahezu oder gleich null ist.

Dieser Theorie setzen **Miller und Scholes (1978)** ein Modell entgegen, das auch unter der Berücksichtigung von Ertragsteuern die Irrelevanz der Dividendenpolitik postuliert. Sie zeigen, daß es dem Anleger unter bestimmten Voraussetzungen[190] möglich ist, durch einen entsprechenden Homemade Leverage die Einkommensteuer zu vermeiden, und deshalb die Dividendenpolitik auch unter Berücksichtigung der Besteuerung keinen Einfluß auf das Vermögen des Aktionärs hat. Die amerikanischen Steuergesetze erlauben es, Zinsaufwendungen bis zur Höhe der Kapitaleinkünfte steuermindernd anzusetzen. Nimmt der Anleger jeweils gerade soviel Kredit auf, daß die Dividendeneinkünfte durch die Zinsaufwendungen ausgeglichen werden, dann ist die persönliche Steuer unabhängig von der Höhe der Ausschüttungen. Soll das Risiko trotz einer zusätzlichen Kreditaufnahme nicht erhöht werden, so können die Mittel in den Abschluß einer Versicherung[191] investiert werden. Die Erträge daraus sind steuerbefreit. Werden die Mittel hingegen zum Kauf weiterer Aktien benutzt, steigt das Risiko, aber auch die erwartete Rendite. Bei entsprechender Wahl des Kreditbetrages sind dann statt der Dividendenzahlungen lediglich die Kapitalgewinne zu versteuern. Da der Zinsaufwand jedoch nur in Höhe der Dividenden- und Zinseinkünfte abzugsfähig ist, gibt es auch Privatanleger, die sich Dividendenzahlungen wünschen.

Elton und Gruber (1970) beziehen in ihrem Modell ebenfalls Steuereffekte mit ein, konzentrieren sich aber dabei auf den Zeitpunkt des Dividendenabschlags (Ex-Tag). Sie gehen davon aus, daß in einem rationalen Markt der Dividendenabschlag den Wert der Dividende im Vergleich zu einem entsprechenden Kapitalgewinn wiedergibt. In einem perfekten Markt entspricht die Höhe des Dividendenabschlags der Dividende. Sollte diese Beziehung in der Praxis nicht zu beobachten sein, dann dürfte das in aller Regel auf die unterschiedliche Besteuerung von Dividenden und Kapitalgewinnen zurückzuführen sein. Ein Anleger hat die Möglichkeit, seine Aktien am Tag vor dem Di-

---

190 U.a. sei der Steuersatz für Kapitalgewinne gleich null. Miller und Scholes (1978), S. 337.

191 Darüber hinaus gibt es noch eine Reihe weiterer steuerbefreiter Anlagemöglichkeiten, die sich ebenfalls hierfür eignen. Siehe dazu Miller und Scholes (1978), S. 354 f.

videndenabschlag zu verkaufen oder direkt danach. Für den marginalen Anleger, der den Gleichgewichtspreis herbeiführt, müssen beide Vorgehensweisen zum gleichen Ergebnis führen, sonst ergeben sich Arbitragemöglichkeiten und es kommt zu Arbitragegeschäften. Der Verkaufserlös vor Dividendenabschlag (P_{cum}) abzüglich der Steuer (t_{kg}) auf den Kapitalgewinn (P_0-P_{cum}) ist gleich dem Verkaufserlös nach Dividendenabschlag (P_{ex}) zuzüglich der Dividende nach Steuern [$D(1-t_d)$] abzüglich der Steuer (t_{kg}) auf den jetzt geringeren Kapitalgewinn (P_0-P_{ex}).

(1.3) $$P_{cum} - t_{kg}(P_0 - P_{cum}) = P_{ex} + D(1 - t_d) - t_{kg}(P_0 - P_{ex})$$

Durch Umformung der Gleichung 1.3 zu Gleichung 1.4 wird die Abhängigkeit des relativen Dividendenabschlags vom Verhältnis der beiden Steuersätze zueinander deutlich. Nur wenn beide Steuersätze gleich groß sind, sollte der Dividendenabschlag der Dividendenzahlung entsprechen.

(1.4) $$(P_{cum} - P_{ex})/D = (1 - t_d)/(1 - t_{kg})$$

Das Modell unterstellt, daß die marginalen Anleger der gleichen Steuerklientel angehören und es am Ex-Tag zu keinen anderen Kursänderungen als dem Abschlag kommt.[192]

C. Dividendenpolitik und Asymmetrische Informationen

Neben der Besteuerung ist die asymmetrische Verteilung der Information der zweite Sachverhalt, der den Annahmen eines perfekten Marktes widerspricht. In einem perfekten Kapitalmarkt stehen alle Informationen jedem Anleger kostenlos zur Verfügung. In der Praxis jedoch muß man davon ausgehen, daß Manager bessere Informationen über ihr Unternehmen haben als Außenstehende.[193] Die Informationen über das Unternehmen sind dann asymmetrisch verteilt. Besonders bedeutsam ist das einerseits für die Aktionäre und andererseits für die Fremdkapitalgeber.

---

[192] Allen und Michaely (1995), S. 814.

[193] Es ist heute unbestritten, daß es Insider gibt, die zumindest temporär einen Informationsvorsprung haben. Die Regelungen zum Insiderhandel sollen dem Rechnung tragen.

Manager könnten geneigt sein, ihren Informationsvorsprung auszunutzen, d.h. sie würden vom Ziel „Marktwertmaximierung" abweichen und versuchen, sich persönlich zu bereichern. So ein Verhalten fällt in die Rubrik „Moral Hazard". Die schlechter informierten Anleger wissen um diese Möglichkeiten und die Risiken, die in der Manager-Aktionär-Beziehung liegen. Sie werden deshalb das Ziel verfolgen, die Agency-Probleme und damit ihre Risiken zu verringern.

1. Agency-Theorien

Principal-Agent-Probleme ergeben sich aus der Interessendivergenz der Betroffenen, die nach individueller Nutzenmaximierung streben, und einem Informationsvorsprung des Agenten.[194] Besonders die Finanzierungsentscheidungen werden in aller Regel nicht die unterschiedlichen Interessen[195] der drei Gruppen (Management, Eigen- und Fremdkapitalgeber) gleichermaßen befriedigen können. Als Entscheidungsträger mit eigenen persönlichen Interessen können die Manager besonders von ihrem Informationsvorsprung profitieren.[196] Davor wollen und müssen sich die Geldgeber schützen. Inwieweit die Dividendenpolitik dazu beitragen kann, Agency-Probleme zu reduzieren, ist in den folgenden Theorien dargelegt worden.[197]

Mögliches Konfliktpotential entsteht aus der Beziehung des Unternehmens zu seinen Fremdkapitalgebern. **Jensen und Meckling (1976)** sehen die Möglichkeit gegeben, daß Manager in einigen Situationen durch exzessive Dividendenausschüttungen für einen Vermögenstransfer zu Lasten der Fremdkapitalgeber sorgen. Durch die damit verbundene Verminderung des Eigenkapitals erhöht sich das Risiko bestehender Fremdkapitalpositionen, ohne daß dieser Risikozunahme durch entsprechend höhere Zinsen Rechnung getragen wird. Zu besonders großen Vermögensverschiebungen kann es kommen, wenn die Manager bereits wissen, daß ihr Unternehmen notleidend

---

194 Breid (1995), S. 823.

195 Für die Dividendenpolitik dürfte die Interessenlage grundsätzlich wie folgt aussehen: Manager und Fremdkapitalgeber möchten am liebsten keine Ausschüttungen. Aktionäre hingegen verlangen in der Regel eine Ausschüttung.

196 Einen Überblick über die Typen asymmetrischer Informationsverteilung gibt Breid (1995), S. 824 f.

197 Die Einordnung der Agency-Theorie in den Abschnitt „Asymmetrische Information" bedarf einer Erklärung. Agency-Probleme beruhen nicht ausschließlich auf dem Informationsvorsprung des Managements. Aber die größten potentiellen Gefahren für die Geldgeber ergeben sich aus dem möglichen Mißbrauch des Informationsvorsprungs. Umgekehrt kommt dem Signaling besonders dann Bedeutung zu, wenn es Agency-Probleme gibt.

werden wird, und sie auf diesem Wege noch Vermögen für die Aktionäre retten wollen. Gegen solche Maßnahmen können sich die Fremdkapitalgeber schützen, indem sie Ausschüttungsgrenzen in ihren Kreditverträgen vereinbaren. Durch diese Möglichkeit verringert sich die Bedeutung dieses Konfliktes. Diese Vereinbarungen haben in bestimmten Fällen direkten Einfluß auf die Dividendenpolitik.[198]

Nach **Easterbrook (1984)** verlangen Aktionäre Dividendenzahlungen, um ihre Agency-Costs zu senken. Normalerweise geht man davon aus, daß Manager als perfekte Agenten der Aktionäre handeln. Aber es kann auch vorkommen, daß Manager eigene Interessen verfolgen, die sich nicht mit denen der Aktionäre decken. Um Manager zu besseren Agenten zu machen, gibt es verschiedene Möglichkeiten, die allerdings Agency-Costs für die Aktionäre verursachen. Bei zwei dieser Möglichkeiten können Dividenden helfen, diese Kosten für die Aktionäre zu verringern.

1. Das Monitoring der Manager ist für den einzelnen Aktionär mit hohen Kosten und vergleichsweise geringen Vorteilen verbunden. Deshalb liegt ihm daran, daß andere diese Aufgabe übernehmen. Durch Dividendenzahlungen verringern sich die Möglichkeiten, neue Investitionen aus Eigenmitteln zu finanzieren. Die Manager müssen auf Wettbewerbsmärkten externe Mittel aufnehmen und sich damit der Beurteilung durch qualifizierte Dritte, die über die Vergabe der Mittel entscheiden, stellen. Dadurch können Informationsasymmetrien verringert werden. Bei einer Kapitalerhöhung können zudem die neuen Aktionäre besser als die alten die Manager dazu bewegen, die Agency-Costs zu senken, da sie bei der Festsetzung des Kaufpreises eine Kompensation dieser Kosten verlangen.

2. Kosten können dem Aktionär aber auch dadurch entstehen, daß Manager bemüht sind, das Unternehmensrisiko möglichst gering zu halten, um nicht ihren Arbeitsplatz und somit ihre Einkunftsquelle zu gefährden. Über den Verschuldungsgrad können Manager das Risiko ihres Unternehmens beeinflussen. Dementsprechend können die Manager auch die Dividendenpolitik gezielt genau dafür einsetzen, indem sie Gewinne einbehalten und so den Verschuldungsgrad senken. Die bestehenden Fremdkapitaltitel werden sicherer, ohne daß die Zinsen dafür dem verrin-

---

[198] Siehe dazu Kalay (1982a), S. 214 ff. oder Hartmann-Wendels (1986), S. 238 ff.

gerten Risiko angepaßt werden. Das bedeutet letztlich eine Vermögensverschiebung zu Lasten der Aktionäre. Die in ihrer Mittelanlage in aller Regel diversifizierten Aktionäre hingegen werden durch ein höheres unternehmensspezifisches Risiko nicht belastet. Sie möchten, daß die Manager soviel Risiken eingehen, wie ihnen die Fremdkapitalgeber gestatten. Die Senkung des Verschuldungsgrades durch die aufgelaufenen Gewinne läßt sich verhindern, indem sie vollständig ausgeschüttet werden.

Dividendenzahlungen sind demnach gut für Aktionäre, weil sie die Manager zwingen, sich auf Wettbewerbsmärkten neues Kapital zu beschaffen. Es spricht für die Agency-Theorie, wenn Unternehmen gleichzeitig Dividende zahlen und neues Kapital aufnehmen. Ansonsten ist die Theorie nur schwer zu testen. Dividenden wären danach eigentlich wertlos, wenn es andere Gründe für die Unternehmen gibt, ständig externe Mittel aufzunehmen. Die Erkenntnis, daß Wachstumsunternehmen in aller Regel keine Dividende zahlen und häufig an den Markt gehen, stimmt damit überein. Erst wenn die Mittelaufnahme am Markt nachläßt, setzt auch bei diesen Unternehmen die Dividendenzahlung ein. Wenn Manager selber Aktionäre sind, reduziert das die Agency-Costs und Dividenden sind weniger bedeutsam.

Aus dieser Agency-Theorie ergeben sich je nach Art des Unternehmens unterschiedliche Schlußfolgerungen für die Dividendenpolitik:[199]

- Unternehmen mit hohem Festbesitzanteilen müssen nicht so stark kontrolliert werden, da die Großaktionäre das Monitoring übernehmen. Die Ausschüttungsquoten können hier deshalb geringer ausfallen.
- Aktionäre von Unternehmen mit sehr geringer Verschuldung erleiden kaum Nachteile, wenn der Verschuldungsgrad durch die Thesaurierung von Gewinnen noch geringer wird. Sie haben dann keinen Grund, eine höhere Dividende zu fordern. Diese Situation trifft besonders auf Wachstumsunternehmen zu.
- Umgekehrt darf man für Unternehmen mit hohem Verschuldungsgrad auch hohe Ausschüttungsquoten erwarten.

Nach **Jensen (1986)** treten Konflikte zwischen Managern und Aktionären über die Dividendenpolitik besonders dann auf, wenn der Free-Cashflow, also der Bestand an Zahlungsmitteln, die nicht für werterhöhende Investitionen benötigt werden, besonders

---

199 Lease (2000), S. 83.

hoch ist. Verbleiben diese Mittel zur Verfügung der Manager, können sie von ihnen zum Nachteil der Aktionäre angelegt werden. Nur wenn der Free-Cashflow gering ist, braucht der Aktionär keinen Mißbrauch zu fürchten. Die Free-Cashflow-Theorie besagt deshalb, daß die Aktienpreise bei unerwarteten Auszahlungen an die Aktionäre steigen, es sei denn, es gibt noch nicht finanzierte Investitionen mit positivem Nettobarwert.

2. Signaling-Theorien

Manager sollten die Interessen ihrer Aktionäre vertreten und somit eine langfristige „Marktwertmaximierung“ anstreben. Haben sie bewertungsrelevante positive Informationen, die dauerhaft den Marktwert steigern würden, so werden sie bestrebt sein, diese Informationen öffentlich zu machen und somit die vorhandene Informationsasymmetrie zu verringern. Unerwartete Dividendenaufnahmen und Dividendenerhöhungen eignen sich als zuverlässiges Signal, um bessere Gewinnaussichten zu signalisieren, da sie mit Kosten verbunden sind. Darauf stellen die folgenden Modelle zum Signaling mit Dividenden ab.

Neben diesen vom Management bewußt gesendeten positiven Signalen kann eine Dividendenentscheidung auch vom Management nicht gewollte negative Signale aussenden, z.B. durch eine unerwartete Dividendensenkung oder einen Dividendenausfall. Wenn der Kapitalmarkt in einer positiven Dividendenänderung ein positives Signal sehen soll, dann wird er auf der anderen Seite eine unerwartete Verringerung der Dividende als neue Information über bisher nicht erwartete negative Gewinnaussichten interpretieren. Im folgenden wird der Begriff „Signaling“ auch diese Fälle umfassen.

Bereits Miller und Modigliani[200] beziehen den Informationseffekt von Dividendenzahlungen in ihre Überlegungen mit ein. Die Ursachen für die Kursänderungen sind ihrer Meinung nach die aus der Dividendenänderung abgeleiteten Änderungen bezüglich der Gewinnerwartungen und nicht die Dividenden selbst. Zahlreiche Untersuchungen ermittelten in der Folgezeit eine Beziehung zwischen Dividendenänderungen und gleichgerichteten Kursänderungen. Das führte zu neuen Theorien, die erklären, warum der Transfer neuer Informationen von den besser informierten Managern an die

---

[200] Miller und Modigliani (1961), S. 291.

Öffentlichkeit durch die Zahlung von Dividenden erfolgt. Die wichtigsten Modelle werden im folgenden Abschnitt zusammenfassend dargestellt.

I. Modelle zum Signaling durch Dividenden

In dem zweiperiodigen Modell von **Bhattacharya (1979)** handeln die Manager im Interesse der derzeitigen Aktionäre. Diese Aktionäre haben das Ziel, daß der Markt das Unternehmen richtig bewertet, wenn sie nach einer Periode die Aktien an andere Investoren verkaufen. Die erwarteten zukünftigen Gewinne aus den Investitionen kennen nur die Manager, nicht aber die Marktteilnehmer, die die Preise bestimmen. Durch eine unerwartete Dividendenerhöhung signalisieren die besser informierten Manager den außenstehenden Investoren, daß sie zukünftig höhere Erträge erwarten. Die Kosten für dieses Signal ergeben sich aus dem Steuernachteil der höheren Dividendenzahlung, die Erträge resultieren aus dem Kursanstieg auf den wahren Wert. Sollte das Signal falsch gewesen sein und die Dividende kann nicht vollständig aus den Investitionsgewinnen gezahlt werden, so wird angenommen, daß der Fehlbetrag durch zusätzliche externe Finanzierung ausgeglichen werden muß. Diese Finanzierung verursacht zusätzliche Transaktionskosten, die als Strafe für die falsche Information angesehen werden können. Dadurch lohnt sich die vorsätzliche Verbreitung falscher Informationen durch eine unerwartete Dividendenerhöhung nicht.[201] Die Höhe der optimalen Dividende im Gleichgewicht hängt somit von der Höhe der Transaktionskosten und der Steuern auf die Dividende ab.[202]

Miller und Rock (1985) stützen ihr Modell zur Dividendenpolitik ebenfalls auf die Annahme, daß die Manager eines Unternehmens mehr Kenntnisse über die tatsächliche Gewinnsituation des Unternehmens haben als die Marktteilnehmer. Die Marktteilnehmer entnehmen den Dividendenankündigungen Informationen über gegenwärtige und zukünftig erwartete Gewinne des Unternehmens. Daraus lassen sich Erwartungen über die Dividende[203] der folgenden Periode unter der Annahme eines gegebenen optimalen Investitionsprogramms ableiten.

---

[201] Für eine ausführliche Beschreibung des Modells siehe Hartmann-Wendels (1986), S. 150 – 160.

[202] Williams (1992), S. 459.

[203] Sie verstehen unter Dividende hier immer eine um zusätzliche Kapitalzufuhr verringerte Dividende und bezeichnen sie als net dividend. Miller und Rock (1985), S. 1037.

Der Gleichgewichtspreis hat nur Bestand, wenn das Unternehmen tatsächlich, wie von den Marktteilnehmern unterstellt, das optimale Investitionsprogramm verwirklicht. Die Manager haben jedoch die Möglichkeit, den Markt zu täuschen, indem sie weniger investieren und dadurch eine höhere Dividende auszahlen können. Kurzfristig würden sie so ihr Ziel Marktwertmaximierung erreichen. Sobald der Markt die Täuschung bemerkt, fällt der Preis wieder zurück. Wenn aber Aktionäre die Möglichkeit haben, ihre Aktien jederzeit zu verkaufen, dann kann die temporäre Überbewertung zu permanenten Gewinnen für diese Aktionäre führen. Die, die ihre Aktien weiter halten, erzielen zukünftig geringere Gewinne, da das Unternehmen auf Investitionen mit positivem Nettobarwert verzichtet hat. **Miller und Rock (1985)** zeigen in ihrem Modell, daß es auch in diesem Fall der asymmetrischen Information eine Dividendenpolitik gibt, die zu einem zeitlich stabilen Gleichgewicht führt. Allerdings ist der Preis dafür eine geringere Effizienz, da das zugehörige Investitionsvolumen unter dem optimalen liegt. Der Verzicht auf den Nettobarwert der unterlassenen Investitionen bestimmt die Kosten des Signaling mit Dividenden bei asymmetrischer Information. Dividenden eignen sich nur für gute Nachrichten als Signal. Hier können sich die Kosten lohnen, um bei den Marktteilnehmern die falsche Einschätzung und damit den zu niedrigen Kurs zu revidieren. Allerdings unterstellen sie in ihrem Modell eine identische Besteuerung von Dividendenerträgen und Kursgewinnen. Bei einer vergleichsweise höheren Besteuerung von Dividendenerträgen würden die Unternehmen das Signaling in aller Regel mittels Aktienrückkäufen durchführen.

In dem Gleichgewichtsmodell von **John und Williams (1985)** verursacht gerade dieser Steuernachteil einer höheren Dividende die Kosten des Signaling. Dem gegenüber steht für den Aktionär der Vorteil einer nicht so starken Minderung des Anteils am Unternehmen. Dabei gehen sie davon aus, daß das Unternehmen neue Aktien an Investoren ausgeben muß, falls die Cashflows nicht ausreichen, um das vorgegebene Investitionsprogramm durchzuführen. Sollten die Aktionäre Geldbedarf haben, so müssen sie Anteile am Markt an andere Investoren verkaufen. In beiden Fällen verringert sich der Anteil der Altaktionäre am Unternehmen. Manager, die im Interesse ihrer Aktionäre handeln, werden durch höhere Dividenden zeigen, daß sie bessere Informationen über die zukünftig gute Ertragslage haben als die externen Marktteilnehmer. Wenn die Marktteilnehmer das Signal erkennen, steigt der Kurs. Die Aktionäre müssen entsprechend weniger Aktien verkaufen bzw. das Unternehmen muß weniger Aktien emittieren, um den jeweiligen Geldbedarf zu decken. Dadurch verringert sich der Anteil des Altaktionärs am Unternehmen nicht mehr so stark. Der Gleichgewichtspreis ist erreicht, wenn sich dieser Vorteil mit dem Nachteil der höheren Steuerzahlung aufgrund der Dividendenerhöhung ausgleicht. Sollten jedoch die vorhandenen Cashflows den Bedarf des Unternehmens und der Aktionäre decken, dann müssen keine Aktien ausgegeben bzw. verkauft werden, und der Vorteil durch den gestiegenen Kurs könnte nicht realisiert werden. In diesen Fällen macht das Signaling keinen Sinn und sollte unterbleiben. Ebenfalls sollten die Unternehmen keine Dividendenerhöhung vornehmen, die keinen Informationsvorsprung haben, da die Aktien auf einem effizienten Markt dann bereits zu einem Kurs gehandelt werden, der dem Wert der Aktien entspricht.

Allen drei hier vorgestellten Modellen gemeinsam ist die Erkenntnis, daß eine Dividendenerhöhung nur dann vertrauenswürdige positive Informationen enthält, wenn damit Kosten verbunden sind. Diese Kosten schützen davor, vorsätzlich falsche, in aller Regel positive Informationen zu signalisieren. Bei Bhattacharya ergeben sich die Kosten aus den Transaktionskosten der zusätzlichen externen Finanzierung. Bei Miller und Rock verursacht der Verzicht auf Investitionen mit positivem Nettobarwert die Kosten. Im Modell von John und Williams gibt es ohne den Steuernachteil von Dividendenzahlungen kein Gleichgewicht.[204] Diese Unterschiede ergeben sich durch die unterschiedlichen Annahmen der Modelle, durch die die jeweils anderen Kosten nicht berücksichtigt werden. So ist entweder das Investitionsprogramm vorgegeben (Bhattacharya), oder der Steuernachteil von Dividenden existiert nicht (Miller und Rock), oder Transaktionskosten fallen nicht an (John und Williams).

Bemängelt wurde an den Modellen vor allem[205], daß sie das damals vorherrschende Verhalten der Unternehmen, konstante Dividenden zu zahlen, nicht erklären konnten. Zudem bieten die meisten Modelle keine Erklärung dafür, warum Dividendenzahlungen einem Aktienrückkauf vorgezogen werden. Anknüpfend an diese Kritik sind weitere Modelle zu Teilaspekten entwickelt worden, die Antworten auf diese offenen Fragen geben wollen.

---

[204] Allen und Michaely (1995), S. 820.

[205] Für eine ausführlichere Kritik siehe Allen und Michaely (1995), S. 819 – 821.

II. Weiterführende Signaling-Modelle zu Teilaspekten

Ofer und Thakor (1987) entwickeln ein Modell, in dem die Manager den wahren Wert ihres Unternehmens durch Dividendenzahlungen und/oder Aktienrückkäufe veröffentlichen können. Als Kosten des Signaling sehen sie nicht den Steuernachteil der Dividendenzahlungen, sondern die höheren Kosten durch den Rückgriff auf eine externe Finanzierung der Ausschüttungen. Beim Aktienrückkauf ergeben sich zusätzliche Kosten für die Manager durch das steigende Risiko ihres privaten Portfolios. Da angenommen wird, daß sie nicht am Tenderverfahren teilnehmen dürfen, erhöht sich durch den Rückkauf ihr Anteil am Unternehmen. In ihrem Gleichgewichtsmodell zeigen Ofer und Thakor, daß beide Ausschüttungsmöglichkeiten als Signal benutzt werden können und keine der anderen generell überlegen ist. Der Aktienrückkauf beinhaltet allerdings mehr Informationen als die Dividendenzahlung. Liegt eine hohe Unterbewertung des Unternehmens vor, dann ist der Aktienrückkauf als Signal billiger. Bei einer nur geringen Unterbewertung verursacht die Dividendenzahlung geringere Kosten.

Im Gegensatz zu den vorangegangenen Modellen stellen **Brennan und Thakor (1990)** nicht auf den Informationsvorsprung des Managements ab, sondern betrachten die Informationsasymmetrie zwischen besser und schlechter informierten Aktionären. Die Kosten für die Beschaffung des Informationsvorsprungs werden nur die Aktionäre auf sich nehmen, die über einen entsprechend großen Anteil am Unternehmen verfügen. Sie stimmen auf der Hauptversammlung für den Aktienrückkauf, dadurch erzielen sie in aller Regel steuerliche Vorteile und können Kapital aus ihrem Informationsvorsprung schlagen. Die schlechter informierten Aktionäre mit den jeweils geringeren Anteilen am Unternehmen wünschen sich trotz der Steuernachteile eine Dividendenzahlung, da sie Gefahr laufen, beim Aktienrückkauf noch größere Nachteile zu erleiden. Liegt der Preis in ihrem Verkaufsangebot über dem Wert des Unternehmens, den nur die besser informierten Aktionäre kennen, werden sie keine Aktien verkaufen können und somit nach dem Aktienrückkauf einen höheren Anteil am überbewerteten Unternehmen halten. Liegt ihr Preis jedoch unter dem Wert, werden sie und nicht die besser informierten ihre Aktien verkaufen und damit ihren Anteil am unterbewerteten Unternehmen reduzieren.[206] Geht man davon aus, daß die schlechter informierten Ak-

[206] Die adverse selection verursacht die Kosten beim Aktienrückkauf. Adverse selection bezeichnet die Tatsache, daß besser informierte Marktteilnehmer Aktionen tätigen, die dann bei den schlechter informierten Marktteilnehmern zu entgegengesetzten Auswirkungen führen.

tionäre insgesamt die Mehrheit am Unternehmen besitzen, dann erfolgen die Zahlungen an die Aktionäre in Form von Dividenden. Je größer die Ausschüttungen jedoch werden, um so größer sind die Steuernachteile für viele Aktionäre, die dann für den Aktienrückkauf votieren. Deshalb erfolgen kleine Ausschüttungen durch Dividendenzahlungen, mittlere durch Aktienrückkäufe am offenen Markt und ganz große durch Rückkäufe mittels Tenderverfahren.

In dem Gleichgewichtsmodell von **Ambarish, John und Williams (1987)** enthält die gleiche Finanzierungsentscheidung (Kapitalerhöhung bzw. Dividendenzahlung) unterschiedliche Informationen, je nach dem ob sie von einem etablierten Unternehmen (keine neuen Investitionen) oder einem jungen, wachstumsorientierten Unternehmen (neue Investitionen) getroffen wird.[207] Der Markt bewertet eine Dividendenänderung demnach in Abhängigkeit von den Investitionsmöglichkeiten des Unternehmens.

Auch in dem Modell von **Kumar (1988)** hat die Investitionspolitik entscheidenden Einfluß auf die Dividendenpolitik. Wenn Manager bessere Informationen über die Produktivität des Unternehmens haben als externe Aktionäre, dann geben sie diese Informationen durch eine geänderte Dividende weiter und die externen Aktionäre investieren deshalb weiter in das Unternehmen. Der Aktienanteil, den die Manager am Unternehmen halten, sinkt durch das zusätzlich aufgenommene Eigenkapital. Dennoch steigt das Vermögen der Manager, da das neue Kapital zusätzliche Gewinne erwirtschaftet, allerdings mit geringer werdender Steigerung. Deshalb lohnt es sich für die Manager ab einem gewissen Punkt nicht mehr, zusätzliches Kapital von den Aktionären anzulocken. Der Nachteil, der sich aus der Verringerung ihres Anteils ergibt, übersteigt dann den Vorteil aus den gestiegenen Gewinnen. Manager werden ihre Dividenden also nur ändern, wenn die Produktivität zusätzlichen Kapitals groß genug ist.

Nicht so sehr die Änderung der Dividendenzahlungen sondern deren Höhe ist nach der Theorie von **Allen, Bernardo und Welch (2000)** ein Signal für ein gutes Unternehmen. Danach zahlen Unternehmen mit guten Aussichten hohe Dividenden, um institutionelle Anleger, die steuerbefreit sind, anzulocken. Diese Anleger betreiben intensives Monitoring und sind deshalb am ehesten in der Lage, die erfolgreichen Unternehmen zu entdecken.

---

[207] Die neuen Investitionen müssen nicht unbedingt durch die Aufnahme von Eigenkapital finanziert werden. Denkbar ist auch, durch die zusätzliche Aufnahme von Fremdkapital den Verschuldungsgrad zu erhöhen. Siehe zu diesem Bereich Barclay, Smith und Watts (1995), S. 4.

3. Zusammenfassung

Neben der Dividendenzahlung und dem Aktienrückkauf gibt es noch weitere Alternativen, positive Informationen gezielt an die Marktteilnehmer weiterzuleiten. Dazu zählen u.a. Kapitalerhöhungen und die Veröffentlichung neuer Investitionen. Die verschiedenen Instrumente können einzeln oder auch gemeinsam zum Signaling eingesetzt werden. Allerdings sind sie alle nicht unabhängig voneinander und nicht jede Möglichkeit ist für jedes Unternehmen geeignet. Gerade die Interdependenzen zwischen dem Investitions- und dem Finanzierungsbereich machen es schwierig, ein Modell zu entwickeln, das ohne einschränkende Annahmen alle Signaling-Möglichkeiten erfaßt.[208] Aber mit Hilfe dieser Annahmen gelingt es den Modellen aufzuzeigen, unter welchen Voraussetzungen Dividendenerhöhungen oder die Aufnahme von Dividendenzahlungen ein glaubwürdiges Signal für neue positive Informationen sind.

Für die empirischen Studien ergeben sich durch diese Modelle zwar Hilfen, die statistischen Ergebnisse ökonomisch zu interpretieren, aber eine allgemeingültige ökonomische Begründung für die Resultate zu geben, erscheint angesichts der Vielzahl der Einflußfaktoren sehr schwierig. Denn in der Praxis dürften die Principal-Agent-Konflikte, die Investitionsmöglichkeiten, die Besteuerung und der Informationsgehalt von Dividendenzahlungen alle gemeinsam und doch bei jedem Unternehmen mit unterschiedlichem Gewicht Einfluß auf die Dividendenpolitik haben. Im weiteren Verlauf dieser Arbeit werden die Aspekte „Steuern" und „Signaling" ausführlicher behandelt. Um „Signaling" feststellen und interpretieren zu können, müssen stets auch die Einflüsse der Agency-Probleme und der Investitionsmöglichkeiten auf die Dividendenpolitik mit berücksichtigt werden.

---

[208] „Modeling the dynamic relation between firms' dividend policy, investment opportunities and cost of capital is still an unexplored path that may yield new insights into the determination of corporate payout policy." Michaely und Allen (2001), S. 60.

Teil 2 Empirische Untersuchungen zu „Dividendenpolitik und Steuern“

Zunächst werden in diesem Teil die wichtigsten empirischen Untersuchungen zum Einfluß der Besteuerung auf die Dividendenpolitik nach Ländern getrennt dargestellt. Dabei liegt der Schwerpunkt auf den empirischen Studien für den amerikanischen Kapitalmarkt. Die eigenen empirischen Untersuchungen im anschließenden zweiten Kapitel beschäftigen sich dann mit der Dividendenpolitik deutscher Unternehmen nach wesentlichen Steueränderungen.

Kapitel I Empirische Untersuchungen zum Einfluß der Besteuerung

Die empirischen Untersuchungen zum Einfluß von Steuereffekten auf die Kurse bei Dividendenzahlung lassen sich in zwei Gruppen einteilen.[209] Einerseits wurde die Gültigkeit von Preisgleichgewichtsmodellen getestet. Diesen Untersuchungen lagen verschiedene Modifikationen des Capital Asset Pricing Models (CAPM) nach Steuern von Brennan (1970) zugrunde. Im Mittelpunkt der Interpretation stand dabei der Regressionskoeffizient der Dividendenrendite bezüglich der erwarteten Aktienrendite.

Andererseits wurden die Preisänderungen für den Zeitraum um den Dividendenabschlag herum genauer untersucht, da dort eventuelle Steuereffekte am deutlichsten sichtbar sein sollten. Diese Untersuchungen basieren auf dem Modell von Elton und Gruber (1970).

A. Empirische Untersuchungen in den USA

Zunächst verwendeten die Untersuchungen für den amerikanischen Markt vor allem das Modell von Brennan (1970). Erst als offensichtlich wurde, daß damit keine eindeutigen Aussagen zum Einfluß der Besteuerung erzielt werden konnten, erfolgten verstärkt Tests des Modells von Elton und Gruber (1970). Die Darstellung der wichtigsten Untersuchungen zu den beiden Bereichen beginnt dementsprechend mit den Tests des Modells von Brennan.

---

209 Anstelle dieser üblichen Unterscheidung der Untersuchungen wählen Michaely und Allen eine andere Kategorisierung. Sie unterscheiden zwischen statischen und dynamischen Klientelmodellen. Entscheidend ist dabei, ob der Aktionär gemäß den Modellausnahmen nur einmal die Aktien handelt, oder ob er mehrere Transaktionen tätigen kann. Michaely und Allen (2001), S. 19 ff.

1. Untersuchungen mit dem Capital Asset Pricing Model (CAPM)

Unternehmen, deren Rendite für den Anleger zum großen Teil aus Dividendenzahlungen und nicht aus Kursgewinnen resultiert, müssen den für den Anleger daraus entstehenden Steuernachteil im Vergleich zu Kursgewinnen durch eine höhere Gesamtrendite vor Steuern kompensieren. Ein Indiz dafür könnte ein positiver Zusammenhang zwischen der Dividendenrendite und der erwarteten Rendite der Aktie sein. Im zweiten Schritt gilt es zu ermitteln, ob ein eventuell festgestellter Zusammenhang auf steuerliche Ursachen zurückzuführen ist. Zusätzlich ist häufig noch untersucht worden, ob tatsächlich ein Klientel-Effekt vorliegt. Dann gibt es für jede Dividendenpolitik eines Unternehmens eine Klientel, deren Interessen durch diese Politik befriedigt werden. Die Anleger mit einem hohem Steuersatz würden danach Aktien mit geringer Dividendenrendite kaufen und halten und vice versa.[210]

Einen besonderen Weg, einen Klientel-Effekt aufzuzeigen, wählte **Pettit (1977)**. Für seine Studie gaben 914 Investoren Auskunft über ihr Anlageverhalten und ihre Renditeerwartungen. Zusätzlich erhob er das jeweilige Alter und Einkommen der Anleger. Die Unterschiede in der Dividendenrendite der Portfolios versucht Pettit durch die Variablen Konsumpräferenzen und Steuersätze des Anlegers sowie dem Risiko des Portfolios zu erklären. Dabei dienen ihm Einkommen und Alter als Maß für die Konsumpräferenzen, die Differenz zwischen marginalem Dividendensteuersatz und marginalem Steuersatz auf Kapitalgewinne als Maß für den Steuereffekt und der Beta-Wert als Maß für das Risiko eines Portfolios. Für seine Studie ergibt sich eine stark negative Korrelation zwischen Beta und Dividendenrendite. Bei konstantem Beta unterstützen die beiden anderen Entscheidungsvariablen einen Klientel-Effekt. Aus den Ergebnissen seiner Untersuchung folgert er weiter, daß die Anleger mit zunehmendem Alter mehr Aktien halten, die eine hohe Dividendenrendite aufweisen. Das Einkommen hingegen hat einen negativen Zusammenhang zur Dividendenrendite. Eine Erklärung dafür könnte sein, daß der Anleger auf um so höhere laufende Dividendenzahlungen angewiesen ist, je geringer seine sonstigen Einkünfte sind. Wegen der damit verbundenen Transaktionskosten scheuen diese Anleger den Verkauf von Aktien zu Konsumzwecken. Aus dem signifikanten Klientel-Effekt läßt sich aber nicht schlußfolgern, daß der Kurs der Aktien von der Dividendenpolitik festgelegt wird. Kein Unternehmen kann von einer Veränderung seiner Dividendenpolitik profitieren.

[210] Zur Erläuterung siehe das ausführliche Beispiel bei Michaely und Allen (2001), S. 23 ff.

Auch **Black und Scholes (1974)** gehen davon aus, daß es aufgrund der heterogenen Anlageziele der Investoren einen Klientel-Effekt gibt. Die unterschiedliche steuerliche Behandlung der Erträge bei den einzelnen Anlegergruppen führt dazu, daß die Anleger vor allem in die Unternehmen investieren, deren Dividendenpolitik für sie steuerlich vorteilhaft ist. Für den Zeitraum von 1926 bis 1966 untersuchen Black und Scholes folgende Hypothese: Ein Anstieg der Dividende reduziert die erwartete Rendite des Unternehmens. Die empirischen Überprüfung erfolgt auf der Grundlage des CAPM. Dabei benutzen sie anstelle der absoluten Zahlung die jeweilige Dividendenrendite der Unternehmen. Um auszuschließen, daß Unterschiede im Risiko zwischen Unternehmen mit hoher und niedriger Dividendenrendite die erwartete Rendite beeinflussen, konstruieren sie 25 Portfolios mit möglichst geringer Varianz, teilen sie in fünf Klassen bezüglich der Dividendenrendite ein und bilden hierfür jeweils weitere fünf Unterklassen in Hinblick auf die Beta-Werte der Portfolios. Dabei zeigt sich, daß die erwartete Rendite von Aktien mit hoher Dividendenrendite nicht signifikant anders ist als die von Aktien mit geringer Dividendenrendite. Black und Scholes können mit ihrer Untersuchung nicht zeigen, daß die Dividendenpolitik die Kurse in einer bestimmten Weise beeinflußt.

In einer weiteren Untersuchung erfassen **Black und Scholes (1974)** auch noch die durchschnittlichen Ausschüttungsquoten für die Portfolios der einzelnen Klassen und zeigen, daß hohe Ausschüttungsquoten mit hohen Dividendenrenditen einhergehen. Deshalb lassen sich die zuvor gefundenen Erkenntnisse auch auf die Ausschüttungsquoten übertragen. Auch ein Investor in einer hohen Steuerklasse kann die Dividendenrendite ignorieren. Es gibt weder eine empirische noch eine theoretische Begründung dafür, der Kennzahl „Dividendenrendite“ einen besonderen Wert beizumessen. Das Unternehmen kann somit erwarten, daß eine Änderung der Dividende letztlich keinen Einfluß auf den Kurs hat.

Zu einem entgegengesetzten Ergebnis kommen **Litzenberger und Ramaswamy (1979)**. Sie gehen ebenfalls der Frage nach, ob die Dividendenrendite Einfluß auf die erwartete Rendite der Aktie hat und ob dieser Einfluß steuerlich bedingt ist. Bei der Ermittlung der erwarteten Dividendenrendite wählen die Autoren einen anderen Weg als zuvor Black und Scholes. Sie errechnen die Dividendenrendite nur für die Monate, in denen eine Dividende gezahlt worden ist, die entweder im Monat zuvor angekündigt worden ist oder die sich ohne besondere Ankündigung wiederholt hat. Als Ergebnis erhalten sie eine starke positive Beziehung zwischen der Dividendenrendite und der erwarteten Rendite der Aktie und führen diesen Zusammenhang auf die Dividendenbesteuerung zurück. Den Koeffizienten des Dividendenterms interpretieren sie als Maß für den Steuereffekt. Der ermittelte implizite Steuersatz von 23% bedeutet, daß bei einem Anstieg der Dividende der Investor entsprechend einen zusätzlichen Anstieg der Rendite vor Steuern um 23% fordert. Ein Dollar Dividende setzt danach einen Gewinn vor Steuern von 1,23 Dollar voraus.

Auch **Blume (1980)** findet in seiner Untersuchung einen positiven Zusammenhang zwischen den beiden Renditen. Aber durch die Benutzung vierteljährlicher Dividendenrenditen sollten Steuereffekte weitgehend ausgeschlossen sein. Damit müssen andere Gründe für den gefundenen Zusammenhang verantwortlich sein. Aus einem Test über das Dividendenwachstum schließt er, daß die Marktteilnehmer häufig das nachfolgende Dividendenwachstum bei Unternehmen mit hoher Dividendenrendite unterschätzen. Zudem könnten die Untersuchungsergebnisse von einer Beziehung beeinflußt sein, die möglicherweise zwischen der Dividendenrendite und dem Beta-Faktor besteht. Auch schließt Blume nicht aus, daß die Dividendenrendite nur als Platzhalter für andere nicht spezifizierte Einflußfaktoren steht, die im Modell nicht berücksichtigt worden sind.

Aus ihrer Kritik an den vorangegangenen Untersuchungen leiten **Gordon und Bradford (1980)** Modifikationen des Modells von Brennan (1970) ab. Insbesondere bei der Bestimmung der Beta-Werte und der Ermittlung der Dividendenrendite wählen sie andere Vorgehensweisen. Beta wird simultan mit den anderen Koeffizienten geschätzt und auch nicht mehr als konstant im Zeitablauf angenommen. Die Dividendenrendite basiert auf erwarteten und nicht auf aktuellen Dividendenzahlungen. Ziel ihrer Untersuchung ist es zu ermitteln, welcher Kapitalgewinn dem Marktwert einer Einheit ausgeschütteten Gewinns entspricht. Ohne Steuern und Transaktionskosten sollte der Wert „eins“ betragen, da durch einen Aktienrückkauf in entsprechender Höhe eine Dividende substituiert werden kann. Wegen der unterschiedlichen Besteuerung jedoch darf man einen Wert kleiner als „eins“ erwarten. Gordon und Bradford stellen fest, daß sich dieser Wert zyklisch entsprechend den allgemeinen Wirtschaftszyklen um „eins“ herum bewegt. Das Ergebnis ließe sich noch allein aus Steuergesichtspunkten erklären, wenn man das Verhalten der steuerbefreiten Institutionen und der Unternehmen als Anleger einbezieht. Die große Spannbreite der Werte (von 0,7 bis 1,37) für die einzelnen Jahre ist aber nicht allein durch Steuerunterschiede zu begründen.

Miller und Scholes (1982) haben sich kritisch mit den Ende der siebziger Jahre vorgenommenen Untersuchungen über die Steuereffekte bezüglich der Dividendenrendite auseinandergesetzt. Die Ausgangsfrage dieser Untersuchungen war folgende: Erhalten Aktionäre von Unternehmen mit hoher Dividendenrendite eine höhere Gesamtrendite vor Steuern, um die höhere Steuerbelastung auf Dividenden auszugleichen? Viele Untersuchungen ermittelten einen Regressionskoeffizienten für die Dividendenrendite, der zwischen 0 und 0,6 lag. Sie interpretierten ihn als Maß für den Steuerunterschied zwischen Dividenden- und Kapitalgewinnbesteuerung. Die meisten dieser Studien berechneten die Dividendenrendite für einen kurzfristigen Zeitraum, in der Regel umfaßte die betrachtete Periode einen Monat. Miller und Scholes zeigen durch eine eigene Untersuchung für die Jahre 1940 bis 1978, welche Ungenauigkeiten durch diese kurzfristige Betrachtung entstehen und wie sie sich auf die Untersuchungsergebnisse auswirken. Ihr Hauptkritikpunkt richtet sich gegen die Interpretation des Regressionskoeffizienten. Da ein hoher Prozentsatz der untersuchten Unternehmen im Monat der Dividendenzahlung auch die Dividendenankündigung vornahm, basierte die am Monatsende erzielte Rendite bei Dividendenänderungen vor allem auf dem Informationseffekt der Ankündigung und nicht auf steuerlichen Gründen. Miller und Scholes wenden zunächst bisher benutze Vorgehensweisen zur Ermittlung der Dividendenrendite auf ihre Daten an und stellen dem ihre Vorschläge zur Eliminierung der Informationseffekte gegenüber. Der bei der bisherigen Vorgehensweise signifikante Regressionskoeffizient erweist sich bei Berücksichtigung des Informationseffektes als nicht signifikant. Eine von mehreren möglichen Erklärungen dafür, daß trotz der steuerlichen Benachteiligung von Dividendenzahlungen ein Steuereffekt nicht meßbar ist, bietet der kurzfristige Handel um den Ex-Tag. Investoren, für die der Steuerunterschied nicht besteht, wie z.B. Händler, Broker, Unternehmen und steuerbefreite Institutionen, nutzen eventuell auftretende Steuereffekte aus und eliminieren sie dadurch fast vollständig.

Diese Kritik von Miller und Scholes nehmen **Litzenberger und Ramaswamy (1982)** auf. Sie erweitern ihre bisherigen Untersuchungen und verbinden damit auch gleichzeitig Kritik u.a. an der Untersuchung und den Ergebnissen von Miller und Scholes. Gegenüber ihrer letzten Untersuchung erstellen sie jetzt monatlich (vorher jährlich) eine neue Rangfolge, um die fünf Steuerklientelgruppen zu bilden. Nach wie vor erhalten sie einen positiven, nicht linearen Zusammenhang zwischen der erwarteten Aktienrendite und der Dividendenrendite. Sie führen das auf den Steuereffekt zurück und interpretieren den im Test ermittelten Koeffizienten der Dividendenrendite als Steuersatz des marginalen Anlegers. Ihre Kritiker hingegen behaupteten bisher, daß der gefundene Zusammenhang genau so gut aus Informationseffekten herrühren könne. Um diesen Einwand auszuschließen, schlagen die Autoren zwei Verfahren vor und testen beide. Zum einen konstruieren sie eine Variable „erwartete Dividendenrendite“, die auf bereits im Vormonat bekannten Informationen basiert, und zum anderen beziehen sie nur die Aktien in die Untersuchung ein, von denen man weiß, daß sie keine unzugänglichen Informationen enthalten. In beiden Fällen verringern sich die Werte des Koeffizienten. Das kann darauf hindeuten, daß zuvor Informationseinflüsse enthalten waren, allerdings kann die Ursache auch in einer geringen Effizienz der beiden Schätzverfahren liegen. Nach wie vor aber ergibt sich in allen Fällen ein positiver, nicht linearer Zusammenhang. Die Autoren lassen bewußt die Frage offen, ob der ermittelte Effekt auf Steuern oder auf andere bisher nicht beachtete Variablen zurückzuführen ist.

Diese Frage beantwortet **Hess (1983)** in seiner Untersuchung zugunsten anderer Faktoren. Zunächst überprüft er, ob die bisher zu dem Themenbereich formulierten Modelle geeignet sind, die aufgestellten Hypothesen durch Untersuchungen bestätigen zu können. Hess arbeitet mit zwei Regressionsgleichungen, eine für die einzelne Aktie, die andere für Portfolios. Er ermittelt dann die Restriktionen, die die jeweilige Modellgruppe für die Parameter seiner Gleichungen implizieren. Zur Überprüfung, ob die Restriktionen erfüllt werden, benutzt er Daten für den Zeitraum von 1951 bis 1980. Er kommt zu dem Ergebnis, daß keine der vorgeschlagenen Hypothesen von den Daten bestätigt wird. In fast allen untersuchten Fällen kann die Hypothese abgelehnt werden, daß die Dividende und der zu versteuernde risikofreie Zins einen Einfluß auf die erwartete Rendite haben. In einer weiteren Untersuchung bezieht er auch die Dividendenrenditen der Monate mit ein, die zwischen den vierteljährlichen Monaten der Dividendenzahlungen liegen. Dort dürften keine Steuereffekte meßbar sein. Es stellt sich jedoch heraus, daß diese Monate statistisch genauso bedeutend sind wie die Zahlungsmonate. Der statistisch signifikante Zusammenhang zwischen Dividendenrendite und zu erwartender Rendite, der sich auch hier zeigt, kann durch die Modelle zur Besteuerung nicht beschrieben werden. Empirische Tests und ihre Interpretation sind deshalb in diesem Zusammenhang mit Vorsicht zu behandeln.

Bereits zuvor hat **Hess (1982)** feststellen müssen, daß einfache Steuermodelle und Modelle zum Klientel-Effekt die gefundene Beziehung zwischen der Dividendenrendite und der erwarteten Rendite nicht erklären können. Auch der Versuch, durch einen

Vergleich der Effekte der Dividendenrendite am Abschlagstag zu den anderen Tagen zu zeigen, daß die Dividendenrendite für Änderungen im Risikogehalt der Aktie steht, gelingt nicht.

Positive Zusammenhänge zwischen Dividendenrendite und erwarteter Rendite finden auch Morgan (1982) und Ang und Petersen (1985). **Morgan (1982)** benutzt dabei Schätzungen nach der Box-Jenkins-Methode für künftige Dividenden und räumt dadurch einen Kritikpunkt an vorangegangenen Untersuchungen aus, in denen die bisherigen Dividenden als Maß für die zukünftigen verwendet worden sind. Noch einen Schritt weiter gehen **Ang und Petersen (1985)**. Sie entnehmen die für das CAPM notwendigen Daten den Vorhersagen eines angesehenen Investmentinformationsdienstes (Value Line). Dadurch können sie die empirische Beziehung zwischen erwarteter Rendite und zukünftiger Dividendenrendite aufgrund langfristig erwarteter Daten ermitteln. Informationseffekte spielen dann keine Rolle mehr. Zusätzlich berücksichtigen sie in ihrer Gleichung die Möglichkeit, daß die Dividende auch einen Einfluß auf das Risiko haben könnte. Für den gesamten Untersuchungszeitraum (1973 - 1983) ergibt sich ein signifikant positiver Zusammenhang zwischen den beiden Renditen. Für die einzelnen Jahre fällt das Ergebnis nicht so eindeutig aus. Um die Existenz eines Klientel-Effektes nachzuweisen, teilen sie die Gesellschaften in fünf Gruppen entsprechend der erwarteten Dividendenrendite ein. Nur die Gruppe mit der geringsten Dividendenrendite erzielt einen signifikant positiven Zusammenhang. Die Gruppenuntersuchung zeigt, daß der insgesamt gefundene Zusammenhang nicht linear ist. Die negative Beziehung zwischen dem Koeffizienten der Dividendenrendite und der Dividendenrendite selbst weist darauf hin, daß ein Klientel-Effekt vorliegt, also Investoren mit hohen Steuersätzen Aktien bevorzugen, die eine geringe Dividendenrendite erzielen.

Faßt man die Ergebnisse dieser Untersuchungen zusammen,[211] so ergibt sich keine eindeutige Antwort auf die Frage nach dem Einfluß der Dividendenrendite auf die Aktienrendite. Und selbst bei den Untersuchungen, die einen Zusammenhang ermittelten, ließ sich der Einfluß von Steuereffekten nicht eindeutig nachweisen. Dieser Weg führte in eine Sackgasse. Die Aufmerksamkeit wandte sich deshalb Mitte der achtziger Jahre verstärkt dem Modell von Elton und Gruber (1970) zu.

---

211 Eine tabellarische Übersicht zu den einzelnen Untersuchungen findet sich bei Lease (2000), S. 70.

2. Untersuchungen zu Kursreaktionen am Ex-Tag

Elton und Gruber (1970) ermitteln in ihrer Untersuchung den Grenzsteuersatz des marginalen Anlegers, indem sie die Höhe des Dividendenabschlags auf die gezahlte Dividende beziehen (Prämie). Sie gehen davon aus, daß in einem rationalen Markt der Dividendenabschlag den Wert der Dividende im Vergleich zu einem entsprechenden Kapitalgewinn wiedergibt. Ein Anleger hat die Möglichkeit, seine Aktien am Tag vor dem Dividendenabschlag zu verkaufen oder direkt danach. Der Gleichgewichtspreis wird erreicht, wenn beide Vorgehensweisen zum gleichen Ergebnis führen. Daraus ergibt sich nach Umformung folgende Beziehung: Der Preisabschlag (P_{cum} - P_{ex}) relativ zur Dividende (D) bemißt sich danach, welchen Wert die Dividende relativ zum gleich hohen Kapitalgewinn hat, nachdem beide besteuert worden sind. In der folgenden Gleichung bezeichnet t_d den Steuersatz auf Dividendenerträge und t_{kg} den Steuersatz auf Kapitalgewinne.[212]

$$(P_{cum} - P_{ex})/D = (1 - t_d)/(1 - t_{kg}) \qquad (2.1)$$

Elton und Gruber (1970) untersuchen den Zeitraum von April 1966 bis März 1967 für alle an der New York Stock Exchange notierten Werte, die Dividenden gezahlt haben. Der Dividendenabschlag fällt geringer aus als die ihn auslösende Dividendenzahlung. Aus der ermittelten Prämie von 0,7767 ergibt sich ein Grenzsteuersatz des marginalen Anlegers für die Versteuerung von Dividenden von t_d = 36,4%[213]. Nach Bereinigung um systematische Kursänderungen am Abschlagstag mit Hilfe eines Indexes ergibt sich ein Steuersatz von 35,1%.

Der Untersuchungsgegenstand der nachfolgenden Untersuchungen ist in der Regel die Überrendite am Ex-Tag oder im Zeitraum um ihn herum. Einige Autoren ermitteln analog zu Elton und Gruber die Prämien am Ex-Tag. Die Überrendite läßt sich aus der Gleichung für die Prämie herleiten. Beide Größen haben eine inverse Beziehung zueinander. Zur Interpretation der Ergebnisse ist es entscheidend zu wissen, wer der marginale Anleger ist, der letztlich die Kurse und damit auch die Höhe der Prämie bestimmt. Erst dann läßt sich schließen, ob und gegebenenfalls in welchem Umfang

---

212 Zur Ausgangsgleichung siehe Gleichung 1.3.

213 Der Steuersatz auf Kapitalgewinne betrug zu der Zeit die Hälfte des Satzes für Dividenden, wenn t_d nicht über 50% lag.

Steuereffekte, Transaktionskosten und Risikoprämien Einfluß auf die Preise gehabt haben. Die Bestimmung des marginalen Anlegers erfolgt auf zwei unterschiedlichen Wegen. Die einen ziehen zusätzlich die Umsätze vor und nach dem Dividendenabschlag heran und vergleichen sie mit denen an normalen Tagen. Andere Studien vergleichen die Überrenditen vor und nach Gesetzesänderungen[214], die nur einen der Einflußfaktoren betreffen, miteinander und ziehen aus der Veränderung Rückschlüsse auf den marginalen Anleger, der durch seine Transaktionen diese Abweichung herbeigeführt hat.

Kritisch beschäftigt sich **Kalay (1982)** mit der Untersuchung von Elton und Gruber. Er verändert deren Test, indem er die Schlußkurse am Tag des Dividendenabschlags (Ex-Tag) mit anderen Methoden berichtigt und Transaktionskosten in seine Überlegungen mit einbezieht. Die empirischen Ergebnisse stimmen dennoch grundsätzlich überein. Allerdings weicht Kalay in der Interpretation der Ergebnisse ab. Fällt der Dividendenabschlag größer (kleiner) aus als die Dividende zuzüglich (abzüglich) der Transaktionskosten für Kauf und Verkauf, so bieten sich Arbitrageuren[215] Möglichkeiten, Gewinne durch den Verkauf (Kauf) der Dividende zu erzielen. Liegen die Preise am Ex-Tag in diesen Bereichen, haben die Arbitrageure den Markt bestimmt und nicht mehr die langfristig orientierten Privatanleger, wie von Elton und Gruber unterstellt.[216] Dann lassen sich aus dem relativen Dividendenabschlag keine Steuersätze mehr ableiten, da dann nicht der Steuervorteil für Kapitalgewinne den Preis bestimmt.

Bei der von Kalay unterstellten Strategie der kurzfristig orientierten Händler handelt es sich nicht um Arbitrage im Sinne risikofreier Gewinnmöglichkeiten.[217] Diesen Hinweis greifen **Heath und Jarrow (1988)** auf. Der Händler muß vor dem Tag des Abschlags eine Position aufbauen. Da er aber die Höhe des Abschlags nicht kennt, geht er

---

[214] So vergleicht Barclay relative Dividendenabschläge aus der Zeit vor einer Einkommensbesteuerung (vor 1913) mit denen der jüngsten Vergangenheit. Barclay (1987), S. 31 - 44. Michaely kritisiert zurecht, daß in den dazwischen liegenden mehr als 50 Jahren sich auch viele andere Rahmenbedingungen geändert haben, die Einfluß auf das Marktverhalten haben. Die Ergebnisse können also nicht oder nicht nur auf Steuereffekte zurückgeführt werden. Michaely (1991), S. 847 f.

[215] Dazu zählen in erster Linie Händler, aber auch andere Personen können Gewinne erzielen, wenn sie die durch den Abschlag entstehenden Kursverluste steuermindernd nutzen können.

[216] Zur Auseinandersetzung der Autoren zu diesem Bereich siehe den Kommentar von Elton, Gruber und Rentzler (1984) und die Antwort darauf von Kalay (1984).

[217] Elton, Gruber und Rentzler (1984), S. 551, Fn. 1.

ein Kursrisiko ein. Auch wenn der Abschlag in der Vergangenheit insgesamt kleiner als die Dividendenzahlung ausfiel, sagt das ex-ante nichts über den bevorstehenden Abschlag der speziellen Aktie aus. Ein Verlust ist somit nicht auszuschließen und eine Arbitragemöglichkeit nicht gegeben. Empirische Untersuchungen belegen, daß Dividendenabschläge, die größer als die Dividende sind, sehr häufig vorkommen.[218] Lediglich ex-post läßt sich feststellen, daß es in vielen Fällen Möglichkeiten gegeben hat, kurzfristig Gewinne zu erzielen, allerdings nicht risikolos. Ebenso wie langfristig orientierte Anleger werden die Händler das Risiko nur eingehen, wenn sie entsprechende Überrenditen erwarten. Dann werden sie ebenfalls als marginale Anleger auftreten.

Zu im wesentlichen gleichen Ergebnissen wie Elton und Gruber (1970) und Kalay (1982) kommen **Eades, Hess und Kim (1984)** in ihrer Untersuchung bezüglich Überrenditen am Ex-Tag. Diese Renditen sind signifikant positiv. Der Grund dafür könnte in der für Privatanleger höheren Besteuerung der Dividenden im Vergleich zu Kapitalgewinnen liegen. Allerdings sind die Überrenditen an den Tagen vor dem Abschlag noch höher. Für die Tage nach dem Abschlag hingegen ergeben sich signifikant negative Überrenditen. Um zu sehen, ob die Ergebnisse auch andere Ursachen haben könnten, untersuchen die Autoren auch die Preisreaktionen auf Stock Splits und Stock Dividends, für die kein Steuereffekt auftreten kann. Tatsächlich ergeben sich ähnliche Überrenditen wie bei Dividendenzahlungen, so daß man annehmen muß, daß auch die Preisreaktionen auf andere Ausschüttungen (Dividenden) nicht durch Steuereffekte erklärt und aus der Prämie nicht direkt marginale Steuersätze abgeleitet werden können.

Eine weitere Erklärungsvariable neben möglichen Steuereffekten für die Überrenditen am Ex-Tag sieht **Grammatikos (1989)** in der von den kurzfristig agierenden Investoren verlangten Risikoprämie. Aufgrund der Steuerreform von 1984 ist das Risiko des kurzfristigen Dividendenkaufs für Unternehmen gestiegen.[219] Gleichzeitig steigen die Überrenditen bei den Aktien mit hoher Dividendenrendite, die in erster Linie für den

---

[218] Siehe u.a. Elton und Gruber (1970), Kalay (1982), Michaely (1991).

[219] Besonders die Vorteile der Unternehmen bei der Besteuerung von Dividenden führte zum sogenannten „dividend capture". Die Befreiung von der Besteuerung für den größten Teil der Dividendeneinkünfte eines Unternehmens erfolgt nur dann, wenn die Aktien eine Mindestzeit gehalten worden sind. Bis 1983 waren das 16 Tage. Die Mindesthaltedauer wurde 1984 auf 46 Tage verlängert und zudem wurden einige bis dahin beliebte Hedging-Alternativen für diesen Zeitraum nicht mehr geduldet. Koski (1996), S. 319, Fn. 6. Mitunter werden auch 15 bzw. 45 Tage als Grenzen genannt. Siehe z.B. Michaely und Vila (1995), S. 173, Fn. 4.

Dividendenkauf geeignet sind. Die Entscheidung, einen Dividendenkauf durchzuführen oder nicht, ist nicht nur von der erwarteten Rendite sondern auch vom Risiko der Transaktion beeinflußt.

Eine genauere Untersuchung über den Einfluß des Risikos auf die Überrendite am Ex-Tag veröffentlichen **Fedenia und Grammatikos (1993)**. Sie benutzen dabei ein Drei-Faktoren-Modell, um die in der Rendite enthaltenen Zuschläge für das systematische, das unsystematische Risiko und den Steuernachteil von Dividenden aufzuzeigen. Die Ergebnisse sprechen dafür, daß der Handel am Ex-Tag in Aktien mit geringer Dividendenrendite von Privatanlegern bestimmt wird. Sie erhalten einen Renditezuschlag für den Steuernachteil und die Übernahme des systematischen Risikos. Die kurzfristig orientierten Anleger dominieren den Bereich mit hoher Dividendenrendite und verlangen einen Renditezuschlag für das systematische und unsystematische Risiko. Wegen der geringen Zahl von Aktiengesellschaften, die am selben Tag ausschütten, läßt sich das unsystematische Risiko nicht wegdiversifizieren. Die Autoren geben aber zu bedenken, daß aufgrund der im Zeitablauf instabilen Renditezuschläge die Ergebnisse zum unsystematischen Risiko mit Vorsicht zu interpretieren sind und sich aus den Renditen keine Steuersätze ableiten lassen.

Die folgenden Studien gehen der Frage nach, wer als marginaler Anleger die Kurse am Ex-Tag bestimmt. **Lakonishok und Vermaelen (1986)** untersuchen dafür das Handelsvolumen um den Tag des Dividendenabschlags herum. Falls die langfristig orientierten Anleger die Marktteilnehmer stellen, ist keine Änderung im Umsatz zu erwarten. Die Anleger entscheiden nicht ob, sondern nur wann ge- oder verkauft werden soll. Der kurzfristig orientierte Investor hingegen fragt sich, ob er durch den Kauf der Aktie vor und den Verkauf nach der Dividendenzahlung einen Gewinn erzielen kann. Wenn die kurzfristig orientierten Anleger durch ihr massives Auftreten Bedeutung erlangen, dann führt das zu einem meßbaren Nettoanstieg im Handelsvolumen. Deren Entscheidung ist abhängig von den Gewinnaussichten, die wiederum von der Höhe der Transaktionskosten und der Dividendenrendite abhängig sind. Ist der Umsatzanstieg um so höher je höher die Dividendenrendite und je niedriger die Transaktionskosten sind, spricht das für den Dividendenhändler als marginalen Anleger. Im untersuchten Zeitraum vor 1975 steigt der Umsatz um den Ex-Tag herum um durchschnittlich 10%, nach 1975 um 30%. Seit 1975 ist die Höhe der Handelsgebühren nicht mehr festgelegt.

Das führt besonders für größere Transaktionen ab 1975 zu geringeren Kosten.[220] Die Ergebnisse sprechen für einen daraufhin gestiegenen Einfluß der Dividendenhändler. Nur Unternehmen sind wegen der steuerlich vorgeschriebenen Mindesthaltedauer nicht in der Lage, direkt am Ex-Tag wieder zu verkaufen, obwohl das aufgrund der in der Untersuchung aufgezeigten Renditeentwicklung optimal wäre. Deshalb sind die erhöhten Umsätze auch noch einige Tage nach dem Abschlag festzustellen. Eine Differenzierung der Untersuchungsergebnisse hinsichtlich der Dividendenrenditen relativiert die abgeleiteten Aussagen. Sie treffen in erster Linie nur auf die Gruppe der Aktien mit hoher Dividendenrendite zu. Dort aber bestimmen die Dividendenhändler die Kurse um den Ex-Tag herum.

Auch **Karpoff und Walkling (1988)** stellen die Hypothese auf, daß der kurzfristig orientierte Anleger die positiven Überrenditen am Ex-Tag, die aus der steuerlichen Benachteiligung der Dividenden resultieren, zu seinem Vorteil nutzen wird. Durch die Transaktionen dieser Anleger reduziert sich die Überrendite auf die Höhe der Transaktionskosten für den Investor. Deshalb muß die meßbare Überrendite positiv mit den Transaktionskosten korreliert sein. Sollte die Untersuchung diesen Zusammenhang bestätigen, deutet das auf den kurzfristig orientierten Investor als marginalen Anleger hin. Ein guter Zeitpunkt, den Einfluß von Transaktionskosten auf die Renditen am Ex-Tag zu messen, ist der Mai 1975. Durch den Wegfall fester Gebühren sind die Transaktionskosten erheblich gesunken. Dabei darf man annehmen, daß die Händler ihre Transaktionen wegen der Gewinnaussichten vor allem auf die Aktien mit hoher Dividendenrendite konzentrieren. Die empirischen Ergebnisse bestätigen diese Überlegungen. Eine signifikant positive Korrelation zwischen Rendite am Ex-Tag und den Transaktionskosten wurde nur in der Gruppe der hohen Dividendenrenditen nach 1975 ermittelt.

In einer erweiterten Studie zu diesem Bereich benutzen **Karpoff und Walkling (1990)** die Bid-Ask-Spanne als Maß für die Transaktionskosten. Sie ermitteln eine hohe Korrelation zwischen dieser Spanne und der Rendite am Ex-Tag. Die Korrelation nimmt zudem mit steigender Dividendenrendite weiter zu. Für normale Handelstage läßt sich eine solche Beziehung nicht feststellen. Diese positive Beziehung zwischen Rendite und Transaktionskosten ist auf die kurzfristig orientierten Marktteilnehmer, die Vorteile aus dem Dividendenkauf erzielen wollen, zurückzuführen. Es gibt also Aktien,

---

[220] Siehe dazu auch die Untersuchungen von Eades, Hess und Kim (1984 und 1994).

deren Preise um den Abschlagstag herum von diesen Anlegern bestimmt werden, und zwar so lange, bis die Überrendite am Ex-Tag den Transaktionskosten entspricht. Wo hingegen dieser Handel nicht lohnend erscheint, dominieren die langfristig orientierten Anleger und die Rendite spiegelt dann vor allem Steuereffekte wider. Um die Auswirkungen der Steuergesetzänderung von 1986 beurteilen zu können, ist es wichtig zu wissen, wer als marginaler Anleger die Kurse bestimmt. Sind es die Privatanleger, darf man einen Rückgang der Rendite am Ex-Tag erwarten, da der Wert der Dividende nach Steuern steigt. Für Unternehmen hingegen sinkt er, da die Steuersätze auf Kapitalgewinne steigen. Die Rendite sollte in diesem Fall steigen.

Michaely (1991) untersucht die Auswirkungen dieser Steuergesetzänderungen von 1986 auf den relativen Dividendenabschlag. Seine Hypothese lautet: Die langfristig orientierten Privatanleger haben einen signifikanten Einfluß auf die Preisgestaltung am Ex-Tag. Diese These impliziert, daß die Prämie (Dividendenabschlag zu Dividende) im Jahr 1986 kleiner als eins ist, 1987 näher an eins liegt und 1988 gleich eins ist. Der bis 1986 bestehende steuerliche Nachteil der Dividenden gegenüber Kapitalgewinnen verringert sich 1987 stark und verschwindet 1988 völlig. Die ausgewerteten Daten stützen diese theoretischen Überlegungen nicht. Die Mittelwerte der Prämien für die jeweiligen Jahre unterscheiden sich nicht signifikant voneinander. Die Prämie für 1986 ist sogar größer als eins. Daraus leitet Michaely ab, daß die Steueränderung und damit auch der Privatanleger keinen Einfluß auf das Preisverhalten am Ex-Tag haben. In einem weiteren Schritt zieht Michaely noch Ergebnisse für 1966 zum Vergleich heran. Bei fast identischen steuerlichen Voraussetzungen sollte die Prämie damals der von 1986 entsprechen. Die Prämie 1966 liegt jedoch deutlich unter eins und damit auch unter der von 1986. Somit haben andere Faktoren außer den Steuern sich geändert und durch ihren Einfluß auf das Marktverhalten die Preisabschläge am Ex-Tag beeinflußt. Als mögliche Ursachen nennt Michaely die geringer gewordenen Transaktionskosten, bessere Hedgemöglichkeiten und die größere Rolle, die Unternehmen und institutionelle Anleger jetzt spielen. Daß Unternehmen Einfluß auf die Preise von Aktien mit hoher Dividendenrendite am Ex-Tag haben, zeigt Michaely, indem er die Aktien entsprechend ihrer Dividendenrendite in Gruppen einteilt. Die für die Gruppen mit der höchsten Dividendenrendite ermittelten Prämien sind signifikant größer als eins. Solche Dividenden werden also höher bewertet als Kapitalgewinne. Aus steuerlicher Sicht trifft das nur auf Unternehmen zu. Bei Betrachtung der Renditen an den einzelnen Tagen vor und nach dem Ex-Tag zeigen sich insbesondere 1986 signifikante Überrenditen vor dem Abschlag und negative danach. Das spricht für verstärkte Kaufgesuche vor und Verkaufsangebote nach dem Ex-Tag.

Wie abhängig die Ergebnisse der empirischen Tests von der Auswahl der Beobachtungen sind, zeigen **Bhardwaj und Brooks (1996)**. Sie untersuchen ebenfalls das Jahr 1986 und kommen für ihre Ausgangsstichprobe zu fast dem gleichen Ergebnis für die Prämie (1,08 zu 1,04) wie Michaely (1991). Allein die Herausnahme einiger weniger Unternehmen, die gleichzeitig weitere Maßnahmen, wie z.B. Aktiensplits und die Ausgabe von Stock Dividends, durchführen, läßt den Wert für die Prämie um über 30% auf 0,7 fallen. Nach weiteren Ausgrenzungen kommen die Autoren schließlich auf eine Prämie von 0,81 und damit entgegen Michaelys Aussage zu einer Unterstützung des Steuereffekt-Arguments von Elton und Gruber. Für das Handelsgeschehen am Ex-Tag lassen die Ergebnisse vermuten, daß die Privatanleger bei den Aktien mit geringer Dividendenrendite und Unternehmen bei Aktien mit sehr hoher Dividendenrendite preisbestimmend sind. Um den Einfluß der Händler zu beurteilen, beziehen die Autoren Transaktionskosten in Form der Bid-Ask-Spanne mit ein. Es zeigt sich, daß wie erwartet bei Aktien mit geringer Dividendenrendite die Transaktionskosten die Dividendenzahlung übersteigen und sich somit kurzfristig keine Gewinne erzielen lassen. Lediglich in der Klasse mit der höchsten Dividendenrendite lohnt es sich für Arbitrageure zu handeln. Sie treten dort neben den Unternehmen als marginale Händler auf. Ebenso wie bei Michaely (1991) weist auch diese Untersuchung darauf hin, daß die Prämien in den mittleren Bereichen der Dividendenrendite am geringsten sind.

Die Steuerreform von 1986 wirft für **Fedenia und Grammatikos (1991)** die Fragen auf, ob die kurzfristig orientierten Anleger noch Kapitalgewinne realisieren, bevor die höheren Steuersätze darauf wirksam werden und ob die langfristig orientierten Anleger ihre Portfolios umstrukturieren, weil durch die Verringerung der Steuersätze auf Dividenden die Zusammensetzung ineffizient werden könnte.[221] In beiden Fällen sollte das Handelsvolumen an Cum- und Ex-Tagen direkt vor Inkrafttreten der Änderungen höher sein als in anderen Perioden. Aufgrund der Strategie, Kursgewinne zu realisieren, darf man darüber hinaus erwarten, daß am Cum-Tag die Verkäufe die Preise drücken und am Ex-Tag die vermehrten Rückkäufe die Preise steigen lassen. Das sollte sich entsprechend in den Renditen niederschlagen. Der erwartete Umsatzanstieg erfolgt

---

[221] Jedes gegebene vor Steuern effiziente Portfolio ist um so weniger effizient nach Steuern je größer die Differenz zwischen den marginalen Steuersätzen des Investors auf Dividenden und Kapitalgewinne ist. Long (1977), S. 41.

lediglich für die Aktien mit mittlerer und hoher Dividendenrendite, deren Handel sehr liquide ist. Für diese Aktien ergeben sich auch steigende Überrenditen. Die Ergebnisse bestätigen die Hypothesen zur Umstrukturierung und zur Realisation von Kapitalgewinnen. Bei der Interpretation der Ergebnisse ist jedoch der wesentliche Einfluß der japanischen Lebensversicherer zu berücksichtigen, die besonders ab 1987 in großem Umfang Dividenden gekauft haben.

In ihrer Zeitreihenanalyse über das Preisverhalten am Ex-Tag messen **Eades, Hess und Kim (1994)** die relativen Preise für Dividenden und Kapitalgewinne durch eine standardisierte Überrendite des Portfolios für den Ex-Tag. Die Jahresdurchschnittswerte der ermittelten Tagesrenditen variieren im Zeitablauf. Die Unterteilung in Aktien mit geringer und mit hoher Dividendenrendite zeigt, daß insbesondere die hoch rentierlichen Aktien dafür verantwortlich sind. Im Gegensatz zu den Aktien mit geringer Dividendenrendite führen bei ihnen die starken Schwankungen häufig auch zu negativen Überrenditen. Die Autoren untersuchen dafür verschiedene Erklärungsansätze. Der Einfluß von Steuergesetzänderungen hat abgesehen von 1982 keinen Erklärungswert. Um die Bedeutung des Arbitragehandels zu testen, untersuchen sie, wie sich die Senkung der Transaktionskosten durch die Einführung der Negotiated Commissions 1975 auf die Überrenditen ausgewirkt hat. Sie ermitteln einen signifikanten Effekt, der für die Aktien mit hoher Dividendenrendite besonders stark ausfällt. Das spricht dafür, daß dieser Bereich vorrangiges Ziel für Steuerarbitrageure ist und die Überrenditen dadurch eliminiert werden.

Michaely und Vila (1995) entwickeln ein Gleichgewichtsmodell, das den Zusammenhang des Handelsvolumens um den Ex-Tag herum mit der Heterogenität der Besteuerung für die verschiedenen Marktteilnehmer herstellt. Es ist notwendig, das Handelsvolumen miteinzubeziehen, da sich allein aus den Preisen keine Steuersätze ableiten lassen. Die bisherigen Ansätze sagen, eine Prämie von eins bedeutet, daß die kurzfristig orientierten Anleger, für die Dividende und Kapitalgewinne gleich besteuert werden, den Markt bestimmen. Genauso gut könnte es aber auch sein, daß der Privatanleger die ungeliebten Dividenden verkauft und Unternehmen als Partner im gleichen Umfang Dividenden nachgefragt haben und so durch den Handel eine Preisdifferenz zwischen Cum- und Ex-Tag in Höhe der Dividende erzeugt haben. Die beiden beschriebenen Möglichkeiten können aber anhand des Handelsvolumens unterschieden werden. Nur im zweiten Fall, dem gezielten Dividendenkauf und -verkauf, sind zusätzlich zum normalen Geschäft erhöhte Umsätze zu erwarten. Ob es zu verstärkten

Nachfragen und Angeboten kommt, hängt davon ab, wie viele Marktteilnehmer sich aufgrund ihrer besonderen Steuersituation Gewinne versprechen und ob die erwarteten Gewinne ausreichen, die mit dem Handel verbundenen Risiken[222] zu kompensieren. Diese Risiken resultieren zum einen aus dem Handel selbst und zum anderen aus den Risiken der einzelnen Aktie, die um so größer sind, je länger die eingegangene Position gehalten wird.[223] Zusätzlich ist die Risikoeinstellung der Anleger zu berücksichtigen, um die Risiken bewerten zu können. Somit sind die Gleichgewichtspreise und das Handelsvolumen um den Tag des Dividendenabschlags herum abhängig von diesen Variablen.

Die empirischen Ergebnisse bestätigen weitgehend die Modellerwartungen. Das Handelsvolumen ist positiv verbunden mit der Höhe der Dividenden und der Heterogenität der Steuergruppen, in die man die verschiedenen Anleger einteilen kann. Eine negative Beziehung besteht zu dem Risiko (gemessen als Varianz) der betreffenden Aktie. Aus den gestiegenen Umsatzzahlen für eine Aktie um den Ex-Tag herum im Vergleich zu den Umsätzen an normalen Tagen läßt sich ableiten, daß Unternehmen und Privatanleger verstärkt die Aktie handeln und damit die Preise und infolgedessen auch die Prämie[224] bestimmen.

Koski (1996) benutzt anstelle der festgestellten Schlußkurse die Angebots- (Bid) und Nachfragepreise (Ask) am Ex-Tag und am Tag zuvor (Cum-Tag). Die Spanne zwischen beiden Preisen (Bid-Ask-Spread) stellt ein Maß für die Transaktionskosten des kurzfristig orientierten Anlegers dar. Koski vergleicht die Daten für das Jahr 1983 mit denen für das Jahr 1988. Dazwischen liegen die Steuerreformen von 1984 und 1986, durch die die Steuervorteile für die Kapitalgewinne eliminiert wurden. Der langfristige Anleger, der verkaufen (kaufen) will, kann das Geschäft am Cum-Tag oder erst am Ex-Tag jeweils zum Bid-Preis (Ask-Preis) ausführen. Es gibt aber auch Marktteilnehmer, die darauf aus sind, aufgrund ihrer besonderen Steuervorteile die Dividenden zu

---

222 Dazu zählt die Ungewißheit über die Variablen, die den „Dividendenhandel" beeinflussen, also z.B. welcher Steuergruppe die maßgeblichen Marktteilnehmer angehören, welche Risikoeinstellung sie haben und wieviel sie an Kapital einsetzen können.

223 Insbesondere für Unternehmen hat sich dieses Risiko ab 1984 erhöht, da jetzt u.a. eine Mindesthaltedauer von 45 statt wie bisher 15 Tagen vom Steuergesetzgeber verlangt wird, um in den Genuß der geminderten Dividendenbesteuerung zu kommen. Michaely und Vila (1995), S. 173, Fn. 4.

224 Ob die Prämie dann über oder unter eins liegt, hängt letztlich davon ab, welche Gruppe sich in welchem Maße aufgrund ihrer Erwartungen und Risikoeinstellungen engagiert.

vereinnahmen. Sie kaufen die Aktien zum Ask-Preis am Cum-Tag und verkaufen sie wieder zum Bid-Preis am Ex-Tag. Für beide Fälle ermittelt Koski die Bedingungen, zu denen sich kein Handel lohnen würde. Ein Vergleich der Ergebnisse für 1983 mit denen von 1988 zeigt, welche Entwicklung man erwarten darf, falls eine bestimmte Gruppe von Marktteilnehmern die marginalen Anleger stellt.

Die Privatanleger, die 1983 noch Kapitalgewinne aus steuerlichen Gründen bevorzugen und deshalb vor allem in Aktien mit geringer Dividendenrendite engagiert sind, verhalten sich 1988 indifferent hinsichtlich der Ausschüttungspolitik. Unternehmen als langfristige Anleger hingegen verstärken ihre Vorliebe für Dividendenzahlungen nach 1986 noch, da Kapitalgewinne noch höher besteuert werden als bisher. Sie halten deshalb vorwiegend Papiere mit hoher Dividendenrendite. Dominieren die Privatanleger den Markt, ist 1988 mit einem Anstieg der Prämie gegenüber 1983 zu rechnen. Die gesunkenen Steuersätze für Dividenden reduzieren die Attraktivität, eine Dividende zu verkaufen. Die Transaktionskosten, hier in Form der Bid-Ask-Spanne, sollten eine profitable kurzfristige Strategie verhindern. Sind dennoch die kurzfristigen Anleger marktbestimmend, so sollten die Prämien sinken. Die Entwicklung der Ergebnisse von 1983 nach 1988 stimmt dann damit überein, wenn Unternehmen als marginale Anleger in Aktien mit hoher Dividendenrendite und Privatanleger als marginale Anleger in Aktien mit niedriger Dividendenrendite auftreten. Allerdings reichen die empirischen Ergebnisse der Studie von **Koski (1996)** für 1988 nicht an die theoretischen Vorgaben heran. Eine mögliche Ursache dafür könnten die Händler sein, die Steuerklientel-Effekte zu ihren Gunsten ausnutzen wollen. Die Händler, die der Bid-Ask-Spanne unterliegen, können von einer Ausnahme abgesehen in beiden Jahren keine signifikanten Gewinne mit ihren Strategien erzielen. Lediglich Unternehmen[225] können 1983 durch den Kauf der Dividenden für Aktien mit hoher Dividendenrendite einen Gewinn erzielen, der die Transaktionskosten deutlich übersteigt.

---

[225] Koski unterstellt für ihre Ergebnisse, daß sich aus der Notwendigkeit, die Mindesthaltedauer einzuhalten, keine zusätzlichen Kosten ergeben. Koski (1996), S. 319, Fn. 6. Aber es bleibt zu beachten, daß die Unternehmen unter den Voraussetzungen gar nicht in der beschriebenen Weise am Markt agieren können. Entweder müssen sie weit vor dem Cum-Tag gekauft oder weit nach dem Ex-Tag verkauft haben, um die Bedingungen zu erfüllen. Das vermindert aber ihren Einfluß als marginaler Anleger beträchtlich.

Exkurs: Citizens Utility als idealer Untersuchungsgegenstand

Der Einfluß der unterschiedlichen Besteuerung von Dividendenerträgen einerseits und Kapitalgewinnen andererseits auf den Aktienkurs eines Unternehmens läßt sich in der Regel nicht eindeutig ermitteln, da nicht für beide Alternativen gleichzeitig Kursreaktionen gemessen werden können. Die Ausschüttungskonstruktion bei Citizens Utility ermöglichte das jedoch.

Die Citizens Utility Gesellschaft hatte zwei Arten von Stammaktien herausgegeben. Sie unterschieden sich lediglich hinsichtlich der Art der Gewinnausschüttung. Für die eine (Gruppe B) zahlte das Unternehmen vierteljährlich eine Bardividende und für die andere (Gruppe A) halbjährlich eine Stock Dividend in entsprechender Höhe. **Long (1978)** untersuchte als erster die Preisunterschiede beider Aktien. Aus steuerlichen Überlegungen sollten die Aktien der Gruppe B niedriger bewertet werden, da die Dividendenerträge i.d.R. höher besteuert werden als der Aktienzuwachs, der in diesem speziellen Fall wie ein Kapitalgewinn versteuert wird. Überraschenderweise findet Long gegenteilige Ergebnisse. Die Aktien mit Barausschüttung werden höher bewertet als die der Gruppe A.

Poterba (1986) greift den Fall wieder auf und erweitert die Untersuchung um die Folgejahre bis 1984. Seine Ergebnisse stimmen weder mit denen von Long überein, noch bestätigen sie die theoretischen Überlegungen. Danach sind die Anleger eher indifferent zwischen beiden Aktienarten. Poterba untersucht deshalb zusätzlich noch das Preisverhalten um den Ex-Tag herum. Es stellt sich heraus, daß am Ex-Tag die Bardividende geringer bewertet wird als die Stock Dividend. Eine plausible Erklärung für die unterschiedlichen Ergebnisse bietet sich nicht an.

Nähere Aufschlüsse erhofften sich **Hubbard und Michaely (1997)** dadurch, daß sie die beträchtlichen Steueränderungen von 1986 in die Untersuchung mit einbeziehen. Die Angleichung der Besteuerung von Dividenden an die von Kapitalgewinnen sollte zu einer höheren relativen Bewertung der Aktien der Gruppe B führen. Tatsächlich läßt sich das für die Jahre 1985 und 1986 auch feststellen. Überraschenderweise aber verschwindet dieser Effekt in den Folgejahren wieder. Die anschließende Suche nach nicht steuerbedingten Unterschieden zur Erklärung des Preisverhaltens verläuft ohne Erfolg. Unterschiedliche Transaktionskosten aufgrund unterschiedlicher Liquidität der beiden Aktienarten konnten ebenso wenig nachgewiesen werden wie die Existenz von

Steuerklientel-Effekten. Ein entscheidender Einfluß auf die Preise durch institutionelle Anleger, für die Dividenden steuerlich nicht benachteiligt sind, läßt sich weder aus der Aktionärsstruktur noch aus dem Preisverhalten am Ex-Tag zweifelsfrei ableiten. Die Frage nach der Bewertung der Dividendenpolitik kann selbst für diesen ideal zu untersuchenden Fall nicht schlüssig beantwortet werden. Seit 1990 ist die besondere Steuervorschrift für die Aktien der Gruppe A ausgelaufen und Citizens Utilities schüttet seitdem für beide Gruppen Stock Dividends aus.

B. Empirische Untersuchungen zum Einfluß der Steuern in Deutschland

Die beiden in den USA entwickelten Grundmodelle für die Ermittlung von Steuereffekten sind auch für den deutschen Markt getestet worden. König (1990) greift in seiner Arbeit auf das CAPM nach Steuern zurück, während Bay (1990) analog zur Vorgehensweise von Elton und Gruber die Prämien am Tag des Dividendenabschlags bei deutschen Unternehmen ermittelt. Darüber hinaus gibt es Untersuchungen zum Ausschüttungsverhalten deutscher Unternehmen vor und nach der Körperschaftsteuerreform 1977.

König (1990) überprüft mit Hilfe zweier Regressionsgleichungen, ob die zuvor aufgestellten Modelle für den Beobachtungszeitraum von 1959 bis 1986 für den deutschen Markt, repräsentiert durch 332 Unternehmen, bestätigt werden können. Der erste Test betrifft den Gesamtmarkt. Dafür ermittelt er für den Dividendenkoeffizienten einen Wert von 0,2236. Das würde bedeuten, daß der Anleger für jede Erhöhung der Dividendenrendite um eine Einheit eine Zunahme der Rendite um 22,36% dieser Einheit erwartet. Eine Unterteilung des Zeitraumes in die Perioden vor und nach der Körperschaftsteuerreform zeigt, daß der Einfluß der Dividende auf die erwartete Rendite nach 1977 stark zurückgegangen ist. Der Dividendenkoeffizient fiel von 0,2635 auf 0,091. Die daraus unter Berücksichtigung der Steuerbelastungen ermittelten impliziten Grenzsteuersätze liegen in beiden Perioden über 60%. Sie sind kaum plausibel zu erklären. Der zweite Test untersucht für vier nach Höhe der Dividendenrendite unterteilte Gruppen, ob es einen Steuer-Klienteleffekt gibt. Die Ergebnisse sprechen eindeutig dagegen. Insgesamt lassen sich keine steuerlichen Einflüsse auf die Renditeforderungen der Anleger für deutsche Unternehmen nachweisen.

Bay (1990) ermittelt in seiner empirischen Studie den marginalen Einkommensteuersatz des Grenzanlegers, indem er die Kursveränderungen am Ex-Tag relativ zur Dividende untersucht. Dieser Steuersatz beläuft sich auf durchschnittlich 17,7% in den elf

Jahren vor der Steuerreform 1977 und auf durchschnittlich 44,7% in den elf Jahren danach. Für den Zeitraum nach 1977 findet Bay eine inverse Beziehung zwischen der Dividendenrendite und den Steuersätzen der Anleger und sieht darin die Bestätigung der Klientel-Hypothese für den deutschen Markt. Einflüsse kurzfristig auftretender Arbitrageure (Transaktionshypothese) kann er nicht feststellen. Als preisbestimmenden Investor bestimmt Bay aufgrund seiner Ergebnisse den langfristig orientierten Privatanleger, für den Kapitalgewinne und –verluste ohne Steuerwirkung bleiben.

Hartmond (1993) beschreitet einen dritten Weg, um Steuereinflüsse auf die Dividendenpolitik sichtbar zu machen. Sie untersucht das Verhältnis der Kursdifferenzen zwischen alten und jungen Aktien bei unterschiedlicher Dividendenberechtigung zum Wert der Dividendendifferenz der beiden Aktiengattungen. Für die Jahre 1974 bis 1990 ermittelt sie daraus den durchschnittlichen Grenzsteuersatz des marginalen Anlegers. An den Tagen des Dividendenabschlags ergibt ihre Untersuchung einen Steuersatz von 21,84%. Die starken Abweichungen zu Bay führt sie auf die Datenauswahl zurück. Das sehr oft geringe Handelsvolumen der jungen Aktien führte zu einer Verringerung der Stichprobe, so daß allgemeingültige Aussagen nicht ableitbar sind.

Die Auswirkungen der Körperschaftsteuerreform 1977 auf das Ausschüttungsverhalten von einundsiebzig großen börsennotierten Aktiengesellschaften untersuchen **Haegert und Lehleiter (1985)**. Dem Fünfjahreszeitraum nach der Reform stellen sie zwei gleich lange Zeiträume davor gegenüber und vergleichen die jeweiligen Mittelwerte der Ausschüttungsquoten und der Thesaurierungsquoten miteinander. Sie verzeichnen einen Rückgang der durchschnittlichen Barausschüttungs- und Thesaurierungsquoten bei einer nahezu unveränderten Bruttoausschüttungsquote. Somit haben die Unternehmen einen gleich hohen Anteil des Gewinns vor Körperschaftsteuern nicht thesauriert, sondern für die Zahlung der Bardividende und der darauf entfallenden Körperschaftsteuer verwendet. Durch den höheren Steuersatz auf ausgeschüttete Gewinne erzielen die Aktionäre nach der Steuerreform zwar eine geringere Bardividende aber durch das Anrechnungsverfahren letztlich eine höhere Nettodividende.

Hockmann (1981) ermittelt für 57 marktbreite Unternehmen die Ausschüttungsquoten der Jahre 1975 bis 1979, wobei er die Ausschüttungen auf den Jahresüberschuß bezieht. Da er zunächst die Körperschaftsteuergutschriften nicht berücksichtigt, kommt er zu geringeren Ausschüttungsquoten ab 1977. Die anschließend, allerdings nur näherungsweise, erfolgte Berücksichtigung der Steuergutschrift führt dann doch zu der Erkenntnis, daß die Vorteile der Steuerreform zumindest teilweise von den Unternehmen an die Aktionäre weitergegeben worden sind.

C. Untersuchungen für weitere Länder

Für die **Schweiz** ermittelt **Capitelli (1989)** mit Hilfe des CAPM nach Steuern einen signifikant positiven Koeffizienten der Dividendenrendite, der kleiner als eins ist. Demnach verlangen die Anleger am Schweizer Markt einen Ausgleich für den Steuernachteil von Dividendenzahlungen. Darüber hinaus spricht das Kursverhalten dafür, daß auch hier Steuer-Klienteleffekte vorliegen.

In **Kanada** gab es 1971 und 1977 Steuergesetzänderungen, die zu einer Verringerung der Steuern auf Dividendeneinkünfte führten. **Amoako-Adu (1983)** untersucht die Auswirkungen dieser Änderungen auf die Aktienkurse. Er findet einen signifikanten Unterschied in der Reaktion der Aktien mit hoher Dividendenrendite im Vergleich zu denen mit geringer Dividendenrendite. Die erhöhte Nachfrage nach hochrentierlichen Titeln aufgrund der zukünftig geringeren Dividendenbesteuerung zeigt, daß die Steueränderungen das Anlageverhalten beeinflussen.

Booth und **Johnston (1984)** untersuchen das Kursverhalten des kanadischen Marktes am Tag des Dividendenabschlags analog der Vorgehensweise von Elton und Gruber Die für die Jahre 1970 bis 1980 ermittelten Prämien liegen signifikant unter eins. Die Anleger ziehen demnach Kapitalgewinne den Dividendenzahlungen vor. Die Höhe der Prämie deutet darauf hin, daß der marginale Anleger ein privater Investor ist, dessen effektiver Steuersatz auf Kapitalgewinne sehr gering ist. Eine Unterstützung der Steuer-Klientel-These läßt sich aus den Ergebnissen nicht ableiten.

Auch **Lakonishok** und **Vermaelen (1983)** ermitteln sehr geringe Kursabschläge nach den Dividendenzahlungen für den kanadischen Markt. Durch einen Vergleich der relativen Kursänderungen vor der Steuerreform im Jahr 1971 mit denen nach der Reform und einen Vergleich der Kennzahlen für Kanada mit denen der USA kommen sie zu dem Schluß, daß aus dem Kursverhalten am Abschlagstag nicht auf Grenzsteuersätze des marginalen Anlegers geschlossen werden kann. Vielmehr sprechen die Ergebnisse für die These des kurzfristigen Handels. Die kurzfristig agierenden Händler nutzen temporäre Abweichungen vom Gleichgewichtspreis zu ihrem Vorteil und bestimmen dadurch den Kursabschlag maßgeblich. Die Autoren räumen ein, daß dennoch ein Einfluß der Steuern vorliegen kann, der jedoch nicht auf diesem Wege zu ermitteln ist.

Für **Großbritannien** untersuchen **Poterba und Summers (1984)** die Auswirkungen der Steuerreformen von 1965 und 1973. Für eine sehr kleine Stichprobe von 16 großen Unternehmen benutzen sie tägliche Kurse für ihre Regressionen über das Kursverhalten am Ex-Tag. Die Einführung einer Besteuerung von Kapitalgewinnen 1965 hatte offenbar keinen wesentlichen Einfluß auf die Kurse. Die Einführung eines Anrechnungssystems 1973 hingegen führte zu deutlichen Änderungen des Kursverhaltens am Abschlagstag. Ein weiterer Test mit monatlichen Daten bestätigt, daß Steuern die Beziehung zwischen Dividendenrendite und Aktienrendite beeinflussen.

Die Steuerreform von 1988 nimmt **Lasfer (1995)** zum Anlaß für den britischen Markt die These zu testen, ob der kurzfristige Händler als marginaler Anleger auftritt. Da durch die Reform der steuerliche Nachteil von Dividendenzahlungen weitgehend wegfiel, sollten die Dividendenabschläge nach 1988 höher ausfallen als in den Jahren zuvor. Die abnormalen Renditen am Abschlagstag sind vor 1988 signifikant und positiv und nach 1988 in den meisten Fällen nicht signifikant und negativ, nachdem die Renditen um den Abrechnungseffekt[226] bereinigt wurden. Für den Unterschied zwischen den beiden Zeiträumen sind vor allem die Aktien mit einer hohen Dividendenrendite verantwortlich. Daraus schließt Lasfer, daß Steuern einen wesentlichen Einfluß auf die Kurse am Ex-Tag haben. Keine Bestätigung hingegen ergibt der Test für die Hypothese, daß kurzfristige Händler diese Kurse durch den gezielten Kauf von Dividenden bestimmen. Die Beziehung der Renditen am Ex-Tag zum Handelsvolumen und zur Bid-Ask-Spanne als Maß für die Transaktionskosten sind nur schwach.

Eine weitere Untersuchung von **Lasfer (1996)** beschäftigt sich mit dem Einfluß der gesamten Dividendenbesteuerung auf das Ausschüttungsverhalten der Unternehmen und das Kursverhalten am Abschlagstag. Die Einbeziehung der Steuern auf Unternehmensebene und der Steuern, die der Anleger noch zu zahlen hat, führt zu dem Ergebnis, daß die steuerlichen Voraussetzungen die Ausschüttungspolitik der Unternehmen beeinflussen. So neigen die Firmen sogar dazu, das Dividendenniveau zu senken, wenn dadurch die Gesamtsteuerzahlung verringert werden kann. Ein Vergleich der Aktienrenditen am Abschlagstag mit denen vor und nach diesem Tag zeigt, daß nur die Renditen am Ex-Tag signifikant positiv sind. Die Ursache dafür sieht Lasfer in der unterschiedlichen Besteuerung von Dividenden und Kapitalgewinnen, die für den Un-

---

[226] Zu der Zeit gab es feste Abrechnungstermine. Das Jahr war unterteilt in zwei- und dreiwöchige Abrechnungsperioden. Lasfer (1995), S. 887.

tersuchungszeitraum 1980 bis 1983 noch besteht. In einem weiteren Test spricht eine starke positive Beziehung zwischen der Aktien- und der Dividendenrendite gegen die Hypothese, kurzfristiges Handeln würde die Kurse am Ex-Tag determinieren. Das Ergebnis war aufgrund der gesetzlichen Bestimmungen gegen den Dividendenhandel zu erwarten. Ebenso wie zuvor Poterba und Summers findet auch Lasfer keine Unterstützung für die Steuer-Klientel-Hypothese.

D. Zusammenfassung

Die Ergebnisse der empirischen Untersuchungen zum Einfluß der Steuern sind nicht eindeutig. Dennoch lassen sich einige grundsätzliche Erkenntnisse daraus gewinnen. Die festgestellten Überrenditen sind in der Regel nicht auf Unterschiede in der steuerlichen Behandlung von Dividendenerträgen und Kursgewinnen zurückzuführen. Die Hypothese, daß Unternehmen mit hoher Dividendenrendite vor Steuern eine höhere Rendite aufweisen müssen, wird nicht bestätigt.

Aus der Höhe des Dividendenabschlags läßt sich nicht der Grenzsteuersatz des marginalen Anlegers ermitteln. Anleger beziehen Steuern in ihre Anlageentscheidung mit ein. Man kann davon ausgehen, daß aufgrund der unterschiedlichen Steuervorschriften für die verschiedenen Gruppen von Marktteilnehmern Steuern einen Einfluß auf die Preise am Cum- und am Ex-Tag haben, aber Richtung und Umfang sind davon abhängig, wer als marginaler Anleger agiert. Die unterschiedlichen steuerlichen Belastungen der Marktteilnehmer führen zum Kauf und Verkauf von Dividenden und damit zu höheren Umsätzen an den Tagen um den Dividendenabschlag herum.

Analog zu den Theorien über Dividendenpolitik gibt es auch aus rein steuerlicher Sicht für amerikanische Unternehmen grundsätzlich drei verschiedene Beurteilungen von Dividendenzahlungen im Vergleich zu Kursgewinnen durch die Markteilnehmer.

- Dividenden sind gut (Unternehmen);
- Dividenden sind schlecht (Privatanleger);
- Dividenden spielen keine Rolle (Händler und steuerbefreite Institutionen).

Rational handelnde Anleger werden sich entsprechend verhalten, also investieren Privatanleger überwiegend in Aktien mit geringer Dividendenrendite und Unternehmen in solche mit hoher Dividendenrendite. Viele Untersuchungen folgern aufgrund ihrer

Tests über den Handel in diesen Segmenten, daß ein derartiger Klientel-Effekt vorliegt. Die Gruppe der Indifferenten hingegen ist in beiden Segmenten zu treffen und nutzt zudem, sofern sie kurzfristige Anlagestrategien betreibt, ihren anderen Steuerstatus zur Gewinnerzielung durch den Handel von Dividenden aus. Dabei beeinflussen jedoch auch Risikobewertungen und die Höhe der Transaktionskosten ihre Investitionsentscheidung. Die Untersuchungen zeigen, daß der Dividendenkauf deshalb nur im Bereich hoher Dividendenrenditen Überrenditen erwarten läßt.

Allerdings gibt es auch Ergebnisse, die gegen die Steuerklientel-These sprechen. Dazu gehören das hohe Handelsvolumen am Ex-Tag, die beträchtlichen Steuerzahlungen aufgrund erhaltener Dividenden und die Beobachtung, daß sich die Aktionärsstruktur nach einer Änderung der Dividendenpolitik nicht wesentlich ändert.[227]

Für die Dividendenpolitik der Unternehmen lassen sich aus diesen Ergebnissen aber keine Handlungsvorschläge ableiten. Selbst die Feststellung, daß der relative Dividendenabschlag bei Aktien mit hoher Dividendenrendite in der Regel höher ausfällt, sagt nichts über Marktwertänderungen aufgrund der Dividendenpolitik aus. Eine Änderung der Dividendenpolitik führt nicht zu Marktwertänderungen, die auf Steuereinflüsse zurückgeführt werden können.

Kapitel II Der Einfluß der Besteuerung auf die Gewinnverwendung deutscher Unternehmen

Die Art der Gewinnverwendung einer Aktiengesellschaft beeinflußt die Höhe der zu entrichtenden Steuerzahlungen sowohl auf Unternehmensebene als auch auf Seiten der Anleger. Dementsprechend ist davon auszugehen, daß sich auch die Gewinnverwendungspolitik ändert, wenn sich die relevanten steuerlichen Rahmenbedingungen entscheidend verändern. Ob die wichtigsten Ertragsteueränderungen zwischen 1976 und 1996 tatsächlich einen Einfluß auf die Gewinnverwendungspolitik gehabt haben, soll hier anhand der in den betreffenden Zeiträumen vorgenommenen Dividendenänderungen untersucht werden. Den zweiten Schwerpunkt dieses Kapitels bilden die Steuerbelastungsvergleiche für verschiedene Ausschüttungsalternativen. Sie werden für jede untersuchte Steueränderung neu berechnet. Die Ergebnisse geben zum einen Hinweise auf möglicherweise sinnvolle Änderungen in der Gewinnverwendungspolitik und zum

---

227 Michaely und Allen (2001), S. 49.

anderen eine Antwort auf die Frage, ob Dividendenzahlungen generell steuerlich benachteiligt sind.

Zunächst sind einige grundlegende Bemerkungen zu den Ausschüttungsalternativen, die sinnvoll miteinander verglichen werden können, und zu der Ertragsbesteuerung im allgemeinen notwendig. Anschließend werden im ersten Hauptteil dieses Kapitels die wesentlichen Steueränderungen von 1976 bis 1996 dargestellt, soweit sie für das Thema relevant sind,[228] und die jeweiligen Steuerbelastungsvergleiche durchgeführt. Die Ergebnisse bilden die Grundlage für die Überprüfung der Auswirkungen von Steueränderungen anhand der Dividendenänderungen im zweiten Hauptteil.

Da die neueste Steueränderung, die Einführung des Halbeinkünfteverfahrens, nicht mehr in die Untersuchung einbezogen werden konnte, werden die Grundlagen des Verfahrens und die sich daraus ergebenden Konsequenzen für eine steuerorientierte Dividendenpolitik abschließend dargestellt.

A. Grundlagen der Steuerbelastungsvergleiche

Da im folgenden die Steuerbelastungen für jeweils dieselben Alternativen verglichen werden sollen, bietet es sich an, vorab diese Alternativen genau zu beschreiben. Das gilt auch für die Grundlagen der Ertragsbesteuerung, die unabhängig von den auftretenden Änderungen ihre Gültigkeit behalten haben.

1. Gewinnverwendungsalternativen

Wenn ein Unternehmen die steuerlichen Auswirkungen der Gewinnverwendungsalternativen einander gegenüberstellen will, dann sollten diese Alternativen soweit wie möglich, zumindest aber hinsichtlich ihres Einflusses auf das Eigenkapital übereinstimmen. Zwei grundsätzliche Möglichkeiten stehen dabei dem Unternehmen offen. Der erzielte Gewinn soll das Eigenkapital erhöhen oder er soll den Aktionären zufließen.

Eine Erhöhung des Eigenkapitals erfolgt in diesem Zusammenhang in der Regel durch die Thesaurierung der Gewinne. Als Alternative dazu bietet sich das Schütt-aus-hol-

---

[228] Dabei soll es weniger auf Feinheiten der steuerlichen Vorschriften ankommen, als vielmehr auf einen Überblick über die hier relevanten Vorschriften, die im Normalfall Anwendung finden.

zurück-Verfahren (Sahz-Verfahren) an. Dieses Verfahren ist dann vorzuziehen, wenn es möglich ist, durch die Kapitalerhöhung genau so viel Eigenkapital wie bei der Thesaurierung der Gewinne nach Steuern zu generieren, und die Aktionäre dafür nicht mehr als ihre Nettodividende aufwenden müssen. Allerdings unterscheiden sich die beiden Alternativen noch hinsichtlich der ausgegebenen Aktien. Die Thesaurierung würde bei gleicher Ausschüttungssumme zu einer höheren Dividende pro Aktie in den Folgeperioden führen. Deshalb sollte ein Alternativenvergleich eine Kapitalerhöhung aus Gesellschaftsmitteln in Höhe der thesaurierten Beträge mit einbeziehen.[229] Erst jetzt sind beide Alternativen der Gewinnverwendung für das ausschüttende Unternehmen nahezu[230] identisch, so daß allein das Nettoergebnis des Aktionärs entscheidungsrelevant ist.[231]

Eine vollständige Vergleichbarkeit der beiden Alternativen ist aber auf Aktionärsseite dennoch nicht erreicht. Die Erhöhung des Marktwertes bei Thesaurierung führt bei einem Verkauf der Aktien zu steuerpflichtigen Kursgewinnen beim bilanzierenden Aktionär, da der Zuwachs an Aktien aus der Kapitalerhöhung aus Gesellschaftsmitteln nicht als Zugang ausgewiesen werden darf (§ 220 AktG). Die durchschnittlichen Anschaffungskosten der Aktien sinken dadurch und bei einem Verkauf sind die daraus resultierenden Kursgewinne zusätzlich zu versteuern. Auf der anderen Seite können hohe Sonderausschüttungen von Rücklagen bei einigen Aktionären zu Teilwertab-

---

229 Zur mathematischen Herleitung des Grenzsteuersatzes durch einen Vermögensvergleich für diese beiden Alternativen siehe Hax (1979), S. 328 f.

230 Unterschiede können sich noch bei Berücksichtigung von Transaktionskosten ergeben. Außerdem wurde die Kapitalerhöhung bis 1992 mit einer Gesellschaftsteuer belegt. Die Kapitalerhöhung aus Gesellschaftsmitteln war jedoch davon ausgenommen (§ 7 Abs. 3 Nr. 2 KVStG). Zudem konnten beide Alternativen ab 1977 zu unterschiedlichen Beständen in den Gruppen des verwendbaren Eigenkapitals führen. Zur Verwendung des Eigenkapitals bei Kapitalerhöhungen aus Gesellschaftsmitteln siehe § 41 KStG. Schließlich ist nicht auszuschließen, daß die beiden Kapitalerhöhungen unterschiedliche Kursreaktionen bewirken. Kapitalerhöhungen aus Gesellschaftsmitteln führen zu positiven Kursreaktionen. Kaserer und Brunner (1997) zeigen, daß der positive Ankündigungseffekt aufgrund der Signalwirkung höher war, wenn die Kapitalerhöhung nicht vorhersehbar war. Zu den für den deutschen Markt vorliegenden Untersuchungsergebnissen siehe Thies (2000), S. 279 – 284. In der eigenen Untersuchung ermittelt Thies jedoch eine negative Long-Run-Performance. Thies (2000), S. 443 – 460.

231 Eine andere Möglichkeit, Thesaurierung und Ausschüttung in ihren steuerlichen Konsequenzen zu vergleichen, stellt auf den Zeitpunkt der Ausschüttung der thesaurierten Beträge ab und bezieht dementsprechend die bis dahin jeweils erzielten Renditen einer Wiederanlage der Mittel durch das Unternehmen bzw. den Aktionär mit ein. Für ein Beispiel zu dieser Vorgehensweise siehe Hundsdoerfer (2001). Das Ergebnis eines derartig gestalteten Vergleichs wird jedoch von den Annahmen über die künftigen Investitionen der Mittel wesentlich beeinflußt und ist deshalb nicht mehr direkt auf die Ausschüttungspolitik zurückzuführen.

schreibungen[232] auf ihre im Betriebsvermögen gehaltenen Anteile und damit zu Steuerminderungen führen.

Diese möglichen steuerlichen Auswirkungen für einige Aktionärsgruppen können in den hier durchgeführten Steuerbelastungsvergleichen nicht quantitativ berücksichtigt werden. Deshalb beschränkt sich der Vergleich unter Einbeziehung einiger Annahmen auf den thesaurierten Betrag einerseits und die Nettodividende des Aktionärs andererseits.[233]

Falls das Unternehmen die Gewinne nicht zur Erhöhung des Eigenkapitals nutzen möchte, erfolgt die Ausschüttung in aller Regel als Dividendenzahlung. Eine Alternative dazu bietet der Aktienrückkauf. Allerdings ist er in Deutschland erst seit 1998 als Alternative zur Dividendenzahlung erlaubt und somit für die untersuchten Steueränderungen noch nicht relevant. Aus Unternehmenssicht gab es zuvor keine sinnvolle Alternative zur Bardividende.[234] Der Aktionär, der keine Dividendenzahlungen erhalten möchte, hat somit nur die Möglichkeit, die Aktie vor dem Dividendenabschlag zu verkaufen. Ob das sinnvoll ist, hängt davon ab, wie er Dividendeneinkünfte einerseits und Kursgewinne andererseits versteuern muß. Diese beiden Alternativen sind aber nur mit einschränkenden Annahmen vergleichbar. Der Aktionär hat die Aktien vor einem Jahr gekauft und kann sie direkt vor oder sofort nach dem Dividendenabschlag mit Gewinn verkaufen. Der Unterschied zwischen beiden Verkaufskursen sollte idealerweise dem Dividendenabschlag entsprechen. Die Höhe des Dividendenabschlags jedoch variiert je nach Marktsituation. Für den Vergleich wird angenommen, daß der Abschlag genau der Bardividende entspricht. Nur dann kann die Steuerbelastung der Dividendenzahlung der Steuerbelastung eines Kursgewinns in gleicher Höhe gegenübergestellt werden.[235] Dementsprechend wird bei diesem zweiten Alternativenvergleich die Nettodi-

---

[232] Zu der Problematik ausschüttungsbedingter Teilwertabschreibungen siehe Herzig und Hötzel (1988).

[233] Bezüglich einer Kapitalerhöhung aus Gesellschaftsmitteln kann es somit zu Interessenskonflikten zwischen den Aktionären, die einen Verkauf ihrer im Betriebsvermögen gehaltenen Aktien beabsichtigen, und den anderen Aktionären kommen. Da in der Regel auch das ausschüttende Unternehmen wegen der c.p. damit verbundenen höheren zukünftigen Ausschüttungen keine Kapitalerhöhung aus Gesellschaftsmitteln wünscht, unterbleibt sie in der Praxis gewöhnlich. In den Jahren 1974 bis 1996 lag die Zahl der Kapitalerhöhungen aus Gesellschaftsmitteln bei börsennotierten Unternehmen in der Regel nicht über 20 pro Jahr. Thies (2000), S. 266.

[234] Zur Beurteilung der Alternativen zur reinen Bardividende siehe Götz (1997).

[235] Dieser Vergleich gibt Auskunft darüber, inwieweit auch in Deutschland womöglich Dividendenzahlungen höher besteuert wurden als entsprechende Kursgewinne.

vidende des Aktionärs mit seinem Nettogewinn bei einem Verkauf der Dividende verglichen.

2. Grundlagen der Ertragsbesteuerung

Der Einfluß der Ertragsteuern auf die Gewinnverwendungspolitik zeigt sich in zwei Bereichen. Zum einen ist das ausschüttende Unternehmen ertragsteuerpflichtig, zum anderen unterliegen die Aktionäre mit ihren Dividendeneinkünften und Kursgewinnen der Ertragsbesteuerung.

Bei der ausschüttenden Aktiengesellschaft unterliegt das zu versteuernde Einkommen der Körperschaftsteuer und der Gewerbeertrag der Gewerbeertragsteuer. In verschiedenen Jahren mußte noch ein Zuschlag zur Körperschaftsteuer gezahlt werden, entweder als Ergänzungsabgabe oder als Solidaritätszuschlag. Die Gewerbeertragsteuerzahlung ist unabhängig von der Gewinnverwendung und somit für die Betrachtung der Unternehmensseite in diesem Zusammenhang nicht relevant. Die Körperschaftsteuerzahlung hingegen ist wegen des gespaltenen Körperschaftsteuertarifs abhängig von der Gewinnverwendung. Von 1953 bis 2000 wurden ausgeschüttete Gewinne geringer besteuert als einbehaltene.[236]

Beim Aktionär sind vor allem die Einkommen- oder Körperschaftsteuer und die zeitweise damit verbundenen Zuschläge (Ergänzungsabgabe oder Solidaritätszuschlag) zu berücksichtigen. Bei einigen Aktionären fällt auch noch Gewerbeertragsteuer an. Dadurch hat auch diese Steuerart einen negativen Einfluß auf die Rendite dieser Anleger. Einen Sonderfall stellt die Kapitalertragsteuer[237] dar. Sie ist ihrem Wesen nach eine Steuervorauszahlung auf die Einkommen- oder Körperschaftsteuer des Aktionärs, die jedoch bereits an der Quelle, d.h. bei Zahlung der Dividende, erhoben wird und deshalb vom Unternehmen für den Anteilseigner an den Fiskus abgeführt werden muß. Der Anteilseigner erhält deshalb nur die um die Kapitalertragsteuer verminderte Bardividende ausgezahlt. Da er diese Steuerzahlung aber uneingeschränkt auf seine Steuerschuld anrechnen kann, stellt sie dem Ergebnis nach keine Steuerbelastung[238] dar und muß hier nicht weiter berücksichtigt werden. Zu einer definitiven Steuerbelastung

---

[236] Zur Entwicklung der Körperschaftsteuergesetzgebung siehe Knobbe-Keuk (1993), S. 558 – 561.

[237] Siehe dazu die §§ 43 – 45c EStG.

[238] Durch den unterschiedlichen zeitlichen Anfall der Leistung und der Anrechnung entsteht allerdings ein Zinsverlust.

kann sie jedoch bei ausländischen Anteilseignern werden, da bei ihnen die volle Anrechnung nicht immer möglich ist. In diesen Fällen ist sie zu berücksichtigen, da sie zwar nicht das Unternehmen belastet, wohl aber die Nettorendite des ausländischen Aktionärs.

B. Die Ertragsteuern und ihre Änderungen

Im Bereich der Körperschaftsteuer erfolgte ab 1977 eine bedeutende Änderung durch die Einführung des Anrechnungssystems. Dementsprechend wird im folgenden Abschnitt zunächst die steuerliche Situation vor 1977 und anschließend die Steuerbelastung bei Anwendung des Anrechnungsverfahrens dargestellt. Spätere untersuchenswerte Gesetzesänderungen bezogen sich überwiegend auf Tarifsenkungen. Diese Änderungen werden in einem dritten Abschnitt erörtert. Ab 2001 löst das Halbeinkünfteverfahren das Anrechnungsverfahren ab. Die Auswirkungen dieser neuesten Änderung können im Rahmen dieser Arbeit noch nicht untersucht werden. Die Darstellung der aktuellen Steuergesetze und ihrer möglichen Auswirkungen auf die Dividendenpolitik erfolgt deshalb gesondert am Ende des zweiten Teils.

Die steuerliche Behandlung der Dividendeneinkünfte beim Aktionär hängt von dessen Steuerpflicht ab. Für diese Untersuchung bietet es sich dementsprechend an, folgende fünf Aktionärsgruppen zu unterscheiden.

1. Privatanleger (unbeschränkt steuerpflichtige natürliche Personen),
2. Personengesellschaften (Personengesellschaften mit unbeschränkt steuerpflichtigen natürlichen Personen als Gesellschafter),
3. AG (unbeschränkt steuerpflichtige Kapitalgesellschaften ohne Schachtelbeteiligung),
4. AG Holding (unbeschränkt steuerpflichtige Kapitalgesellschaften mit Schachtelbeteiligung),
5. Ausländer (beschränkt Steuerpflichtige).

Eine Aktionärsgruppe mit erheblichem Einfluß auf das Marktgeschehen ist hier nicht aufgeführt, die Investmentgesellschaften. Sie sind bezüglich der Dividendeneinkünfte und Kursgewinne, die sie aus den angelegten Mitteln erzielen, kein Steuersubjekt. Diese Erträge sind unabhängig davon, ob sie vom Fond ausgeschüttet oder thesauriert werden, vom Anteilseigner der Fonds zu versteuern, die sich einer der fünf o.a. Gruppen zuordnen lassen.

1. Die Ertragsteuern vor 1977

Die Darstellung der Steuern erfolgt getrennt für das ausschüttende Unternehmen (Gesellschaftssphäre) einerseits und den Aktionär (Gesellschaftersphäre) andererseits. Anschließend werden die Steuerbelastungsvergleiche für die Gewinnverwendungsalternativen dargestellt.

I. Besteuerung beim ausschüttenden Unternehmen

Das „alte" Körperschaftsteuerrecht, das für die bis Ende 1976 endenden Veranlagungszeiträume galt, unterschied zwischen verschiedenen steuerpflichtigen Kapitalgesellschaften. Für diese Arbeit sind lediglich die Tarife für die „kapitalmarktbezogene" ("allgemeine") Kapitalgesellschaft relevant. Nach § 19 Abs. 1 Nr. 1 KStG[239] betrug der normale Steuersatz (sk_{76}) 51%. Bemessungsgrundlage dafür war das zu versteuernde Einkommen. Für die berücksichtigungsfähigen Ausschüttungen (A)[240] belief sich der ermäßigte Steuersatz (sa_{76}) auf 15%, sofern A kleiner oder gleich dem zu versteuernden Einkommen (E) war.[241] Die Ausschüttungen richten sich nach dem handelsrechtlichen Gewinn. Nur im Ausnahmefall sind Gewinn und Einkommen gleich, denn erst durch die von den Steuergesetzen geforderten Modifikationen gelangt man vom handelsrechtlichen Gewinn zum zu versteuernden Einkommen.[242] Die Gesamtkörperschaftsteuerzahlung belief sich dann auf:

(2.2) $$Kst = sk_{76} \times (E-A) + sa_{76} \times A$$

(2.3) $$Kst = 0{,}51 \times E - (0{,}51-0{,}15) \times A$$

Wenn beispielsweise von einem Gewinn von E = 100 DM die Hälfte ausgeschüttet werden sollte (A = 50 DM), so ergab sich eine Körperschaftsteuerschuld von 33 DM. Damit verblieben 17 DM im Unternehmen.

---

239 Die in diesem Abschnitt angegebenen §§ des Körperschaftsteuerrechts beziehen sich auf das KStG 1975.

240 Das sind Ausschüttungen für das betreffende Wirtschaftsjahr aufgrund eines gesellschaftsrechtlich korrekten Gewinnverwendungsbeschlusses. § 19 Abs. 3 Satz 1 KStG.

241 Steuerbemessungsgrundlage bleibt das zu versteuernde Einkommen. Deshalb ist die Steuerminderung der Höhe nach begrenzt. Siehe ausführlicher dazu Rose (1975), S. 152 f.

242 Um die Darstellung der wesentlichen Grundlagen übersichtlich zu halten, wird im folgenden davon ausgegangen, daß Gewinn und zu versteuerndes Einkommen in ihrer Höhe übereinstimmen. Wenn es inhaltlich geboten ist, wird diese Annahme entsprechend geändert.

Die ermäßigte Körperschaftsteuer (im Beispiel 0,15 x 50 DM = 7,50 DM) zählte aber nicht mit zur Ausschüttung und war auch nicht abzugsfähig, d.h. der Gewinn, der erzielt werden mußte, um die ermäßigte Körperschaftsteuer zu zahlen, wurde mit 51% belastet. Um die 7,50 DM ermäßigte Körperschaftsteuer zahlen zu können, war ein Gewinn vor Steuern von 15,31 DM notwendig. Bei beabsichtigter Vollausschüttung teilte sich der Gewinn in die maximal mögliche Ausschüttung (A_{max}) und die ermäßigte Körperschaftsteuerzahlung (K_A) auf. Setzt man den Gewinn mit 100% an, ergibt sich:

(2.4) $$K_A = 100\% - A_{max}.$$

Aus der Gleichung 2.3 ergibt sich:

(2.5) $$K_A = 0{,}51 \times 100\% - 0{,}36 \times A_{max}$$

(2.6) $$0{,}49 = 0{,}64 \times A_{max}$$

(2.7) $$A_{max} = 0{,}765625 = 76{,}5625\%.$$

Es konnten also nur 76,5625% des Gewinns als Bardividende ausgeschüttet werden. Betriebswirtschaftlich gesehen waren aus einem zur Ausschüttung festgelegten Bruttogewinn[243] effektiv 23,4375% Körperschaftsteuer zu zahlen.[244]

1976 wurde außerdem noch eine Ergänzungsabgabe in Höhe von 3% der festgesetzten Körperschaftsteuerschuld erhoben. Die Ergänzungsabgabe war ebenfalls nicht abzugsfähig. Die kombinierten Steuersätze ergaben sich dann als:

(2.8) $$sk_{76e} = 51\% + 51\% \times 3\% = 52{,}53\% \text{ und}$$

(2.9) $$sa_{76e} = 15\% + 15\% x 3\% = 15{,}45\%$$

Ein zur Ausschüttung festgelegter Bruttogewinn war dann effektiv mit 24,56% Körperschaftsteuer und Ergänzungsabgabe belastet.[245]

---

243 Wird hingegen die Bardividende festgelegt, dann verringert diese zusätzliche Körperschaftsteuer den Thesaurierungsbetrag.

244 Für ein ausführliches Beispiel siehe Rose (1975), S. 157 f.

245 Rose (1975), S. 167 f.

II. Besteuerung der Ausschüttungen beim Aktionär

Dividenden einer Aktiengesellschaft zählen gem. § 20 Abs. 1 EStG zu den Einkünften aus Kapitalvermögen und erhöhen damit das zu versteuernde Einkommen aller unbeschränkt Steuerpflichtigen. Für die Privatanleger und die Gesellschafter einer Personengesellschaft ist der Tarif des Einkommensteuergesetzes (§ 32a EStG) auf das zu versteuernde Einkommen anzuwenden. Je nach den persönlichen Verhältnissen des Steuerpflichtigen lag der Steuersatz zwischen 0% und 56%[246]. Wer einer steuererhebenden Religionsgemeinschaft angehört, zahlt zusätzlich noch Kirchensteuern. Der Steuersatz dafür liegt, abhängig vom jeweiligen Bundesland, in der Regel zwischen 8% und 10% der Einkommensteuerschuld. Die effektive Steuerbelastung ist jedoch geringer als diese Steuersätze, weil die Kirchensteuer als Sonderausgabe abzugsfähig ist.[247] Der kombinierte Spitzensteuersatz erhöhte sich bei einer Kirchensteuer von 9% auf 58,11%.[248] Da die Dividende als zusätzliches Einkommen das bisher zu versteuernde Einkommen erhöht, ist nur die dadurch hervorgerufene marginale Erhöhung der Steuerschuld mit den sich daraus ergebenen Steuersätzen relevant. Der marginale Steuersatz läßt sich ermitteln, indem man die Differenz aus der Steuerbelastung mit Dividendeneinkünften und der ohne Dividendeneinkünfte bildet und diese dann durch die Dividendeneinkünfte dividiert.

Hat ein Gewerbebetrieb Dividendeneinkünfte, dann unterliegen diese zusätzlich der Gewerbeertragsbesteuerung.[249] Die Höhe dieser Steuer ergibt sich als Produkt aus Hebesatz und Steuermeßbetrag. Der Hebesatz wird von der jeweiligen Gemeinde des Gewerbebetriebes festgelegt und variiert daher. Häufig liegt er zwischen 300% und 400%. Der Steuermeßbetrag ergibt sich aus der Steuermeßzahl (5%)[250] und dem Gewerbeertrag. Die daraus resultierende Besteuerung des Gewerbeertrages verringert sich effektiv durch die Abzugsfähigkeit der Gewerbesteuern von der eigenen Bemes-

---

246 Der Höchstsatz wurde 1976 bei einem zu versteuernden Einkommen von über 130.020 DM für einzeln veranlagte Personen erreicht.

247 Rose (1975), S. 123.

248 Zur ausführlichen Herleitung siehe Rose (1986), S. 46 f.

249 Das gilt nicht, wenn das gewerbesteuerliche Schachtelprinzip nach § 9 Nr. 2a GewStG greift. Dafür mußte die mittelbare Beteiligung mindestens 25% betragen. Diese Sonderfälle sind hier bei den Personengesellschaften nicht erfaßt.

250 Der Satz galt bei Personengesellschaften erst für die Gewerbeerträge, die 29.400 DM übersteigen (§ 11 Abs. 2 GewStG). Zu den Staffelsätzen für darunter liegende Gewerbeerträge siehe Wöhe (1976), S. 200.

sungsgrundlage.[251] Der effektive Gewerbeertragsteuersatz beträgt somit 13,04% bei einem Hebesatz von 300% und 16,67% bei 400%[252].

Die Dividendeneinkünfte einer unbeschränkt steuerpflichtigen Kapitalgesellschaft unterlagen der Körperschaftsteuer und der Gewerbeertragsteuer. Für die Besteuerung des Gewerbeertrags galten die o.a. Sätze. Für die Körperschaftsteuer griff 1976 der Normaltarif von 51%, da die nächste Stufe des Anteilsbesitzes und somit die Möglichkeit einer nochmaligen Ausschüttung hier nicht mehr herangezogen wird.

Besaß die Kapitalgesellschaft unmittelbar mindestens 25% des Nominalkapitals der Tochtergesellschaft während des gesamten Wirtschaftsjahres, in dem die Dividende gezahlt wurde, dann galt für die Kapitalgesellschaft das körperschaftsteuerliche Schachtelprivileg (§ 9 Abs. 1 KStG). Die Dividenden unterlagen damit grundsätzlich nicht einer Ertragsbesteuerung bei der Obergesellschaft.[253] Allerdings mußte die empfangende Kapitalgesellschaft die Körperschaftsteuerermäßigung, die die ausschüttende Gesellschaft für die Dividende geltend gemacht hatte, in voller Höhe nachversteuern. Im Normalfall waren das 36% der ausgeschütteten Dividende[254] Auch darauf erhob der Fiskus die Ergänzungsabgabe von 3%, so daß die Gesamtbelastung 37,08% betrug.

Für ausländische Aktionäre läßt sich die Steuerbelastung nicht so generell bestimmen, da dafür letztlich die Steuergesetze des betreffenden Landes und eventuell bilaterale Verträge in Form von Doppelbesteuerungsabkommen (DBA) maßgeblich sind. Der deutsche Fiskus behielt in aller Regel 25% der Bardividende als Kapitalertragsteuer ein. Für die Steuerinländer stellte diese Steuer lediglich eine Vorauszahlung ihrer Steuerschuld dar. Deshalb wird sie in den folgenden Steuerbelastungsvergleichen dort nicht berücksichtigt. Bei den Steuerausländern hingegen wird sie häufig zur Definitivsteuer, mit der dann mitunter schon die gesamte Steuerschuld beglichen ist (Freistellungsmethode). Bei der Anrechnungsmethode hingegen unterliegt die Dividende der

---

251 Zu beachten ist ferner, daß auch die Bemessungsgrundlage der Einkommensteuer dadurch gemindert wird.

252 Zur Herleitung und für weitere Hebesätze siehe Rose (1986), S. 48.

253 Das körperschaftsteuerliche Schachtelprinzip wirkt sich über § 7 GewStG auch direkt auf die Gewerbeertragsteuer aus. Zu den Besonderheiten siehe Rose (1975), S. 189 f.

254 Bezieht man die nächste Anteilseignerebene mit ein, kommt es in aller Regel zu keiner Nachsteuer, wenn die erhaltenen Dividenden weiter ausgeschüttet werden. Siehe dazu die Beispiele bei Rose (1975), S. 162 f.

Besteuerung im Ausland. Die in Deutschland gezahlte Kapitalertragsteuer wird dann darauf angerechnet. Gewinnausschüttungen sind in der Regel dann von der ausländischen Besteuerung freigestellt, wenn das betreffende Doppelbesteuerungsabkommen (DBA) das Schachtelprivileg vorsieht und der Aktionär die Voraussetzungen (u.a. eine Beteiligung von mindestens 25%) dafür erfüllt.[255] Liegt keine Schachtelbeteiligung vor, unterliegen die Dividendeneinkünfte des ausländischen Aktionärs der Besteuerung in seinem Heimatland unter Anrechnung der in Deutschland erhobenen Kapitalertragsteuer, die dann in der Regel nur noch 15% beträgt. Maßgebend sind dafür die Vorschriften des jeweiligen DBA.

Die beim Verkauf der Aktien entstehenden Veräußerungsgewinne waren grundsätzlich als Einkommen zu versteuern, wenn die Aktien zum Betriebsvermögen zählten. Bei der Personengesellschaft fielen analog zur Dividendenzahlung Gewerbeertrag- und Einkommensteuer an.[256] Die Kapitalgesellschaft mußte entsprechend Gewerbeertrag- und Körperschaftsteuer auf den Veräußerungsgewinn zahlen. Das galt auch für Schachtelbeteiligungen.[257]

Der private Anleger hingegen konnte die Gewinne steuerfrei vereinnahmen, sofern es sich nicht um Spekulationsgewinne oder Veräußerungsgewinne aus einer wesentlichen Beteiligung[258] handelt. Spekulationsgewinne[259] liegen vor, wenn zwischen Erwerb und Veräußerung der Anteile weniger als sechs[260] Monate liegen.[261] Für die Steuerausländer fällt in aller Regel nur die Steuer ihres Landes an.[262] Die Belastungen sind je nach Anleger und Land verschieden und können deshalb hier nur durch einen willkürlich gewählten Steuersatz beispielhaft erfaßt werden.

---

255 Knobbe-Keuk (1993), S. 610.

256 Für einen Überblick über die Besteuerung der Veräußerung von Anteilen an Kapitalgesellschaften für die Jahre vor 1977 siehe Rose (1975), S. 83 ff.

257 Knobbe-Keuk (1979), S. 367.

258 Zu den Voraussetzungen für eine wesentliche Beteiligung siehe § 17 EStG. Sie liegen für den hier betrachteten Privatanleger nicht vor, so daß auf eine eingehende Erörterung verzichtet werden kann.

259 § 23 Abs. 1 EStG. Beläuft sich der Saldo der Spekulationsgewinne und –verluste auf weniger als 1.000 DM pro Kalenderjahr bleibt der Betrag steuerfrei (§ 23 Abs. 4 EStG).

260 Ab dem 1. 1. 1999 gilt eine Zeitspanne von zwölf Monaten.

261 Die Kursgewinne, die die Investmentgesellschaft für den Anleger durch den Verkauf der Aktien realisiert, gelten in keinem Fall als Spekulationsgewinn.

262 Eine Ausnahme kann sich bei einer wesentlichen Beteiligung aus § 49 Abs. 1 Nr. 2 EStG ergeben.

III. Steuerbelastungsvergleiche

In den folgenden Übersichten sind die Steuerbelastungen vor 1977 für die verschiedenen Aktionärsgruppen zusammengefaßt. Dabei ist für den Privatanleger der maximale Steuersatz angenommen und für den ausländischen Aktionär eine Schachtelbeteiligung und ein DBA mit Freistellungsmethode[263] unterstellt worden.[264]

Wurde für das Jahr 1975 keine Dividende gezahlt, konnten 47,47 % des Gewinns den Rücklagen zugeführt werden. Wenn eine entsprechende Eigenkapitalerhöhung alternativ durch das Sahz-Verfahren erzielt werden sollte, hätte bei fast allen Aktionärsgruppen die erhaltene Nettodividende nicht ausgereicht, an der damit verbundenen Kapitalerhöhung[265] im erforderlichen Umfang teilzuhaben. Vor 1977 war das Sahz-Verfahren im Vergleich zur Thesaurierung der Gewinne und anschließender Kapitalerhöhung aus Gesellschaftsmitteln[266] aus steuerlicher Sicht deshalb in der Regel nicht sinnvoll.[267]

---

263 Die in Deutschland bereits besteuerten Gewinne werden im Heimatland von der dortigen Gewinnbesteuerung freigestellt.

264 Diese Annahmen gelten auch für die weiteren Steuerbelastungsvergleiche.

265 Bei dieser Alternative wirkt sich zusätzlich noch die Gesellschaftsteuer für die Kapitalerhöhung negativ aus.

266 Seit 1960 werden Kapitalerhöhungen aus Gesellschaftsmitteln nicht mehr besteuert. Davor wurde dafür fiktiv das Sahz-Verfahren mit den dabei auftretenden steuerlichen Folgen unterstellt. Wöhe (1978), S. 156.

267 Die Ausnahme bilden Aktionäre deren Einkommensteuersatz unter 35,22% liegt. Zu der Ermittlung der Grenzsteuersätze für das Sahz-Verfahren vor und nach der Körpersteuerreform siehe Hax (1979), S. 325 f.

Tabelle 2.1 Steuerbelastung bei Vollausschüttung eines 1975 erzielten Gewinns

Ausschüttung 1976	**1**	**2**	**3**	**4**	**5**
Aktionärsgruppen	Privat-anleger	Personen-gesellsch.	AG	AG Holding	Ausländer
ausschüttfähiger Gewinn	100,00	100,00	100,00	100,00	100,00
Körperschaftsteuer	-24,56	-24,56	-24,56	-24,56	-24,56
Bardividende	**75,44**	**75,44**	**75,44**	**75,44**	**75,44**
Besteuerung beim Aktionär					
Gewerbeertragst. (13,04%)		-9,84	-9,84		
zu verst. Einkommen	75,44	65,60	65,60	75,44	75,44
Est(max)+Kist (58,11%)	-43,84	-38,12			
Körperschaftst. (52,53%)			-34,46		
Nachsteuer (37,08%)				-27,97	
Kapitalertragsteuer (25%)					-18,86
Steuer im Ausland					0
Nettodiv. des Aktionärs	**31,60**	**27,48**	**31,14**	**47,47**	**56,58**
in % der Bardividende	41,89%	36,43%	41,28%	62,92%	75,00%

Quelle: Eigene Berechnungen

Tabelle 2.2 Besteuerung bei Thesaurierung des 1975 erzielten Gewinns

Thesaurierung 1975	**1**	**2**	**3**	**4**	**5**
Aktionärsgruppen	Privat-anleger	Personen-gesellsch.	AG	AG Holding	Ausländer
steuerpflichtiger Gewinn	100,00	100,00	100,00	100,00	100,00
Körperschaftst. (52,53%)	-52,53	-52,53	-52,53	-52,53	-52,53
thesaurierter Betrag	**47,47**	**47,47**	**47,47**	**47,47**	**47,47**

Quelle: Eigene Berechnungen

Tabelle 2.3 Besteuerung eines realisierten Kursgewinns in Höhe der Bardividende

Verkauf mit Dividende	**1**	**2**	**3**	**4**	**5**
Aktionärsgruppen	Privat-anleger	Personen-gesellsch.	AG	AG Holding	Ausländer
Veräußerungsgewinn	75,44	75,44	75,44	75,44	75,44
Gewerbeertragst. (13,04%)		-9,84	-9,84	-9,84	
zu verst. Einkommen	0	65,60	65,60	65,60	75,44
Einkommenst. (58,11%)	0	-38,12			
Körperschaftst. (52,53%)			-34,46	-34,46	
ausl. Steuer (z.B. 40%)					-30,18
Nettogew. des Aktionärs	**75,44**	**27,48**	**31,14**	**31,14**	**45,26**
Nettodiv. des Aktionärs[268]	31,60	27,48	31,14	47,47	56,58

Quelle: Eigene Berechnungen

Beim zweiten Alternativenvergleich, dem Verkauf der Aktien direkt vor bzw. nach dem Dividendenabschlag, lassen die Ergebnisse in Tabelle 2.3 keine so eindeutige Aussage zu.

Ein Vergleich der beiden letzten Zeilen in Tabelle 2.3 zeigt, daß keine der beiden Alternativen der anderen aus steuerlicher Sicht generell überlegen war. Privatanleger sollten unter Steuergesichtspunkten Kursgewinne anstelle von Dividendenzahlungen vorgezogen haben. Unternehmen, die die Vorteile des Schachtelprivilegs nutzen konnten (Gruppe 4), werden hingegen Dividendenzahlungen präferiert haben. Für die Gruppe der ausländischen Aktionäre läßt sich keine eindeutige Aussage treffen. Unter den hier getroffenen Annahmen war durch eine Dividendenzahlung ein höherer Nettoertrag als durch entsprechende Kursgewinne zu erzielen.

2. Die Körperschaftsteuerreform 1977

Durch das Körperschaftsteuergesetz von 1977[269] wurde die mehrmalige steuerliche Belastung des körperschaftlichen Einkommens vermieden. Das neu eingeführte Anrechnungsverfahren bewirkte im Ergebnis eine Versteuerung der thesaurierten Gewin-

---

268 Die Zahlen wurden aus Tabelle 2.1 entnommen.

269 Die in diesem Abschnitt angegebenen §§ des Körperschaftsteuerrechts beziehen sich auf das KStG 1977.

ne bei der Kapitalgesellschaft und der ausgeschütteten Gewinne in Form der Dividenden beim jeweiligen Aktionär. Über die vom Unternehmen auf die ausgeschütteten Gewinne gezahlte Körperschaftsteuer erhielt der inländische Aktionär eine Gutschrift, die er auf seine Steuerschuld anrechnen konnte. Im Mittelpunkt dieses Abschnitts steht die Darstellung des Anrechnungssystems und dessen Folgen für die verschiedenen Anlegergruppen.

I. Die Körperschaftsteuer der ausschüttenden Aktiengesellschaft

Für die Kapitalgesellschaften führte die Steuerreform zu einer deutlich höheren Steuerbelastung. Der Steuersatz betrug ab 1.1.1977 im Regelfall 56% des zu versteuernden Einkommens (§ 23 Abs. 1 KStG). Daneben konnten auch steuerermäßigte und steuerbefreite Einkünfte auftreten. Das zu versteuernde Einkommen ergibt sich aus dem durch Kürzungen und Zurechnungen modifizierten Ergebnis der Handelsbilanz und stimmt nur in Ausnahmefällen mit dem Gewinn aus der Handelsbilanz überein. Deshalb unterscheiden sich auch gewöhnlich die Beträge, die zu versteuern sind, von denen, die für eine Ausschüttung zur Verfügung stehen. In den Beispielen in diesem Abschnitt wird unterstellt, daß beide Beträge gleich hoch sind.

Zum Ende eines jeden Wirtschaftsjahres verpflichtete § 29 Abs. 2 KStG die Kapitalgesellschaften das für Ausschüttungen verwendbare Eigenkapital vom übrigen Eigenkapital getrennt auszuweisen. Das verwendbare Eigenkapital setzte sich zusammen aus dem Teil des Eigenkapitals, der den Nennbetrag übersteigt und dem Teil des Nennbetrages, der aus der Umwandlung von Rücklagen entstanden ist.[270] Es war gem. § 30 Abs. 1 KStG entsprechend der körperschaftsteuerlichen Tarifbelastung, der die Eigenkapitalanteile unterworfen waren, zu untergliedern. Die Ermittlung der Körperschaftsteuerbelastung erfolgte zeitlich weit vor der Gewinnverwendungsentscheidung. Da aber unabhängig von der bisherigen Belastung für alle ausgeschütteten Gewinne eine einheitliche Belastung hergestellt werden sollte, mußte das für eine Ausschüttung verfügbare Eigenkapital entsprechend seiner Körperschaftsteuervorbelastung erfaßt sein. Das geschah in sogenannten EK-Gruppen[271].

---

[270] Die Rücklagen müssen aus Gewinnen gebildet worden sein, die nach dem 31.12.1976 entstanden sind (§ 29 Abs. 3 KStG).

Das zu versteuernde Einkommen wurde aufgeteilt in Anteile, die der Normalbelastung (EK56) oder einer ermäßigten Steuerbelastung (EK36) unterlagen. Die zu versteuernden Einkommensteile, deren Tarifbelastung[272] zwischen 36% und 56% lag, waren anteilsmäßig auf die beiden Gruppen aufzuteilen. Bei einem Steuersatz unter 36% erfolgte eine entsprechende Aufteilung auf die Gruppen EK36 und EK0.[273]

Für die Ausschüttung verwendbar war jedoch nur der Jahresüberschuß und nicht das zu versteuernde Einkommen. Von den zu versteuernden Einkommensteilen der einzelnen Gruppen war deshalb noch der Betrag abzuziehen, der nicht verteilt werden konnte. Alle steuerlich nicht abziehbaren Aufwendungen[274] verringerten das verwendbare Eigenkapital. Dazu gehörten insbesondere die darauf jeweils entfallenden Körperschaftsteuerzahlungen. Steuerfreie Gewinne hingegen, die zur Ermittlung des zu versteuernden Einkommens zuvor abgezogen wurden, stellten auch verwendbares Eigenkapital dar und wurden in das EK0 eingestellt. Dort erfolgte eine weitere Einteilung in vier Untergruppen.

- EK01 = steuerfreie ausländische Einkünfte[275],
- EK02 = sonstige steuerfreie Einkünfte[276],
- EK03 = vor dem Systemwechsel entstandenes verwendbares Eigenkapital und
- EK04 = Einlagen der Anteilseigner.

Nach dem neuen Recht sollten ausgeschüttete Gewinne nur mit 36% Körperschaftsteuer belastet werden. Unabhängig von der späteren Gewinnverwendungsent-

---

271 Die Gliederung des Eigenkapitals und damit die Bestände der einzelnen Gruppen mußte zum Ende eines jeden Wirtschaftsjahres fortgeschrieben werden. Das geschah mit Hilfe einer aufzustellenden Steuervorbilanz. Thiel (1976), S. 1497.

272 Handelte es sich bei der Tarifbelastung jedoch um einen besonderen Steuersatz (25%, 28%, 30%, 46%), dann mußte dafür zusätzlich eine entsprechende EK-Gruppe gebildet und die Eigenkapitalteile direkt zugeordnet werden. Rose (1981), S. 166. Diese Regelung wurde durch das Steuerentlastungsgesetz 1984 abgeschafft. Cattelaens (1994), S. 1641, Fn. 1.

273 Für ein ausführliches Beispiel siehe Rose (1978), S. 163 ff. oder Tipke (1978), S. 297.

274 Z.B. Vermögensteuerzahlung, die Hälfte der Aufsichtsratsvergütungen und ausländische Steuern. Für einen umfassenderen Überblick siehe Rose (1978), S. 152 ff.

275 Zur Behandlung ausländischer Einkünfte bei der Gliederung des verwendbaren Eigenkapitals siehe Dötsch (1979), S. 1428 ff.

276 Auftretende Verluste werden dem EK02 belastet, so daß es auch einen negativen Bestand ausweisen kann. Zur Behandlung von Verlustrückträgen und -vorträgen siehe Knobbe-Keuk (1978), S. 305 f. und Thiel (1976), S. 1500 f.

scheidung war die Körperschaftsteuerbelastung der Gewinne aber bereits ermittelt und als Rückstellung in der Steuervorbilanz erfaßt worden.[277] Schüttete das Unternehmen Gewinne aus, so war nachträglich für die Bruttodividende eine Ausschüttungsbelastung von 36 % herzustellen. Dadurch trat eine Körperschaftsteuerminderung in Höhe von 20% der Bruttodividende auf, wenn das für die Ausschüttung verwendete Eigenkapital mit 56% Körperschaftsteuer versteuert worden war (EK56). Dagegen führte die Ausschüttung von bisher steuerbefreitem Einkommen (EK01 - 03)[278] zu einer Körperschaftsteuererhöhung um 36% der Bruttodividende. Das Eigenkapital galt in der Reihenfolge als verwendet, in der die Vorbelastung abnimmt (§ 28 Abs. 3 Nr. 1 KStG). Also schüttete das Unternehmen zunächst nur aus dem EK56 aus. Dabei erhöhte sich das Ausschüttungspotential um die Körperschaftsteuerminderung.[279] Entsprechend verringerte eine Körperschaftsteuererhöhung das ausschüttfähige Eigenkapital der EK0-Gruppen. Das folgende Beispiel zeigt das Ausschüttungspotential und die Aufteilung des Ausschüttungsbetrages auf die einzelnen Gruppen.

Am Ende des Wirtschaftsjahres verfügt das Unternehmen über ein verwendbares Eigenkapital von 100 Mio. DM, von denen 80 Mio. DM ausgeschüttet werden sollen. Die ersten beiden Spalten der Tabelle 2.4 zeigen die Aufteilung vor der Ausschüttung und die letzte Spalte den Bestand der EK-Gruppen nach der Ausschüttung.

Tabelle 2.4 Beispiel für den Beitrag der verschiedenen EK-Gruppen zur Ausschüttung

EK-Gruppen	Verwendbares EK	Mögliche Ausschüttung	Tatsächliche Ausschüttung	Kst.-änderung	Endbestand
EK56	22	32,00	32	10	0
EK36	32	32,00	32	0	0
EK01	30	19,20	16	-9	5
EK03	16	10,24	0	0	16
Summe	100	93,44	80	1	21

Quelle: Eigene Berechnungen

277 Thiel (1976), S. 1497.

278 Für das EK 04 wird keine Ausschüttungsbelastung hergestellt (§ 40 S. 1 Nr. 1 KStG).

279 Auch der Betrag, um den sich die Körperschaftsteuer mindert, gilt als für die Ausschüttung verwendet (§ 28 Abs. 3 S. 1 KStG).

Die geplante Ausschüttung von 80 Mio. DM ergibt sich aus 32 Mio. DM aus EK56, das dadurch aufgebraucht ist. Die 32 Mio. DM setzen sich zusammen aus 22 Mio. DM direkt aus dem EK56 und 10 Mio. DM als Körperschaftsteuerminderung. Dazu kommen 32 Mio. DM aus EK36 und 16 Mio. DM aus EK01. Diese 16 Mio. DM verbrauchen weitere 9 Mio. DM des EK01 aufgrund der Körperschaftsteuererhöhung (56,25% der Ausschüttung)[280], so daß nur 5 Mio. DM als Anfangsbestand des EK01 für das neue Jahr übernommen werden können. Die Körperschaftsteuerschuld des Unternehmens beträgt dann 45 Mio. DM (56,25% × 80 Mio. DM)[281]. Die maximal mögliche Dividendenzahlung (Bardividende) beträgt in diesem Beispiel 93,44 Mio. DM[282]. Dafür müßte das Unternehmen 52,56 Mio. DM[283] Körperschaftsteuer zahlen. Die Körperschaftsteuer, die auf die Ausschüttung entfällt, wird dem inländischen Aktionär jedoch erstattet oder auf seine Steuerschuld angerechnet. Welche steuerlichen Auswirkungen das auf die verschiedenen Anlegergruppen hat, wird im nächsten Abschnitt beschrieben.

II. Die Besteuerung der Ausschüttungen beim Aktionär

Der Aktionär erhielt als Gewinnausschüttung die Bardividende (Bruttodividende abzüglich der darauf entrichteten Körperschaftsteuer) abzüglich der Kapitalertragsteuer auf die Bardividende ausgezahlt. Für den inländischen Steuerzahler zählte gem. § 20 Abs. 1 Nr. 3 EStG die Bruttodividende zu seinen Einkünften aus Kapitalvermögen und war somit Besteuerungsgrundlage. Aber auf die gesamte Steuerschuld war neben der Kapitalertragsteuer jetzt auch die vom Unternehmen auf die Bruttodividende gezahlte Körperschaftsteuer anrechenbar (§ 36 Abs. 2 Nr. 3 EStG).[284] Im Ergebnis stellten die Steuerzahlungen des Unternehmens, die die Ausschüttung betrafen, eine Ertragsteuer-

280 Die Übersicht im Anhang VI zeigt die Beziehungen der Variablen untereinander als prozentualen Anteil.

281 Davon sind bereits 28 Mio. DM Steuern wegen EK56 und 18 Mio. DM wegen EK36 abgerechnet. Durch die Ausschüttung veranlaßt, verringert sich die Steuerschuld um 1 Mio. DM (10 Mio. DM Körperschaftsteuerminderung wegen EK56 abzüglich 9 Mio. DM Körperschaftsteuererhöhung wegen EK01).

282 Mio. DM: 32+32+0,64×(30+16) = 93,44.

283 Der maximale Ausschüttungsbetrag liegt um 6,56 Mio. DM unter dem verwendbaren Eigenkapital von 100 Mio. DM, weil sich die Steuerschuld von 46 Mio. DM bei Thesaurierung auf 52,56 Mio. DM bei Vollausschüttung erhöht.

284 Die Anrechnung gem. §§ 36 ff EStG gilt auch für die Körperschaftsteuer (§ 49 KStG).

vorauszahlung[285] für den inländischen Aktionär dar. Die folgende Übersicht faßt die geschilderte Vorgehensweise noch einmal zusammen.

Tabelle 2.5 Aufteilung des Gewinns bei Vollausschüttung

Gewinn vor Kst	Kst-Tarif belast.	Ausschüttungsbelastung			Steuergutschrift	Einkommensteuer		Bruttodividende
		36				40		=
	56	Minderung Kst	Bardividende	Kapitalertr.st.	52	Steuererstatt.	Nettodiv. Aktionär	zu verst. Eink.
100		20		16		12		100
	verwendbares EK56		64	Vorläufige Nettodividende			60	
	44			48				

Quelle: Eigene Darstellung

Der Einkommensteuertarif hatte sich für 1977 nicht verändert, so daß das zu versteuernde Einkommen für die inländischen Privatpersonen und Gesellschafter der Personengesellschaften unverändert mit Sätzen zwischen 0 und 58,11 % (incl. Kirchensteuer) belastet wurde. Ab 1977 aber bildete die Bruttodividende die Bemessungsgrundlage. Für die einzelnen Anlegergruppen ergaben sich aus dem Anrechnungsverfahren folgende steuerliche Konsequenzen.

Als Nettodividende verblieb dem Privatanleger (1) je nach persönlichem Grenzsteuersatz zwischen 156,25% und 65,453% der Bardividende. Bei einem Steuersatz von 0% trat neben die Bardividende noch die Steuergutschrift von 56,25% der Bardividende. Für die Höchstbelastung (s_e = 58,11%) ergab sich aufgrund der Anrechnung der vom Unternehmen gezahlten Steuer eine Belastung der Bardividende mit 34,547% Steuern, so daß als Nettodividende 65,453% der Bardividende übrig blieben. Im Bereich der Personengesellschaft (2) fiel auch weiterhin zusätzlich die Belastung mit Gewerbeertragsteuern[286] an. Dadurch erhöhte sich der Ertragsteuersatz [$s_{ege} = s_e + s_{ge}(1 - s_e)$] ge-

[285] Übersteigt das Anrechnungsguthaben die Steuerschuld, erhält der Aktionär die Differenz erstattet.

[286] Auch für die Gewerbeertragsteuern hat sich die Steuerbemessungsgrundlage erhöht.

genüber dem der Privatanleger auf maximal 63,57%[287]. Die Nettodividende betrug somit zwischen 156,25 % und 56,92% der Bardividende.

Die körperschaftsteuerpflichtigen Aktionäre (4) wendeten das Anrechnungsverfahren entsprechend an (gem. § 49 KStG). Die Bruttodividende war mit 56% zu versteuern. Nach Berücksichtigung des Anrechnungsguthabens blieb eine Steuerbelastung von 31,25%[288] der Bardividende und somit eine Nettodividende für die Kapitalgesellschaft von 68,75% der Bardividende. Durch das Anrechnungsverfahren ist das körperschaftsteuerliche Schachtelprivileg entfallen. Lediglich im Bereich der Gewerbesteuern werden die Erträge aus einer Schachtelbeteiligung durch Steuerbefreiung begünstigt. Ohne Schachtelbeteiligung (3) betrug der Ertragsteuersatz bezogen auf die Bardividende 40,22% und die Nettodividende dementsprechend nur noch 59,78% der Bardividende.

Ausländische Anteilseigner (5) waren grundsätzlich vom Anrechnungsverfahren ausgeschlossen.[289] Die vom ausschüttenden Unternehmen abgeführten Abzüge von der Bruttodividende wurden somit in der Regel zur definitiven Steuerbelastung für den Ausländer. Sie setzte sich zusammen aus der Körperschaftsteuer von 36% der Bruttodividende und 25% Kapitalertragsteuer[290] auf die Bardividende (64% der Bruttodividende). Insgesamt flossen damit in diesem Fall 52% der Bruttodividende an den deutschen Fiskus. Inwieweit noch eine Besteuerung im Ausland erfolgte, läßt sich pauschal nicht sagen. Lag jedoch ein Doppelbesteuerungsabkommen (DBA) vor und handelte es sich um eine Schachtelbeteiligung, so erfolgte in der Regel keine weitere Besteuerung mehr.[291]

---

287 Bei einem hier angenommenen Hebesatz von 300% ist sge = 13,04%.

288 Bezogen auf die Bruttodividende waren es 20%.

289 Ausnahmen bestanden bei Ausschüttungen aus EK01 und EK03. Knobbe-Keuk (1978), S. 285.

290 In DBA ist mit den meisten Ländern ein Steuersatz von nur 15% vereinbart, sofern keine Schachtelbeteiligung vorliegt.

291 Lag keine Schachtelbeteiligung vor, so sahen einige DBA auch geringere Kapitalertragsteuersätze vor, allerdings dann auch eventuell weitere Steuern im Ausland. Knobbe-Keuk (1978), S 285.

III. Steuerbelastungsvergleiche

Die nachfolgenden Tabellen fassen die Steuerwirkungen auf die 1977 erzielten Gewinne für die Alternativen noch einmal zusammen.[292] Für die beiden Steuerbelastungsvergleiche werden die Ergebnisse für die Nettodividende des Aktionärs (Tabelle 2.6) einerseits mit dem im Falle der Thesaurierung verbleibenden Betrag (Tabelle 2.7) und andererseits mit dem Nettogewinn des Aktionärs beim Verkauf der Aktien (Tabelle 2.8) verglichen.

Wurde für das Jahr 1977 keine Dividende gezahlt, konnten 44% des Gewinns den Rücklagen zugeführt werden. Wenn eine entsprechende Eigenkapitalerhöhung alternativ durch das Sahz-Verfahren erzielt werden sollte, hätte bei fast allen Aktionärsgruppen die erhaltene Nettodividende (Tabelle 2.7) nicht ausgereicht, an der damit verbundenen Kapitalerhöhung[293] im erforderlichen Umfang teilzuhaben. Lediglich Anleger, deren Ertragsteuersatz unter 55,47%[294] lag und Ausländer, deren Schachtelerträge freigestellt waren, erzielten Steuervorteile durch eine Ausschüttung der Gewinne. Nur für diese Aktionäre wäre das Sahz-Verfahren im Vergleich zur Thesaurierung der Gewinne und anschließender Kapitalerhöhung aus Gesellschaftsmitteln vorteilhaft gewesen.

---

292 Der ausschüttfähige Gewinn entstammt in diesen Übersichten dem EK56.

293 Bei dieser Alternative wirkt sich zusätzlich noch die Gesellschaftsteuer für die Kapitalerhöhung negativ aus.

294 Hax (1979), S. 326. Dieser kritische Satz war zwar durch die Reform deutlich angestiegen, so daß insgesamt das Sahz-Verfahren für einen größeren Kreis von Aktionären vorteilhaft geworden war, aber dazu zählten in aller Regel noch immer nicht die Großaktionäre.

Tabelle 2.6 Steuerbelastung bei Vollausschüttung des 1977 erzielten Gewinns

Ausschüttung 1978	1	2	3	4	5
Aktionärsgruppen	Privat-anleger	Personen-gesellsch.	AG	AG Holding	Ausländer
ausschüttfähiger Gewinn	100,00	100,00	100,00	100,00	100,00
Körperschaftsteuer	-56,00	-56,00	-56,00	-56,00	-56,00
verwendbares EK56	44,00	44,00	44,00	44,00	44,00
Kst-Minderung	20,00	20,00	20,00	20,00	20,00
Bardividende	**64,00**	**64,00**	**64,00**	**64,00**	**64,00**
Besteuerung beim Aktionär					
Gewerbeertr.st. (13,04%)		-13,04	-13,04		
zu verst. Einkommen	100,00	86,96	86,96	100,00	64,00
Est(max)+Kist (58,11%)	-58,11	-50,53			
Körperschaftsteuer (56%)			-48,70	-56,00	
Kapitalertragsteuer (25%)					-16,00
Steuer im Ausland					0
Steueranrechnung	36,00	36,00	36,00	36,00	
Nettodiv. d. Aktionärs	**41,89**	**36,43**	**38,26**	**44,00**	**48,00**
in % der Bardividende	65,45%	56,92%	59,79%	68,75%	75,00%

Quelle: Eigene Berechnungen

Tabelle 2.7 Besteuerung bei Thesaurierung des 1977 erzielten Gewinns

Thesaurierung 1977	1	2	3	4	5
Aktionärsgruppen	Privat-anleger	Personen-gesellsch.	AG	AG Holding	Ausländer
steuerpflichtiger Gewinn	100	100	100	100	100
Körperschaftsteuer (56%)	-56	-56	-56	-56	-56
thesaurierter Betrag	**44**	**44**	**44**	**44**	**44**

Quelle: Eigene Berechnungen

Die Einführung des Anrechnungsverfahrens führte zu einer weiteren Schwierigkeit, die beiden Alternativen genau miteinander zu vergleichen. Im Falle der Thesaurierung versteuerter Gewinne verfügte das Unternehmen über stille Reserven in Höhe der Körperschaftsteuerminderung, die bei späterer Ausschüttung dieses zusätzlichen Eigenkapitals durch die Erstattung vom Finanzamt zu einer Erhöhung des Gewinns führten. Bezieht man jedoch wie hier eine anschließende Kapitalerhöhung aus Gesellschaftsmitteln in den Vergleich mit ein, verringert sich die Relevanz dieses Aspektes. Die stille Reserve kann dann nur noch im Rahmen einer Kapitalherabsetzung oder Liquidation in einen Ertrag umgewandelt werden.

Tabelle 2.8 Besteuerung eines realisierten Kursgewinns in Höhe der Bardividende

Verkauf mit Dividende	**1**	**2**	**3**	**4**	**5**
Aktionärsgruppen	Privat-anleger	Personen-gesellsch.	AG	AG Holding	Ausländer
Veräußerungsgewinn	64,00	64,00	64,00	64,00	64,00
Gewerbeertragst. (13,04%)		-8,35	-8,35	-8,35	
zu verst. Einkommen	64,00	55,65	55,65	55,65	64,00
Einkommensteuer (58,11%)	0	-32,34			
Körperschaftsteuer (56%)			-31,16	-31,16	
ausl. Steuer (z.B. 40%)					-25,60
Nettogew. des Aktionärs	**64,00**	**23,31**	**24,49**	**24,49**	**38,40**
Nettodiv. des Aktionärs[295]	41,89	36,43	38,26	44,00	48,00

Quelle: Eigene Berechnungen

Beim zweiten Alternativenvergleich (Tabelle 2.8), dem Verkauf der Aktien direkt vor bzw. nach dem Dividendenabschlag, ergibt sich für die meisten Aktionärsgruppen ein steuerlicher Nachteil der Kursgewinne gegenüber den Dividendenzahlungen. Die den zu versteuernden Kursgewinnen zugrunde liegenden Gewinne des Unternehmens sind dort bereits einmal versteuert worden. Dieser Doppelbesteuerung entging lediglich der Privatanleger, sofern es sich dabei nicht um Spekulationsgewinne (§ 22 EStG) oder Gewinne aus dem Verkauf einer wesentlichen Beteiligung (§ 17 EStG) handelte.[296]

Andererseits konnten sich im Falle der Doppelbesteuerung aber auch Vorteile ergeben, wenn durch die Dividendenzahlungen ein Veräußerungsverlust in entsprechender Höhe entstand. Ein Anleger, der die Aktie direkt vor dem Dividendenabschlag kauft und sofort danach wieder verkauft, realisiert einen Kursverlust in Höhe des Dividendenab-

295 Die Zahlen sind aus Tabelle 2.6 entnommen.

296 Das wurde in Tabelle 2.8 angenommen. Darüber hinaus beruht der Alternativenvergleich auf der Annahme, daß der Dividendenabschlag in Höhe der Bardividende erfolgt.

schlags. Dieser Kursverlust führt bei Anteilen im Betriebsvermögen zu Steuerersparnissen, so daß der Nettoverlust wesentlich geringer ausfällt. Die vorletzte Zeile in Tabelle 2.8 gibt dann den Nettoverlust des Aktionärs seiner Transaktion wieder. Mehr als ausgeglichen wird dieser Nettoverlust bei einigen Aktionären durch die ihnen zufließende Nettodividende. Das Anrechnungsverfahren führte zu Anbietern von Dividendenzahlungen (Privatpersonen mit hoher Steuerprogression, nichtanrechnungsberechtigte Aktionäre wie z.B. Ausländer) und zu Nachfragern (Personen- und Kapitalgesellschaften).

Das gezielte, risikolose Ausnutzen dieser Situation führte zu dem sogenannten Dividendenstripping.[297] Aktionäre, die das mit der Ausschüttung verbundene Körperschaftsteuerguthaben nicht anrechnen konnten, verkauften die Anteile mit dem Recht an der Dividendenzahlung kurzzeitig an einen anrechnungsberechtigten Anleger, der die Anteile dann im Betriebsvermögen hielt. Nach dem Dividendenabschlag und damit dem Erhalt der Dividendenzahlung erfolgte der Wiederverkauf an den bisherigen Aktionär. Der damit verbundene ausschüttungsbedingte Veräußerungsverlust reduzierte das aus der Dividendenzahlung zu versteuernde Einkommen zum größten Teil[298], so daß für den Anleger das Anrechnungsguthaben zu einer Steuererstattung führte. Die ausschüttungsbedingten Veräußerungsverluste konnten nach Einführung des § 50c Abs. 8 EStG[299] in diesen Fällen aber in der Regel nur dann steuerlich geltend gemacht werden, wenn die zugrunde liegenden Aktienkäufe durch ein Kreditinstitut über die Börse erfolgten.[300]

---

297 Für eine abstrakte Begriffsdefinition siehe Unfried (2000), S. 994.

298 Die Gestaltung der Preise für die beiden Veräußerungsgeschäfte entscheidet darüber, wie die Vorteile aus dem Dividendenstripping auf die beiden Vertragspartner verteilt wird. „Üblicherweise teilen sich die Vertragsparteien das KSt.-Guthaben je zur Hälfte auf." Dötsch (1993), S. 1846.

299 Der § 50c wurde 1980 in das EStG aufgenommen und ersetzte die seit 1977 geltende Regelung des § 39 KStG 1977. Fischer und Warneke (1988), S. 168.

300 Mittels entsprechender Absprachen zwischen den beteiligten Parteien ließen sich derartige Geschäfte auch in größerem Umfang über die Börse abwickeln. Das führte zu einer Reihe von Prozessen und schließlich zu einer Gesetzesverschärfung, die sicherstellen sollte, daß mit solchen Geschäften immer auch ein wirtschaftliches Risiko verbunden sein mußte. Dazu zählte vor allem die Einführung des § 50c Abs. 10 EStG anstelle des bisherigen Abs. 8 S. 2 EStG ab 1994. Der neue Absatz sah u.a. für die steuerliche Anerkennung der Veräußerungsverluste bei derartigen Transaktionen eine Frist von 10 Tagen zwischen Kauf und Wiederverkauf vor. Deutlich gesunkene Umsätze um die Dividendentermine herum lassen vermuten, daß daraufhin zumindest am Kassamarkt Dividendenstripping kaum noch betrieben wurde. Aber es ist davon auszugehen, daß zeitgleich neue Stripping –Varianten entstanden sind. O.V. (1998a), S. 25. Zu einigen dieser Varianten siehe LZB (1998).

Das in großem Umfang[301] bis 1994 über den Kassamarkt abgewickelte Dividendenstripping ist ein weiterer Grund dafür, daß Kursveränderungen um den Dividendenabschlag herum nicht eindeutig interpretierbar sind.

IV. Mögliche Auswirkungen der Steueränderungen auf die Dividendenpolitik

Durch die Körperschaftsteuerreform 1977 kam es bezüglich der Dividendenpolitik zu folgenden Änderungen. Die Thesaurierung wurde durch die Erhöhung des Körperschaftsteuersatzes auf 56% stärker belastet als vor 1977. Die Steuerbelastung stieg um 6,6%. Dennoch blieb die Thesaurierung für viele Anleger steuerlich günstiger. Bei den natürlichen Personen war der kritische Grenzertragsteuersatz allerdings von 37,06% auf 56% gestiegen, so daß nun steuerlich mehr Privatanleger als bisher eine Ausschüttung vorzogen. Ausschüttungen an eine Kapitalgesellschaft mit Schachtelbeteiligung wiesen auch nach neuem Recht keinen steuerlichen Vor- oder Nachteil gegenüber der reinen Thesaurierung auf.

Im Falle der Gewinnausschüttung ergaben sich ab 1977 deutlich höhere Nettodividenden für fast alle Aktionäre. Lediglich für die Kapitalgesellschaft mit einer Schachtelbeteiligung fiel die Nettodividende etwas geringer aus. Auf den ersten Blick wäre die Konsequenz daraus gewesen, die Gewinne vor 1977 zu thesaurieren und erst unter dem neuen Körperschaftsteuerrecht auszuschütten. Die gemäß Gewinnverwendungsbeschluß für 1976 nicht ausgeschütteten Gewinne waren aber ab 1977 in das EK03 einzustellen. Demzufolge wurden sie ab 1977 wie steuerfreie Gewinne behandelt, obwohl diese Gewinne mit der vollen Körperschaftsteuer 1976 belastet worden sind. Bei einer Ausschüttung nach 1977 erfolgte deshalb eine Körperschaftsteuererhöhung, die dann zwar auf die Steuer des Aktionärs angerechnet wurde, aber im Ergebnis unterlag der Gewinn zum zweiten Mal der vollen Besteuerung, diesmal beim Aktionär.

Für eine Kapitalgesellschaft als Aktionär ergab sich folgende Nettodividende bei einem steuerpflichtigen Gewinn von 100. Nach Abzug der Körperschaftsteuer 1976 wurden 47,47 thesauriert und ab 1977 in das EK03 eingestellt. Das Unternehmen konnte davon wegen der Körperschaftsteuererhöhung nur $16/25 \times 47{,}47 = 30{,}38$ aus-

---

[301] „In den vergangenen gut zehn Jahren sind jährlich hohe dreistellige Millionenbeträge am Fiskus vorbeigeschleust worden." O.V. (1997b), S. 37.

schütten.[302] Der Aktionär versteuerte die 47,47 mit 56%, rechnete darauf die vom Unternehmen gezahlte Körperschaftsteuer von 17,09 an und erhielt nach Abzug seiner Steuern von der Bardividende 20,89[303] als Nettodividende. Rose[304] stellte die Auswirkungen der neuen Gesetzeslage auf die Teilsteuerrechnung ausführlich dar und kam bei einer rechnerischen Gegenüberstellung zu dem Ergebnis, daß sich eine Verlagerung der Gewinnausschüttung nicht lohnte.

In welchem Umfang Rücklagen in den Bereich der neuen Gesetzgebung mit herübergenommen werden sollten, hing letztlich davon ab, inwieweit diese Mittel später zur Dividendenzahlung herangezogen werden sollten. Unternehmen, die in der Regel genügend EK56 zur Verfügung hatten, mußten gar nicht auf das als letztes für eine Ausschüttung herangezogene EK03 zurückgreifen.[305] Unter der Voraussetzung bot sich die Thesaurierung der Gewinne für 1976 an. Wenn jedoch die Aussicht bestand, in Zukunft für Ausschüttungen auch das verwendbare Eigenkapital der EK03-Gruppe heranzuziehen, dann war es steuerlich vorteilhafter, bereits für 1976 viel auszuschütten. Eine allgemein gültige steueroptimale Dividendenpolitik für das Jahr 1976 läßt sich daraus nicht ableiten.

Es bleibt schließlich noch die Frage zu klären, ob die neuen Steuergesetze Dividendenänderungen für das Wirtschaftsjahr 1977 erwarten ließen (Ausschüttung in 1978). Als Ziel der Dividendenpolitik eines Unternehmens konnte für die Ausschüttungen 1978 in Betracht kommen,

- den thesaurierten Betrag oder
- die Ausschüttungsquote oder
- die Bardividende

gegenüber der Ausschüttung vor der Steuerreform konstant zu halten.

Die Nettodividende konnte bestenfalls für eine bestimmte Anlegergruppe konstant gehalten werden, z.B. für den Hauptaktionär. Die folgenden Tabellen zeigen für unter-

---

302 Für diesen Fall sieht § 52 KStG vor, daß ausländische Aktionäre die Körperschaftsteuererhöhung erstattet bekommen. Loos (1976), S. 2033.

303 Schneller gelangt man zum gleichen Ergebnis, wenn man sofort die Bruttodividende um die Steuerzahlung des Aktionärs kürzt: $47{,}47 \times (1 - 0{,}56) = 20{,}89$.

304 Rose (1976), S. 1873 ff.

305 Die Voraussetzungen für eine steuergünstige Ausschüttungsverschiebung in diesen Fällen beschreibt Tischer (1976), S. 14 f.

schiedliche Ausschüttungsquoten des 1976 erzielten Gewinns (Dividende 1977) die Änderungen für die Dividende 1978, die sich durch die neuen Steuergesetze für die drei genannten Möglichkeiten ergeben. Den Tabellen liegen folgende Annahmen zugrunde. Der zu versteuernde und ausschüttbare Gewinn ist in beiden Jahren gleich hoch (100). Die Ausschüttungsquote gibt an, wieviel Prozent dieses Gewinns für die Dividendenzahlung und die darauf entfallende Körperschaftsteuer verwendet werden. Die Nettodividende ist für einen privaten Anleger mit höchstem Grenzsteuersatz (1) errechnet worden.[306] Die letzten drei Zeilen der folgenden Tabellen geben an, wie sich letztlich der Gewinn (100) jeweils auf die drei Anspruchsteller (Aktionäre, ausschüttendes Unternehmen und Finanzamt) verteilt.

Tabelle 2.9 Auswirkungen der Steuerreform bei konstanter Thesaurierung für verschiedene Ausschüttungsquoten

Thesaurierung 1977 = Thesaurierung 1978									
Dividenden-zahlung im Jahr	1977	1978	Ände-rung	1977	1978	Ände-rung	1977	1978	Ände-rung
Quote	**0,20**	0,14	-32,0%	**0,60**	0,57	-5,3%	**1,00**	1,00	0,0%
Bardividende	15,09	8,70	-42,3%	45,27	36,35	-19,7%	75,45	64,00	-15,2%
Thesauriert	37,98	38,00	0,1%	19,00	19,00	0,0%	0,00	0,00	0,0%
Nettodividende	6,32	5,70	-9,9%	18,96	23,79	25,5%	31,60	41,89	32,5%
Gesamtsteuerz.	**55,70**	**56,29**	**1,0%**	**62,05**	**57,20**	**-7,8%**	**68,40**	**58,11**	**-15,0%**

Quelle: Eigene Berechnungen

Eine Politik konstanter Thesaurierung führte 1978 zur einer drastischen Dividendenkürzung. Die Bardividende, als die veröffentlichte Dividende, fiel je nach Ausschüttungsquote um 15,2% bis zu über 40%. Durch das neue Anrechnungssystem erhöhte sich aber gleichzeitig die Nettodividende für Ausschüttungsquoten, die für 1978 über 20% lagen, um bis zu 32,5% bei Vollausschüttung.[307] Der Vorteil der Körperschaftsteuerreform kam unter den hier getroffenen Annahmen um so stärker zur Geltung, je höher die Ausschüttungsquote war. Bei Ausschüttungsquoten unter 20% fiel allerdings die Gesamtsteuerzahlung höher aus als zuvor.

---

306 Der maximale Steuersatz wird entsprechend auch für die Gesellschafter der Personengesellschaft (2) unterstellt.

307 Bei Aussagen zur Nettodividende ist in diesem Abschnitt immer zu beachten, daß die Berechnungen für einen Privatanleger mit höchstem Steuersatz durchgeführt worden sind.

Sollte die Ausschüttungsquote auch nach der Steuerreform unverändert bleiben (Tabelle 2.10), so führte diese Politik 1978 c.p. zu einer Dividendenkürzung von 15,2%. Ein bloßer Vergleich dieser Bardividenden führt aber zu falschen Schlußfolgerungen. Die Ausschüttungsquote konstant zu halten, bedeutete letztlich für den Aktionär eine höhere Ausschüttung als 1977. Die Nettodividende stieg um 32,5%. Die thesaurierten Beträge gingen um über 7% zurück, da die Thesaurierung jetzt höher besteuert wurde.

Tabelle 2.10 Auswirkungen der Steuerreform bei konstanter Ausschüttungsquote

Ausschüttungsquote 1977 = Ausschüttungsquote 1978									
Dividenden-zahlung im Jahr	1977	1978	Ände-rung	1977	1978	Ände-rung	1977	1978	Ände-rung
Quote	**0,20**	0,20	0,0%	**0,60**	0,60	0,0%	**1,00**	1,00	0,0%
Bardividende	15,09	12,80	-15,2%	45,27	38,40	-15,2%	75,45	64,00	-15,2%
Nettodividende	6,32	8,38	32,5%	18,96	25,13	32,5%	31,60	41,89	32,5%
Thesauriert	37,98	35,20	-7,3%	18,99	17,60	-7,3%	0,00	0,00	0,0%
Gesamtsteuerz.	**55,70**	**56,42**	**1,3%**	**62,05**	**57,27**	**-7,7%**	**68,40**	**58,11**	**-15%**

Quelle: Eigene Berechnungen

Tabelle 2.11 Auswirkungen der Steuerreform bei konstanter Bardividende für verschiedene Ausschüttungsquoten

Bardividende 1977 = Bardividende 1978									
Dividendenzah-lung im Jahr	1977	1978	Ände-rung	1977	1978	Ände-rung	1977	1978	Ände-rung
Quote	**0,20**	0,23	17,9%	**0,60**	0,70	17,8%	**0,80**	0,94	17,9%
Bardividende	15,09	15,09	0,0%	45,27	45,25	0,0%	60,36	60,35	0,0%
Nettodividende	6,32	9,87	56,2%	18,96	29,62	56,2%	25,28	39,50	56,2%
Thesauriert	37,98	33,63	-11,4%	19,00	12,89	-32,1%	9,49	2,51	-73,6%
Gesamtsteuerz.	**55,70**	**56,50**	**1,4%**	**62,05**	**57,49**	**-7,3%**	**65,22**	**57,99**	**-11,1%**

Quelle: Eigene Berechnungen

Die bisherige Ausschüttungsquote mußte um 17,9% steigen, um die Bardividende konstant zu halten (siehe Tabelle 2.11). Die Nettodividende stieg dann in Höhe der Körperschaftsteuergutschrift (56,25%) an. Der thesaurierte Betrag ermäßigte sich um so stärker, je höher die Quote war. Eine unveränderte Bardividende bedeutete 1978 im

Ergebnis für den Aktionär eine kräftige Erhöhung der Ausschüttung. Eine Politik der Dividendenkontinuität lag in diesem Fall also trotz konstanter Bardividende nicht vor.

Tabelle 2.12 Auswirkungen der Steuerreform bei konstanter Nettodividende für verschiedene Ausschüttungsquoten

Bardividende 1977 = Bruttodividende 1978									
Dividenden-zahlung im Jahr	1977	1978	Änderung	1977	1978	Änderung	1977	1978	Änderung
Quote	**0,20**	0,15	-24,5%	**0,60**	0,45	-24,5%	**1,00**	0,75	-24,6%
Bardividende	15,09	9,66	-36,0%	45,27	28,99	-36,0%	75,45	48,26	-36,0%
Nettodividende	6,32	6,33	0,1%	18,96	18,98	0,1%	31,60	31,59	-0,1%
Thesauriert	37,98	37,36	-1,6%	18,99	24,07	26,8%	0,0	10,82	
Gesamtsteuerz.	**55,70**	**56,32**	**1,1%**	**62,05**	**56,96**	**-8,2%**	**68,40**	**57,59**	**-15,8%**

Quelle: Eigene Berechnungen

Die Unternehmen, die den Privatanlegern und Personengesellschaften eine unveränderte Nettodividende zukommen lassen wollten (Tabelle 2.12), mußten die Bruttodividende 1978 der Bardividende von 1977 angleichen, denn in beiden Jahren ergab sich die Nettodividende de facto aus der Steuerbemessungsgrundlage x (1- Einkommensteuersatz). Bei gleichem Steuersatz waren nur die Steuerbemessungsgrundlagen unterschiedlich. Vor der Steuerreform wurde die Bardividende und danach die Bruttodividende der Besteuerung unterworfen. Da von der Bruttodividende 1978 die 36% Körperschaftsteuer abgezogen werden mußte, um zu der Bardividende 1978 zu gelangen, verringerte sich bei dieser Politik die Bardividende im Vergleich zu 1977 um eben diese 36%. Die Ausschüttungsquote sank hierbei unabhängig von ihrer Höhe um 24,5%.

Zusammenfassend lassen sich folgende Erkenntnisse aus den Vergleichstabellen gewinnen. In allen Fällen nahm die Gesamtsteuerbelastung mit steigender Ausschüttungsquote zu, weil der Steuersatz des hier angenommenen Privatanlegers über dem des ausschüttenden Unternehmens lag.[308] Im Vergleich der beiden Jahre zueinander fiel diese Zunahme nach der Körperschaftsteuerreform aber wesentlich geringer aus als vorher. Eine Änderung der Ausschüttungsquote des in 1976 erzielten Gewinns von

308 Bei der Dividende 1978 nimmt die Gesamtsteuerbelastung mit zunehmender Ausschüttungsquote ab, wenn der Ertragsteuersatz des Aktionärs unter 56% liegt. Bei der Dividende 1977 muß der entsprechende Satz unter 37,08% liegen.

20% auf 100% bedeutete für das Beispiel in Tabelle 2.6 einen Anstieg der Gesamtsteuerbelastung um 22,8% von 55,7 auf 68,4. Ein Jahr später betrug der Anstieg aufgrund der Körperschaftsteuerreform nur noch 1,03 % von 56,42 auf 58,11. Die im Vergleich zum Vorjahr bei hohen Ausschüttungsquoten erzielten Steuervorteile konnten die Rücklagen erhöhen oder den Aktionären in Form höherer Nettodividenden zugute kommen.

Nach der Körperschaftsteuerreform führte eine höhere Ausschüttungsquote für die meisten Anleger nicht mehr zu einer höheren Gesamtsteuerbelastung und für die anderen Anleger war sie nicht wesentlich höher. Aus diesem Grund hätte man ab 1978 mit höheren Ausschüttungsquoten rechnen können.

Jedoch führten höhere Ausschüttungsquoten aufgrund des Anrechnungssystems zu kräftigen Steigerungen der Nettodividenden der Anleger zu Lasten der Thesaurierungsbeträge. Eine solche Politik dürfte von den meisten Unternehmen deshalb nicht betrieben worden sein. Es ist vielmehr davon auszugehen, daß die Unternehmen in der Regel dem Anleger die gleiche Nettodividende ermöglichen wollten, wie vor der Steuerreform. Dieser Fall kennzeichnet hier am besten den Zustand der Dividendenkontinuität. Daher kann er auch als Maßstab für Dividendenkürzungen und Dividendenerhöhungen dienen. Eine Erhöhung liegt immer dann vor, wenn die Bruttodividende 1978 die Bardividende 1977 übertraf. Da diese Definition hier bereits die Änderung des Besteuerungssystems beinhaltet, ist darüber hinaus kein auffälliges Ausschüttungsverhalten zu erwarten.

Nach einer Untersuchung von Haegert und Lehleiter (1985) haben die untersuchten deutschen Aktiengesellschaften im Durchschnitt mit einer Konstanz der Ausschüttungsquote auf die Körperschaftsteuerreform reagiert.[309] Verglichen wurden dabei die Ergebnisse für die Fünf-Jahres-Zeiträume vor und nach der Gesetzesänderung. Ein solches Verhalten der Unternehmen bedeutete vergleichsweise deutlich höhere Nettodividenden für die Aktionäre, eine geringere Thesaurierung und geringere Bardividenden.[310]

---

309 Haegert und Lehleiter (1985), S. 921, weisen jedoch darauf hin, daß sich hinter diesen Durchschnittswerten ganz unterschiedliche Verhaltensweisen der einzelnen Unternehmen verbergen.

310 Vgl. Tabelle 2.10.

3. Wesentliche Steueränderungen nach 1977

Auch nach der großen Steuerreform 1977 gab es ständig weitere Änderungen der Ertragsteuergesetze. Davon sollen aber nur diejenigen hier dargestellt werden, die möglicherweise zu einer geänderten Ausschüttungspolitik geführt haben könnten. Das Hauptaugenmerk liegt deshalb auch auf der Besteuerung beim ausschüttenden Unternehmen und damit auf Änderungen im Bereich der Körperschaftsteuer.

I. Die Steuergesetzänderungen 1984

Die erste in Frage kommende Änderung erfolgte durch das Steuerentlastungsgesetz 1984. Ab dem 1.1.1984 verringerte sich die Beteiligungsquote, ab der das Schachtelprivileg gilt, von 25 % auf 10%.[311] Alle inländischen Gesellschaften, deren Beteiligung am Unternehmen zwischen 10% und 25% lag, erhielten durch die geänderte Vorschrift eine höhere Nettodividende, weil die Gewerbesteuerbelastung entfiel. Bei einer Kapitalgesellschaft als Aktionär betrug die Erhöhung 5,74% der Bruttodividende oder 15% der Nettodividende. Damit führten nun auch bei diesen Gesellschaften Ausschüttung und Thesaurierung zur gleichen Gesamtsteuerbelastung. Richtete das ausschüttende Unternehmen seine Dividendenpolitik an diesen Aktionären aus, dann konnte daraus eventuell eine außergewöhnliche Dividendenerhöhung im Jahr 1984 resultieren. Allerdings konnte auch als einzige oder zusätzliche Folge ein verstärkter Beteiligungsabbau erfolgen, da für den Erhalt des Schachtelprivilegs nur noch eine 10%-ige Beteiligung erforderlich war. Es ist deshalb davon auszugehen, daß die Zahl der Unternehmen, die deswegen die Dividenden erhöht haben, eher gering war. Somit sind keine signifikanten empirischen Befunde zu erwarten.

II. Die Steuergesetzänderungen 1990

Alle inländischen Aktiengesellschaften waren von der Änderung des Körperschaftsteuertarifs 1990 betroffen. Der Steuersatz für einbehaltene Gewinne sank ab 1.1.1990 von 56% auf 50%.[312] Der Steuersatz für ausgeschüttete Gewinne betrug weiter 36%. Auch der Spitzensatz im Einkommensteuerrecht sank, allerdings von 56%

---

[311] Knobbe-Keuk (1993), S. 968.

[312] § 23 Abs. 1 KStG 1990.

nur auf 53%.[313] Beim hier unterstellten kirchensteuerpflichtigen Aktionär erhöhte sich der maximale Ertragsteuersatz auf 55,14%[314]. Dadurch erhielten alle inländischen Aktionäre ab 1990 eine höhere Nettodividende bei unveränderter Bardividende. Die Kapitalgesellschaften mußten eine weitere EK-Gruppe einrichten, das EK50. Das EK56 blieb, sofern noch vorhanden, bis Ende 1994 weiter bestehen und wurde weiterhin als erstes für die Ausschüttungen herangezogen.

Die meisten DBA setzten für die Erhebung einer Kapitalertragsteuer in Höhe von 25% voraus, daß der Körperschaftsteuersatz für ausgeschüttete Gewinne mindestens 15 bzw. 20 Prozentpunkte unter dem Satz für einbehaltene Gewinne lag. Ab 1990 war diese Voraussetzung nicht mehr gegeben, so daß je nach Land auch für Schachteldividenden nur noch 5%, 10% oder 15% Kapitalertragsteuer einbehalten werden durften.[315] Für Aktionäre aus den betroffenen Ländern konnte es somit zu Steuerentlastungen kommen, die in der hier durchgeführten Berechnung nicht enthalten sind.

Da die Tarifänderungen für alle hier betrachteten Alternativen zu Steuersenkungen führten, ändert sich grundsätzlich nichts an den zuvor gemachten Aussagen zu deren Vorteilhaftigkeit. Erst für den 1990 erzielten Gewinn betrug der Körperschaftsteuersatz 50%. Die zugehörige Nettodividende 1991 sollte im Vergleich zu der von 1990 unverändert bleiben. Letztlich fiel sie aber doch geringer aus, da sie durch den 1991 neu eingeführten Solidaritätszuschlag geschmälert wurde. Im Ergebnis erhöhte dieser Zuschlag die Einkommen- und Körperschaftsteuer um 3,75%.[316]

Interessant für die Dividendenpolitik war jedoch der Übergang auf den neuen Tarif. Da die Gewinnerzielung und die sich daraus ergebenden Ausschüttungen in der Regel in unterschiedlichen Jahren erfolgten, verteilten sich auch die Auswirkungen der Steueränderungen entsprechend. Der 1989 erzielte Gewinn unterlag noch dem alten Körperschaftsteuertarif, die daraus 1990 gezahlten Dividenden hingegen wurden bei den

---

313 § 32a EStG. Der marginale Steuersatz des Aktionärs erreicht diesen Prozentsatz, wenn sein übriges zu versteuerndes Einkommen über DM 120.042 liegt. Rose (1990), S. 25.

314 Bei angenommenen 9% Kirchensteuer und 53% Einkommensteuer errechnet sich der kombinierte Ertragsteuersatz aus 1,09x0,53/(1+0,09x0,53).

315 Zu diesem Problem und für eine Übersicht der Steuersätze in den DBA mit verschiedenen Ländern siehe Bellstedt (1988), S 285 f.

316 Die exakte Ermittlung des Zuschlags ist im Solidaritätsgesetz vom 24.6.1991 geregelt. BGBl. I 1991, S. 1318 ff. Der Zuschlag wurde vom 1. 7. 1991 bis zum 30. 6. 1992 erhoben.

Aktionären nach den neuen Tarifen besteuert. Die nachfolgenden Tabellen geben die Berechnungen für die Jahre 1989 (Gewinnerzielung) und 1990 (Dividendenzahlung) wieder.

Tabelle 2.13 Steuerbelastung bei Vollausschüttung eines 1989 erzielten Gewinns

Ausschüttung 1990	1	2	3	4	5
Aktionärsgruppen	Privat-anleger	Personen-gesellsch.	AG	AG Holding	Ausländer
ausschüttfähiger Gewinn	100,00	100,00	100,00	100,00	100,00
Körperschaftsteuer	-56,00	-56,00	-56,00	-56,00	-56,00
verwendbares EK56	44,00	44,00	44,00	44,00	44,00
Kst-Minderung	20,00	20,00	20,00	20,00	20,00
Bardividende	**64,00**	**64,00**	**64,00**	**64,00**	**64,00**
Besteuerung beim Aktionär					
Gewerbeertragst. (13,04%)		-13,04	-13,04		
zu verst. Einkommen	100,00	86,96	86,96	100,00	64,00
Est(max)+Kist (55,14%)	-55,14	-47,95			
Körperschaftsteuer (50%)			-43,48	-50,00	
Kapitalertragsteuer (25%)					16,00
Steuer im Ausland					0
Steueranrechnung	36,00	36,00	36,00	36,00	
Nettodiv. des Aktionärs	**44,86**	**39,01**	**43,48**	**50,00**	**48,00**
in % der Bardividende	70,09%	60,95%	67,94%	78,13%	75,00%

Quelle: Eigene Berechnungen

Tabelle 2.14 Steuerbelastung bei Thesaurierung des 1989 erzielten Gewinns

Thesaurierung 1989	1	2	3	4	5
Aktionärsgruppen	Privat-anleger	Personen-gesellsch.	AG	AG Holding	Ausländer
steuerpflichtiger Gewinn	100	100	100	100	100
Körperschaftsteuer (56%)	-56	-56	-56	-56	-56
thesaurierter Betrag	**44**	**44**	**44**	**44**	**44**

Quelle: Eigene Berechnungen

Ein Vergleich des thesaurierten Betrags (Tabelle 2.14) mit der Nettodividende des Aktionärs (Tabelle 2.13) zeigt, daß 1990 ausnahmsweise eine Sahz-Politik der Unternehmen für viele Aktionäre vorteilhaft gewesen wäre. Lediglich für Gesellschafter von Personengesellschaften mit sehr hohen Einkommensteuersätzen und Kapitalgesellschaften mit einer Beteiligung unter 10% blieb die Nettodividende knapp unter dem Betrag, der bei Thesaurierung im Unternehmen verblieben wäre. Ein gehäuftes Auftreten von Sonderausschüttungen oder Bonuszahlungen 1990 wären ein Indiz dafür, daß die Steueränderungen einen Einfluß auf die Dividendenpolitik der Unternehmen gehabt hätten.

Ganz im Sinne der Aktionäre haben auf jeden Fall die Unternehmen gehandelt, die mögliche Ausschüttungen von 1989 auf 1990 verschoben haben.[317] Die Aktionäre hatten den Vorteil, daß die ab 1990 ausgezahlten Dividenden dann der geringeren Besteuerung unterlagen. Die Zahl der Dividendenerhöhungen 1989 sollte deshalb wesentlich geringer, die der Dividendenerhöhungen 1990 dagegen wesentlich höher als gewöhnlich ausgefallen sein. Die folgende Tabelle zeigt den Vorteil für die jeweilige Aktionärsgruppe, den eine Verschiebung der Ausschüttung gehabt hätte.

Für die Folgejahre läßt sich aus der Steuertarifänderung kein verändertes Ausschüttungsverhalten ableiten. Bei einer unveränderten Bardividende profitierten beide Seiten von den sie betreffenden Steuersenkungen.

---

[317] Die Unternehmen hatten Zeit genug, sich auf die veränderten Rahmenbedingungen einzustellen und auf eine entsprechende Ausschüttungspolitik hinzuarbeiten. Bereits im Juni 1987 erschien ein Aufsatz von Herzig und Förster, in dem sie die Steuerwirkungen der geplanten Steuersenkungen beschrieben. Herzig und Förster (1987), S. 1205 ff.

Tabelle 2.15 Auswirkungen einer Ausschüttungsverschiebung auf die Nettodividenden 1990

	1	2	3	4	5
Aktionärsgruppen	Privat-anleger	Personen-gesellschaft	AG	AG Holding	Ausländer
Nettodividende des Aktionärs 1989	41,89	36,43	38,26	44,00	48,00
Nettodividende des Aktionärs 1990	**44,86**	**39,01**	**43,48**	**50,00**	**48,00**
Steigerung	7,1%	7,1%	13,6%	13,6%	0%

Quelle: Eigene Berechnungen

Tabelle 2.16 Besteuerung eines 1990 realisierten Kursgewinns in Höhe der Bardividende

Verkauf mit Dividende	1	2	3	4	5
Aktionärsgruppen	Privat-anleger	Personen-gesellsch.	AG	AG Holding	Ausländer
Veräußerungsgewinn	64,00	64,00	64,00	64,00	64,00
Gewerbeertragst. (13,04%)		-8,35	-8,35	-8,35	
zu verst. Einkommen	64,00	55,65	55,65	55,65	64,00
Einkommensteuer (55,14%)	0,00	-30,69			
Körperschaftsteuer (50%)			-27,83	-27,83	
ausl. Steuer (z.B. 40%)					-25,60
Nettogew. des Aktionärs	**64,00**	**24,96**	**27,82**	**27,82**	**38,40**
Nettodiv. des Aktionärs	44,86	39,01	43,48	50,00	54,40

Quelle: Eigene Berechnungen

Beim zweiten Alternativenvergleich (Kursgewinne und Dividendenzahlung) ergeben sich keine wesentlichen Änderungen und somit auch keine andere Beurteilung der Alternativen. In den Fällen, in denen die Tarifsenkungen Einfluß hatten, erhöhten sich die Nettoergebnisse für die Aktionäre ein wenig.

III. Die Steuergesetzänderungen 1994

Eine weitere Absenkung der Körperschaftsteuertarife resultierte aus dem Standortsicherungsgesetz vom 13.9.1993[318]. Mit Wirkung vom 1.1.1994 verringerte sich der Normaltarif von 50% auf 45%. Der Steuersatz für die Ausschüttungsbelastung ermäßigte sich gleichzeitig von 36% auf 30% der Bruttodividende. Dieser ermäßigte Steuersatz betraf alle offenen Gewinnausschüttungen, die nach dem 31.12.1993 vorgenommen wurden, unabhängig davon, in welchem Wirtschaftsjahr das dafür verwendete Eigenkapital entstanden war.[319] Dadurch verringerte sich das körperschaftsteuerliche Anrechnungsguthaben der Aktionäre entsprechend von bisher 9/16 (= 56,25%) auf 3/7 (= 42,857%) der Bardividende.

In der Eigenkapitalgliederung waren zum Ende des Wirtschaftsjahres 1994 zwei neue Gruppen hinzuzufügen, das EK45 und das EK30. Das EK50 blieb, sofern noch vorhanden, bis Ende 1998 bestehen. Künftige Ausschüttungen erfolgten solange zuerst aus dem EK50. Die Gruppen EK56 und EK36 hingegen waren bis Ende 1994 aufzulösen. Das EK56 wurde durch eine Erhöhung des EK50 um 56/44 des EK56 und eine Verringerung des EK02 um 12/44 des EK56 aufgeteilt. Steuerliche Konsequenzen ergaben sich direkt daraus nicht, da sich die mögliche Verringerung der Körperschaftsteuerminderung (beim EK50) mit der Verringerung der Körperschaftsteuererhöhung (beim EK02) ausglich.[320] Bei der Aufteilung des EK36 gingen 11/32 in das EK45 und 21/32 in das EK02. Bei den nachfolgenden Steuerbelastungsvergleichen ist unterstellt, daß die Ausschüttungen vollständig aus der aktuellen EK-Gruppe (ab 1994: EK45) gespeist worden sind.

Auch im Bereich der Personengesellschaften hatte es eine Änderung gegeben. Für gewerbliche Einkünfte begrenzt der § 32c EStG die Steuerbelastung auf maximal 47%. Lagen gewerbliche Einkünfte von mindestens 100.224 DM vor, dann wurden zusätz-

---

[318] BGBl. I 1993, S. 1569-1593.

[319] Bei abweichenden Wirtschaftsjahren eventuell auch schon vorher. Für die rechtlich exakte Formulierung der erstmaligen Anwendung siehe § 54 Abs. 10a S. 1 KStG.

[320] Zur Neutralität der Umgliederung siehe die Beispiele bei Kussel (1994), S. 553. Aber durch die Reihenfolge der für die Ausschüttungen verwendeten Eigenkapitalteile kann es sein, daß das EK02 von zukünftigen Ausschüttungen gar nicht betroffen ist. In diesen Fällen kann das Unternehmen das Steuerguthaben in Form der Körperschaftsteuerminderung nur zum Teil auflösen. Für eine ausführliche Darstellung mit Beispielrechnung dazu siehe Dötsch (1993a), S. 1795 f. Er sieht dementsprechend in der vorgeschriebenen Umgliederung eine Belastung für die Unternehmen.

lich vereinnahmte Dividendeneinkünfte mit dem marginalen Einkommensteuersatz von 47% besteuert.[321] In aller Regel erfolgt die Ausschüttung für die Gewinne des vorangegangenen Wirtschaftsjahres. Der Gewinn und die daraus resultierende Ausschüttung unterlagen in diesem Fall unterschiedlichen Steuergesetzen. Dadurch könnte sich auch hier wieder eine Möglichkeit ergeben haben, durch eine entsprechende Dividendenpolitik, Steuern sparen zu können. Die Tabelle 2.17 stellt deshalb die Steuerwirkungen für Gewinne auf, die 1993 entstandenen und 1994 als Dividende ausgeschüttet worden sind.

Für viele Aktionäre, insbesondere Kapitalgesellschaften mit Schachtelbeteiligung (4) und einige ausländische Aktionäre, ergab sich in diesem Jahr durch den geringeren Körperschaftsteuertarif für die Dividende sogar die Gelegenheit, durch eine möglichst hohe Ausschüttung und eine anschließende Kapitalerhöhung in Höhe des normalerweise gewünschten Thesaurierungsbetrags (Tabelle 2.18) Steuern zu sparen.[322] Das galt nicht nur für die laufenden Gewinne sondern auch für die in Vorperioden versteuerten und thesaurierten Gewinne. Bei Unternehmen mit einem oder mehreren Großaktionären könnte die Ausschüttungsquote 1994 deshalb sehr hoch und auch deutlich über 100% gelegen haben. Auch würden vermehrte Bonuszahlungen und Sonderausschüttungen diese Erwartung stützen. Abgesehen von dieser besonderen Konstellation in der Übergangsphase bleibt die Thesaurierung neu entstehender Gewinne auch nach den Steueränderungen generell dem Sahz-Verfahren steuerlich vorzuziehen.

---

321 Die steuerrechtlich exakte Vorgehensweise bei der Ermittlung des Entlastungsbetrages durch § 32c EStG zeigt Rose (1994), S. 31, anhand eines Beispiels.

322 Bei der nächsten Tarifabsenkung auf 40% ab 1999 hat der Gesetzgeber diese Möglichkeit durch den § 23 Abs. 2 KStG 1999 verhindert. In dem Fall unterlagen Ausschüttungen aus dem EK45 auch bei der empfangenden Körperschaft einem Körperschaftsteuersatz von 45%, obwohl der Tarif ansonsten nur 40% betrug. Durch die Einführung dieser „Nachsteuer“ entfiel auch der bisher mögliche Vorteil einer Thesaurierung, daß eine spätere Ausschüttung aufgrund von zwischenzeitlichen Tarifsenkungen geringer besteuert werden würde.

Tabelle 2.17 Steuerbelastung bei Vollausschüttung eines 1993 erzielten Gewinns

Ausschüttung 1994	1	2	3	4	5
Aktionärsgruppen	Privat-anleger	Personen-gesellsch.	AG	AG Holding	Ausländer
ausschüttfähiger Gewinn	100,00	100,00	100,00	100,00	100,00
Körperschaftsteuer (50%)	-50,00	-50,00	-50,00	-50,00	-50,00
verwendbares EK50	50,00	50,00	50,00	50,00	50,00
Kst-Minderung	20,00	20,00	20,00	20,00	20,00
Bardividende	**70,00**	**70,00**	**70,00**	**70,00**	**70,00**
Besteuerung beim Aktionär					
Gewerbeertragst. (13,04%)		-13,04	-13,04		
zu verst. Einkommen	100,00	86,96	86,96	100,00	70,00
Est. max. und Kist. (55,14% bzw. 49,15%)	-55,14	-42,74			
Körperschaftsteuer (45%)			-39,13	-45,00	
Kapitalertragsteuer (25%)					-17,50
Steuer im Ausland					0
Steueranrechnung	30,00	30,00	30,00	30,00	
Nettodiv. des Aktionärs	**44,86**	**44,22**	**47,83**	**55,00**	**52,50**
Gesamtsteuerbelastung	55,14	55,78	52,17	45,00	47,50

Quelle: Eigene Berechnungen

Tabelle 2.18 Besteuerung bei Thesaurierung des 1993 erzielten Gewinns

Thesaurierung 1993	1	2	3	4	5
Aktionärsgruppen	Privat-anleger	Personen-gesellschaft	AG	AG Holding	Ausländer
steuerpflichtiger Gewinn	100,00	100,00	100,00	100,00	100,00
Körperschaftsteuer (50%)	-50,00	-50,00	-50,00	-50,00	-50,00
thesaurierter Betrag	**-50,00**	**-50,00**	**-50,00**	**-50,00**	**-50,00**

Quelle: Eigene Berechnungen

Auch in dieser Übergangsphase bestand die Möglichkeit, durch eine sich an den Steueränderungen orientierende Dividendenpolitik Steuern zu sparen. Ein Vergleich der Nettodividenden (Tabelle 2.19), die die einzelnen Aktionärsgruppen erhalten hätten, wenn ein 1992 erzielter Gewinn 1993 bzw. 1994 ausgeschüttet worden wäre, zeigt den Vorteil, den eine Ausschüttungsverzögerung hier erbracht hätte.

Tabelle 2.19 Auswirkungen einer Ausschüttungsverschiebung auf die Nettodividenden 1994

	1	2	3	4	5
Aktionärsgruppen	Privat-anleger	Personen-gesellschaft	AG	AG Holding	Ausländer
Nettodividende des Aktionärs 1993	44,86	39,01	43,48	50,00	48,00
Nettodividende des Aktionärs 1994	**44,86**	**44,22**	**47,83**	**55,00**	**52,50**
Steigerung	0%	13,36%	10%	10%	9,38%

Quelle: Eigene Berechnungen

Alle Aktionäre, außer den Privatanlegern (1)[323], profitierten von den ab 1994 geltenden Steuersenkungen. Wie vier Jahre zuvor, lohnte es sich aus steuerlicher Sicht auch diesmal, Ausschüttungen in die Zukunft auf die Jahre mit geringeren Steuersätzen zu verschieben.[324] Allerdings gilt das im besonderen Maße nur für das Jahr 1994, da ab 1995 erneut ein diesmal allerdings unbefristeter Solidaritätszuschlag erhoben wurde.[325] Die Zahl der Dividendenerhöhungen sollte dementsprechend 1993 auffällig gering und 1994 besonders hoch gewesen sein.

Beim zweiten Alternativenvergleich (Kursgewinn gegen Dividendenzahlung) ergeben sich keine grundlegenden Änderungen (Tabelle 2.20). Nach wie vor hätte lediglich der hochbesteuerte Privatanleger aus steuerlicher Sicht anstelle einer Dividendenzahlung einen Kursgewinn in Höhe der Bardividende vorgezogen.

---

323 Andere Privatanleger, deren Grenzsteuersatz nicht bereits dem maximalen Steuersatz entspricht, könnten aus einer auf ein Jahr konzentrierten Ausschüttung aufgrund des progressiven Einkommensteuertarifs sogar steuerliche Nachteile erleiden. Hier wäre selbst in diesem Fall eine über die Jahre gleichmäßig erfolgende Ausschüttung möglicherweise steuerlich günstiger gewesen.

324 Zu diesem Ergebnis kommen auch die unterschiedlichen Vergleichsrechnungen zahlreicher Veröffentlichungen in diesem Zeitraum. Dementsprechend ist davon auszugehen, daß die Sachverhalte den Unternehmen bekannt waren. Siehe dafür u.a. die Belastungsvergleiche bei Schultz (1993), Zielke (1994), Schneider (1994) und Kussel (1994).

325 Gesetz vom 23. 6. 1993, BGBl. I 1993, S. 944. Für eine ausführliche Darstellung mit Beispielen zu den Belastungswirkungen siehe Dötsch (1993b).

Tabelle 2.20 Besteuerung eines realisierten Kursgewinns in Höhe der Bardividende

Verkauf mit Dividende	**1**	**2**	**3**	**4**	**5**
Aktionärsgruppen	Privat-anleger	Personen-gesellsch.	AG	AG Holding	Ausländer
Veräußerungsgewinn	70,00	70,00	70,00	70,00	70,00
Gewerbeertragst. (13,04%)		-9,13	-9,13	-9,13	
zu verst. Einkommen	70,00	60,87	60,87	60,87	70,00
Einkommenst. (49,15%)	0	-29,92			
Körperschaftsteuer (45%)			-27,39	-27,39	
ausl. Steuer (z.B. 40%)					-28,00
Nettogew. des Aktionärs	**70,00**	**30,95**	**33,48**	**33,48**	**42,00**
Nettodiv. des Aktionärs	44,86	44,22	47,83	55,00	52,50

Quelle: Eigene Berechnungen

Inwieweit die Unternehmen mit Dividendenänderungen für 1994 auf die Steueränderungen reagiert haben, wird im Kapitel C untersucht. Zuvor soll hier dargestellt werden, welche Änderungen sich für die Nettodividenden und die thesaurierten Beträge ergeben hätten, wenn die Bardividende 1994 gegenüber dem Vorjahr unverändert geblieben wäre.

Unternehmen, die ihre Bardividende 1994 konstant hielten, muteten den Privatanlegern (1) de facto eine Dividendenkürzung zu. Tabelle 2.21 zeigt, daß in dem Fall der Differenzbetrag, der 8,6% der Vorjahresdividende ausmachte, nahezu vollständig zur Thesaurierung genutzt werden konnte. Bei den anderen Aktionärsgruppen kompensierte die bei ihnen wirksam gewordene Steuersenkung eine derartige Kürzung, so daß bei ihnen sogar noch eine leichte Erhöhung der Nettodividende zu verzeichnen war.

Die Ausschüttung der gleichen Bruttodividende wie 1993 hingegen hätte die Bardividende um 9,375% von 64 auf 70 erhöht. Allein aus diesem Grund müßten die Dividenden 1994 c.p. eine deutliche Erhöhung gegenüber dem Vorjahr ausgewiesen haben.[326] Die Zahl der Dividendenerhöhungen sollte 1994 besonders hoch gewesen sein.

---

326 „Um die bisherigen Erträge der anrechnungsberechtigten Anteilseigner zu sichern, muß die Bardividende mit Einführung des Ausschüttungssatzes von 30% um 9,375% ansteigen.“ Herzig und Schiffers (1994), S. 108.

Tabelle 2.21 Auswirkungen der Steueränderungen bei unveränderter Bardividende für verschiedene Ausschüttungsquoten

Bardividende 1994 = Bardividende 1993									
Dividendenzahlung im Jahr	1993	1994	Änderung	1993	1994	Änderung	1993	1994	Änderung
Quote	0,20	0,18	-8,5%	0,60	0,55	-8,6%	1,00	0,91	-8,6%
Nettodividende	8,97	8,21	-8,5%	26,92	24,61	-8,6%	44,86	41,00	-8,6%
Thesaurierung	40,00	40,85	2,1%	20,00	22,58	12,9%	0,00	4,30	
Gesamtsteuerz.	51,03	50,94	-0,2%	53,08	52,82	-0,5%	55,14	54,70	-0,8%

Quelle: Eigene Berechnungen

4. Weitere relevante Veränderungen

Weitere Gründe, die für eine Erhöhung der Dividende im Jahr 1994 sprechen könnten, stammen aus dem Bereich des verwendbaren Eigenkapitals. Zum einen war das EK56 zum Ende des Wirtschaftsjahres 1994 aufzulösen und zum anderen wurden Ausschüttungen aus dem EK01 ab 1. 1. 1994 steuerlich anders behandelt.

Der Ende 1994 noch vorhandene Bestand im EK56 war in das EK50 umzugliedern (§ 54 Abs. 11 KStG 1990).[327] Um das im EK56 enthaltene Minderungspotential bei Ausschüttungen zu erhalten, wurde 56/44 des EK56 dem EK 50 zugerechnet und gleichzeitig das EK02 um den aufgestockten Betrag (12/44) vermindert.[328] Das führte zu einer Verringerung der Körperschaftsteuerminderung bei Ausschüttungen aus dem EK50 trotz erhöhtem Ausschüttungspotential. Beispielsweise führte ein Bestand von 44 im EK56 bei Ausschüttung 1994 zu einer Körperschaftsteuerminderung von 26 (26/44 des EK56). Erfolgte statt dessen eine Umgliederung, erhöhte sich das EK50 um 56. Wurde dieser Betrag später ausgeschüttet, dann betrug die Minderung nur 22,4 (20/50 des EK50). Sollte die Bardividende wie im anderen Fall nur 70 betragen, dann betrug die Minderung nur 20, da zur Ausschüttung nur 50 aus dem EK 50 gebraucht wurden.

Dem gegenüber stand eine Verringerung der Körperschaftsteuererhöhung bei Ausschüttungen aus dem EK02, weil nur noch ein geringerer Betrag des EK02 (-12) zur

327 Dötsch (1993c), S. 2201.

328 Heß und Neyer (1994), S. 2364.

Ausschüttung verwendet werden mußte. Tatsächlich kam dieser Vorteil aber kaum zum Tragen, da das EK02 erst nach Verwendung aller belasteten Eigenkapitalanteile herangezogen wurde. Wenn das Unternehmen für die 1994 versäumte Ausschüttung des EK56 eine Bardividende in gleicher Höhe 1995 zahlen wollte, dann fiel die Körperschaftsteuerminderung um 6%[329] der Bruttodividende geringer aus. Das 1994 noch vorhandene EK56 erst später auszuschütten, bedeutete im Ergebnis, auf eine Körperschaftsteuerminderung in Höhe von 13,6%[330] des EK56 auf unbestimmte Zeit zu verzichten. Unternehmen, die noch über hohe Bestände an EK56 verfügten, hätten deshalb 1994 Dividendenerhöhungen (Sahz-Verfahren) vornehmen sollen.

Der § 8b KStG wurde durch das Standortsicherungsgesetz von 1993 neu eingeführt. Bei dem ausschüttenden Unternehmen unterlagen dadurch die steuerbefreiten ausländischen Einkünfte (EK01)[331] nicht mehr der Ausschüttungsbelastung. Die bisher zwingend vorgeschriebene Körperschaftsteuererhöhung bei Ausschüttungen aus dem EK01 entfiel damit. Unabhängig davon, wer der Aktionär war, erhöhte sich die Körperschaftsteuer bei Ausschüttungen aus dem EK01 nicht mehr (§ 40 Nr.1 KStG).[332] Dadurch entfiel aber auch das Körperschaftsteueranrechnungsguthaben für diese Teilbeträge der Dividenden. Diese Neuregelungen galten erstmals für offene Gewinnausschüttungen, die im Wirtschaftsjahr 1994 vorgenommen wurden.

Der Absatz 1 befreite inländische Körperschaften von der Besteuerung der Dividendeneinkünfte, die aus dem EK01 stammen. Sie waren dann bei diesen Aktionären ebenfalls in das EK01 einzustellen.[333] Unternehmen, bei denen ausländische Einkünfte einen hohen Anteil am Gesamtgewinn haben, bot sich deshalb ab 1994 die Möglichkeit, ohne steuerliche Nachteile[334] diese Gewinne durch Ausschüttungen auch bei der

---

329 Bei einer Bruttodividende von 100 beträgt die Minderung bei Ausschüttung in 1994 nur noch 20 statt 26.

330 (26-20)/44 = 13,6%.

331 Gewinne ausländischer Betriebsstätten und Schachteldividenden ausländischer Tochtergesellschaften werden bei Vorliegen eines Doppelbesteuerungsabkommens in aller Regel von der deutschen Steuer freigestellt, da die Gewinne bereits im Ausland besteuert werden. Steuerfrei bedeutet in diesen Zusammenhang also nur frei von deutscher Körperschaftsteuer.

332 Dötsch (1993a), S. 1793 f.

333 Die Steuerbescheinigungen, die das ausschüttende Unternehmen erstellen muß, enthalten jetzt zusätzliche Angaben über den Anteil des EK01 an der Dividende.

334 Die Verwendungsfiktion des § 28 KStG unterstützt das, weil das EK01 als erstes aus der EK0-Gruppe für Ausschüttungen herangezogen wird.

Muttergesellschaft bilanzwirksam werden zu lassen und dort die Rücklagen zu erhöhen.

Die natürlichen Personen mußten diese Einkünfte nach wie vor versteuern, wobei für diese Teilbeträge Bardividende gleich Bruttodividende war. Für sie trat keine Steuererleichterung ein, da sie die aus dem EK01 stammenden Dividendenanteile ohne Anrechnung versteuern mußten. Im Ergebnis erzielten sie deshalb nur dann die gleiche Nettodividende wie vorher[335], wenn die Ausschüttungen aus dem EK01 um 3/7 (die frühere Körperschaftsteuererhöhung) stiegen.[336] Da die Körperschaftsteuererhöhung nicht mehr vorzunehmen war, kam es auch zu keiner Verringerung des Ausschüttungspotentials beim EK01 mehr. Allein dadurch konnte mehr ausgeschüttet werden. Die Steuerersparnis des Unternehmens konnte also voll an die Aktionäre weitergegeben werden.[337] Da die Neuregelung auch für die Altbestände des EK01 galt, war bei den betroffenen Unternehmen mit einer Reduzierung hoher Bestände im EK01 zu rechnen. Daraus resultierten weitere Möglichkeiten für Dividendenerhöhungen, die das ausschüttende Unternehmen vornehmen konnte, ohne zusätzliche Mittel aufwenden zu müssen.

5. Zusammenfassung

Unter rein steuerlichen Gesichtspunkten gibt es keine Dividendenpolitik, die für alle Aktionärsgruppen vorteilhaft ist. Zunächst ist die Alternative „Ausschüttung“, die eine anschließende Kapitalerhöhung gegen Einlage unterstellt, verglichen worden mit der Alternative „Thesaurierung“, die eine anschließende Kapitalerhöhung aus Gesellschaftsmitteln beinhaltet. Die Belastungsvergleiche für die einzelnen Zeiträume zwischen 1976 und 1996 zeigen, daß generell die Alternative „Ausschüttung“ der direkten Thesaurierung unterlegen war. Das galt allerdings nicht für Aktionäre mit niedrigen Einkommensteuersätzen und einige ausländische Aktionäre. 1994 allerdings versprach

[335] Für ein Beispiel zum Vergleich „Altes Recht“ gegen „Neues Recht“ siehe Hundt (1993), S. 2049.

[336] Bisher konnte der Anleger aus der Bardividende fast immer direkt das Anrechnungsguthaben und damit auch die Bruttodividende ermitteln, da für alle ausgeschütteten Beträge (außer dem seltenen Fall des EK04) die Ausschüttungsbelastung herzustellen war. Das war jetzt ohne weitere Information über den Anteil des EK01 nicht mehr möglich.

[337] Zeitler und Krebs (1993), S. 1052.

das Sahz-Verfahren auch den Muttergesellschaften einmalig Steuervorteile aufgrund der Steueränderungen.

Beim zweiten Alternativenvergleich wurde de facto die Nettodividende für die einzelnen Aktionärsgruppen dem Nettogewinn gegenübergestellt, den der jeweilige Aktionär aus einem Kursgewinn in Höhe der Bardividende nach Abzug der Ertragsteuern erzielt hätte. Auch hier läßt sich für den untersuchten Zeitraum keine für alle Aktionärsgruppen übereinstimmende Aussage zugunsten einer der beiden Alternativen treffen. Für ausländische Aktionäre ist ohne einengende Annahmen gar keine Aussage möglich. Für die unbeschränkt steuerpflichtigen Aktionäre ist entscheidend, ob die Aktien im Privat- oder im Betriebsvermögen gehalten wurden. Nur der Privatanleger außerhalb der Spekulationsfrist entging der Kursgewinnbesteuerung, die im Ergebnis eine Doppelbesteuerung von Gewinnen hervorruft.

Eine eindeutige Aussage zugunsten einer bestimmten Dividendenpolitik läßt sich von der steuerlichen Seite her nicht treffen, daran haben auch die hier betrachteten Steueränderungen nichts geändert.

Die mehrfachen Senkungen des Körperschaftsteuertarifs führten jedoch zu erheblichen Einsparungen bei den Unternehmen. In einigen Fällen mußten die Unternehmen diese Vorteile zumindest teilweise durch höhere Bardividenden an die Aktionäre weitergeben, falls sie deren Schlechterstellung im Vergleich zum Vorjahr vermeiden wollten. Im allgemeinen ist es aber sehr schwierig nachzuprüfen, ob und inwieweit Unternehmen bereit waren, ihre Steuervorteile direkt an die Aktionäre durch höhere Dividendenzahlungen weiterzugeben.

Gerade in den Übergangsphasen vom alten zum neuen Steuertarif ergaben sich durch Verlagerung von Gewinnausschüttungen Möglichkeiten, Steuern beim Unternehmen und beim Aktionär zu sparen. Eine konsequente Ausnutzung dieser Möglichkeiten hätte jedoch starke Dividendenkürzungen oder besser noch Dividendenausfälle im Jahr vor der Steueränderung notwendig gemacht. Eine solche Politik durchzusetzen und entsprechend öffentlich zu propagieren, konnte man von den Unternehmen nicht erwarten. Dennoch sollte in den betreffenden Jahren die Zahl der Dividendenerhöhungen stark zugenommen haben.

Um das tatsächliche Ausschüttungsverhalten der Unternehmen mit dem aufgrund der steuerlichen Überlegungen erwarteten Verhalten zu vergleichen, wird im folgenden Abschnitt die Entwicklung der Dividendenänderungen von Jahr zu Jahr untersucht. Zuvor sollen hier noch einmal die Erwartungen für die aufschlußreichen Jahre 1978, 1990, 1994 zusammengefaßt werden.

Die 1978 gezahlte Dividende war die erste, auf die das neue Anrechnungssystem Anwendung fand. Ein Vergleich mit vorausgegangenen Ausschüttungen fällt schwer. Dividendenkonstanz bedeutete bei diesem Übergang, daß die Bruttodividende 1978 der Bardividende 1977 entsprechen mußte. Die damit verbundene Senkung der Ausschüttungsquote um 24,5% und der Bardividende um 36% bedeutete hier eine konstante Nettodividende für den Aktionär. Eine Ausschüttungsverschiebung führte in diesem Zusammenhang eher zu Nach- als zu Vorteilen. Die notwendige Einstellung der vor 1977 thesaurierten Gewinne in das EK03 könnte sogar zu verstärkten Ausschüttungen im Jahre 1977 (im Vergleich zu 1976) geführt haben. Aus steuerlicher Sicht ist ein Anstieg der Bardividende 1977 und eine Verringerung der Bardividende 1978 zu erwarten.

Am Ausschüttungsverhalten 1990 läßt sich überprüfen, inwieweit sich die Unternehmen an den steuerlichen Interessen ihrer Aktionäre orientiert haben. Im Falle einer Verschiebung der eigentlich für 1988 und 1989 vorgesehenen Dividendenzahlungen in das Jahr 1990 profitierten allein die Aktionäre von den ab 1990 geltenden geringeren Steuersätzen. Für das ausschüttende Unternehmen entstand direkt kein Vorteil, da die Ausschüttungsbelastung unverändert geblieben ist. Eine dauerhafte Änderung der Dividendenpolitik war nicht zu erwarten, da bei gleichbleibender Bardividende beide Seiten ab 1990 von den Steuersenkungen profitierten. Die Dividende 1990 sollte bei aktionärsfreundlichem Verhalten zumindest deutlich über der Dividende 1989 gelegen haben. Damit sollte auch die Zahl der Dividendenerhöhungen merklich angestiegen sein.

Auch die Dividende, die im Jahr 1994 ausgezahlt wurde, hätte allein aus Steuergründen ihre Vorgängerinnen deutlich übertreffen sollen. Dafür lassen sich mehrere Ursachen aufzeigen. Die Senkung der Ausschüttungsbelastung auf 30% ließ die Bardividende bei gleichbleibender Bruttodividende um 9,375% ansteigen. Eine Konzentration der Ausschüttungen auf das Jahr 1994 an Stelle von 1993 führte zu einer Verringerung der Steuerlast. Kapitalgesellschaften mit einer Schachtelbeteiligung hatten im Jahr

1994 die einmalige Gelegenheit, durch eine Schütt-aus-hol-zurück Aktion unmittelbar ihre entsprechende Steuerzahlung um 10% zu reduzieren. Daneben gab es Unternehmen, die aufgrund ihrer speziellen Bestände an verwendbarem Eigenkapital hohe Ausschüttungen im Jahre 1994 vornehmen konnten. Einige werden die letztmalige Gelegenheit, aus dem EK56 auszuschütten, genutzt haben. Andere konnten erstmalig ohne steuerliche Nachteile aus dem EK01 ausschütten.

C. Überprüfung der Auswirkungen von Steueränderungen anhand der Dividendenänderungen

Für den hier betrachteten Zeitraum liegen Auswertungen über die Veränderungen der Dividendensätze börsennotierter Unternehmen vor, die Hansen regelmäßig jedes Jahr im AG-Report veröffentlicht hat. In seine Erhebungen einbezogen sind die börsennotierten Unternehmen, die bis Mitte des Folgejahres die Dividende für das Geschäftsjahr bekannt gegeben haben und für die eine Vorjahresdividende vorliegt.[338] Erfaßt werden die Bardividenden pro Aktie ohne Steuergutschrift. Nach dem Vergleich der Bardividende eines Unternehmens mit der entsprechenden Vorjahresdividende läßt sich das Unternehmen einer der Kategorien Dividendenerhöhung, Dividendenkürzung oder unveränderte Dividende zuordnen. Für jede Kategorie weist Hansen zusätzlich noch jeweils einen Spezialfall aus: Wiederaufnahme der Dividende, Ausfall der Dividende und unverändert ohne Dividende. Die Ergebnisse für die Geschäftsjahre[339] 1976 bis 1996 zeigen die Tabellen im Anhang I und II.

Die aus der Tabelle im Anhang II entwickelte Abbildung 2.1 gibt einen Überblick über die Entwicklung der drei grundsätzlichen Kategorien im Zeitablauf. Aufgrund der im vorangegangenen Abschnitt herausgearbeiteten Auswirkungen der Steuergesetzänderungen auf die Gewinnverwendung sind besonders die Geschäftsjahre 1977, 1989 und 1993 interessant. Hier zeigt die Abbildung 2.1 bereits für alle drei Jahre auffällig abweichende Verteilungen der Unternehmen auf die drei Kategorien.

338 Hansen (1997), S. R376.

339 Zu beachten ist hierbei, daß die Daten das jeweilige Geschäftsjahr betreffen, die Tabellen des vorangehenden Abschnitts jedoch meistens auf das dem Geschäftsjahr folgende Jahr der Ausschüttung abstellen.

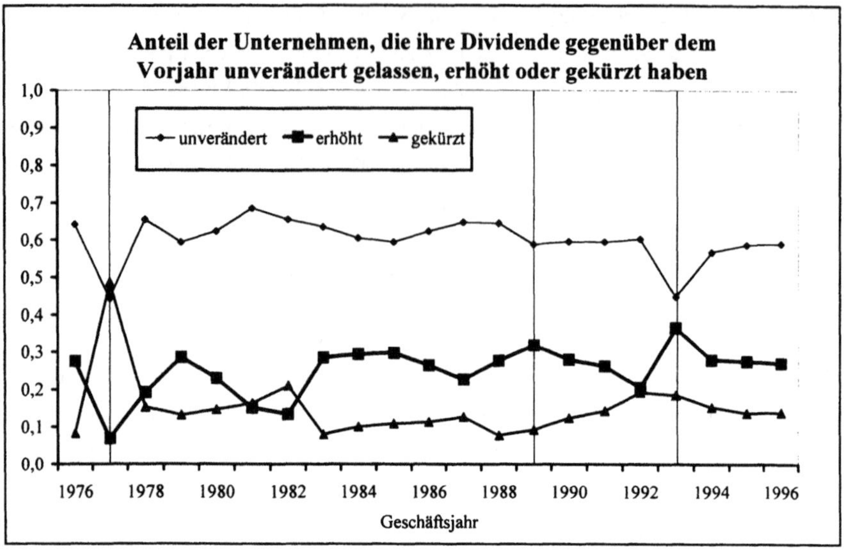

Abbildung 2.1 Anteil der Unternehmen, die ihre Dividende gegenüber dem Vorjahr unverändert gelassen, erhöht oder gekürzt haben

Quelle: Eigene Darstellung aus den Daten der Tabelle Anhang II

Selbst die hier nicht mehr weiter untersuchte Steueränderung 1984 hat entgegen der Vermutung offenbar doch einen Einfluß auf die Dividendenänderungen für das Geschäftsjahr 1983 gehabt. Der Anteil der Unternehmen, die die Dividende für 1983 erhöht haben, hat sich gegenüber 1982 mehr als verdoppelt. Der Anteil der Unternehmen, die die Dividende für 1983 gesenkt haben, ist hingegen auf ein Drittel geschrumpft. Allerdings kann zumindest ein Teil dieser Abweichungen auch auf die ungewöhnlich geringe Zahl der für 1982 einbezogenen Unternehmen zurückzuführen sein.

Die folgenden Abschnitte untersuchen anhand der Dividendenpolitik der Unternehmen für die Geschäftsjahre 1977, 1989 und 1993, inwieweit die Unternehmen bei wesentlichen Steueränderungen die Interessen der Aktionäre berücksichtigt haben.

1. Dividendenänderungen für das Geschäftsjahr 1977

Für das Geschäftsjahr 1977 zeigt Abbildung 2.1 die größten Abweichungen für alle drei Kategorien. Nur ganz wenige Unternehmen haben für dieses Jahr ihre Dividenden erhöht (7%). In den anderen Jahren waren es hingegen durchschnittlich 25,9 %. Ebenfalls stark unterdurchschnittlich ist die Zahl der Unternehmen, die ihre Dividende unverändert gelassen haben. Statt der durchschnittlich 60,9% für die anderen Jahre waren es für 1977 lediglich 44,3%. Für die zur Anrechnung der Körperschaftsteuer berechtigten Aktionäre dieser Unternehmen bedeutete eine unveränderte Dividende eine Erhöhung ihrer Nettodividende um bis zu 56,25% aufgrund des Anrechnungsguthabens. Um die Bardividende konstant halten zu können, mußten die Unternehmen die Ausschüttungsquote c.p. um 17,9% erhöhen. Da auf die thesaurierten Beträge für 1977 ein höherer Körperschaftsteuertarif Anwendung fand, ging die Nettothesaurierung bei diesen Unternehmen 1977 sehr stark zurück.

Obwohl formal eine unveränderte Dividendenzahlung vorlag, muß man finanzwirtschaftlich in diesen Fällen von einer Dividendenerhöhung ausgehen. Allerdings sind aus diesem Anteil noch die Unternehmen heraus zu filtern, die als unverändert dividendenlos in den 44,3% enthalten sind. Leider macht Hansen ausgerechnet für 1977 dazu keine Angaben. Man kann jedoch davon ausgehen, daß ähnlich wie in den Nachbarjahren der Anteil zwischen 16% und 17% gelegen hat. Somit erhöhten etwa 28% der Unternehmen die Nettodividenden, indem sie die gleiche Bardividende zahlten wie im Vorjahr. Das legt die Vermutung nahe, daß ein Teil dieser Unternehmen ungeachtet der steuerlichen Konsequenzen an ihrer Politik der konstanten Bardividende festgehalten hat. Zählt man noch die 7% dazu, die sogar die Bardividende für 1977 erhöhten, so ergibt sich ein unerwartet hoher Anteil von 35% der Unternehmen, die mehr an ihre Aktionäre ausgeschüttet haben als im Jahr zuvor.

Erwartungsgemäß sehr hoch fiel die Zahl der Dividendenkürzungen für 1977 aus. 48,7% der Unternehmen kürzten ihre Dividenden. Im Durchschnitt der anderen Jahre waren es lediglich 13,3%. Inwieweit aus diesen Kürzungen für den Aktionär letztlich eine geringere Nettodividende resultierte, oder ob er womöglich trotzdem eine höhere Nettodividende erhalten hat, ist abhängig von der Höhe der Kürzung. Erst Kürzungen um mehr als 36% der Bardividende für 1976 führten tatsächlich zu geringeren Nettodividenden.

Diese Auswertung der Erhebung zeigt, daß viele Unternehmen ihre Ausschüttungspolitik den geänderten steuerlichen Rahmenbedingungen angepaßt haben. Ein geringerer Teil der Unternehmen hat offenbar ungeachtet des steuerlichen Einflusses an seiner Dividendenpolitik, eine konstante Bardividende zu zahlen, festgehalten und damit c.p. einen wesentlich geringeren Thesaurierungsbetrag in Kauf genommen.

2. Dividendenänderungen für das Geschäftsjahr 1989

Weniger spektakulär fielen die Änderungen für das Geschäftsjahr 1989 aus. Wie erwartet stieg die Zahl der Dividendenerhöhungen an und erreichte sogar den zweithöchsten Prozentsatz innerhalb des untersuchten Zeitraums. Die Ursache dafür ist jedoch in erster Linie nicht auf die Senkung der Steuersätze zurückzuführen. Steuerlich sinnvoll wäre eine Verschiebung der Ausschüttungen für die 1988 erzielten Gewinne ins Jahr 1990 gewesen. Die Dividendenerhöhungen für 1989 würden ein derartiges aktionärsfreundliches Verhalten der Unternehmen bestätigen.

Jedoch zeigt ein Blick auf die Dividendenänderungen für 1988, daß Verschiebungen in größerem Umfang nicht stattgefunden haben können. Voraussetzung dafür wäre gewesen, daß die Zahl der Kürzungen für 1988 drastisch zugenommen und die der Erhöhungen abgenommen hätte. In beiden Kategorien ist jedoch genau das gegenteilige Verhalten erkennbar. Der Anteil der Unternehmen mit Dividendenkürzungen war sogar auf einen Tiefpunkt gesunken. Die meisten Unternehmen haben hier die Möglichkeit nicht genutzt, ihren Aktionären durch eine gezielte Dividendenpolitik Steuerersparnisse zu verschaffen und die Gesamtsteuerzahlungen für Unternehmen und Aktionäre zu verringern.

3. Dividendenänderungen für das Geschäftsjahr 1993

Die Dividenden, die für das Geschäftsjahr 1993 im Jahre 1994 gezahlt wurden, sollten aus den genannten steuerlichen Gründen über den Vorjahresdividenden liegen. Auf den ersten Blick könnte man meinen, die Ergebnisse in Abbildung 2.1 bestätigen die Erwartungen. Der Anteil der Unternehmen mit einer Dividendenerhöhung erreichte mit 34,3% ein Maximum. Bei einem nahezu konstanten Anteil von Dividendenkürzungen ging die Steigerung zu Lasten der Kategorie unveränderte Dividende.

Zieht man von den 44,9% der Unternehmen, deren Dividenden konstant geblieben ist, die 21,3% der Unternehmen ab, die unverändert keine Dividenden gezahlt haben, dann verbleiben immer noch 23,6%, die ihre Bardividenden trotzdem konstant gehalten haben. Zusammen mit den Unternehmen, die für 1993 ihre Dividende gekürzt haben, muteten 42,2% der Unternehmen den Privatanlegern eine um mindestens 8,6% geringere Nettodividende zu. Bezogen auf lediglich die Unternehmen, die für 1992 eine Dividende gezahlt hatten, erhöhte sich dieser Prozentsatz auf 55,2%. Über die Hälfte der Unternehmen, die eine Dividende gezahlt haben, hat demnach de facto eine Dividendenkürzung vorgenommen, die jedoch durch die Senkung des Steuersatzes für Ausschüttungen überwiegend als Dividendenkonstanz deklariert werden konnte.

Neben der bisher herangezogenen Erhebung von Hansen liegt für 1993 eine ähnlich konzipierte Erhebung von Wadewitz vor.[340] Sie erfaßt alle börsennotierten Unternehmen, deren Grundkapital 50 Millionen DM übersteigt, und alle Börsenneulinge ab 1991 für 1992 und 1993. Sie unterteilt die Aufstellung in Erhöhungen, Aufnahmen, höhere Ausschüttungen ohne Erhöhung der Dividende, unveränderte Dividenden, Kürzungen und Ausfälle. Angegeben sind die Bardividenden mit etwaigen Boni und Sonderausschüttungen und die Ausschüttungssummen. Dabei werden Sonderausschüttungen des Vorjahres für Eingruppierungszwecke nicht berücksichtigt.

Tabelle 2.22 Vergleich der Dividendenänderungen bei Hansen und Wadewitz für 1993

	Hansen Anzahl	Hansen Prozent	Wadewitz Anzahl	Wadewitz Prozent
Gesamtzahl d. einbez. Unternehmen	624	100,00%	215	100,00%
Dividende gesenkt	79	12,7%	26	12,09%
Dividende unverändert	147	23,6%	28	13,02%
Höhere Ausschüttung ohne Dividendenerhöhung[341]			11	5,11%
Dividende erhöht	214	34,3%	101	46,98%
Dividendenaufnahme	14	2,2%	5	2,33%
Ohne Dividende	170	27,2%	44	20,47%

Quelle: Hansen (1994), Wadewitz (1994)

Der Vergleich der Ergebnisse für beide Erhebungen in Tabelle 2.22 zeigt, daß der Anteil der Unternehmen mit einer Dividendenerhöhung bei den von Wadewitz einbezogenen Unternehmen sogar noch wesentlich höher (47%) liegt. Das dürfte auf den Ausschluß kleinerer Unternehmen bei Wadewitz zurückzuführen sein.

---

340 Wadewitz (1994), S. 6.

341 Die Unternehmen, deren Ausschüttungssummen sich erhöht haben, ohne daß die Bardividende angestiegen ist, sind bei Hansen in der Kategorie „unveränderte Dividende" enthalten.

Die Steueränderungen führten in diesem Jahr zu einer Minderung der Ausschüttungsbelastung und damit c.p. auch des Anrechnungsguthabens. Die gleiche Bruttodividende wie im Vorjahr führte c.p. zu einer um 9,375% höheren Bardividende bei gleichbleibender Thesaurierung. Jedes Unternehmen, das 1993 keinen Gewinneinbruch gegenüber 1992 hinnehmen mußte, hätte also problemlos eine um 9,375% höhere Bardividende ausschütten können und damit dem Privatanleger eine unveränderte Nettodividende ermöglicht. Die körperschaftsteuerpflichtigen Anleger hätten dann sogar höhere Nettodividenden aufgrund der Tarifsenkung erzielt.

Genauere Aussagen lassen sich jedoch nur treffen, wenn der Umfang der einzelnen Dividendenerhöhungen und die Änderungen des Gewinns einbezogen werden. Deshalb soll im folgenden näher untersucht werden, wie sich die Gewinne und Dividendenzahlungen der Unternehmen, die ihre Dividende erhöht haben, in den beiden Jahren entwickelt haben.

Im folgenden werden die einzelnen Unternehmen der Kategorie Dividendenerhöhung[342], deren Daten in den Tabellen im Anhang III zusammengestellt worden sind, hinsichtlich ihrer Dividendenpolitik näher untersucht. Aufgeführt sind die Unternehmen, die ihre Bardividende gegenüber dem Vorjahr erhöht haben. Für die Unternehmen, die bei Stamm- und Vorzugsaktien eine Erhöhung vorgenommen haben, sind lediglich die Dividenden pro Stammaktie aufgeführt.

I. Die Dividendenänderungen für 1993 unter Berücksichtigung der Verringerung der Ausschüttungsbelastung

Bei einer gegenüber dem Vorjahr unveränderten Bruttodividende erhöhte sich die 1994 gezahlte Bardividende um 9,375%, da die Körperschaftsteuerbelastung für 1994 ausgeschüttete Gewinne von 36% auf 30% gesenkt wurde. Die erhobenen Dividendenänderungen beziehen sich jedoch nicht auf die Bruttodividenden sondern auf die Bardividenden. Deshalb werden Unternehmen, die im Jahr 1994 die Bruttodividende und damit ihre Gewinnausschüttung konstant gehalten haben, dennoch in der Kategorie „Dividendenerhöhung“ erfaßt. Eine Dividendenerhöhung im eigentlichen Sinne liegt aber in diesem Jahr nur vor, wenn die Bruttodividende angestiegen ist.

[342] Die Unternehmen sind der Aufstellung von Wadewitz (1994) entnommen.

Um Aussagen über die Dividendenpolitik der Unternehmen für 1993 machen zu können, sollten die Veränderungen der Bruttodividenden herangezogen werden. Es war jedoch schwierig, die Bruttodividende in diesem Jahr exakt konstant zu halten, da der Fokus auf den Bardividenden lag und sie in der Regel nur in 0,50 DM Schritten verändert wurden. Die notwendige Erhöhung der Bardividende um genau 9,375% war deshalb kaum[343] möglich. Die Unternehmen mußten sich in den Fällen entscheiden, die Bardividende entweder auf- oder abzurunden. Das führte dann zwangsläufig zu geringfügig höheren bzw. geringeren Bruttodividenden. Änderungen der Bruttodividende um bis zu 5%[344] werden deshalb hier als Ausdruck dieser Rundungen interpretiert und nicht bereits als Änderung der Bruttodividende klassifiziert.

Dementsprechend lassen sich die Unternehmen, deren 1994 gezahlte Bardividende höher ausfiel als im Jahr zuvor, weiter unterteilen in die Unternehmen, bei denen damit auch eine Erhöhung der Bruttodividende verbunden gewesen ist, und die Unternehmen, die die Bruttodividende in etwa unverändert gelassen haben.

In Abbildung 2.2 wird deutlich, daß die Mehrzahl der Erhöhungen der Bardividenden lediglich in etwa den Steuereffekt ausgleichen sollte. Nur 38 und damit 17,67% der 215 von Wadewitz erfaßten Unternehmen nahmen eine wirkliche (Brutto-) Dividendenerhöhung vor. Die anderen 63 Unternehmen (29,30%) haben ihre Bruttodividende weitgehend konstant gehalten. Hinzu kommen noch die fünf Unternehmen (2,33%), die für 1993 die Dividendenzahlung wieder aufgenommen haben. Die Tabelle 2.23 stellt die Prozentzahlen für die Änderung der Bardividende denen für die Änderung der Bruttodividende für 1993 gegenüber. Zum Vergleich der Größenordnung sind die Durchschnittswerte für die Änderung der Bardividende aus den Erhebungen von Hansen[345] berechnet worden.

---

343 Nur vier der 101 Unternehmen haben exakt erhöht.

344 Die Abgrenzung erfolgt nicht ganz genau, ist aber im Ergebnis dann doch richtig. Zwei Unternehmen (Nestle Dtl. und Rheinhyp), die unter der 5% Grenze liegen, hätten auch 0,50 DM weniger zahlen können. Zwei andere (WCM und Nordhypo) hingegen mußten um über 5% erhöhen, um bei ihren Aktionären keinen Rückgang der Nettodividende zu verursachen.

345 Der Rückgriff auf Hansen bietet sich hier an, da die Erhebungen von Wadewitz nicht sehr weit zurückreichen.

Tabelle 2.23 Vergleich der verschiedenen Dividendenänderungen für das Geschäftsjahr 1993

Dividendenänderung für 1993	Wadewitz Bardividende	Wadewitz Bruttodividende	Hansen[346] Durchschnitt
erhöht	49,30%	20,00%	25,17%
konstant	30,70%	41,86%	61,58%
gesenkt	20,00%	38,14%	13,32%

Quelle: Eigene Berechnungen auf der Grundlage der Daten von Wadewitz (1994) und Hansen (1994)

Der Anteil der Unternehmen, die ihre Bruttodividenden erhöht haben, liegt mit 20% deutlich unter dem Durchschnittswert, der für die hier untersuchten großen Unternehmen sogar noch höher als 25,17% sein sollte. Die für die erhöhten Bardividenden ausgewiesenen 49,30% führten in dem Jahr somit zu einer falschen, völlig entgegengesetzten Aussage über das Ausschüttungsverhalten der Unternehmen. Drei Fünftel dieser Unternehmen haben statt einer wirklichen Dividendenerhöhung lediglich die Bruttodividende konstant gehalten.

Der Anteil der Unternehmen mit unveränderter Bruttodividende liegt deutlich unter dem Durchschnittswert, der für große Unternehmen allerdings etwas unter dem Durchschnittswert von Hansen liegen sollte.[347] In diese Kategorie fallen auch alle Unternehmen, die nach wie vor keine Dividende zahlten. Sie werden in aller Regel gar nicht in der Lage gewesen sein, die steuerlichen Vorteile aufgrund der Steueränderungen ausnutzen zu können. Läßt man die Unternehmen, die für 1992 keine Dividende gezahlt haben, deshalb hier unberücksichtigt, dann haben lediglich 34,43% der Unternehmen für 1993 eine konstante Bruttodividende gezahlt.

Eine Beibehaltung der Bardividende für 1993 war gleichbedeutend mit einer Kürzung der Bruttodividende. Dementsprechend hoch ist die Zahl der Unternehmen, die für 1993 eine geringere Bruttodividende ausgeschüttet haben. Die 38,14% setzen sich zusammen aus den 18,14% der Unternehmen, die die Bardividende konstant gelassen haben, und den 20%, die auch schon die Bardividende kürzen mußten. Der Anteil ist damit fast dreimal so hoch wie der Anteil der Dividendenkürzungen im Durchschnitt.

346 Der Durchschnitt bezieht sich auf die Jahre 1978 bis 1996 ohne das zu vergleichende Jahr 1993.

347 Für 1993 weist Hansen mehr Unternehmen ohne Dividenden und mit unveränderter Dividende aus als Wadewitz, bei der dafür der Anteil der Unternehmen mit erhöhter Dividende deutlich größer ist. Man kann davon ausgehen, daß entsprechendes auch für die Durchschnittswerte gilt.

Dieser Anteil steigt sogar noch auf 44,81%, wenn man auch hier die Unternehmen unberücksichtigt läßt, die für 1992 keine Dividende gezahlt haben.

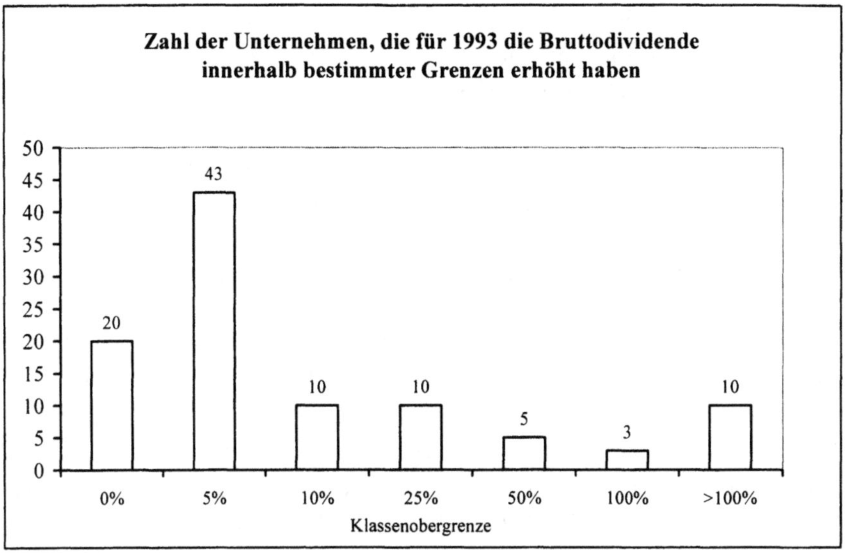

Abbildung 2.2 Zahl der Unternehmen, die für 1993 die Bruttodividende innerhalb bestimmter Grenzen erhöht haben

Quelle: Eigene Berechnung, Daten von Wadewitz (1994) und Saling Aktienführer (1994 und 1995)

Abbildung 2.2 erfaßt die 101 Unternehmen, die für 1993 ihre Bardividende erhöht haben und klassifiziert sie entsprechend der prozentualen Änderung der Bruttodividende. Von den 63 Unternehmen, die offenbar ihre Bruttodividende konstant halten wollten, haben zwei Drittel (43) bei Festlegung der Bardividende aufgerundet, so daß sich eine Steigerung der Bruttodividende zwischen 0% und 5% ergab. Von den verbleibenden 38 Unternehmen, die für 1993 die Bruttodividende deutlich (>5%) erhöht haben, hat ein Drittel (13) in großem Umfang die vorhandenen Steuervorteile durch Steigerungen der Bruttodividende um mehr als 80% genutzt. Die hohen zusätzlichen Ausschüttungen erfolgten in der Regel in Form von Sonderdividenden oder Boni. Insgesamt wählten 20 der 38 Unternehmen diese Form der Ausschüttung.

Zusammenfassend lassen sich folgende Aussagen über die Dividendenpolitik der Unternehmen für 1993 ableiten. Nahezu jedes zweite Unternehmen hat die für 1992 ausgeschüttete Bruttodividende für 1993 nicht aufrecht erhalten. Viele Unternehmen haben die Steueränderungen genutzt, die Bruttoausschüttungen und damit auch die Nettodividenden der Privatanleger zu kürzen, ohne dieses Verhalten nach außen direkt sichtbar machen zu müssen, indem sie die veröffentlichte Bardividende konstant gehalten haben. Die Zahlen legen nahe, daß außerdem ein Teil der Unternehmen sonst fällig gewesene Dividendenerhöhungen nur in Form einer Erhöhung der Bardividende, nicht aber der Bruttodividende vorgenommen hat. Die Interpretationen gehen allerdings davon aus, daß sich die Gewinne der Unternehmen im Vergleich zu 1992 nicht wesentlich verringert haben. Ob das auch zutrifft, soll im folgenden Abschnitt anhand der Änderungen der Ausschüttungsquoten untersucht werden.

II. Die Veränderung der Ausschüttungsquoten für 1993 im Vergleich zu 1992

Die Unternehmen, die für 1993 ihre Bardividende erhöht haben, werden jetzt hinsichtlich ihres Ausschüttungsverhaltens näher untersucht. Zunächst ist noch zu klären, welche Variablen sich dafür eignen. Wie in den vorangegangenen Abschnitten dargestellt, lassen sich hier nur aus der Bruttodividende eindeutige Aussagen ableiten. Dabei muß auf die Bruttodividendensumme abgestellt werden, denn nur so können die Auswirkungen der bei einigen Unternehmen zwischenzeitlich erfolgten Kapitalerhöhung auch auf der Ausschüttungsebene erfaßt werden. Auf der Gewinnebene sind die Auswirkungen der Kapitalerhöhungen bereits in den Jahresüberschüssen enthalten. Die Höhe des veröffentlichten Jahresüberschusses nach Steuern (Jü) ist direkt abhängig vom Ausschüttungsverhalten und eignet sich deshalb nicht zur Beurteilung des Ausschüttungspotentials. Er ist deshalb um die von der Gewinnverwendung abhängigen Körperschaftsteuer zu erhöhen. Die zu ermittelnde Ausschüttungsquote ergibt sich demnach aus dem Verhältnis der Bruttodividendensumme zum Jahresüberschuß vor Körperschaftsteuer ($Jü_{vst}$). Dieser Jahresüberschuß wird jedoch nicht veröffentlicht und muß deshalb aus dem Jahresüberschuß nach Steuern und der Bardividende errechnet werden.[348]

---

[348] Haegert und Lehleiter (1985) wählen für ihre Untersuchung den gleichen Weg. Sie bezeichnen den Jahresüberschuß vor Steuern als Bruttogewinn. Haegert und Lehleiter (1985), S. 914.

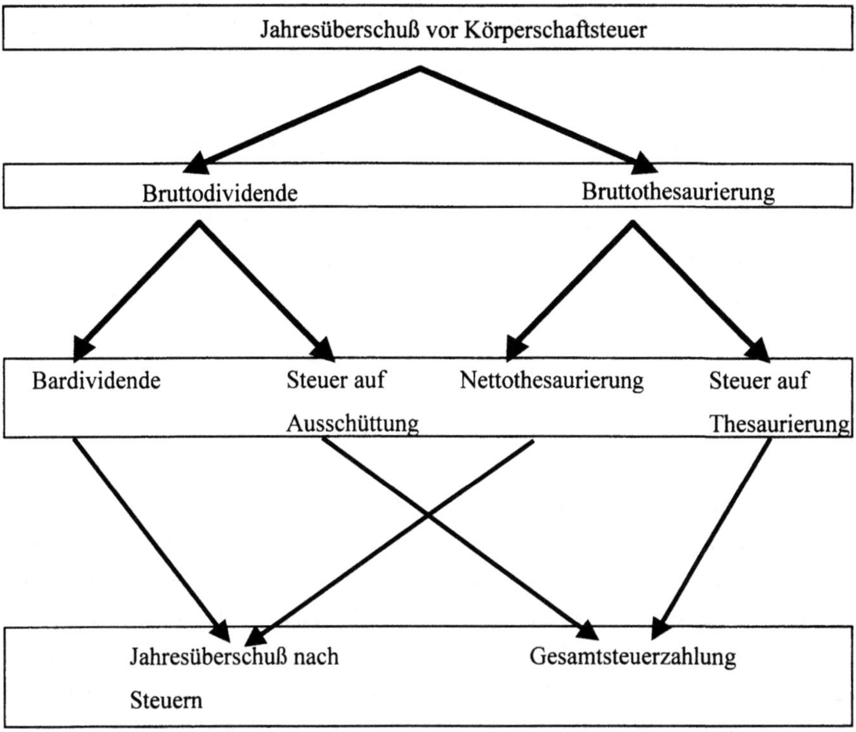

Abbildung 2.3 Vom Jahresüberschuß vor Körperschaftsteuer zum Jahresüberschuß nach Steuern

Quelle: Eigene Darstellung

Der Jahresüberschuß vor Körperschaftsteuer ($Jü_{vst}$) läßt sich aufteilen in Bruttothesaurierung und Bruttodividende. Jeder dieser Bruttobeträge setzt sich aus dem Nettobetrag und der zugehörigen Steuerzahlung zusammen.[349] Nettothesaurierung und Bardividende (Bd) ergeben zusammen den Jahresüberschuß nach Steuern (Jü).

Addiert man zum Jahresüberschuß nach Steuern (Jü) die Steuerzahlungen, die auf den ausgeschütteten [$Bd \times s_a/(1-s_a)$] und auf den thesaurierten Betrag [$(Jü-Bd) \times s_k/(1-s_k)$]

[349] An dieser Stelle sei nochmals auf die hier gemachte Annahme hingewiesen, daß der Jahresüberschuß vor Körperschaftsteuer dem zu versteuernden Einkommen entspricht. Erst dadurch ist diese Rückrechnung möglich.

entfallen, hinzu, dann erhält man den Jahresüberschuß vor Körperschaftsteuer ($Jü_{vst}$).[350]

$$(2.10) \qquad Jü_{vst} = Jü + Bd \times s_a/(1-s_a) + (Jü-Bd) \times s_k/(1-s_k)$$

Für 1992 betrug der Steuersatz für ausgeschüttete Gewinne (s_a) 36 % und für thesaurierte Gewinne (s_k) 50%. Für die 1993 erzielten Jahresüberschüsse, die erst 1994 ausgeschüttet wurden, sank s_a auf 30 %. Daraus ergeben sich folgende Gleichungen:

$$(2.11) \qquad 1992: Jü_{vst} = 2 \times Jü - 0{,}43750 \times Bd$$

$$(2.12) \qquad 1993: Jü_{vst} = 2 \times Jü - 0{,}57143 \times Bd$$

Diese Gleichungen gelten jedoch nur für den Fall, daß die Ausschüttung aus dem verwendbaren EK50 bestritten wurde. War in den Unternehmen noch EK56 vorhanden, so erfolgte die Ausschüttung zuerst daraus. Das führte zu einer höheren Steuerminderung durch die Ausschüttung und damit c.p. zu einer höheren Nettothesaurierung und folglich zu einem höheren Jahresüberschuß nach Steuern. In der Gleichung sind in dem Fall deshalb zwei Korrekturen vorzunehmen. Zum einen ist die Erhöhung der Steuerminderung (6/64 x Bardividende für 1992 und 6/70 x Bardividende für 1993) abzuziehen. Zum anderen muß der gleiche Betrag die jetzt höhere Steuerbemessungsgrundlage für s_k wieder verringern.

EK56:

$$(2.13) \quad 1992: Jü_{vst} = Jü + Bd \times s_a/(1-s_a) + (Jü-Bd-6/64 \times Bd) \times s_k/(1-s_k) - Bd \times 6/64$$

$$(2.14) \qquad Jü_{vst} = 2Jü - 0{,}625 \times Bd$$

$$(2.15) \quad 1993: Jü_{vst} = Jü + Bd \times s_a/(1-s_a) + (Jü-Bd-6/70 \times Bd) \times s_k/(1-s_k) - Bd \times 6/70$$

$$(2.16) \qquad Jü_{vst} = 2Jü - 0{,}74286 \times Bd$$

Aus den Gleichungen 2.14 und 2.16 ist ersichtlich, daß für einen gegebenen Jahresüberschuß vor Körperschaftsteuer der Jahresüberschuß nach Steuern um so größer ist,

[350] Eine Übersicht über die Zusammenhänge zwischen den verschiedenen Variablen enthält die Tabelle im Anhang VI.

je höher die Bardividende ausfällt.[351] Die Festsetzung der Bardividende kann demnach auch als Instrument der Gewinnausweispolitik eingesetzt werden, da im allgemeinen nur der Jahresüberschuß nach Steuern veröffentlicht wird. Besonders wirkungsvoll kann dieses Instrument sein, wenn die Ausschüttung aus verwendbarem Eigenkapital erfolgt, auf das höhere Steuern gezahlt wurden, als derzeit angefallen wären, z.B. aus dem EK56 bei einer aktuellen Tarifbelastung von 50% oder 45%. In den Fällen ist es unter bestimmten Voraussetzungen sogar möglich, aus einem negativen Ergebnis vor Steuern einen positiven Jahresüberschuß nach Steuern auszuweisen, wenn die Dividende hoch genug ausfällt. Durch eine solche Aktivierung von Steuerreserven läßt sich gegebenenfalls auch ein ansonsten auszuweisender Gewinnrückgang abwenden.

Als Beispiel für die möglichen Auswirkungen der erhöhten Steuerminderung dient die Carl Schenck AG. Sie weist für das Geschäftsjahr, das 1993 endet, einen Jahresüberschuß nach Steuern von 7,63 Millionen DM aus und zahlt dafür 1994 eine Bardividende von insgesamt 23,696 Millionen DM aus. Nicht bekannt ist, aus welcher Ek-Gruppe die Auszahlung erfolgt ist. Mit Hilfe o.a. Gleichungen läßt sich der Jahresüberschuß vor Körperschaftsteuer bei einer angenommenen Ausschüttung aus EK50 oder EK56 errechnen:

$$\text{EK50: } Jü_{vst} = 2Jü - 0{,}57143 \times Bd = 1{,}72 \text{ Millionen DM} \tag{2.17}$$

$$\text{EK56: } Jü_{vst} = 2Jü - 0{,}74286 \times Bd = -\,2{,}343 \text{ Millionen DM} \tag{2.18}$$

Falls die Carl Schenck AG die Ausschüttung vollständig aus dem EK56 hätte vornehmen können, hätte sie durch die sehr hohe Bardividende aus dem negativen Jahresüberschuß vor Körperschaftsteuer einen letztlich doch noch positiven Jahresüberschuß nach Steuern erzeugt.

Wie hoch der Jahresüberschuß vor Körperschaftsteuer tatsächlich gewesen ist, läßt sich für Außenstehende in der Regel nicht ermitteln, da die Bestände des verwendbaren Eigenkapitals nicht veröffentlicht werden. Der Jahresüberschuß lag bei der Carl Schenck AG gerade in diesem Jahr zwischen den beiden errechneten Werten, da aus

---

[351] Die Abhängigkeit des Jahresüberschusses nach Steuern von der Bardividende drücken die folgenden Gleichungen aus: $Jü = Jü_{vst}/2 + 0{,}37143 \times Bd$ (EK56) bzw. $= Jü_{vst}/2 + 0{,}285715 \times Bd$ (EK50).

beiden EK-Gruppen ausgeschüttet wurde.[352] Von dem Jahresüberschuß nach Steuern in Höhe von 7,63 Mio. DM stammten 7,55 Mio. DM aus ausschüttungsbedingten Körperschaftsteuergutschriften.[353]

Die Carl Schenck AG hat somit ihre Dividendenpolitik für 1993 so gestaltet, wie man das für alle sich am Shareholder Value orientierenden Unternehmen hätte erwarten dürfen, sofern die Voraussetzungen dafür vorlagen. Es war der beste Zeitpunkt, die im EK56 und EK50 gebundenen Steuererstattungen durch die Anwendung des Sahz-Verfahrens zu realisieren.[354] Die folgende Auswertung soll Aufschluß darüber geben, inwieweit auch andere Unternehmen ihre Dividendenpolitik den steuerlichen Gegebenheiten angepaßt haben.

Die Änderung des Jahresüberschusses vor Körperschaftsteuer ist für gegebene Jahresüberschüsse nach Steuern am größten, wenn die Ausschüttung für 1992 noch aus dem EK56 und für 1993 dann aus dem EK50 erfolgt ist. Am geringsten ist sie im allgemeinen[355], wenn in beiden Jahren noch ausreichend EK56 vorhanden gewesen ist. Dieser Fall wird für die weitere Datenauswertung vorausgesetzt. Die Unterschiede in den Ergebnissen sind vor allem bei Unternehmen mit Sonder- oder Bonusausschüttungen sehr groß. Bei den Unternehmen mit konstanter Bruttodividende hingegen beeinflußt die Frage nach der Art des verwendeten Eigenkapitals die Ergebnisse nicht entscheidend.

Die Gruppe der Unternehmen, die ihre Bardividende für 1993 erhöht haben, wird noch einmal unterteilt. Die Unternehmen, die dabei ihre Bruttodividende nahezu konstant gelassen haben, sind anders zu beurteilen als die 34 Unternehmen, die ihre Bruttodivi-

---

352 In Ausnahmefällen kann die Ausschüttung auch aus anderen EK-Gruppen erfolgen, insbesondere dann, wenn der Großteil des Jahresüberschusses aus ausländischen Erträgen stammt und hohe Ausschüttungsquoten vorliegen.

353 Carl Schenck AG (1993),Geschäftsbericht 1992/1993.

354 Der mögliche Einwand, das Sahz-Verfahren sei für börsennotierte Aktiengesellschaften nicht geeignet, da die damit verbundene Kapitalerhöhung nicht mit Sicherheit erfolgreich durchgeführt werden könne, sollte hier keine Rolle spielen. Nahezu alle Unternehmen besitzen Großaktionäre, in deren Interesse das Verfahren zumindest in diesem Jahr war. Vorsorglich hat z.B. die Carl Schenck AG dennoch zuvor die Zusicherung ihres Hauptaktionärs eingeholt, an der Kapitalerhöhung teilzunehmen.

355 Wenn das Verhältnis Bardividende für 1993 zu Jahresüberschuß 1993 größer ist als das entsprechende Verhältnis für 1992, dann liegen positive Werte für die Änderung des Jahresüberschusses bei Ausschüttungen aus dem EK56 leicht über denen aus dem EK50. Das gilt nicht bei Sonderzahlungen.

dende deutlich, d.h. hier um mehr als 7%, erhöht haben. Die Tabelle im Anhang IV faßt die Unternehmen zusammen, deren Bardividende höher ausgefallen ist, als notwendig gewesen wäre, um die Bruttodividende in etwa konstant zu halten.

Für diese Erhöhung wählten die meisten Unternehmen (20 von 34) eine zusätzliche Bonus- oder Sonderzahlung. Auffällig ist dabei, daß drei Viertel dieser 20 Unternehmen ihre Ausschüttungsquote zum Teil sehr kräftig anheben mußten, um die enorme Steigerung der Bruttodividendensumme leisten zu können. Bei zwölf dieser Unternehmen lag die Ausschüttungsquote über 100%. Das führte bei acht Unternehmen zu einer Erhöhung der Ausschüttungsquote gegenüber 1992 um mehr als 100%. Hinzu kommen drei weitere Unternehmen, die zwar keinen Bonus gezahlt haben, aber doch ihre Ausschüttungsquoten sehr stark angehoben haben, um eine deutlich Steigerung der Bruttodividende vornehmen zu können. Bei diesen insgesamt elf Unternehmen kann man davon ausgehen, daß die Ausschüttungsentscheidungen steuerlich bedingt und nicht Ausdruck gestiegener Gewinne waren. Die Gründe für diese ungewöhnlich hohen Dividendenzahlungen für 1993 können in dem zu dem Zeitpunkt für bestimmte Anleger besonders günstigen Sahz-Verfahren und der letztmaligen Gelegenheit liegen, aus dem EK56 auszuschütten. So haben neun von den elf Unternehmen mit der höchsten Bruttodividendenänderung anschließend eine Kapitalerhöhung durchgeführt.[356]

Auf der anderen Seite haben vier Unternehmen ihre bereits hohen Ausschüttungsquoten konstant gelassen. Die Erhöhung der Bruttodividende korrespondierte hier mit einem entsprechenden Anstieg der Jahresüberschüsse vor Steuern. Weitere elf Unternehmen haben ihre Ausschüttungsquoten sogar gesenkt und dennoch eine zum Teil kräftige Erhöhung der Bruttodividende vornehmen können. Bei diesen 15 Unternehmen dürften steuerliche Gründe nicht die Hauptursache für die Erhöhungen der Bruttodividenden gewesen sein.

Deshalb läßt sich zusammenfassend feststellen, daß bis auf wenige Ausnahmen die großen deutschen Aktiengesellschaften die Möglichkeiten, durch ihre Dividendenpolitik steuerliche Vorteile für sich und ihre Aktionäre aus der Steuergesetzänderung 1994 zu ziehen, nicht genutzt haben.

[356] Die Ausnahmen waren das Überlandwerk Unterfranken und die Energieversorgung Oberfranken.

Die Unternehmen, die ihre Bardividende so angehoben haben, daß die Bruttodividende in etwa konstant geblieben ist, sind mit den entsprechenden Daten im Anhang V aufgeführt. Diese Unternehmen haben sich so verhalten, wie es die Anleger bei weitgehend unveränderter Jahresüberschußentwicklung (zwischen +4% und –4%) erwarten durften. Aber für nur 13 der 63 Unternehmen (21%) trifft diese Annahme über die Gewinnänderung zu. Über die Hälfte (52%) der Unternehmen hat höhere Gewinnzuwächse erzielt. Die restlichen 27% haben hingegen einen Rückgang des Jahresüberschusses vor Steuern hinnehmen müssen.

Eine Steigerung des Jahresüberschusses vor Steuern bedeutet in der Regel bei gleichzeitig konstant bleibender Bruttodividende einen Rückgang der Ausschüttungsquote, eine Verringerung dementsprechend einen Anstieg der Ausschüttungsquote. Die Eingruppierung der Unternehmen erfolgte aufgrund der Bruttodividende pro Aktie, die Ausschüttungsquote bezieht sich jedoch auf die Bruttodividendensumme. So weisen alle 17 Unternehmen mit zwischenzeitlicher Kapitalerhöhung eine deutliche Zunahme der Bruttodividendensumme aus. Von diesen Unternehmen konnten zwölf ihre Jahresüberschüsse vor Steuern steigern. Allerdings reichte bei jedem dritten dieser Unternehmen die Steigerung nicht aus, um die Steigerung der Bruttodividendensumme aufzufangen. Hier mußte deshalb die Ausschüttungsquote ebenfalls erhöht werden. Ein weiteres Drittel dagegen war in der Lage, die Quote trotz gestiegener Ausschüttungssumme zu verringern.

Insgesamt 25 der 63 Unternehmen (40%) wären aufgrund der Jahresüberschüsse durchaus in der Lage gewesen, durch eine in etwa konstante Ausschüttungsquote eine Erhöhung der Bruttodividende vorzunehmen. Sie begnügten sich jedoch damit, an Stelle der Bruttodividende lediglich die Bardividende zu erhöhen.

Ganz anders hingegen war das Verhalten des einen Drittels (21) der Unternehmen, die eine Steigerung der Ausschüttungsquote und damit einen geringeren Thesaurierungsbetrag in Kauf nahmen, um die Bruttodividende konstant zu halten und damit ihren Aktionären zumindest eine unveränderte Nettodividende zu ermöglichen. Sie haben trotz negativer Gewinnentwicklung[357] den Steuervorteil weitergegeben. Dennoch kann in diesen Fällen nicht von einer an der Besteuerung orientierten Dividendenpolitik

---

[357] Lediglich vier der 21 Unternehmen wiesen einen höheren Jahresüberschuß für 1993 aus. Diese Steigerungen reichten jedoch nicht aus, um die durch die Kapitalerhöhung bedingte Steigerung der Bruttodividendensumme auszugleichen.

ausgegangen werden. Die Dividendenpolitik beider Gruppen zielte unabhängig von der Gewinnentwicklung auf Dividendenkonstanz unter Berücksichtigung der steuerlichen Rahmenbedingungen ab.

Tabelle 2.24 Veränderung des Jahresüberschusses vor Steuern und der Ausschüttungsquote für 1993

Anzahl der Unternehmen (davon mit zwischenzeitlicher Kapitalerhöhung)				
Abnahme des $Jü_{vst}$	17 (4)		Steigerung der Ausschüttungsquote	21 (9)
$Jü_{vst}$ in etwa konstant	13 (1)		Ausschüttungsquote in etwa konstant	17 (4)
Zunahme des $Jü_{vst}$	33 (12)		Verringerung der Ausschüttungsquote	25 (4)

Quelle: Eigene Berechnungen aus Anhang V

4. Zusammenfassung

Die Besteuerung der Dividendeneinkünfte und der Kursgewinne bei den Aktionären ist abhängig von deren Steuerstatus (Einkunftsart, Höhe des sonstigen zu versteuernden Einkommens). Die Anteilseigner der Unternehmen stammen aus Aktionärsgruppen, für die unterschiedliche Steuergesetze Anwendung finden. Deshalb gibt es hinsichtlich steuerlicher Aspekte keine allgemeingültige Empfehlung an die Dividendenpolitik deutscher Unternehmen. Aus Sicht der meisten Aktionäre jedoch ergaben sich im untersuchten Zeitraum aus dem Sahz-Verfahren in der Regel keine steuerlichen Vorteile gegenüber der Thesaurierung der Gewinne. Aktionäre, bei denen Kursgewinne steuerpflichtig waren, sollten unter steuerlichen Gesichtspunkten Gewinnausschüttungen in Form von Dividendenzahlungen vorziehen. Allerdings ist letztlich dafür entscheidend, wann und in welchem Umfang der Aktionär seine aus einbehaltenen Gewinnen resultierenden Kursgewinne realisiert. Unter steuerlichen Gesichtspunkten können sich Interessenskonflikte zwischen den unterschiedlichen Aktionärsgruppen hinsichtlich der Dividendenpolitik ergeben. Die Unternehmen können in der Regel mit ihrer Entscheidung nicht alle Aktionärsgruppen gleichermaßen zufriedenstellen.

Die Untersuchungen für die Geschäftsjahre 1989 und 1993 zeigen, daß die steuerlichen Auswirkungen der Dividendenzahlungen bei den Aktionären in der Regel nicht die Dividendenpolitik der Unternehmen beeinflußt haben. Vorrangiges Ziel der meisten Unternehmen ist es offenbar gewesen, die Bardividende konstant zu halten. In den untersuchten zwanzig Jahren war die Anzahl der Unternehmen, die ihre Bardividende konstant gelassen haben, stets sehr hoch. Viele Unternehmen wichen selbst für 1993, als es aus steuerlichen Gründen geboten war, die Bardividende zu erhöhen, nicht von einer derartigen Dividendenpolitik ab und nahmen dafür geringere Nettodividenden ihrer Aktionäre in Kauf.

Allerdings gab es insbesondere 1993 auch einige Unternehmen, die ihre Dividendenpolitik doch an den steuerlichen Präferenzen der Aktionärsgruppe, der die Groß- bzw. Hauptaktionäre angehören, orientierten. Das ist in der Regel die Gruppe der Kapitalgesellschaften mit Schachtelbeteiligung (AG Holding).[358]

Wenn die Unternehmen ihre Dividendenpolitik an der Konstanz der Bardividende und nicht an den steuerlichen Präferenzen ihrer Aktionäre ausrichten, dann orientieren sie sich letztlich nicht am Shareholder Value. Besonders nachdenklich stimmt, daß die meisten der börsennotierten Unternehmen offenbar selbst dann an dieser Politik festhalten, wenn sich aufgrund von Steueränderungen einmalige Gelegenheiten ergeben, durch eine diese Änderungen berücksichtigende Dividendenpolitik die Gesamtsteuerzahlungen problemlos zu reduzieren.

D. Einfluß der aktuellen Steuergesetze auf die zukünftige Dividendenpolitik

Für die zukünftige Dividendenpolitik haben die hier untersuchten Steueränderungen keine Bedeutung mehr. Selbst das beschriebene körperschaftsteuerliche Anrechnungssystem kommt nicht mehr zur Anwendung. Es wurde durch das Halbeinkünfteverfahren ersetzt. Durch diesen erneuten Systemwechsel im Ertragsteuerrecht kommt es ab 2001 wieder zu einer Doppelbesteuerung der Gewinne, allerdings wurden gleichzeitig die Steuersätze für ausgeschüttete und einbehaltene Gewinne verringert.

[358] Alle Unternehmen, die ihre Bruttodividende für 1993 um mehr als 50% erhöhten, hatten zumindest einen Großaktionär der über 25% der Anteile besaß. In den meisten Unternehmen verfügte der Großaktionär sogar über die Mehrheit der Stimmrechte. Bei den Großaktionären handelte es sich fast immer um Kapitalgesellschaften. Vgl. Saling Aktienführer (1994).

In diesem Abschnitt sollen deshalb die Grundzüge der aktuellen Besteuerung und deren mögliche Auswirkungen für die künftige Dividendenpolitik börsennotierter Unternehmen dargestellt werden.

1. Die Unternehmenssteuerreform 2001

Das neu eingeführte Halbeinkünfteverfahren ist ein Bestandteil des Gesetzes zur Senkung der Steuersätze und Reform der Unternehmensbesteuerung (StSenkG).[359] Entspricht das Wirtschaftsjahr des ausschüttenden Unternehmens dem Kalenderjahr, dann ist gem. § 34 Abs. 10a KStG das neue Verfahren erstmalig auf die Gewinne des Geschäftsjahres 2001 und damit auf Dividendenzahlungen im Jahr 2002 anzuwenden. Bei einem abweichenden Geschäftsjahr (2000/2001) gilt das Halbeinkünfteverfahren erst für den Veranlagungszeitraum 2002.[360]

I. Gewinnbesteuerung bei dem ausschüttenden Unternehmen

Der Körperschaftsteuersatz beträgt jetzt einheitlich für thesaurierte und ausgeschüttete Gewinne 25% des zu versteuernden Gewinns. Von dieser Steuer sind noch 5,5% als Solidaritätszuschlag zu entrichten. Bei Ausschüttung des Gewinns wird nach wie vor die Kapitalertragsteuer[361] erhoben und einbehalten. Der Satz hat sich im Regelfall auf 20% ermäßigt.

Jedoch verfügen die Unternehmen auch nach dem Systemwechsel noch über Rücklagen, die sich in den meisten Fällen noch in den EK45 und EK40 Gruppen niederschlagen und somit noch Körperschaftsteuerguthaben beinhalten. Zur Auflösung dieser Bestände wurde ein Übergangszeit von fünfzehn Jahren eingeräumt, in der die Herstel-

---

[359] „Die Hektik des Gesetzgebungsverfahrens hat zu einem Gesetzestext geführt, der in einer beispiellosen Weise fehlerhaft ist." Frotscher (2000), S. 2280. Dadurch sind die zum Teil widersprüchlichen Aussagen in den 1999 bzw. 2000 und den 2001 erschienen Aufsätzen zu den Auswirkungen des Gesetzes zu erklären. Soweit im folgenden auf dieses Gesetz Bezug genommen wird, handelt es sich um die am 26.10.2000 verkündete Fassung. BGBl. I 2000, S. 1433. Das Gesetz ist jedoch immer wieder nachgebessert worden. Die letzte in dieser Arbeit berücksichtigte Nachbesserung erfolgte durch das Unternehmenssteuerfortentwicklungsgesetz vom 20. 12. 2001 (BGBl. I 2001, S. 3858). Die ersten Kommentare zeigen, daß im Detail wohl immer noch Nachbesserungen und Klarstellungen notwendig sein werden. Siehe dazu und zu den Änderungen Rödder und Schumacher (2002).

[360] § 34 Abs. 1a KStG. Zur Problematik dieser Regelung siehe Dötsch und Pung (2000), S. 3.

[361] Auch darauf wird der Solidaritätszuschlag erhoben.

lung der körperschaftsteuerlichen Ausschüttungsbelastung und damit die Realisierung des Körperschaftsteuerguthabens möglich ist.

Die bisherige Gliederung des verwendbaren Eigenkapitals gibt es nach Anwendung des neuen Rechts nicht mehr. Der Ende 2000 vorhandene Bestand im EK45 wurde durch eine Erhöhung des EK40 um 27/22 und Verringerung des EK02 um 5/22 aufgelöst.[362] Ein positiver Bestand beim zusammengefaßten EK01/03 ging im neutralen Vermögen auf, soweit es nicht dem Ausgleich eines negativen Bestandes im EK02 dienen mußte.[363] Nach § 37 Abs. 1 KStG wurde der Endbestand des EK40 in ein Körperschaftsteuerguthaben umgerechnet. Das Guthaben erfaßt das Minderungspotential und beträgt dementsprechend ein Sechstel des noch vorhandenen EK40.[364] Dieses festgesetzte und fortzuschreibende Körperschaftsteuerguthaben ist nicht Teil des Eigenkapitals.[365] Nach Ablauf der Übergangsfrist von fünfzehn Wirtschaftsjahren werden eventuell dann noch vorhandene Bestände gelöscht.

Das steuerbilanzielle Eigenkapital setzt sich demnach aus dem Nennkapital, dem steuerlichen Einlagekonto (EK 04), während der Übergangszeit eventuell noch vorhandenem EK 02 und einem Restbetrag, der als neutrales Vermögen[366] bezeichnet und nicht gesondert festgestellt wird, zusammen.[367] Die laufenden steuerlichen Gewinne erhöhen das neutrale Vermögen und Ausschüttungen verringern es. EK02 gilt erst dann für die Ausschüttung verwendet, wenn nicht ausreichend neutrales Vermögen vorhanden ist.[368] Jede Ausschüttung aus dem neutralen Vermögen führt während der Übergangs-

---

[362] § 36 Abs. 2 KStG.

[363] Zu den Einzelheiten und der Umgliederung negativer Bestände siehe Frotscher (2000).

[364] Die Minderung tritt jetzt erst in dem Jahr des Abflusses der Dividende ein. Sie kann nicht durch die Versteuerung verdeckter Gewinnausschüttungen geltend gemacht werden. Zu der steuerlichen Behandlung verdeckter Gewinnausschüttungen siehe z.B. Dötsch und Pung (2000) oder Lang (2001).

[365] Rödder und Schumacher (2002), S. 111.

[366] Der Begriff entstammt nicht dem Gesetz sondern der Literatur. Lang (2001), S. 2110.

[367] Für eine ausführliche Darstellung der wesentlichen Regeln für die Gliederung und Veränderung des steuerlichen Eigenkapitals siehe Rödder und Schumacher (2002), S. 111.

[368] § 38 Abs. 1 S. 5 KStG gibt an, wann aus dem EK02 ausgeschüttet wird. Da das neutrale Vermögen als einziges nicht gesondert festgestellt und fortgeschrieben wird, sind die daraus zur Ausschüttung kommenden Beträge durch eine Differenzrechnung, die vom Eigenkapital gem. Steuerbilanz ausgeht, zu ermitteln. Zur Vorgehensweise und den damit verbundenen Schwierigkeiten siehe Dötsch und Pung (2000), S. 20.

zeit zu einer Körperschaftsteuerminderung, sofern noch Körperschaftsteuerguthaben vorhanden ist.

Ausschüttungen aus dem EK02 erhöhen die zu entrichtende Körperschaftsteuer um drei Siebtel des ausgeschütteten Betrags. Diese Körperschaftsteuererhöhung mindert zusätzlich den Bestand im EK02, so daß tatsächlich nur sieben Zehntel des Bestandes im EK02 zur Ausschüttung zur Verfügung stehen.[369] Die Körperschaftsteuererhöhung kann nach der derzeitigen Gesetzeslage vollständig vermieden werden, wenn der Bestand im EK02 innerhalb der fünfzehnjährigen Übergangsfrist nicht ausgeschüttet wird.[370]

II. Ertragsbesteuerung beim Aktionär

Auf der Ebene der Anteilseigner gilt das Halbeinkünfteverfahren grundsätzlich[371] für Dividenden, die ab dem Veranlagungszeitraum 2002 zufließen. Dabei spielt es keine Rolle, welcher Besteuerung die ausgeschütteten Gewinne beim ausschüttenden Unternehmen unterlagen. Eine Körperschaftsteueranrechnung erfolgt ab 2002 nicht mehr. Lediglich die Anrechnung der auf die Dividende einbehaltenen Kapitalertragsteuer ist noch zulässig.

Der neu gefaßte § 8b Abs. 1 KStG befreit jetzt die Körperschaften auch von der Besteuerung aller inländischen Dividenden[372], die ab 2002 zufließen. Das gilt jedoch nicht für die Dividenden, die bei dem ausschüttenden Unternehmen zu einer Körperschaftsteuerminderung geführt haben. In den Fällen ist eine Nachsteuer nach § 37

---

369 Lang (2001), S. 2110. Der § 38 KStG regelt die Einzelheiten der Körperschaftsteuererhöhung.

370 Davon ist auszugehen, da dem Unternehmen dadurch zusätzlich Liquidität entzogen wird. Wesselbaum-Neugebauer (2001), S. 1382.

371 Das neue Verfahren gilt für verdeckte Gewinnausschüttungen und Vorabausschüttungen bereits 2001. Für die 2002 gezahlten Dividenden für das abweichende Wirtschaftsjahr 2000/2001 gilt hingegen das neue Verfahren noch nicht. Für eine umfassende, systematische Darstellung der verschiedenen Voraussetzungen für die erstmalige Anwendung des Halbeinkünfteverfahrens siehe Dötsch und Pung (2000), S. 24 -26. Die Besonderheiten, die sich aus einem abweichenden Wirtschaftsjahr ergeben, werden im folgenden nicht berücksichtigt. Eine gute Übersicht darüber, welche Besteuerungstatbestände welchem Gesetz unterliegen, gibt für beide Fälle Bergemann (2000), S. 1416.

372 Es handelt sich bei den Ausführungen hier, wie schon zuvor, immer um Dividendenzahlungen einer inländischen Aktiengesellschaft. Zu den Änderungen in der Besteuerung aus dem Ausland bezogener Dividenden siehe Dötsch und Pung (2000), S. 6. Für einen Vergleich der Besteuerung der Erträge aus inländischer und ausländischer Beteiligungen siehe Kußmaul und Beckmann (2001).

Abs. 3 KStG in Höhe der Körperschaftsteuerminderung zu entrichten. Ursprünglich war man davon ausgegangen, daß die Dividendenfreistellung über § 7 GewStG auch für die Gewerbeertragsteuer gelten würde.[373] Aber im Rahmen des Unternehmenssteuerfortentwicklungsgesetzes wurde durch den § 8 Nr. 5 GewStG n. F. die Gewerbesteuer auf Dividendenerträge doch noch begründet. Ausgenommen davon sind lediglich Dividendenerträge, die aus einer Schachtelbeteiligung stammen.[374]

Bei natürlichen Personen als Anteilseigner regeln § 52 Abs. 4a Nr. 1, Abs. 8a, Abs. 36 S. 1 u. 2 und § 50b EStG die Besteuerung der Dividenden. Nach § 3 Nr. 40 ist die Hälfte der Dividendenbezüge von der Besteuerung freigestellt. Dieses Halbeinkünfteverfahren gilt in der Regel für ab 2002 ausgezahlte Dividenden. Diese Dividenden unterliegen danach nur zur Hälfte der Steuerpflicht.[375] Für den Bereich der Gewerbesteuer macht der § 8 Nr. 5 GewStG n. F. diese Befreiung wieder rückgängig.

Der Einkommensteuerspitzensatz sank nach dem StSenkG von 51% (2000) auf 48,5% (ab 2001) und soll weiter auf 47% (ab 2003) und 42% (ab 2005) sinken.[376] Im Bereich der Personengesellschaften verändert das StSenkG die Art der Begünstigung für Einkünfte aus Gewerbebetrieb. An die Stelle des reduzierten Einkommensteuersatzes von 43% tritt die Anrechnung einer fiktiven Gewerbesteuerzahlung. Nach § 35 EStG ermäßigt sich die tarifliche Einkommensteuer um das 1,8-fache des Gewerbesteuermeßbetrags.[377]

Alle Gewinne[378], die eine Körperschaft aus dem **Verkauf** ihrer Beteiligungen an Kapitalgesellschaften erzielt, sind nach § 8b Abs. 2 KStG ab dem Veranlagungszeitraum 2002 steuerfrei. Das führt im Umkehrschluß dazu, daß handelsrechtlich gebotene

---

373 So z.B. Bergemann (2000), S. 1413.

374 Rödder und Schumacher (2002), S. 108 f.

375 Nach § 3c Abs. 2 EStG dürfen dementsprechend die damit in Verbindung stehenden Aufwendungen auch nur zur Hälfte abgezogen werden. Zum „Halbabzug“ im Halbeinkünfteverfahren siehe Bolik (2001) und die dort genannte Literatur.

376 Dötsch und Pung (2000), S. 3.

377 Zur Gewerbesteuerbelastung von Einzelunternehmen und Personengesellschaften nach der Unternehmenssteuerreform siehe Scheffler (2001).

378 Dazu zählt auch der Gewinn aus der Herabsetzung des Nennkapitals einer Kapitalgesellschaft. Die Gesellschaften, die in der Vergangenheit umfangreiche Kapitalerhöhungen aus Gesellschaftsmitteln vorgenommen und dadurch Körperschaftsteuerguthaben im Nennkapital gebunden haben, sollten jetzt durch eine Kapitalherabsetzung in der Lage sein, dieses Guthaben zu realisieren, ohne daß beim Aktionär Steuern dafür anfallen.

Teilwertabschreibungen steuerlich nicht mehr berücksichtigt werden können. Die Anteile, für die vor dem Verkauf steuerwirksame Teilwertabschreibungen, die nicht wieder aufgeholt wurden, zu Buche stehen, unterliegen soweit doch der Besteuerung.[379] Daneben gibt es noch eine weitere Ausnahme von der Besteuerung. Analog zu den Privatanlegern gilt auch hier die Einschränkung, daß der Aktionär die Anteile mindestens ein Jahr ununterbrochen gehalten haben muß. Ansonsten ist die Hälfte des Gewinns zu versteuern.

Befanden sich die verkauften Aktien im Privatvermögen, so bleibt der Verkaufserlös weiterhin steuerfrei, falls nicht, wie auch schon zuvor, ein Spekulationsgeschäft (§ 23 Abs. 1 S. 1 EStG) vorliegt, oder die Anteile zu einer wesentlichen Beteiligung gehören (§ 17 EStG). Die Beteiligungsquote, ab der eine wesentliche Beteiligung vorliegt, wurde jedoch von 10% auf 1% gesenkt. Kommt es aufgrund einer dieser Ausnahmen doch zu einer Besteuerung, dann befreit § 3 Nr. 40 EStG diese Einkünfte zur Hälfte von der Besteuerung.

2. Steuerbelastungsvergleiche

Die hier dargestellten Steuerbelastungen beziehen sich auf Gewinne und Dividendenzahlungen, für die bereits das StSenkG Anwendung findet. Nur daraus lassen sich Empfehlungen für eine steuerorientierte Dividendenpolitik ableiten. Zu den Möglichkeiten, eine steueroptimale Dividendenpolitik für den kurzen Zeitraum des Wechsels vom Anrechnungsverfahren zum Halbeinkünfteverfahren zu betreiben, gab es zahlreiche Vorschläge.[380] Da es jedoch keine Ausschüttungsempfehlung gab, die für alle Unternehmen und ihre Aktionäre steuerlich vorteilhaft war, ist nicht mit wesentlichen Ausschüttungsänderungen für 2000 und 2001 zu rechnen. Die für 2000 vorliegenden Ergebnisse[381] bestätigen diese Einschätzung. Die Zahl der Unternehmen, die ihre Dividende gegenüber dem Vorjahr unverändert gelassen haben, hat sich gegenüber 1999 sogar um 28,8% erhöht. Die Anzahl der Unternehmen mit einer Dividendenerhöhung hingegen sank um 23,2%. Inwieweit einzelne Unternehmen die Vorschläge tatsächlich

---

379 § 8b Abs. 3 KStG.

380 Das Hauptaugenmerk galt dabei der Verwendung des noch vorhandenen EK45 und EK40. Siehe dazu u.a. Schwedhelm und Binnewies (2001), Hundsdoerfer (2001), Kopfer et al. (2001), Frotscher (2000). Für die börsennotierten Unternehmen sollte das jedoch aufgrund ihrer Aktionärsstruktur höchstens für die Bestände des EK45 zu Handlungsbedarf geführt haben.

381 Die Ergebnisse stammen aus der Übersicht von Hansen (2001).

im Rahmen ihrer Dividendenpolitik umgesetzt haben, kann hier nicht untersucht werden.

Die Dividendenpolitik der Unternehmen, die noch über Körperschaftsteuerguthaben verfügen können und deren Bestand an EK02 positiv ist, sollten unter dem neuen Recht vorerst keine Sonderausschüttungen vornehmen. Dadurch sind die Unternehmen mit traditionell hohen Ausschüttungsquoten eher in der Lage auch bei aktuellen Gewinnrückgängen konstante Dividenden zahlen zu können, ohne aus dem EK02 ausschütten zu müssen. In aller Regel dürfte das jetzt vorhandene Körperschaftsteuerguthaben allein durch die regulären Dividendenzahlungen innerhalb der fünfzehn Jahre aufgebraucht sein.

Bisher war es notwendig, zwischen den Privatpersonen, die ihre Aktien im Privatvermögen (Aktionärsgruppe 1), und denen, die sie im Betriebsvermögen (Aktionärsgruppe 2) gehalten haben, zu differenzieren. Die unterschiedliche Steuerbelastung für die beiden Gruppen resultierte aus der Gewerbeertragsteuerpflicht bei Personengesellschaften. Mit Inkrafttreten des StSenkG kommt es in aller Regel zu keiner wesentlichen Mehrbelastung für gewerbliche Einkünfte durch die Gewerbesteuer mehr[382], so daß auf eine Darstellung der Gruppe 2 beim ersten Alternativenvergleich verzichtet werden kann.[383]

Im Gegensatz zu den vorangegangenen Steuerbelastungsvergleichen wird hier die Belastung des Privatanlegers mit Kirchensteuer nicht erfaßt. Die Vergünstigungen der Steuerreform[384] wirken sich nicht auf die Kirchensteuer aus.[385] Dadurch ist eine Zusammenfassung zu einem kombinierten Einkommen- und Kirchensteuersatz nicht problemlos möglich. Bezogen auf die tatsächlich aufgrund der Dividendenzahlung zu ent-

382 Die noch verbleibende effektive Gewerbesteuerbelastung ist um so geringer, je geringer der Hebesatz und je höher der Einkommensteuersatz ist. Siehe dazu die Aufstellung bei Bergemann (2000), S. 1418. Zur effektiven Gewerbesteuerbelastung unter Berücksichtigung des Freibetrags und der Staffelung der Steuermeßzahl bei einem Hebesatz von 400% siehe Scheffler (2001), S. 480, Tabelle 3. Eine verbleibende Belastung liegt in nahezu allen Fällen unter 0,1%.

383 Zu den Beschränkungen der Steuerermäßigung siehe Herzig und Lochmann (2000), S. 1730 - 1733.

384 Das betrifft die Befreiung der Hälfte der Dividende von der Besteuerung und die Anrechnung einer fiktiven Gewerbesteuer.

385 Schult (2001), S. 1020.

richtende Einkommensteuer liegt der Kirchensteuersatz in der Regel jetzt zwischen 19% und über 100%.[386]

Durch die Steuerreform hat sich die Steuerbelastung der Dividenden für die Anleger, deren marginaler Einkommensteuersatz unter 40% liegt, erhöht. Für die anderen Privatpersonen hingegen fällt die Belastung jetzt geringer aus.[387] Jetzt werden nicht nur die hochbesteuerten, sondern nahezu alle Aktionäre aus steuerlicher Sicht die Thesaurierung einer Ausschüttung vorziehen. Eine Thesaurierung der Gewinne ist immer dann vorteilhaft, wenn die Dividenden der Einkommensteuerpflicht unterliegen oder bei Kapitalgesellschaften der Gewerbeertragsteuer. Das Sahz-Verfahren wird deshalb kaum noch praktiziert werden, wenn Privatanleger maßgeblich am Unternehmen beteiligt sind. Kritiker befürchten einen sogenannten „Lock-in-Effekt"[388], der zu einer Beeinträchtigung der optimalen Kapitalallokation führen könnte.[389]

Solange die Dividenden jedoch den Bereich der Körperschaften nicht verlassen, traten zunächst keine steuerbedingten Unterschiede zwischen Thesaurierung und Sahz-Verfahren auf. Doch durch die erneute Gesetzesänderung im Bereich der Gewerbeertragsteuer gilt das nur noch für Schachtelbeteiligungen (> 10%). In diesen Fällen sind bei nicht konsolidierten Tochtergesellschaften auch jetzt noch hohe Dividendenzahlungen und die Anwendung des Sahz-Verfahrens aufgrund der Gewinnausweispolitik der Muttergesellschaft zu erwarten.

Insbesondere steuerbefreite Körperschaften haben als Aktionäre vom bisherigen Anrechnungsverfahren profitiert, sofern sie ihren Einfluß nutzen konnten, um das für sie steuerlich günstige Sahz-Verfahren durchzusetzen. Aufgrund der jetzt gleichen steuerlichen Belastung ist die bisher steuerlich vorteilhafte Vollausschüttung nicht mehr erforderlich.[390] Die auf Unternehmensebene stärkere steuerliche Entlastung thesaurierter

386 Für Beispiele siehe Schult (2001), S. 1020.

387 Für eine ausführliche Analyse der Änderungen siehe Stangl (2001).

388 Zum Zusammenhang von Lock-in-Effekt und Halbeinkünfteverfahren siehe Hundsdoerfer (2001).

389 Krawitz (2000), S. 1725. Siehe dazu auch die weitere dort angegebene Literatur.

390 Schindler (2001), S. 449.

Gewinne im Vergleich zu ausgeschütteten Gewinnen wird tendenziell zu höheren Thesaurierungsquoten führen.[391]

Tabelle 2.25 Steuerbelastung bei Vollausschüttung eines 2002 erzielten Gewinns

Ausschüttung 2003	1	3	4	5
Aktionärsgruppen	Privatanleger	AG	AG Holding	Ausländer
ausschüttfähiger Gewinn	100,00	100,00	100,00	100,00
Körperschaftsteuer (25%)	-25,00	-25,00	-25,00	-25,00
Solidaritätszuschlag (5,5% d. Kst.)	1,38	1,38	1,38	1,38
Gewinn nach Steuern	**73,62**	**73,62**	**73,62**	**73,62**
Kapitalertragsteuer (20%) und Solidaritätszuschlag (5,5%) darauf	-15,53	-15,53	-15,53	-15,53
Bardividende	**58,09**	**58,09**	**58,09**	**58,09**
Besteuerung beim Aktionär				
Steuererstattung (Kapest + Soli)	15,53	15,53	15,53	0
Zufluß beim Aktionär	**73,62**	**73,62**	**73,62**	**58,09**
Davon zu versteuern	36,81	0	0	0
Gewerbeertragsteuer (9,78%)[392]	0	7,20		
Est. max. (47%) + Solidaritätszuschlag (5,5%) darauf (= 49,585%)	-18,25	0		
Nettodiv. des Aktionärs	**55,37**	**66,42**	**73,62**	**58,09**

Quelle: Eigene Berechnungen

Der hier vorgenommene Belastungsvergleich geht bereits davon aus, daß im ausschüttenden Unternehmen kein Körperschaftsteuerguthaben mehr vorhanden ist. Das wird zur Zeit noch für viele Unternehmen nicht zutreffen. In den Fällen sind die ausgeschütteten Gewinne noch mit 30% Körperschaftsteuer belastet. Körperschaftsteuer-

391 Zur Durchsetzung dieser Interessen sollte die steuerbefreite Körperschaft wesentlichen Einfluß auf das ausschüttende Unternehmen haben. „Im Jahr 2001 dürfen mehrheitsbeteiligte steuerbefreite Körperschaften eine einmalige „Superdividende" erwarten." Schindler (2001), S. 451.

392 Ob diese Gewerbesteuerzahlung das zu versteuernde Einkommen mindert, ist offenbar noch nicht eindeutig geklärt. Rödder und Schumacher (2002), S. 108. Hier wurde davon ausgegangen, so daß anstelle der 13,04% effektiv nur 9,78% Gewerbeertragsteuer anfallen.

pflichtige Aktionäre haben darauf nach § 37 Abs. 3 KStG eine Nachsteuer in Höhe der Körperschaftsteuerminderung zu entrichten, die wiederum bei ihnen zu einem Körperschaftsteuerguthaben führt.[393] Das mit der Ausschüttung verbundene Körperschaftsteuerguthaben wird dadurch lediglich von einer Kapitalgesellschaft auf die andere übertragen, ohne sich zu verringern. Erst wenn die Dividende einem nicht der Nachversteuerungspflicht unterliegendem Aktionär (vor allem Privatpersonen) zufließt, wird das damit verbundene Körperschaftsteuerguthaben endgültig beseitigt. Der Zufluß beim Aktionär beträgt dann nur 70% (Ausschüttungsbelastung = 30%), wovon die Hälfte dann der Ertragsbesteuerung unterliegt. Die Nettodividende des Privatanlegers liegt in den Fällen mit 52,65% der Bruttodividende leicht unter der Nettodividende bei Ausschüttungen, die nicht zu Körperschaftsteuerminderungen führen.

Tabelle 2.26 Besteuerung bei Thesaurierung des 2002 erzielten Gewinns

Thesaurierung 2002	1	3	5
Aktionärsgruppen	Privatanleger	AG	Ausländer
steuerpflichtiger Gewinn	100,00	100,00	100,00
Körperschaftsteuer (50%)	-25,00	-25,00	-25,00
Solidaritätszuschlag (5,5% d. Kst.)	1,38	1,38	1,38
Gewinn nach Steuern	**73,62**	**73,62**	**73,62**

Quelle: Eigene Berechnungen

Deshalb ist es denkbar, daß einige Unternehmen erst ab 2005 durch Sonderausschüttungen ihre hohen Bestände an Körperschaftsteuerguthaben realisieren, da Anteilseigner mit hohem Einkommensgrenzsteuersatz dann nur noch einer maximalen Tarifbelastung von 42% unterliegen sollen. Auf der anderen Seite sollte mit derartigen Ausschüttungen nicht zu lange gewartet werden, da das Körperschaftsteuerguthaben nach dem Ende der Übergangszeit gestrichen wird.[394]

---

393 Frotscher (2000), S. 2287.

394 Das insgesamt bei allen Unternehmen vorhandene Körperschaftsteuerguthaben kann gar nicht vollständig geltend gemacht werden. Durch die zahlreichen gegenseitigen Beteiligungen deutscher Unternehmen, sei es direkt oder über mehrere Stufen, wird ein Teil des Körperschaftsteuerguthabens ständig im Kreislauf der Kapitalgesellschaften gehalten, ohne jemals Grundlage einer an einen Privatanleger gezahlten Dividende zu sein. Selbst wenn ein Unternehmen kein Körperschaftsteuerguthaben mehr aufweist, wird es in der Regel durch die empfangenden Dividenden wieder welches aufbauen, das es dann selbst mit der nächsten eigenen Dividendenzahlung wieder weitergibt.

Auch beim zweiten Alternativenvergleich (Tabelle 2.27) fällt das Ergebnis ähnlich aus. Dividendenzahlungen sind steuerlich benachteiligt, sofern sie der Einkommensteuer unterliegen, die Beteiligung im Privatvermögen gehalten wird und die genannten Ausnahmen[395] nicht zutreffen. Für Anteile im Betriebsvermögen ergibt sich grundsätzlich auch hier kein Unterschied. Allerdings liegt die Nettodividende für Kapitalgesellschaften ohne Schachtelbeteiligung aufgrund der Gewerbesteuerbelastung der Dividenden unter dem Nettogewinn.[396]

Für ausländische Aktionäre lassen sich keine verallgemeinernden Aussagen treffen. Zu sehr unterscheiden sich die bilateralen Vereinbarungen in den DBA und die speziellen Steuergesetze des Wohnsitzstaates. Sollte der Veräußerungsgewinn, wie in Tabelle 2.25 angenommen, im Wohnsitzstaat zu versteuern sein, dann könnte ausnahmsweise sogar eine Ausschüttung in Form von Dividenden steuerlich vorzuziehen sein.

Tabelle 2.27 Besteuerung eines realisierten Kursgewinns in Höhe der Bardividende

Verkauf mit Dividende 2003	**1**	**2**	**3**	**4**	**5**
Aktionärsgruppen	Privat-anleger	Personen-gesellsch.	AG	AG Holding	Aus-länder
Veräußerungsgewinn	**73,62**	**73,62**	**73,62**	**73,62**	**73,62**
zu verst. Einkommen	0	36,81	0	0	73,62
Est. max. (47%) + Solidaritätszuschlag (5,5%) darauf (= 49,585%)		-18,25			
ausl. Steuer (z.B. 40%)					-29,45
Nettogew. des Aktionärs	**73,62**	**55,37**	**73,62**	**73,62**	**44,17**
Nettodiv. des Aktionärs	**55,37**	**55,37**	**66,42**	**73,62**	**58,09**

Quelle: Eigene Berechnungen

395 Es handelt sich um einen Spekulationsgewinn oder um eine wesentliche Beteiligung. In den Fällen erzielen die Aktionäre lediglich einen Nettogewinn in Höhe der Nettodividende.

396 Die neuen Regelungen im Gewerbesteuergesetz sind nicht auf Veräußerungsgewinne ausgedehnt worden. Rödder und Schumacher (2002), S. 108.

3. Ausblick

Die Zahlung einer Dividende läßt sich in aller Regel jetzt nicht mehr mit steuerlichen Vorteilen begründen.[397] Kritiker der neuen Gesetze sehen damit das Ende der Dividendenzahlungen gekommen.[398]

Soweit wird es zumindest für die hier betrachteten börsennotierten Unternehmen nicht kommen. Die meisten dieser Unternehmen werden von Kapitalgesellschaften beherrscht. Denen entsteht einerseits kein steuerlicher Nachteil durch Dividendenzahlungen und andererseits benötigen sie teilweise die Dividenden ihrer Töchter, um ihrerseits höhere Gewinne ausweisen zu können. Es ist aber davon auszugehen, daß in Zukunft das Sahz-Verfahren und damit auch die Ausschüttung von Sonderdividenden an Bedeutung verlieren wird. Sollen die Gewinne das Eigenkapital des Unternehmens stärken, wird das in aller Regel jetzt durch die Thesaurierung der Gewinne geschehen.

Wenn die erwirtschafteten Mittel jedoch nicht bzw. teilweise nicht effizient im Unternehmen eingesetzt werden können, dann stellt sich neu die Frage, ob die dann erforderlichen Ausschüttungen in Form einer Dividendenzahlung oder mittels eines Aktienrückkaufs[399] erfolgen sollen.

Der Aktienrückkauf unterliegt beim Aktionär steuerlich der gleichen Behandlung wie der sonstige Verkauf der Anteile.[400] Für alle Aktionäre, die Einfluß auf die Entscheidung nehmen könnten, ergibt sich aus dem obigen Vergleich in Tabelle 2.27 steuerlich

---

397 Insoweit haben sich die Auswirkungen der deutschen Steuergesetzgebung denen der amerikanischen angepaßt.

398 „Folge wird sein, daß ohne Not oder Druck seitens der Eigentümer Gewinnausschüttungen weitgehend ausbleiben werden." Sigloch (2000), S. 173.

399 Steuerrechtlich wird der Aktienrückkauf in Deutschland beim Unternehmen nicht als Ausschüttung, sondern als Einlagenrückzahlung behandelt. Teichmann (2000), S. 340. Der Veräußerungsgewinn oder –verlust beim Wiederverkauf aktivierter Aktien ist steuerwirksam. Bei einem Aktienrückkauf, der zu einem Aktivierungsverbot führt, dürfen die eigenen Aktien auch steuerlich nicht ausgewiesen werden. Das Betriebsvermögen verringert sich dadurch. Entsprechend der Verringerung der Gewinnrücklage wird körperschaftsteuerlich das EK04 gemindert. Bei einem Wiederverkauf ist auch steuerlich von einer Kapitalerhöhung auszugehen. Dementsprechend erhöht das Agio die Kapitalrücklagen und das EK04. Wiese (1999), S. 188.

400 Auf Aktionärsseite liegt unabhängig vom Zweck des Aktienrückkaufs ein Veräußerungsgeschäft mit den dafür geltenden steuerlichen Vorschriften vor. Wiese (1999), S. 188.

kein Unterschied.[401] Danach würden lediglich die Aktionäre, die ihre Aktien im Privatvermögen halten, den Aktienrückkauf einer Dividendenzahlung vorziehen. Aktionäre, die ihre Anteile im Betriebsvermögen halten, wären zwischen den beiden Alternativen indifferent.

Jedoch gilt es zu bedenken, daß in der Praxis der Veräußerungsgewinn beim Aktienrückkauf wesentlich geringer sein wird, als hier angegeben, da nicht alle Anteile verkauft werden müssen, um zur gleichen Einzahlung wie bei der Dividende zu kommen. Vom gesamten Verkaufserlös, dessen Höhe der Dividendenzahlung entsprechen sollte, fällt nur ein kleiner Teil als Veräußerungsgewinn an. Zudem erhalten die Aktionäre, die die Ausschüttung nicht konsumieren oder anderweitig investieren wollen, durch die Nichtteilnahme am Aktienrückkauf die Möglichkeit, den Zufluß der Mittel und damit die Realisierung der Gewinne auf einen späteren Zeitpunkt zu verschieben.[402]

Es ist deshalb zu erwarten, daß die Entwicklung ähnlich verlaufen wird wie in den USA. Es werden weiterhin regelmäßig Dividenden gezahlt werden, aber der Umfang der Aktienrückkäufe wird zunehmen.[403] Insbesondere größere unregelmäßige Ausschüttungen werden nicht mehr durch Bonuszahlungen oder Sonderdividenden sondern durch Aktienrückkäufe durchgeführt werden. Auf der anderen Seite können Dividendenzahlungen jetzt noch besser geeignet sein, positive Signale zu senden, wenn durch den mit ihnen verbundenen Steuernachteil zusätzliche Kosten für die Aktionäre entstehen.

Viele Kleinaktionäre hingegen würden sich aus steuerlichen Überlegungen eine weitgehende Substitution der Dividendenzahlungen durch Aktienrückkäufe wünschen. Privatanleger mit geringen marginalen Einkommensteuersätzen (< 40%) gehören zu den

---

401 Die Privatanleger, die Einfluß haben, müssen dafür eine wesentliche Beteiligung halten und fallen damit nach § 17 EStG unter die Steuerpflicht für Veräußerungsgewinne.

402 Eine Beispielrechnung für die unterschiedlichen Steuerbelastungen bei einer Haltedauer von fünf Perioden geben Schreiber und Rogall (2000). Zur steuerlichen Attraktivität des Aktienrückkaufs siehe Rogall (2001).

403 Der Internal Revenue Service hat in den USA allerdings die Möglichkeit, den Aktienrückkauf als Versuch, Steuern zu sparen, einzustufen. Dann würde die höhere normale Einkommensteuer erhoben werden. Allerdings ist bisher noch nicht von dieser Möglichkeit Gebrauch gemacht worden. Megginson (1997), S. 368 f.

Verlieren der Steuerreform.[404] Möglicherweise werden sie in Zukunft Unternehmen mit hohen Dividendenzahlungen eher meiden, wenn sich Unternehmen mit einer anderen Dividendenpolitik als sinnvolle Alternative anbieten.

Da die meisten deutschen börsennotierten Unternehmen in der Vergangenheit die Dividendenpolitik nicht genutzt haben, um eindeutige Steuervorteile auszunutzen, muß man davon ausgehen, daß die Dividendenpolitik in Zukunft erst recht nicht von den steuerlichen Gegebenheiten maßgeblich beeinflußt werden wird.

---

404 „Dies zeigt: Die geplante Reform ist aus verteilungspolitischer Sicht unvertretbar und widerspricht der Zielsetzung einer Beteiligung breiter Bevölkerungskreise am Produktivvermögen." von Rosen (1999), S. 655. Für einen kritischen Vergleich der Steuerbelastung von Dividenden für unterschiedliche Einkommensteuersätze nach altem und neuem Recht siehe auch Sigloch (2000), S. 170, oder Maiterth und Semmler (2000), S. 1379 f.

Teil 3 Empirische Untersuchungen zu „Dividendenpolitik und Asymmetrische Informationen"

Nach der Signaling-Theorie ist die Dividendenpolitik der Unternehmen geeignet, als Signal zu fungieren und dadurch Informationsasymmetrien zu verringern. Insbesondere vom Markt nicht erwartete Dividendenänderungen enthalten danach neue Informationen über die zukünftige Ertragsentwicklung der Unternehmen. Die Befunde der empirischen Untersuchungen zur Signaling-Theorie stehen im Mittelpunkt der nachfolgenden Ausführungen.

Im ersten Kapitel werden die Ergebnisse der bisher zu diesem Bereich durchgeführten empirischen Studien vorgestellt. Aus diesen Untersuchungen kann man den Schluß ziehen, daß besonders das Ereignis „Dividendenausfall" geeignet ist, den Informationsgehalt der Dividendenpolitik nachhaltig zu belegen. Dementsprechend konzentriert sich die eigene empirische Untersuchung im zweiten Kapitel ausschließlich auf die Dividendenausfälle deutscher börsennotierter Unternehmen.

Kapitel I Empirische Untersuchungen zu Signalwirkungen der Dividendenpolitik

Ein gezielter Einsatz der Dividendenpolitik, um ein positives Signal[405] zu senden, wird in aller Regel zu einer Dividendenerhöhung führen. Zwar kann man genaugenommen nur in dem Fall von einem aktiven Signaling der Manager sprechen, aber auch Dividendensenkungen können Signale sein, auch wenn sie wegen der negativen Interpretation durch den Kapitalmarkt nicht als ein vom Management gewolltes Signal betrachtet werden können.

---

[405] Die Möglichkeit zum Signalisieren entsteht immer dann, wenn der Verkäufer einer Sache mehr über deren Qualität weiß als der Käufer. Der Käufer bietet für die Sache nur den Preis, den er für die durchschnittliche Qualität für angemessen hält. Weiß der Verkäufer, daß sein Produkt am oberen Ende des Qualitätsspektrums liegt, hat er einen Anreiz, den Markt darüber zu informieren, um sich vom Durchschnitt abzuheben. Er erzielt einen höheren Preis, wenn er eine Möglichkeit findet, seine bessere Qualität zu signalisieren, und der Markt das Signal erkennt und es als verläßlich ansieht. Der Durchschnittspreis der anderen im Pool verbleibenden Anbieter sinkt. Dadurch entsteht der gleiche Anreiz für den Anbieter mit der jetzt höchsten Qualität. Das geht so lange, bis alle ihre wahre Qualität signalisiert haben und die Preise Gleichgewichtspreise sind. Miller (1987), S. 39. Eine grundlegende Arbeit zum Thema Signaling ist von Spence (1973).

Eine Voraussetzung für ein erfolgreiches Signaling positiver Aussichten ist die Glaubwürdigkeit der Signale. Manager dürfen nicht in der Lage sein, falsche Signale zu senden, aus denen sie möglicherweise dann noch persönliche Vorteile ziehen können. Ein einfaches Statement, daß man für die Zukunft von stark steigenden Erträgen ausgeht, kann jedes Unternehmen herausgeben, auch wenn das nicht der erwarteten Entwicklung entspricht. Ein Signal ist erst dann glaubwürdig, wenn es Kosten für das Unternehmen verursacht, denn diese zusätzlichen Kosten können sich dauerhaft nur die Unternehmen leisten, die wirklich gute Ertragserwartungen haben. Die Kosten sind in der Regel Opportunitätskosten. Sie entstehen durch die Abweichung von der optimalen Politik, die ohne Signaling durchgeführt worden wäre, also in einer Welt vollständiger Informationen.[406]

Die Gleichgewichtsmodelle zum Signaling unterscheiden sich hinsichtlich der beim Signaling mit Dividenden auftretenden Kosten, wie Steuernachteil, Transaktionskosten und Abweichung vom optimalen Investitionsprogramm.[407] Ein Gleichgewicht herrscht erst, wenn diesen Kosten ein monetärer Vorteil in gleicher Höhe gegenüber steht. Es ist schwierig, für Gleichgewichtsmodelle den Vorteil des Signaling zu definieren. Ein höherer Kurs ist kein ökonomisches Ziel an sich. Nur wer verkauft, profitiert davon, oder jemand, der dauerhaft einen Vermögenszuwachs daraus erzielt.[408]

Die empirischen Untersuchungen zum Signaling sind in aller Regel nicht geeignet, die Gültigkeit der Modelle zu bestätigen. Für die empirischen Studien leisten die Modelle aber eine Hilfestellung, um die statistischen Ergebnisse ökonomisch zu interpretieren. Eine allgemeingültige ökonomische Begründung für die Resultate kann angesichts der Vielzahl von Einflußfaktoren nur sehr schwer gegeben werden. Aber die Ergebnisse können auf Vereinbarkeit mit den Modellaussagen hin überprüft und so die Modelle bestimmt werden, die nicht mit dem Untersuchungsergebnis konform gehen.

Die empirischen Untersuchungen konzentrieren sich vor allem darauf aufzuzeigen, ob Dividenden Informationen beinhalten und welcher Art diese sind. Damit das Ereignis „unerwartete Dividendenänderung“ zusätzliche Informationen über die zukünftige Er-

---

406 Miller (1987), S. 40.

407 Zu den einzelnen Modellen siehe Kapitel II im Teil 1.

408 Miller (1987), S. 45.

tragsentwicklung des Unternehmens liefert, müssen zumindest folgende drei Bedingungen erfüllt sein.[409]

1. Die Ankündigung einer unerwarteten Dividendenänderung (Erhöhung oder Senkung) führt zu Überrenditen (positiven bzw. negativen) für die Aktie (Kurseffekte).
2. Es besteht ein positiver Zusammenhang zwischen der Höhe der Dividendenänderung und der nachfolgenden Gewinnänderung (Ertragseffekte).
3. Gewinnprognosen werden entsprechend der Dividendenänderung revidiert.

Die teilweise sehr unterschiedlichen Rahmenbedingungen, die die Dividendenpolitik in den verschiedenen Ländern beeinflussen, lassen es ratsam erscheinen, die empirischen Untersuchungen im folgenden differenziert nach den verschiedenen Kapitalmärkten darzustellen.

A. Amerikanischer Kapitalmarkt

Die Zusammenfassungen der zahlreichen empirischen Untersuchungen für den amerikanischen Markt zum Informationsgehalt der Dividendenpolitik werden hier in Anlehnung an die o.a. Bedingungen in verschiedene Abschnitte unterteilt. Zunächst stehen die Reaktionen des Aktienmarktes auf die Ankündigung einer Dividendenänderung im Mittelpunkt. Der zweite Abschnitt stellt die Untersuchungen dar, die Aussagen zur Ertragsentwicklung nach der Dividendenänderung beinhalten. In diesen Abschnitt werden auch die Untersuchungen zur dritten Bedingung, der Änderung der Analystenvorhersage, mit einbezogen. Aus den Ergebnissen wird sich ergeben, daß es sinnvoll sein kann, anstelle der zukünftigen Ertragsentwicklung die langfristige Kursentwicklung nach einer Dividendenänderung zu untersuchen. Die Ergebnisse der Untersuchungen in diesem Bereich sind dementsprechend im dritten Abschnitt wiedergegeben. Vor der abschließenden Zusammenfassung werden im vierten Abschnitt Untersuchungen vorgestellt, die zeigen, daß neben dem Signaling auch andere Faktoren Einfluß auf die Kursreaktionen nach einer Dividendenänderung haben können.

---

409 Allen und Michaely (1995), S. 823 f. Die gleichen Anforderungen finden sich bei Marseguerra (1998), S. 13 f. und Lease et al. (2000), S. 109.

1. Kurzfristige Kurseffekte (Ankündigungseffekte)

In den verschiedenen Studien, die das Ziel haben, den Informationsgehalt von Dividendenänderungen aufzuzeigen, werden oftmals unterschiedliche Ansätze verwendet. Dadurch sollen einige der wesentlichen Probleme, die die Event-Studies in aller Regel aufweisen, vermieden werden. Dazu zählen die Bestimmung des erwarteten und unerwarteten Anteils an einer Dividendenänderung und geeignete Maßnahmen, um sicherzustellen, dass keine anderen bewertungsrelevanten Informationen (Contaminating Events) während der untersuchten Periode das Ergebnis beeinflussen können.

Um die Vorgehensweise noch weiter zu strukturieren und um die Übersichtlichkeit bei der Vielzahl von Untersuchungen zu erhöhen, erfolgt hier noch eine weitere Unterteilung hinsichtlich positiver und negativer Dividendenänderungen.[410]

I. Dividendenerhöhungen und Dividendenaufnahmen

Nahezu alle empirischen Untersuchungen[411] ermitteln für das Intervall um die Ankündigung (0, -1) signifikante positive Überrenditen bei Dividendenaufnahmen und Dividendenerhöhungen. Das Ausmaß der Kursreaktion ist abhängig von der Höhe der Dividendenänderung und von der Höhe des Anteils der unerwarteten Dividendenänderung.[412] Das sind die Erkenntnisse der Studie von **Asquith und Mullins (1983)**. Für den Zeitraum von 1964 bis 1980 erfassen sie 168 Unternehmen, die erstmalig oder nach mindestens zehn dividendenlosen Jahren eine Dividendenzahlung ankündigen (Dividend Initiation). Davon erhöhen 114 Unternehmen innerhalb der nächsten drei Jahre zumindest einmal ihre Dividende. Lediglich sieben Unternehmen senken sie wieder. Für 70% der Unternehmen ergeben sich für die zwei Tage der Dividendenankündigung und deren Veröffentlichung im Wall Street Journal[413] positive Überrenditen von durchschnittlich 3,7%. Signifikante Überrenditen zeigen sich aber nur für die-

---

410 Wenn Untersuchungen Ergebnisse zu verschiedenen Abschnitten ermittelt haben, sind sie dementsprechend mehrfach aufgeführt.

411 Für einen zusammenfassenden Überblick über die statistischen Ergebnisse der einzelnen Untersuchungen siehe die Tabellen bei Heiden (2001), S. 75 – 141.

412 Zwischen den beiden Faktoren besteht ein enger Zusammenhang. Generell wird eine Dividendenänderung um so überraschender sein, je höher sie ausfällt.

413 Die meisten Untersuchungen betrachten ein Zwei-Tage-Fenster. Der Tag „0“ entspricht dem Tag der Veröffentlichung der Dividendenentscheidung im Wall Street Journal. Da diese Entscheidung aber bereits am Tag zuvor veröffentlicht sein mußte und somit eventuell schon Einfluß auf die Kurse nehmen konnte, wird auch der Tag „–1“ mit einbezogen.

se zwei Tage. Die Kurseffekte fallen bei nachfolgenden Dividendenerhöhungen wesentlich geringer aus als bei der Dividendenaufnahme. Eine Ursache für die unterschiedlichen Ergebnisse könnte in der unterschiedlichen Höhe der Dividendenänderung liegen. Mit Hilfe einer Regression der Überrenditen auf die jährliche Änderung der Dividendenrenditen ermitteln die Autoren eine signifikant positive Beziehung zwischen der Überrendite und der Höhe der Dividendenänderung. Das erklärt zum Teil den Unterschied in den Auswirkungen, da die nachfolgenden Dividendenerhöhungen durchschnittlich geringer ausfallen als die bei der Dividendenaufnahme. Darüber hinaus finden die Autoren Hinweise darauf, daß die naive Annahme, die gesamte Dividendenänderung sei unerwartet, im Fall der Dividendenaufnahme, nicht aber bei den nachfolgenden Dividendenerhöhungen zutrifft. Dementsprechend fallen die Überrenditen bei Dividendenerhöhungen geringer aus, da nur der unerwartete Teil einer Erhöhung zu einer Marktreaktion führt.

Auch die Studie von **Mitra und Rashid (1997)** kommt zu dem Ergebnis, daß die Dividendenaufnahmen fast immer unerwartet sind. Sie folgern das aus ihrem Ergebnis, daß die Bid-Ask-Spreads am Tag vor der Ankündigung besonders groß sind. Die wesentlich geringeren Spreads nach der Ankündigung unterstützen die Überlegung, daß die Dividendenaufnahme wichtige Informationen liefert und damit geeignet ist, die Informationsasymmetrie und die allgemeine Unsicherheit zu verringern.

Um den Unterschied zwischen erwarteten und unerwarteten Dividendenänderungen herauszuarbeiten, vergleicht **Raman (1998)** die Ergebnisse des naiven Ansatzes, d.h. jede Dividendenänderung ist unerwartet, mit seiner Vorgehensweise, die eine von Analysten erwartete Dividende zum Maßstab macht. Dadurch werden auch unveränderte Dividenden als unerwartete Dividendenankündigung erfaßt, sofern von den Analysten für das betreffende Unternehmen eine Dividendensenkung oder eine Dividendenerhöhung anstatt einer konstanten Dividende vorhergesagt worden ist. Für den Untersuchungszeitraum von Anfang 1994 bis Ende 1996 ermittelt Raman für beide Vorgehensweisen zunächst die kurzfristigen Kurseffekte am Ankündigungstag und dem Folgetag. Dafür unterteilt er das gesamte Sample in die drei naiven Kategorien:

- Dividendensenkung,
- unveränderte Dividende und
- Dividendenerhöhung.

Jede dieser Kategorien unterteilt er entsprechend seiner Vorgehensweise weiter in positive, negative und keine Abweichung der Dividende von der vorhergesagten Dividende. Erwartungsgemäß ergibt sich eine höhere Überrendite bei positiver Abweichung und gleichzeitiger Dividendenerhöhung als für die gesamte Kategorie „Dividendenerhöhung", die beim naiven Ansatz untersucht wird. Auch bei unveränderter Dividende lassen sich positive Überrenditen feststellen, wenn eine Dividendensenkung erwartet worden ist. Dadurch wird die allgemeine Überlegung unterstützt, daß nur unerwartete Ereignisse zu Kursreaktionen führen.

Die bisherigen empirischen Untersuchungen weisen auf den positiven Zusammenhang zwischen der Ankündigung von Dividendenerhöhungen und Kurssteigerungen hin, aber sie erlauben es nicht, zwischen der Signaling-Hypothese und den anderen Erklärungen für die Präferenz von Dividendenzahlungen zu unterscheiden. **Bernheim und Wantz (1995)** wollen die Hypothese vom Signaling mit Dividenden anhand der Auswirkungen von Steueränderungen unterstützen. Sie untersuchen den Einfluß, den verschieden hohe Besteuerungen der Dividenden auf die Kursreaktionen nach Dividendenankündigungen haben. Wenn die Signaling-Hypothese zutrifft, dann könnte ein gutes Unternehmen bei höherer Besteuerung der Dividenden eine geringere Dividende zahlen, da die Kosten des Signaling dann trotzdem so hoch sind, daß die Signale nicht dupliziert werden können. Eine Einheit Dividende beinhaltet in dem Fall mehr Information und führt deshalb auch zu einer stärkeren Kursreaktion als eine Einheit Dividende bei geringeren Steuernachteilen. Die Untersuchung der Jahre 1962 bis 1988 mit den darin erfolgten Steueränderungen zeigt, daß die Aktienkursreaktion pro Einheit Dividendenerhöhung um so größer ausfällt, je höher der Steuernachteil von Dividendenzahlungen im Vergleich zu Kursgewinnen ist.

Andere Untersuchungen beschränken sich nicht auf das Zwei-Tage-Fenster der Ankündigung, sondern wählen ein größeres Intervall vor und nach der Ankündigung. So ermitteln **Aharony und Swary (1980)** mit Hilfe des Marktmodells abnormale Renditen für zwanzig Tage um den Ankündigungstag herum. Sie untersuchen in ihrer Studie, inwieweit die vierteljährlichen Dividenden zusätzliche bewertungsrelevante Informationen enthalten, die über die der vierteljährlichen Gewinnankündigungen hinausgehen. Sie gehen dabei vom „naiven" Dividendenerwartungsmodell, d.h. konstante Dividende ($D_t = D_{t-1}$), aus, indem sie annehmen, daß Manager nur dann von der Dividendenkontinuität abweichen, wenn entsprechende Gewinnänderungen für die Zukunft dauerhaft erwartet werden. Signifikante Ergebnisse finden sie allerdings nur für die Tage 0 und –1. Für Dividendenerhöhungen sind die Abweichungen positiv (0,72% wenn Gewinnankündigungen vorher und 1,03% wenn sie nachher erfolgen). Für Dividendensenkungen sind die Abweichungen für die beiden Tage negativ (-3,76% bzw. -2,82%). Da diese Effekte weitgehend unabhängig von Gewinnankündigungen auftreten, unterstützen die Ergebnisse die These vom Informationsgehalt der Dividendenänderungen.

In der Studie von **Healy und Palepu (1988)** treten signifikante abnormale Renditen hingegen nicht nur am Ankündigungstag, sondern bereits in den Zeiträumen[414] vor der Ankündigung einer Dividendenaufnahme auf. Die Informationen über die Dividendenaufnahme, oder daß es dem Unternehmen besser geht, sind somit bereits vorher bekannt, oder sie werden vom Markt bereits teilweise antizipiert. Als Begründung für diese Beobachtung stellen **Michaely, Thaler und Womack (1995)**, die zu ähnlichen Ergebnissen kommen, fest, daß in dem Zeitraum vor der Ankündigung bei den einbezogenen Unternehmen unerwartete Gewinnänderungen bekannt gegeben worden sind, die in diesen Fällen zu positiven Überrenditen geführt haben.

II. Dividendensenkungen und Dividendenausfälle

Grundsätzlich kann man davon ausgehen, daß das Management einen Informationsvorsprung hinsichtlich der Unternehmensentwicklung hat und diese Informationen durch eine unerwartete Dividendenerhöhung signalisieren kann. So ein gezieltes Signaling ist bei Dividendensenkungen und Dividendenausfällen hingegen nicht zu erwarten, da die Verbreitung negativer Informationen nicht im Interesse der Manager liegt. Das schließt aber nicht aus, daß Dividendensenkungen und Dividendenausfälle ebenfalls Informationen über die zukünftige Unternehmensentwicklung enthalten können. Die folgenden Studien zu diesem Bereich unterstützen diese These, da sie negative Überrenditen am Ankündigungstag ausweisen.[415]

Auch bei Dividendensenkungen stellt sich zunächst die Frage, inwieweit die Änderung unerwartet war. **Impson (1997)** vergleicht dazu die Kursreaktionen bei Ankündigung von Dividendensenkungen für Versorgungswerte mit denen für Unternehmen aus nicht regulierten Industrien. Der negative Ankündigungseffekt ist für die Versorgungsunternehmen doppelt so hoch (-10%) wie für die anderen Unternehmen. Impson führt das darauf zurück, daß bei Versorgungsunternehmen der unerwartete Anteil der Ankündi-

---

[414] Die untersuchte Periode umfaßt die 60 Tage vor und die 20 Tage nach der Ankündigung.

[415] Zu den Kursreaktionen bei Dividendensenkungen und –ausfällen bei Banken siehe Bessler und Nohel (1996) sowie Bessler und Nohel (2000).

gung größer ist, da diese Unternehmen normalerweise ihre Dividende auf hohem Niveau stabil halten. Das führt außerdem zu größeren Enttäuschungen bei der speziellen Anlegerklientel, die diese hohen Dividenden erwartet.

Anders als eine Dividendenerhöhung stellt aber offenbar eine Dividendensenkung nahezu immer eine negative Überraschung für den Kapitalmarkt dar. Jedenfalls unterscheiden sich in der Untersuchung von **Raman (1998)** die Ergebnisse für die beiden Gruppen „Dividendensenkung" und „negative Abweichung von der Analystenerwartung" kaum voneinander.

Auch in der Studie von **Gosh und Woolridge (1988)** ist die Kursreaktion im wesentlichen eine Funktion der unerwarteten Informationen. Sie untersuchen mit Hilfe eines Regressionsmodells den Zusammenhang zwischen Marktreaktionen auf die Ankündigung von Dividendensenkungen und -ausfällen und bestimmten firmenspezifischen Charakteristika. Die Ergebnisse deuten darauf hin, daß die Dividenden einen Informationsgehalt haben, der über den der Gewinnveröffentlichungen hinausgeht. Die negative Reaktion ist kleiner bei Unternehmen, die bereits in der Vorperiode schlechte Neuigkeiten hatten und/oder schon vorher eine schlechte Performance aufwiesen. Die Höhe der Dividendenänderung ist ein Maß für den Informationsgehalt der Ankündigung. Die negative Reaktion ist größer bei kleineren Unternehmen und Unternehmen mit geringerem Risiko gemessen durch die Varianz der Rendite. Eine gleichzeitige Ausgabe von Stock Dividends führt ebenfalls zu geringeren Kursverlusten. Die abnormale Rendite im Zwei-Tage-Fenster bei der Ankündigung beträgt minus 6,17%. Nach der Ankündigung werden keine signifikant abnormalen Renditen mehr beobachtet. Insgesamt unterstützen die Ergebnisse die Signaling-Theorie.

Ähnliche Zusammenhänge findet **Christie (1994)**. Mit Hilfe entsprechender Regressionen ermittelt er für Dividendenausfall und -senkung weitgehend die gleichen Variablen, die einen signifikanten Einfluß auf die abnormale Rendite am Ankündigungstag haben. Dazu zählen der Marktwert des Unternehmens, die absolute und relative Dividendenänderung, die Höhe der kumulierten abnormalen Rendite in den 50 Tagen vor der Ankündigung und die Ausgabe von Stock Dividends anstelle einer Dividendenzahlung. Christie kann keine ökonomische Erklärung dafür geben, warum in seiner Studie die negative Kursreaktion am Ankündigungstag bei einem Dividendenausfall (-6,94%) geringer ist, als wenn die Dividende um mehr als 60% gesenkt wird (-8,78%). Unternehmen, die wegen Wachstumsmöglichkeiten auf Dividendenzahlungen verzichten, stehen dabei nicht besser da als solche, die aus finanziellen Schwierigkeiten die Dividende kürzen. Der vermutete Einfluß von wachstumsmotivierten Dividendenausfällen konnte somit ebenso wenig bestätigt werden wie der Einfluß künftiger Dividendenzahlungen, die nach einem Dividendenausfall höher sind als nach einer um mehr als 60% gesenkten Dividende.

Die im Vergleich zu Dividendenaufnahmen stärkeren Kursreaktionen bei der Ankündigung von Dividendenausfällen führen **Michaely, Thaler und Womack (1995)** in ihrer Studie auf die höhere absolute Dividendenänderung bei Dividendenausfällen zurück.

Wie bei den Dividendenerhöhungen treten in der Studie von **Healy und Palepu (1988)** signifikante abnormale Renditen nicht nur am Ankündigungstag, sondern bereits in den Zeiträumen vor der Ankündigung eines Dividendenausfalls auf, allerdings mit negativem Vorzeichen. Zu dieser Erkenntnis kam bereits **Pettit (1972)** in seiner Studie, allerdings auf der Basis monatlicher Daten. Um die Hypothese vom effizienten Markt zu stützen, ermittelt er die Geschwindigkeit und die Genauigkeit, mit der die Marktpreise auf die Ankündigungen von Dividendenänderungen reagieren. Er findet signifikante abnormale Renditen im Ankündigungsmonat der Dividendenänderung und im zeitlichen Umfeld des Ankündigungstags. Bereits in den beiden Monaten vor der Ankündigung eines Dividendenausfalls ist die Rendite abnormal negativ. Es ist jedoch schwer zu ermitteln, ob die Ursache im Insidertrading oder in anderen zuvor veröffentlichten negativen Informationen liegt. Nach dem Ankündigungstag lassen sich keine abnormalen Renditen erzielen.[416] Insgesamt gesehen ist damit die Abneigung des Managements gegen eine Dividendensenkung begründet. Wenn sie doch erfolgen muß, dann ist die negative Kursreaktion um so größer, da es sich hier um ein unfreiwilliges Signaling handelt. Pettit plädiert deshalb für eine Änderung der Informationspolitik der Unternehmen. Je mehr andere Informationen verteilt werden, um so weniger Informationsgehalt verbleibt der Dividendenzahlung. In diesem Zusammenhang ist „Disclosure“ besonders wichtig.

---

[416] Das gilt nicht für Dividendenaufnahmen. Die Unternehmen, die ihre Dividendenzahlung aufgenommen haben, weisen in den 12 Monaten nach Ankündigung eine kumulierte abnormale Rendite von plus 16 % auf.

III. Sonderaspekte bei der Ankündigung

Es gibt zahlreiche Faktoren, die auf den Umfang der in einer Dividendenänderung enthaltenen Informationen Einfluß haben können. Dazu zählen der Zeitpunkt der Ankündigung, Kapitalerhöhungen im Umfeld der Ankündigung, der Umfang des Insiderhandels und die Bezeichnung der Dividende (reguläre Zahlung oder Sonderausschüttung).

Darüber hinaus ist von besonderer Bedeutung, wie groß die Informationsasymmetrie ist. **Kane, Lee und Marcus (1984)** stellen für ihre Untersuchung die Frage, ob die Ankündigungen von Dividendenzahlungen und Gewinnen in Abhängigkeit voneinander bewertet werden, d.h. ähnliche Informationen beinhalten. Ihre Ergebnisse unterstützen die Überlegung, daß unerwartete Gewinn- und Dividendenankündigungen zwar bereits jeweils aus sich selbst heraus zu abnormalen Kurseffekten führen, aber darüber hinaus bestehen eindeutige Interdependenzen, d.h. die Bewertung der einen Ankündigung erfolgt immer unter Berücksichtigung der anderen Ankündigung.

Neben dem Inhalt der Ankündigung könnte in bestimmten Fällen auch bereits der vom Unternehmen gewählte Zeitpunkt der Ankündigung Informationen beinhalten. **Kalay und Loewenstein (1986)** untersuchen den Einfluß verspätet erfolgender Ankündigungen. Die Erwartungen der Marktteilnehmer über den Ankündigungstermin leiten sich aus dem Verhalten in der Vergangenheit ab. Bei Ankündigungen, die mehr als fünf Tage verspätet sind, erzielt die Aktie bereits in den zehn Tagen vor der Ankündigung abnormale negative Renditen, weil der Markt bei verzögerter Ankündigung schlechte Nachrichten erwartet.

Dem Timing könnte auch dann eine besondere Bedeutung zukommen, wenn zeitnah eine Kapitalerhöhung durchgeführt werden soll. **Loderer und Mauer (1992)** untersuchen die Verbindungen von Kapitalerhöhungen und Dividendenerhöhungen. Wenn die Ankündigung von Dividendenerhöhungen zu positiven Kursreaktionen führt, dann könnte es sinnvoll sein, vor einer Kapitalerhöhung auch die Dividende zu erhöhen. Dementsprechend geben Unternehmen Kapitalerhöhungen eher nach als vor einer Dividendenankündigung bekannt. Es sind jedoch, wenn überhaupt, empirisch nur geringe Vorteile aus der Verknüpfung der beiden Maßnahmen feststellbar. Die Untersuchung zeigt keinen Unterschied der Dividendenpolitik von emittierenden und nicht emittierenden Unternehmen.

Manuel, Brooks und Schadler (1993) hingegen sehen durch ihre Untersuchungsergebnisse die Implikationen des Modells von John und Williams (1985) bestätigt. Die Kursreaktion auf die Ankündigung einer Kapitalerhöhung ist negativ und größer, wenn diese vor der Ankündigung der Dividendenzahlung erfolgt. Ein solches Vorgehen läßt nämlich vermuten, daß es zu einer Dividendensenkung kommen könnte, da die Ankündigungen normalerweise zeitlich nach den Ankündigungen für Gewinne und Dividenden liegen. Unternehmen, die eine Dividendenerhöhung vornehmen werden und damit ihre positiven Ertragsaussichten signalisieren, können sich durch das Timing der Ankündigung ihrer Kapitalerhöhung von den anderen Unternehmen, die ihre Dividende senken müssen, positiv abheben.

Nach dem Modell von **John und Lang (1991)** sind die Kursreaktionen auf eine Dividendenerhöhung auch davon abhängig, ob Insider vor der Ankündigung Aktien kaufen oder verkaufen. In ihrem empirischen Test fallen die abnormalen Renditen um etwa 2,5%-Punkte höher aus, wenn Insider vor der Dividendenerhöhung die Aktien kaufen, als wenn sie sie verkaufen. Danach bestimmen letztlich die Insider-Aktivitäten vor einer Dividendenankündigung, ob eine Dividendenerhöhung wirklich positive Informationen über die zukünftige Ertragsentwicklung beinhaltet, oder ob sie nur Ausdruck fehlender Investitionsmöglichkeiten ist.

Für den Informationsgehalt einer unerwartet höheren Ausschüttung ist auch entscheidend, in welcher Form sie erfolgt, ob als reguläre Dividendenzahlung oder als Bonusdividende. **Brickley (1983)** untersucht den Informationsgehalt von Sonderausschüttungen (Bonusdividenden) und vergleicht ihn mit dem von regulären Dividendenzahlungen. Seine Ergebnisse unterstützen die These, daß Unternehmen Dividendenerhöhungen benutzen, um dem Markt Informationen über die künftigen Ertragsaussichten zu signalisieren. Dabei enthält eine Erhöhung der regulären Dividende mehr Informationen, als eine einmalige Dividendenerhöhung, die mittels einer Sonderausschüttung erfolgt.

Nach einer Studie von **DeAngelo, DeAngelo und Skinner (2000)** ist die durchschnittliche Kursreaktion auf die Ankündigung von Sonderausschüttungen nicht bedeutend. Der Informationsgehalt ist deshalb bestenfalls sehr gering. Bei gleichzeitig konstanter regulärer Dividende folgt auf die Ankündigung einer Sonderausschüttung zwar eine signifikant positive Überrendite. Das betrifft allerdings auch die Fälle, in denen eine zuvor bereits gezahlte Bonusdividende[417] jetzt gesenkt wird. Anders als bei der regulären Dividendenzahlung reicht offenbar die Ankündigung, daß überhaupt eine Bonusdividende gezahlt wird, aus, um positive Kursreaktionen hervorzurufen.

IV. Zusammenfassung

Die Ankündigung einer unerwarteten Dividendenänderung führt unmittelbar zu gleichgerichteten Kursreaktionen und beinhaltet somit neue bewertungsrelevante Informationen. Die Höhe der Kursreaktion ist von verschiedenen Faktoren abhängig.

Je größer die Dividendenänderung ausfällt, um so stärker ist auch die Kursreaktion. Aber auch hier ist zu beachten, daß nur der Teil der Dividendenänderung zu einer Kursreaktion führt, der unerwartet ist. Nur bei Dividendenausfällen kann man davon ausgehen, daß sie immer unerwartet sind.[418] Insbesondere Dividendenerhöhungen sollten hingegen diesbezüglich differenziert bewertet werden. Die den Kursentwicklungen vor der Dividendenänderung zugrundeliegenden Informationen beeinflussen die Erwartungen bezüglich der Dividendenzahlung.

Eine Dividendenerhöhung enthält besonders dann positive Informationen, wenn vor der Ankündigung verstärkt Käufe von Insidern festzustellen sind. Erfolgt die Dividendenerhöhung nicht als reguläre Dividende sondern als Bonusdividende, dann werden dadurch weniger Informationen signalisiert.

Die Untersuchungen bestätigen die erste Bedingung an eine Signaling-Funktion der Dividendenpolitik, denn unerwartete Dividendenänderung führen zu Kursreaktionen. Die im folgenden Abschnitt aufgeführten Untersuchungen sollen Aufschluß darüber geben, ob eine Dividendenänderung eine gleichgerichtete Änderung der zukünftigen Gewinne nach sich zieht und dementsprechend die Gewinnerwartungen aufgrund einer unerwarteten Dividendenänderung angepaßt werden (zweite und dritte Anforderung).

---

417 Die US-Firmen haben früher regelmäßig Bonusdividenden gezahlt und Veränderungen der Ausschüttungssumme durch eine Veränderung dieser Dividenden vorgenommen. Durch die fortlaufende Zahlung einer Bonusdividende ähnelte diese immer mehr einer regulären Dividendenzahlung. Das dürfte ein Grund dafür gewesen sein, daß die Unternehmen heute eine solche Ausschüttungspolitik nicht mehr betreiben und Bonusdividenden nur noch als einmalige größere Sonderausschüttungen vorkommen. DeAngelo, DeAngelo, Skinner (2000), S. 311.

418 Das muß aber nicht bedeuten, daß die Dividendenänderung in vollem Umfang unerwartet ist. So kann eine Dividendensenkung durchaus bereits erwartet worden sein.

2. Zusammenhang zwischen Dividendenänderung und zukünftiger Unternehmensentwicklung

Der Anleger wird eine Dividendenänderung nur dann als Signal über die zukünftige Gewinnentwicklung interpretieren, wenn die Erfahrung der Vergangenheit gezeigt hat, daß ein Zusammenhang zwischen Dividendenänderung und zukünftiger Gewinnentwicklung besteht. Im Mittelpunkt der folgenden Untersuchungen steht somit nicht mehr die Kursentwicklung der Aktien sondern die Gewinnentwicklung der Unternehmen nach einer Dividendenänderung.

Die Untersuchungen kommen in diesem Bereich zum Teil zu entgegengesetzten Schlußfolgerungen. Zunächst werden die Untersuchungen vorgestellt, die eine positive Korrelation zwischen einer Dividendenänderung und der zukünftigen Unternehmensentwicklung finden. Anschließend folgen die Untersuchungen, die keine Anzeichen für einen derartigen Zusammenhang feststellen können.[419]

Neben diesem Hauptaspekt enthalten einige Studien Hinweise auf weitere Zusammenhänge. So untersuchen **Healy und Palepu (1988)** nicht nur, inwieweit eine Dividendenaufnahme oder ein Dividendenausfall Informationen über zukünftige Gewinnänderungen signalisiert, sondern auch inwieweit sich aus den Gewinnänderungen vorausgegangener Jahre eine derartige Dividendenänderung prognostizieren läßt. Bei einer Aufnahme der Dividende fallen die Gewinnsteigerungen der nächsten drei Abschlüsse nach Ankündigung der Aufnahme höher aus als bei vergleichbaren Unternehmen. Die Ankündigung des Dividendenausfalls hingegen wird von einem überdurchschnittlich starken Gewinnrückgang begleitet. Bereits die beiden vorangegangenen Abschlüsse weisen überdurchschnittliche Gewinnrückgänge aus, die allerdings noch nicht so deutlich wie im Jahr der Ankündigung ausfallen. Überraschend zeigt die Untersuchung für die Jahre nach der Ankündigung des Dividendenausfalls signifikant positive Gewinnänderungen. Allerdings beurteilen die Autoren selbst dieses Ergebnis sehr skeptisch. Träfe es jedoch zu, würde das bedeuten, ein Dividendenausfall erfolgt überwiegend am Ende einer negativen Unternehmensentwicklung und enthielte somit keine negativen Informationen über die zukünftige Unternehmensentwicklung. Zusammenfassend kommen die Autoren zu dem Ergebnis, daß die Manager der Unternehmen vergangene, gegenwärtige und zukünftige Gewinne in Betracht ziehen, wenn sie über die Auf-

---

419 Eine Unterteilung der Studien hinsichtlich positiver und negativer Dividendenänderungen unterbleibt hier, da nahezu alle Studien beide Kategorien untersuchen.

nahme oder den Ausfall einer Dividende entscheiden. Deshalb werden diese Entscheidungen vom Markt als Signal der Manager über die zukünftige Gewinnentwicklung interpretiert. Das heißt allerdings nicht zwangsläufig, daß Manager die Dividendenänderungen gezielt einsetzen, um Gewinnvoraussagen zu verbreiten.

Nach der Studie von **Akhigbe und Madura (1996)** tendieren Unternehmen, die eine Dividendenaufnahme angekündigt haben, in den nächsten drei Jahren zu höherem Wachstum, einem höheren Niveau bei den Investitionen, einem höheren Verschuldungsgrad und höherem Gewinn. Nach einem Dividendenausfall folgen Jahre mit geringerem Wachstum, höheren Nettoumsätzen, einem höheren Verschuldungsgrad und geringeren Gewinnen im Vergleich zu den anderen Unternehmen entsprechender Größe.

Noch weiter eingegrenzt ist der Untersuchungsgegenstand bei **Lipson, Maquieira und Megginson (1998)**. Sie untersuchen den Zusammenhang zwischen Dividendenaufnahme und den nachfolgenden Gewinnveränderungen bei Neuemissionen. Dazu stellen sie Neuemissionen, die Dividendenzahlungen aufnehmen, den zur gleichen Zeit erfolgenden Neuemissionen der gleichen Branche, die keine Dividende zahlen, gegenüber. Die Dividende zahlenden Unternehmen weisen zwar im Jahr nach der Dividendenaufnahme höhere Gewinne aus, aber nicht mehr im zweiten Jahr. Diese Unternehmen waren älter, größer und profitabler als die Unternehmen, die keine Dividende zahlten. Neu an den Markt gehende Unternehmen können sich durch die Aufnahme von Dividendenzahlungen positiv von den anderen unterscheiden. Insofern ist eine Signalfunktion der Dividendenaufnahme hier gegeben.

Ebenfalls die Dividendenpolitik von Unternehmen, die sich in einer besonderen Situation befinden, untersuchen **DeAngelo, DeAngelo und Skinner (1992)**. Bei ihnen handelt es sich um Unternehmen, die nach zehn Jahren positiver Nettoerträge plötzlich einen Verlust verzeichnen. Gut die Hälfte von ihnen senkt daraufhin die Dividende. In der nachfolgenden Periode verbessert sich die Gewinnsituation wieder, allerdings weit weniger ausgeprägt für die Gruppe von Unternehmen, die eine Senkung vorgenommen haben. Diese Unternehmen haben vergleichsweise größere und länger andauernde Ertragsprobleme. Eine Dividendensenkung liefert deshalb ein zuverlässiges Signal, daß die Manager eine weiterhin schlechte Ertragslage erwarten. Die Dividendenpolitik bietet neben der aktuellen Ertragslage zusätzliche Informationen, um künftige Gewinne schätzen zu können. Allerdings hängt der zusätzliche Informationsgehalt der Dividenden von der Charakteristik der aktuellen Gewinne ab. Je unzuverlässiger sich aus den aktuellen Gewinnen Prognosen ableiten lassen, weil Teile der Gewinne außergewöhnlich sind, um so höher ist der Informationsgehalt der Dividendenzahlung.

Brook, Charlton und Henderscott (1998) wählen für ihre Studie einen ähnlichen Ansatz. Sie stellen Unternehmen mit einer übereinstimmenden Cashflow Charakteristik zusammen und untersuchen, welche Dividendenpolitik diese Unternehmen verfolgt haben. Alle untersuchten Unternehmen haben vier Jahre lang konstante Cashflows gehabt, bevor ein starker Anstieg erfolgt. Diese Gruppe wird noch einmal danach unterteilt, ob dieser Anstieg permanent oder temporär ist. Als Kontrollportfolio dienen die Unternehmen, deren Cashflows auch im fünften Jahr konstant bleiben. Unternehmen, deren Anstieg permanent war, haben im Jahr zuvor häufiger die Dividende erhöht als die anderen Unternehmen und die Erhöhungen fallen größer aus. Auch nur diese Gruppe weist für das Jahr vor dem Anstieg der Cashflows signifikant positive Überrenditen auf. Die Ergebnisse sind konsistent mit der Signaling-Hypothese durch Dividenden.

Die Untersuchung von **Aharony und Dotan (1994)** bestätigt die Aussagekraft von Dividendenänderungen hinsichtlich zukünftiger Unternehmensgewinne. Die unerwarteten Gewinne waren in den Perioden nach einer Dividendenerhöhung (Dividendensenkung) im Durchschnitt größer (kleiner) als bei Unternehmen, die ihre Dividendenzahlung konstant ließen.

Zusammenfassend läßt sich feststellen, daß die bisher vorgestellten Studien trotz unterschiedlicher Ansätze zu Ergebnissen kommen, die für einen Zusammenhang von Dividendenänderungen und nachfolgenden Gewinnentwicklungen sprechen und damit die Signaling-Hypothese durch Dividenden unterstützen. Die folgenden Studien können im Gegensatz dazu keinen signifikanten Zusammenhang zwischen einer Dividendenänderung und nachfolgenden Gewinnänderungen feststellen.

Watts (1973) verbindet künftige Gewinnänderungen mit unerwarteten Dividendenänderungen, um zu untersuchen, ob Dividenden Informationen enthalten, die über die aus Gewinndaten zu erzielenden Information hinausgehen. Er findet einen positiven, allerdings sehr geringen Zusammenhang und schließt daraus, daß Dividenden, wenn überhaupt, dann nur sehr wenig Informationen beinhalten.

Jensen und Johnson (1995) finden in ihrer Studie, daß für diese Stichprobe die Gewinne nach einer Dividendensenkung wieder ansteigen. Die Dividendensenkung steht damit am Ende der negativen Ertragsentwicklung und am Beginn einer Unternehmensumstrukturierung. Denn nach der Dividendensenkung ändern sich viele Unternehmensdaten, die Jensen und Johnson untersucht haben. Der Umschwung in der Ertragslage ist nicht auf gesteigerte Umsätze, sondern auf Kostensenkungen zurückzuführen. Eine **Dividendensenkung** signalisiert demnach nicht eine schlechte Ertragslage in den Folgeperioden, sondern steht eher am Ende einer weniger erfolgreichen Zeit.

DeAngelo, DeAngelo und Skinner (1996) betrachten in ihrer Untersuchung die Dividendenpolitik von den Unternehmen, die nach mindestens neun Jahren stetig wachsender Gewinne erstmals einen Gewinnrückgang ausweisen. In diesen Fällen sollte die Dividendenpolitik den Investoren signalisieren, ob der Gewinnrückgang nur vorübergehend oder dauerhaft sein wird. Die Ergebnisse der Untersuchung sprechen jedoch in diesem Fall gegen eine solche Signalfunktion der Dividendenpolitik. Von den 145 Unternehmen erhöhen 68,3% trotz des Gewinnrückgangs die Dividende. Entgegen der Signaling-Hypothese erzielen diese Unternehmen in den folgenden drei Jahren keine unerwarteten Gewinnsteigerungen, statt dessen bleiben die Gewinne teilweise hinter den Erwartungen zurück. Sie unterscheiden sich kaum von den Gewinnen der Unternehmen, die ihre Dividende unverändert ließen. Das Signal „**Dividendenerhöhung**" ist hier nicht geeignet, zwischen Unternehmen mit guten und weniger guten Erfolgsaussichten zu differenzieren. Die Kursreaktion bei Ankündigung der Dividendenerhöhung ist dennoch signifikant positiv. Sie fällt jedoch mit 0,66% moderat und in etwa so hoch aus wie im Vorjahr. Insgesamt kann die Untersuchung nicht bestätigen, daß Dividendenentscheidungen ein nützliches Signal über die künftige Ertragslage darstellen. Die Entscheidung, die Dividende trotz Gewinnrückgangs zu erhöhen, führen die Autoren auf die zu optimistischen Erwartungen der Manager zurück, die noch nicht wahrhaben wollen, oder nicht bereit sind einzugestehen, daß die Ertragslage sich geändert hat. Da die Erhöhungen im Vergleich zu den erzielten Gewinnen sehr gering ausfallen, werden für dieses Signal nur relativ wenig zusätzliche Mittel aufgewendet. Somit entsteht für die Manager kein gravierender Nachteil, falls ihre Einschätzungen nicht zutreffen sollten.

Benartzi, Michaely und Thaler (1997) können für die Zeit nach der **Dividendenerhöhung** kein unerwartetes Gewinnwachstum feststellen. Dennoch finden sie signifikant positive Überrenditen für die drei Jahre nach der Ankündigung einer Dividendenerhöhung. Falls Unternehmen ein Signal senden, so ist es nicht ein Signal über zukünftiges Gewinnwachstum. Aber der Markt versteht das offenbar nicht. Deshalb kommen sie zu dem Fazit: „Why firms would burn money to send a signal that is not received is, indeed, a mystery.“[420]

Andere Untersuchungen interessieren sich weniger für die Höhe als vielmehr für die Variabilität künftiger Gewinne, um daraus Aussagen über ein möglicherweise verändertes Risiko der Unternehmen abzuleiten. Eine Verringerung des Risikos würde die These unterstützen, daß eine Dividendenerhöhung als Information die Dauerhaftigkeit des derzeitigen Gewinniveaus signalisiert.

Venkatesh (1989) untersucht den Einfluß von **Dividendenaufnahmen** auf den Informationsgehalt künftiger Gewinnankündigungen und auf die Volatilität künftiger Gewinne. Die Ergebnisse seiner empirischen Untersuchung zeigen, daß der Informationsgehalt künftiger Gewinnankündigungen nach einer Dividendenaufnahme sinkt. Daraus schließt Venkatesh, daß Dividenden und Gewinne zumindest teilweise Informationssubstitute sind. Sind Investoren bisher allein auf Gewinnzahlen angewiesen, um künftige Cashflows zu schätzen, können sie jetzt zusätzlich auf die Dividendenzahlungen als Information zurückgreifen. Im zweiten Untersuchungsfeld zeigt sich, daß die Volatilität der täglichen Rendite nach der Dividendenaufnahme abnimmt. Diese Verringerung des Unternehmensrisikos führt er darauf zurück, daß die Investoren jetzt stärker die Dividendenpolitik für die Informationsgewinnung heranziehen als andere Daten.

Dyl und Weigand (1998) stellen eine Risiko-Informations-Hypothese auf. Danach beinhaltet die Entscheidung des Managements, Dividendenzahlungen aufzunehmen, neue Informationen über das Risiko des Unternehmens. Theoretischer Ansatzpunkt ist die starke Abneigung der Manager, Dividendenerhöhungen vorzunehmen, die möglicherweise wieder revidiert werden müssen. Eine **Dividendenerhöhung** bedeutet demnach, daß das Management sich sicher ist, auch in Zukunft zumindest diese Dividende zahlen zu können, da bei den Gewinnen nicht mit unerwarteten Einbrüchen zu rechnen ist, sondern von zukünftig stabilen Gewinnen und Cashflows auszugehen ist. Ihre Untersuchungsergebnisse zeigen, daß das Gesamtrisiko insbesondere für größere Unter-

---

[420] Benartzi, Michaely und Thaler (1997), S. 1009.

nehmen ebenso abnimmt wie das systematische Risiko vor allem für kleinere Unternehmen.[421]

Falls Dividendenänderungen auf geänderte Ertragserwartungen des Managements zurückzuführen sind, müssen sich bei der Ankündigung derartiger Dividendenänderungen auch die Gewinnvorhersagen der Analysten entsprechend ändern. **Ofer und Siegel (1987)** untersuchen die Gewinnerwartungen der Analysten vor und nach dem Ankündigungstag als Maß für die Markterwartungen. Die Ergebnisse ihrer Studie zeigen, daß die Analysten nach der Ankündigung unerwarteter Dividendenänderungen ihre Gewinnerwartungen dementsprechend ändern. Das Ausmaß der Änderung ist positiv korreliert mit der Höhe der Dividendenänderung und mit der durch die Kursreaktionen am Ankündigungstag hervorgerufenen Änderungen des Marktwertes.

Eine **Zusammenfassung** der Ergebnisse zeigt, daß zwei der drei Bedingungen für eine Signalfunktion der Dividendenpolitik offenbar erfüllt sind. Eine unerwartete Dividendenänderung führt zu gleichgerichteten Kursänderungen. Die Analysten passen ihre Gewinnerwartungen den neuen Informationen an. Das sind die bisher widerspruchsfrei gewonnenen Erkenntnisse aus den empirischen Studien. Entscheidend für den Anleger ist jedoch, wie sich das Unternehmen tatsächlich längerfristig nach der Dividendenänderung entwickeln wird. Die weitere Entwicklung kann besser oder schlechter als erwartet ausfallen. Denkbar ist es auch, daß sie genau den nach der Dividendenänderung gebildeten Erwartungen entspricht.

Die zahlreichen Untersuchungen zur Gewinnentwicklung nach einer Dividendenänderung lassen keine allgemeingültigen Aussagen zu. Es erweist sich als schwierig, zwischen erwarteten und unerwarteten Gewinnentwicklungen zu unterscheiden. Das gilt insbesondere dann, wenn es sich bei der Dividendenänderung nicht um eine Dividendenaufnahme oder einen Dividendenausfall handelt. Die Studien, die sich auf die Untersuchung von Dividendenausfällen und –aufnahmen beschränken, finden in der Regel einen positiven Zusammenhang zwischen der Dividendenänderung und nachfolgenden Gewinnänderungen. Zwar messen die meisten Studien die Gewinnveränderungen der Unternehmen nach einer Dividendenänderung an denen vergleichbarer Unter-

---

[421] Caroll und Sears zeigen hingegen in ihrer Untersuchung, daß nach Dividendenankündigungen beobachtete Änderungen im Beta der Unternehmen nicht automatisch auf diese Information zurückzuführen sind. Caroll und Sears (1994), S. 371.

nehmen ohne Dividendenänderung, aber einige Studien untersuchen lediglich die Veränderung der Erträge des jeweiligen Unternehmens im Zeitablauf.

Eine Möglichkeit, weitere Einsichten in diese Problematik zu gewinnen, könnte die Untersuchung der langfristigen Kursentwicklung nach einer unerwarteten Dividendenänderung bieten. Nur Informationen über unerwartete Gewinnänderungen sollten zu entsprechenden Kursänderungen führen. Durch die Berechnung von Überrenditen im Vergleich zu einem Index oder Vergleichsportfolio haben Ertragsänderungen, die allein auf unerwartete gesamtwirtschaftliche Änderungen zurückzuführen sind, keinen Einfluß auf das Ergebnis. Und auch aus Anlegersicht ist dieses Vorgehen sinnvoll. Noch wichtiger als die zukünftige Gewinnentwicklung des Unternehmens ist für den Aktionär letztlich die sich daraus ergebende Kursentwicklung unter Berücksichtigung der Dividendenzahlungen.

3. Langfristige Kurseffekte

Auch im Bereich der langfristigen Kurseffekte konzentrieren sich die Studien häufig nur auf die spektakulären Dividendenänderungen, die Dividendenaufnahme und den Dividendenausfall. Dadurch steigt die Wahrscheinlichkeit, daß nur unerwartete Dividendenänderungen erfaßt werden.

Das gilt noch nicht für die Studie von **Charest (1978)**. Er untersucht die Kurseffekte bei der Ankündigung von Dividendenerhöhungen und -senkungen, nachdem mindestens zwei Jahre lang vorher konstante Dividenden gezahlt worden sind. Für den Zeitraum von zwei Jahre vor bis zwei Jahre nach der Ankündigung erzielen die Aktien von Unternehmen, die ihre Dividende erhöht haben, eine kumulierte abnormale Rendite von etwa 13%. Im Falle einer Dividendensenkung beträgt der relative Kursverlust minus 33%. Im Ankündigungsmonat selbst liegen die abnormalen Renditen bei 3,18% bzw. minus 7,42%. Die Ergebnisse basieren auf Monatsdaten.

Wie schon bei der Untersuchung der kurzfristigen Kurseffekte verwendet **Raman (1998)** auch bei der Betrachtung langfristiger Kurseffekte die Dividendenerwartungen der Analysten, um nur die Dividendenankündigungen zu erfassen, die davon abweichen und somit unerwartet sind. Die langfristigen Kursreaktionen, gemessen durch die abnormalen Buy-and-Hold-Return (BHAR) für ein und zwei Jahre nach der Ankündigung, sind signifikant positiv, wenn eine Erhöhung der Dividende zumindest der Höhe nach die Analysten überrascht hat.

Ein Blick auf seine Ergebnisse für unerwartet negativ ausfallende Dividenden zeigt aber die Problematik, wenn nur allein die Abweichungen von den Erwartungen als Klassifizierungsmerkmal benutzt werden. Fällt die negative Überraschung in die Kategorie Dividendensenkung, dann ergeben sich BHAR von –21,6% (1 Jahr) und -29,6% (2 Jahre), fällt sie jedoch in die Kategorie Dividendenerhöhung, dann ergeben sich nicht signifikante BHAR von +0,6% bzw.-1%. Wenn man also alle Unternehmen, deren Dividendenzahlungen unter den Erwartungen der Analysten geblieben sind, in einer Gruppe zusammenfaßt, dann ist dies nicht geeignet, die Signalwirkung der Dividendenpolitik zu untersuchen. Vielmehr ist es sinnvoll, sich auf die Dividendenerhöhungen, die eine positive Überraschung darstellen, und auf die Dividendensenkungen, die eine negative Überraschung darstellen, zu beschränken.[422]

Die folgenden Studien konzentrieren sich auf die Extrema einer Dividendenänderung, den Dividendenausfall und die Dividendenaufnahme. Hier sollten in aller Regel die Kursreaktionen am deutlichsten auftreten.

Christie (1990) vergleicht die Renditen von Unternehmen, die langfristig keine Dividenden zahlen, mit denen von Unternehmen, die Gewinne in Form von Dividenden ausschütten. Eine signifikant negative Differenz tritt besonders in den Jahren direkt nach der Ankündigung des Dividendenausfalls auf. Als Ursache dieser Ergebnisse kommen für ihn eher Dividendenerwartungen als Steuereffekte in Frage. Falls Steuergründe für die Differenz verantwortlich wären, müßte es unerheblich sein, wie lange ein Unternehmen ohne Dividendenzahlung bleibt. Bei Unternehmen, die länger keine Dividende gezahlt haben oder die neu am Markt sind, steigt die Wahrscheinlichkeit, daß in Zukunft eine positive Nachricht in Form der Dividendenaufnahme verkündet wird. Das kann zu Kurssteigerungen führen. Ein Dividendenausfall als schlechte Nachricht ist hingegen nur bei den Dividende zahlenden Unternehmen möglich und wahrscheinlich. So erzielen Unternehmen, die die Dividendenaufnahme ankündigen, nur in den ersten vier Jahren positive Überrenditen.

Akhigbe und Madura (1996) untersuchen die Änderung der langfristigen Aktienrendite der Unternehmen, die ihre Dividenden geändert haben. Zusätzlich versuchen sie

---

[422] Deshalb kann Raman nicht uneingeschränkt zugestimmt werden, wenn er behauptet: „Thus, it is the dividend surprise that conveys information to financial markets.“ Raman (1998), S. 80. Zusätzlich ist zu berücksichtigen, wie die Dividende sich im Vergleich zur vorangegangenen Dividendenzahlung entwickelt hat.

zu bestimmen, welche firmenspezifischen Charakteristika für die unterschiedlichen Renditeentwicklungen nach einem Dividendenausfall bzw. einer Dividendenaufnahme verantwortlich sein könnten. Die bisher vorwiegend untersuchten unmittelbaren Kursreaktionen reflektieren die geänderten Erwartungen der Anleger bezüglich der künftigen Cashflows der Unternehmen. Sie sagen aber nichts darüber aus, ob die Interpretation des Signals durch die Anleger überhaupt richtig war. Dementsprechend beginnt die Untersuchungsperiode im Monat nach der Ankündigung und dauert drei Jahre. Gemessen werden die kumulierten abnormalen Renditen, die um Risiko- und Größeneffekte bereinigt wurden. Die abnormale Rendite ist in allen drei Jahren nach einer Dividendenaufnahme signifikant positiv. Über 50% der Unternehmen erzielen in jedem der drei Jahre eine positive Überrendite. Insgesamt ergeben sich Überrenditen von +14,5% (1 Jahr), +22,7% (2 Jahre) und +29,42% (3 Jahre). Nach einem Dividendenausfall hingegen läßt sich nur für das erste Jahr nach Ankündigung eine signifikante abnormale Rendite ermitteln, die allerdings mit minus 29,93% sehr hoch ausfällt. In beiden Fällen ist der langfristige Kurseffekt um so ausgeprägter, je größer die absolute Dividendenänderung ausgefallen ist.

Michaely, Thaler und Womack (1995) kommen von der Tendenz her zu ähnlichen Ergebnissen. Langfristig gesehen entwickeln sich die Kurse nach einer Dividendenänderung jeweils weiter in die gleiche Richtung wie schon kurzfristig geschehen. Die abnormalen Buy-and-Hold-Return (BHAR) für Perioden von einem, zwei und drei Jahren nach Ankündigung erreichen bei einem Dividendenausfall -11%, -15% bzw. -15,3%. Die entsprechenden Werte für die Dividendenaufnahme erreichen +7,5%, +15,6% bzw. +24,8%. Die Kursreaktionen fallen in den ersten Monaten nach der Ankündigung des Dividendenausfalls viel stärker aus als nach einer Dividendenerhöhung. Weder die Überrenditen für beide Ereignisse noch ihre Unterschiede lassen sich durch die Höhe der Dividendenänderung oder die Liquidität des Aktienhandels erklären. Auch ein Preisdruck durch einen möglichen Wechsel der Klientel aufgrund der geänderten Dividendenpolitik ist nicht festzustellen.

Als Fazit dieser Untersuchungen ergibt sich, daß Unternehmen, die ihre Dividenden ausfallen lassen, in der Regel auch zukünftig zu den Underperformern gehören werden. Von den Unternehmen, die die Dividendenzahlungen aufnehmen, darf man hingegen in den folgenden Jahren eine Overperformance erwarten. Diese Ergebnisse harmonieren mit den im vorangegangenen Abschnitt dargestellten Ergebnissen über die zukünftige Ertragsentwicklung nach einem Dividendenausfall bzw. einer Dividendenaufnahme. Das bedeutet jedoch nicht, daß es neben dem Signaling nicht noch andere Gründe für die Ankündigungseffekte bei einer unerwarteten Dividendenänderung geben kann.

4. Andere Erklärungen für Kursreaktionen nach Dividendenankündigungen

Alle Untersuchungen gelangen zu dem Ergebnis, daß die Ankündigung einer unerwarteten Dividendenerhöhung kurzfristig positive Kursreaktionen für die Aktie hervorruft. Wenn der Effekt sich aus dem Signal für eine bessere Unternehmensentwicklung ableitet, dann sollten auch die Anleihekurse des Unternehmens bei der Ankündigung steigen. Das ist die These, die **Dhillon und Johnson (1994)** für große Dividendenänderungen untersuchen. Die Ergebnisse der Studie bestätigen die These jedoch nicht, sondern deuten vielmehr darauf hin, daß bei einer Dividendenerhöhung die damit verbundene **Vermögensumverteilung** von den Fremdkapital- zu den Eigenkapitalgebern für die Kurssteigerungen am Aktienmarkt verantwortlich ist, da gleichzeitig die Kurse der Anleihen sinken. Bei einem positiven Signal über künftige Erträge hätten auch die Anleihepreise steigen müssen.

Zu entgegengesetzten Schlußfolgerungen kamen zehn Jahre zuvor in einer ähnlichen Untersuchung allerdings **Handjinicolaou und Kalay (1984).** Auch sie untersuchen neben der Reaktion der Aktienkurse die der Anleihekurse des jeweiligen Unternehmens. Reagieren beide Kurse gleichgerichtet, so spricht das für die Signaling-Theorie. Reagieren Aktien- und Anleihekurse entgegengesetzt, ist die Kursreaktion in erster Linie auf die Vermögensumverteilung zurückzuführen. Ihre Ergebnisse besagen, daß die Anleihekurse nicht auf Dividendenerhöhungen reagieren. Nur bei Dividendensenkungen sinken sie. Diese empirischen Ergebnisse unterstützen die Signaling-Theorie. Denn künftige Gewinnsteigerungen, die durch eine Dividendenerhöhung signalisiert werden, kommen nur den Aktionären zugute. Künftige Gewinnrückgänge hingegen können auch zu Verlusten für die Gläubiger führen, d.h. die Kurse der Anleihen sinken c.p.

Die Bedeutung der Investitionsmöglichkeiten für die Dividendenpolitik eines Unternehmens ist durch die **Free-Cashflow-Hypothese** von Jensen (1986) theoretisch hergeleitet und wird in der Studie von **Lang und Litzenberger (1989)** getestet. Dazu ermitteln sie eine Gruppe von Unternehmen, die überinvestiert haben, d.h. auch Investitionen mit negativem Nettobarwert durchführen. Die Kurse dieser Unternehmen reagieren auf die Ankündigung einer Dividendenänderung stärker als die übrigen. Das bestätigt die Annahme der Free-Cashflow-Hypothese, daß der Markt eine Dividendenerhöhung positiv aufnimmt, weil dadurch weniger Mittel für nicht rentable Investitionen zur Verfügung stehen. Eine Dividendensenkung hingegen gibt ein negatives Zeichen, da vergleichsweise mehr Mittel in unvorteilhafte Investitionen fließen können.

Auch **Grullon, Michaely und Swaminathan (2000)** gehen davon aus, daß Dividendenerhöhungen aus gestiegenem Free-Cashflow resultieren. Die wiederum sind auf einen Rückgang der rentablen Investitionsmöglichkeiten zurückzuführen. Das führt zusammen mit dem bereits fortgeschrittenen Alter[423] der betroffenen Unternehmen zu einem geringeren systematischen Risiko. Das geringere Risiko führt zu geringeren Kapitalkosten und damit c.p. zu einem höheren Shareholder Value. Eine unerwartete Dividendenerhöhung signalisiert demnach, daß sich das Unternehmen etabliert hat.

Zu einer anderen Einschätzung kommen **Denis, Denis und Sarin (1994)** aufgrund ihrer Studie, in der sie alle drei Theorien: **Signaling, Klientel und Überinvestition** testen. Die Überrenditen in der Ankündigungsperiode sind positiv verknüpft mit der Höhe der standardisierten Dividendenänderung und der Dividendenrendite. Ein Zusammenhang zu Tobin Q[424] als Maß für die Investitionsmöglichkeiten besteht nicht. Deshalb können nur die Signaling- und die Klientel-Hypothese, nicht aber die Überinvestitions-Hypothese unterstützt werden.

Ebenfalls Unterstützung für die **Klientel-Hypothese** leiten **Bajaj und Vijh (1990)** aus den Ergebnissen ihrer Studie ab. Die Kursreaktionen auf Dividendenänderungen fallen dabei um so größer aus, je höher die erwartete Dividendenrendite ist. Bajaj und Vijh gehen davon aus, daß der marginale Investor in Aktien mit hoher Dividendenrendite auch eine Präferenz für hohe Dividenden hat. Dann sollte die Ankündigung einer Dividendenänderung für solche Aktien zu einer stärkeren Kursreaktion führen als bei anderen Unternehmen. Ein solcher Klienteleffekt könnte vor allem durch die Besteuerung der Dividenden bedingt sein. Aber es gibt auch noch weitere Faktoren, die Einfluß auf die Höhe der Kursreaktionen haben. Die Ankündigungseffekte sind stärker für

---

423 Zum Zusammenhang zwischen der Dividendenpolitik und dem Lebenszyklus eines Unternehmens siehe Damodaran (2000), S. 664.

424 Tobin Q ist definiert als das Verhältnis von Marktwert des Unternehmens zu seinem Wiederbeschaffungswert. Denis, Denis und Sarin (1994), S. 570. Tobin Q<1 bedeutet demnach, daß das Unternehmen keine positiven Investitionsmöglichkeiten hat und überinvestiert ist.

kleine Unternehmen und für Aktien, die zu niedrigen Preisen gehandelt werden. Einen möglichen Grund dafür sehen die Autoren darin, daß für kleine Unternehmen zuvor weniger Informationen öffentlich verfügbar sind und deshalb der Informationsgehalt der Dividendenänderung größer ist.

Born und Rimbey (1993) testen die **Agency-Theorie** von Easterbrook (1984), indem sie die Unternehmen mit Dividendenerhöhungen danach unterteilen, ob sie zuvor eine Kapitalerhöhung durchgeführt haben oder nicht. Die nach Easterbrook zu erwartende stärkere Kursreaktion bei den emittierenden Unternehmen tritt nur ein, wenn man die Dividendenänderung relativ zur Dividendenrendite betrachtet, da die absoluten Änderungen in der Gruppe wesentlich geringer ausfallen als für die Unternehmen ohne zusätzliche Kapitalerhöhung.

Eine Abweichung von den bisherigen Aussagen stellen die Ergebnisse der folgenden Studien dar, weil hier kein kausaler Zusammenhang zwischen Dividendenerhöhung und positiver Überrendite ermittelt wird, sondern die Effizienz der Informationsverarbeitung im Vordergrund steht.

Gosnell, Keown und Pinkerton (1996) untersuchen die Geschwindigkeit, mit der substantielle Dividendenänderungen in neuen Kursen reflektiert werden. Während positive Änderungen bereits innerhalb von 15 Minuten in den Kursen zum Ausdruck kommen, brauchen negative Änderungen bis zu 75 Minuten dafür. Die Kursreaktionen und auch das Handelsvolumen sind hier größer als bei positiven Änderungen.

Eades, Hess und Kim (1985) stellen fest, daß der Markt zeitlich gesehen effizient auf die Ankündigung von Dividendenerhöhungen und Dividendensenkungen reagiert. Die bei der Dividendenerhöhung festgestellten abnormalen Renditen während der sechs Tage nach der Ankündigung führen sie darauf zurück, daß in diesem Zeitraum bereits viele Dividendenabschlagstage liegen. An diesen Tagen kommt es deshalb bereits zu abnormalen positiven Renditen.

5. Zusammenfassung

Die erste Bedingung dafür, daß Informationen in den Dividendenänderungen enthalten sein können, ist erfüllt. Die empirischen Untersuchungen bestätigen, daß die Ankündigung einer unerwarteten Dividendenänderung in der Regel sofort zu einer entsprechenden Kursreaktion führt.

Da es schwierig ist, die vom Markt erwartete Dividende exakt zu bestimmen, benutzen die meisten Untersuchungen einen naiven Ansatz, der unterstellt, daß der Markt eine unveränderte Dividende erwartet. Danach würden Dividendenerhöhungen immer positive und Dividendensenkungen immer negative Überraschungen darstellen.[425] Aber nur bei Dividendenaufnahmen und Dividendenausfällen kann man tatsächlich davon ausgehen, daß sie in der Regel unerwartet sind. In allen anderen Fällen könnte die Höhe der Dividendenänderung einen Hinweis darauf geben, ob sie eine unerwartete Komponente enthält. Diese wird aber nicht nur durch die Höhe der Dividendenänderung bestimmt, sondern vor allem auch dadurch, wie sich die Erwartungen über die Dividendenzahlung aufgrund der vorher vorhandenen Informationen zur Ertragslage herausgebildet haben.[426] Die Gewinninformationen sollten, sofern sie von den bisherigen Erwartungen abweichen, bereits zu entsprechenden Kursreaktionen geführt haben. Einige Untersuchungen machen die Problematik des naiven Ansatzes deutlich und versuchen, die Erwartungen des Marktes mit eigenen Modellen besser abzubilden.[427]

Es gibt verschiedene Theorien über die Ursachen für derartige Kursreaktionen. Sollte die Signaling-Theorie zutreffen, dann muß es einen positiven Zusammenhang zwischen der unerwarteten Dividendenänderung und der nachfolgenden Gewinnentwicklung des Unternehmens geben (zweite Bedingung). Manager, die auch künftig eine Dividendensenkung auf jeden Fall vermeiden möchten[428], werden nur dann bereit sein, die Dividende zu erhöhen, wenn die positiven Gewinnaussichten nach Einschätzung des Managements von Dauer sind.[429]

---

425 In Ausnahmefällen kann es aber auch anders sein. Ghosh und Woolridge (1988), S. 292, zeigen, daß Dividendensenkungen unter gewissen Umständen auch positive Informationen signalisieren können, die zu einem Kursanstieg führen. Notwendig dafür sind zusätzliche Informationen, die für die Zukunft erfolgreiches Wachstum verheißen.

426 Olson und McCann (1994) testen den Zusammenhang zwischen Dividenden und Gewinnen. Ihr Modell zur Vorhersage von Gewinnen erzielt eine bessere Aussagekraft, wenn Dividendendaten einbezogen werden. Das ist konsistent mit der Signaling-Theorie. Aber umgekehrt tragen Gewinninformationen dazu bei, bessere Dividendenschätzungen zu erstellen. Das spricht für die Theorie einer Orientierung der Dividenden an den erzielten Gewinnen.

427 Siehe dazu im einzelnen die Ausführungen bei Heiden (2001), S. 72 f.

428 Von dieser Einstellung kann man seit der Untersuchung von Lintner (1956) ausgehen. Siehe u.a. DeAngelo und DeAngelo (1990), S. 1430.

429 „...firms that increase dividends are less likely than nonchanging firms to experience a drop in future earnings. Thus their increase in current earnings can be said to be somewhat permanent." Benartzi, Michaely und Thaler (1997), S. 1007.

Im Falle einer **Dividendenaufnahme** weisen die Studien darauf hin, daß im Vergleich zu anderen Unternehmen die Erträge in den darauf folgenden Jahren stark ansteigen.[430] Aus dem unterstellten Verhalten der Manager ergibt sich noch ein weiterer, ähnlicher Informationsaspekt. Durch die Dividendenaufnahme wird signalisiert, daß die Ertragslage in Zukunft stabil sein wird und daß das Unternehmensrisiko dadurch langfristig sinkt. Die Untersuchungen in diesem Bereich stellen eine Verringerung des Risikos nach einer Dividendenaufnahme fest.

Die Aussagen zur Gewinnentwicklung nach einem **Dividendenausfall** hingegen differieren. Entscheidend für die Unterschiede in den empirischen Ergebnissen dürften die Vorgehensweisen in den Untersuchungen sein. Die Studien, die sich auf die Erträge der untersuchten Gruppe (Dividendenausfall) im Zeitablauf beziehen, stellen fest, daß die Gewinne wieder ansteigen. Die Periode mit dem Ausfall markiert dabei einen Ertragstiefpunkt. Andere Studien, die die Gewinne dieser Unternehmen der Gewinnentwicklung vergleichbarer Unternehmen ohne Ausfall gegenüberstellen, erhalten als Ergebnis eine vergleichsweise schlechtere Gewinnsituation nach einem Dividendenausfall. DeAngelo, DeAngelo und Skinner (1992) haben für Dividendensenkungen beide Wege bestritten. Sie finden in ihrer Untersuchung, daß sich nach der Dividendensenkung zwar die Gewinnsituation der Unternehmen wieder verbessert, allerdings haben diese Unternehmen im Vergleich zu den anderen Unternehmen größere und länger andauernde Ertragsprobleme.

Insgesamt gibt es neben unterstützenden Ergebnissen insbesondere in der Kategorie Dividendenerhöhung auch Untersuchungen, die den Zusammenhang mit nachfolgenden Gewinnsteigerungen und damit die zweite Bedingung nicht unterstützen.

Die dritte notwendige Bedingung dafür, daß unerwartete Dividendenänderungen neue Informationen beinhalten, ist gegeben, da sich aufgrund der Dividendenänderung auch die Gewinnvorhersagen der Analysten entsprechend ändern.[431] Wenn die Analysten die Signale in vollem Umfang verstanden und entsprechend in ihre Gewinnprognosen eingearbeitet haben, dann sollte sich das auf effizienten Märkten sofort in den Kursen niederschlagen. Dadurch werden aus den unerwarteten Gewinnaussichten jetzt erwar-

---

430 Benartzi, Michaely und Thaler (1997) bestreiten allerdings diesen Zusammenhang.

431 Siehe z.B. Ofer und Siegel (1987).

tete. Anschließend sollten dann keine signifikanten Überrenditen mehr festzustellen sein, sofern keine neuen unerwarteten Informationen veröffentlicht werden.

Die Untersuchungen zu den langfristigen Kursentwicklungen nach einer unerwarteten Dividendenänderung können darüber Aufschluß geben. Sofern keine signifikanten Überrenditen mehr festzustellen sind, spricht das dafür, daß die signalisierten Ertragserwartungen erreicht worden sind. Treten nach dem Ankündigungseffekt weitere Überrenditen mit gleichem Vorzeichen auf, dann kann das unterschiedliche Ursachen haben. Zum einen können neue, nicht vorhersehbare Informationen dazu geführt haben. Zum anderen können die Analysten das Signal unterschätzt und ihre Gewinnprognosen nicht stark genug geändert haben, so daß die Kursreaktionen auf die Ankündigung zu gering ausgefallen sind.

Die empirischen Untersuchungen ermitteln signifikant positive Überrenditen für die Jahre, die einer Dividendenaufnahme bzw. Dividendenerhöhung folgen. Die Untersuchungen umfassen in der Regel einen Zeitraum von drei Jahren nach dem Ereignis. Die Kursentwicklung nach einem Dividendenausfall bzw. einer Dividendensenkung verläuft dagegen etwas anders. Hier zeigen die Studien eine sehr stark negative Überrendite für das erste Jahr nach dem Ereignis. In den Folgejahren treten dann keine signifikanten Überrenditen mehr auf.

Die Ergebnisse unterstützen die Signaling-Theorie. Nach der Ankündigung einer unerwarteten Dividendenänderung treten längerfristig entsprechende Überrenditen auf, die im wesentlichen auf weitere unerwartete Ertragsentwicklungen zurückzuführen sind. Das bedeutet, daß ein Portfolio, das aus Aktien besteht, für die eine Dividendenaufnahme bzw. eine unerwartete Dividendenerhöhung vorgenommen worden ist, auch noch in den folgenden Jahren positive Überrenditen erzielen wird. Das könnte der These vom effizienten Kapitalmarkt widersprechen. So kommen Michaely, Thaler und Womack in diesem Zusammenhang auch zu der Schlußfolgerung: „From an efficient market perspective, predictable excess returns are always surprising“[432]. Möglicherweise unterschätzen die Marktteilnehmer seit langem den Informationsgehalt von Dividendenänderungen.

[432] Michaely, Thaler und Womack (1995), S. 605.

Somit werden zwar alle drei notwendigen Bedingungen für die Gültigkeit der Signaling-Theorie durch entsprechende empirische Untersuchungen unterstützt, aber das ist in aller Regel nicht ausreichend, um die alleinige Gültigkeit der Signaling-Theorie zu belegen. Zum einen gibt es Untersuchungen, die dem widersprechen, zum anderen schließen die Ergebnisse die Gültigkeit alternativer Erklärungsansätze, wie der Free-Cashflow-Hypothese und des Agency-Costs-Ansatzes, nicht aus.

Eindeutig ist lediglich, daß unerwartete Dividendenänderungen zu gleichgerichteten Überrenditen führen. Das gilt insbesondere für den Ankündigungszeitpunkt, aber auch längerfristig für die nachfolgenden Monate. Offenbar sind diese Kursreaktionen abhängig von einer Vielzahl unterschiedlicher Einflußfaktoren[433], die vornehmlich unternehmensspezifisch sind. Es ist davon auszugehen, daß diese Einflußfaktoren zudem unterschiedlich stark und in Abhängigkeit voneinander beim einzelnen Unternehmen wirken.

Aufgrund unterschiedlicher Corporate Governance und einem anderen Effizienzgrad der Kapitalmärkte können die für den US-amerikanischen Markt gefundenen Erkenntnisse nicht ohne weiteres verallgemeinert werden. Im folgenden Abschnitt werden deshalb Untersuchungen für die Kapitalmärkte in Deutschland und Japan vorgestellt.

B. Untersuchungen für andere Kapitalmärkte

Die Zahl der Studien für andere Kapitalmärkte ist vergleichsweise gering. Deshalb werden in diesem Abschnitt lediglich die in diesem Bereich für den japanischen und den deutschen Markt vorliegenden Studien vorgestellt. Zumindest in Deutschland ist die geringe Zahl empirischer Untersuchungen auch darauf zurückzuführen, daß nicht ausreichend Kapitalmarktdaten und geeignete Bilanzdaten zur Verfügung stehen. Darüber hinaus sind die Märkte zu klein und zum Teil auch nicht liquide genug, um für spezielle Fragestellungen ausreichend große Stichproben zu erhalten.

---

[433] Dazu zählen vor allem die Unternehmensgröße, die Aktionärsstruktur, die Investitionsmöglichkeiten, der Verschuldungsgrad, das Unternehmensrisiko, die Dividendenrendite, die relative Änderung der Dividende als Maß für den unerwarteten Teil der Dividendenänderung und die Zugehörigkeit zu bestimmten Branchen.

1. Japan

Corporate Governance in Japan unterscheidet sich wesentlich von der in den USA.[434] Japanische Unternehmen pflegen sehr enge Beziehungen untereinander und halten in bedeutendem Maße Überkreuzbeteiligungen. Viele von ihnen arbeiten in einer informellen Organisationsform, den „Keiretsu", zusammen.[435] Die Informationsasymmetrie dürfte deshalb wesentlich geringer sein als bei US-Firmen. Dividenden spielen in Japan eine untergeordnete Rolle. Die Dividendenrendite ist sehr gering. Eine Erhöhung der Ausschüttungssumme erfolgt häufiger durch vorangegangene Stock Splits als durch eine Erhöhung der Bardividende pro Aktie.[436] Dementsprechend erfolgen Dividendenerhöhungen auch wesentlich häufiger bei amerikanischen als bei japanischen Unternehmen.

Conroy und Eades (1996) vergleichen die Kursreaktionen auf Dividendenänderungen japanischer Unternehmen mit denen für amerikanische Firmen. Trotz der unterschiedlichen Rahmenbedingungen und Verhaltensweisen der Unternehmen weisen die Kursreaktionen Ähnlichkeiten auf. Auch in Japan steigen die Kurse bei der Ankündigung einer Dividendenerhöhung an und sinken bei einer Dividendensenkung. Unterschiede gibt es im Ausmaß der Kursreaktion. In Japan ist der Informationsgehalt einer Dividendenerhöhung größer. Eine Dividendensenkung hingegen enthält kaum negative Informationen. Überraschenderweise ist der Ankündigungseffekt bei Stock Splits 50% größer als bei Dividendenerhöhungen, obwohl diese vom Volumen her doppelt so groß sind. Zu bedenken bleibt jedoch, daß in Japan die Unternehmen verpflichtet sind, eine Vorhersage für die Gewinne und Dividenden des kommenden Jahres abzugeben.

Dewenter und Warther (1998) untersuchen neben dem Zusammenhang von Dividendenänderungen und Kursreaktionen auch, inwieweit Manager bestrebt sind, eine konstante Dividende zu zahlen. Sie vergleichen die Kursreaktionen für die Ankündigung von Dividendenausfällen und Dividendenaufnahmen in Japan mit denen in den USA. Die Dividendenpolitik japanischer Unternehmen orientiert sich stärker an der Ertragssituation, das gilt in besonderem Maße für Keiretsu-Firmen. Dementsprechend lassen sie viel häufiger die Dividende ausfallen oder kürzen sie, wenn die Ertragslage

---

434 Für einen Vergleich der Corporate Governance in Japan mit den USA siehe Prowse (1995).

435 Conroy und Eades (1996), S. 5.

436 Conroy und Eades (1996), S. 3.

sich verschlechtert hat. Diese stärkere Orientierung an den aktuellen Gewinnen führt dazu, daß Dividenden japanischer Unternehmen weniger Informationen über künftige Gewinne beinhalten als Dividenden amerikanischer Unternehmen. Darüber hinaus dürfte es in Japan durch die enge Verbindung der Unternehmen untereinander weit weniger Informationsasymmetrien geben. Dementsprechend reagieren die Kurse auf die Ankündigungen von Dividendenausfällen und Dividendenaufnahmen in Japan weniger stark als in den USA. Besonders in Keiretsu-Firmen, in denen die beherrschenden Aktionäre einen langfristigen Planungshorizont haben, spielt die Dividende als Signaling-Instrument keine Rolle. Diese Aktionäre sind nicht an kurzfristigen Dividendensignalen interessiert, da eventuell vorhandene Informationsasymmetrien unabhängig von der Dividendenpolitik ohnehin relativ schnell beseitigt werden. Hier erhält die Dividendenzahlung eher die Funktion, überschüssige Mittel optimal zwischen den verbundenen Unternehmen zu verteilen.

2. Deutschland

Für den deutschen Markt liegen vor allem Untersuchungen zu kurzfristigen Kursreaktionen um den Ankündigungstag herum vor. In den USA ist es wegen der Steuernachteile teuer, Dividenden als Informationsträger zu benutzen. Da Dividendenerträge in Deutschland nicht für alle Aktionärsgruppen einen Steuernachteil gegenüber Kapitalgewinnen erzeugen, senden Dividenden entsprechend dem für die USA aufgestellten Modell keine glaubwürdigen Signale aus. Es sei denn, andere als steuerliche Gründe verursachen Kosten.

Brandi (1977) und Sahling (1980) untersuchen schon früh die Effizienz des deutschen Aktienmarktes. Dafür wählen sie Dividendenankündigungen als eine neue Information aus und untersuchten die Kursreaktionen darauf.

Brandi (1977) stellt für den deutschen Markt erhebliche Kursanpassungseffekte fest, die bis zu zehn Wochen nach der Ankündigung auftreten. Dividendenankündigungen haben einen starken Einfluß auf die Aktienkurse, der den anderer Informationen übertrifft. **Sahling (1980)** untersucht die Reaktion des Aktienmarktes auf wesentliche Ausschüttungsänderungen. Die Kurse der Unternehmen, die eine Dividendenerhöhung ankündigen, entwickeln sich vorher und nachher besser als der entsprechende Branchenindex. Für Dividendensenkungen hingegen verläuft die Kursentwicklung schlechter. Dabei fallen die Kursanpassungen vor der Ankündigung wesentlich deutlicher aus als für die Wochen danach.

Mit einer empirischen Studie über das Kursverhalten nach Dividendenänderungen wollen **Amihud und Murgia (1997)** klären, ob der fehlende Steuernachteil für Dividendenzahlungen in Deutschland dazu führt, daß ein Signaling nicht möglich ist. Dazu ermitteln sie für die 200 meist gehandelten Werte 255 Dividendenerhöhungen und 51 Dividendensenkungen im Zeitraum von 1988 bis 1992. Sie berechnen die kumulierten Überrenditen für den Ankündigungstag und den Tag zuvor. Zur Bestimmung der Marktrendite im Marktmodell greifen sie auf den DAFOX zurück. Die positiven Überrenditen bei Dividendenerhöhungen betragen im Durchschnitt etwa 1% und die negativen bei Dividendensenkungen 1,73%. Da den Dividendenankündigungen häufig Berichte über die Gewinnentwicklung direkt vorausgehen, könnte die Kursreaktion auch darauf zurückzuführen sein. Deshalb untersuchen die Autoren zusätzlich den Informationsgehalt von Gewinnänderungen. Am Ankündigungstag haben Dividendenänderungen jedoch einen Informationsgehalt, der den der Gewinnänderungen deutlich übertrifft. Dividendenänderungen enthalten also auch in Deutschland neue Informationen.

Die Untersuchung von **Gerke, Oerke und Sentner (1997)** bestätigt ebenfalls den Informationsgehalt von unerwarteten Dividendenänderungen. Dabei gehen sie vom naiven Ansatz aus, daß jede Änderung unerwartet ist. Mit Hilfe des Marktmodells ermitteln sie die erwarteten Renditen für ein Intervall von je zehn Tagen um den Ankündigungstag herum und ziehen sie dann von den täglich berechneten tatsächlichen Renditen ab. Da sie ihre Studie auf nur 89 Unternehmen beschränken, fallen die Stichproben in den einzelnen Untersuchungsgruppen (Dividendenerhöhung, Dividendensenkung, Dividendenausfall, unveränderte Dividende) sehr klein aus. Das gilt besonders für die Gruppen mit den Ankündigungen, die ohne weitere Unternehmensinformationen innerhalb eines Zehn-Tage-Intervalls um den Ankündigungstag erfolgen. Die gefundenen Ergebnisse entsprechen in etwa denen, die Aharony und Swary (1980) sowie Bajaj und Vijh (1990) für den US-amerikanischen Markt ermittelt haben. Bei gleichbleibenden Dividenden treten keine signifikanten Kurseffekte auf. Die Bekanntgabe von Dividendenerhöhungen hingegen wertet der Aktienmarkt als eine positive Information. Das führt zu abnormalen positiven Überrenditen am Ankündigungstag (0,51%) und dem Tag zuvor (0,45%). Entsprechend reagiert der Markt auf die negative Nachricht einer Dividendensenkung mit negativen Überrenditen am Ankündigungstag (-0,99%) und dem Tag zuvor (-0,37%). Aber auch am darauf folgenden Tag ergibt sich noch eine signifikant negative Überrendite (-0,42%). Bei Ankündigung eines Dividendenausfalls sinken die Renditen besonders stark und zwar vor allem am Ankündigungstag (-1,84%), aber auch am Tag darauf (-1,35%). Für die Autoren deuten diese verzögerten Kursanpassungen auf Informationsineffizienzen des Marktes hin. Insgesamt sehen sie durch ihre Untersuchungsergebnisse die Signaling-Hypothese und die Free-Cashflow-Hypothese auch für den deutschen Kapitalmarkt bestätigt. Die Ergebnisse für die Dividendensenkung und Dividendenerhöhung fallen deutlicher aus, wenn nur die Ankündigungen einbezogen werden, die isoliert, d.h. ohne weitere Unternehmensinformationen, erfolgen. Einen möglichen Zusammenhang der kumulierten abnormalen Renditen mit der Höhe der Dividendenänderung können sie nicht feststellen.

Im Rahmen seiner Untersuchungen zu den langfristigen Kursreaktionen auf Kapitalerhöhungen deutscher Unternehmen geht **Thies (2000)** auch auf den Zusammenhang zur Dividendenzahlung ein. Die Überrenditen, die sich für die verschiedenen Möglichkeiten der Dividendenänderung vor und nach einer Kapitalerhöhung ergeben können, sind alle nicht signifikant. Auffällig jedoch ist die stark negative Überrendite für die Unternehmen, die vor und nach der Kapitalerhöhung gar keine Dividende gezahlt haben.

Heiden (2001) untersucht die kurzfristigen Kursreaktionen auf Dividendenankündigungen deutscher Unternehmen in dem Zeitraum von 1981 bis 1990. Für den Ankündigungstag (t_{-1}) und den Tag danach (Veröffentlichung im Handelsblatt) ermittelt er signifikante Überrenditen von 0,83% für Dividendenerhöhungen, von –1,22% für Dividendensenkungen und –2,78% für Dividendenausfälle. Die Ergebnisse für Dividendenaufnahmen und unveränderte Dividenden sind nicht signifikant. Nach t_2 sind keine signifikante Überrenditen mehr festzustellen. Differenziertere Untersuchungen sollen den möglichen Einfluß bestimmter Variablen auf die Kursreaktionen bei Dividendenerhöhungen und Dividendensenkungen ermitteln:

- Die Höhe der relativen Dividendenänderung zeigt lediglich bei Dividendenerhöhungen von Industrieunternehmen einen signifikant positiven Zusammenhang zur Kursreaktion. Für andere Dividendenänderungen und für Finanzunternehmen generell läßt sich ein Zusammenhang nicht aufzeigen.
- Es besteht ein positiver Zusammenhang zwischen der Dividendenänderung und der Gewinnentwicklung vor der Dividendenänderung. Nach der Dividendenänderung jedoch ist ein Zusammenhang mit der weiteren Gewinnentwicklung nicht festzustellen.
- Die Investitionsmöglichkeiten, gemessen durch die Kennzahl „Marktwert zu Buchwert“, haben weder Einfluß auf die Kursreaktionen noch auf die Investitions-

entscheidungen nach der Dividendenänderung. Die Free-Cashflow-Hypothese kann hier nicht bestätigt werden.

- Die Untersuchungen ergeben keine signifikanten Ergebnisse, die auf einen Zusammenhang der Dividendenrendite und der Kursreaktion hindeuten.
- Die Kursreaktion auf eine Dividendenerhöhung bei Industrieunternehmen ist um so höher, je kleiner das Unternehmen ist. Bei Dividendensenkungen ist der Zusammenhang hingegen nicht signifikant.
- Die Kurse von Unternehmen, die zu weniger als 50% in Streubesitz sind, reagieren stärker auf die Ankündigung einer Dividendenerhöhung als die der anderen Unternehmen.

Die Ergebnisse von Heiden sprechen auf den ersten Blick für eine Unterstützung der Signaling-Theorie. Ein genauerer Blick in die Datentabellen jedoch läßt Zweifel daran aufkommen. Von den 241 Dividendenerhöhungen führen 88 (= 36,5%) bei der Ankündigung zu einer negativen Überrendite. Ist die Entwicklung der bereinigten Gewinne für die zwei Jahre vor der Dividendenänderung noch für beide Teilgruppen fast gleich, so unterscheidet sie sich danach signifikant. Reagiert der Markt auf die Ankündigung einer Dividendenerhöhung mit negativer Überrendite, dann folgen in den nächsten drei Jahren deutliche Gewinnrückgänge. Auf eine positive Kursreaktion hingegen folgen zunächst leicht positive Gewinnänderungen.[437] Das bedeutet, nicht die Information „Dividendenerhöhung" sondern offenbar die weiteren Gewinnaussichten bestimmen die Kursreaktion. Erfolgt die Ankündigung der Dividendenerhöhung ohne sonstige Ankündigungen erhöht sich der Anteil negativer Kursreaktionen sogar auf 44,7%.[438]

Für die Ankündigung einer Dividendenaufnahme ermittelt Heiden entgegen der Theorie deutlich negative Überrenditen, die allerdings zumeist nicht signifikant sind. Dabei entspricht der Anteil negativer Überrenditen in etwa dem bei Dividendensenkungen.

Vor diesem Hintergrund sind auch die weiteren Ergebnisse der Arbeit zu sehen. Die gefundenen signifikanten Zusammenhänge zu bestimmten Einflußfaktoren betreffen überwiegend Dividendenerhöhungen. Eine ökonomische Interpretation der gefundenen statistischen Zusammenhänge zur Unterstützung der Signaling-Theorie ist hier anzu-

---

437 Heiden (2001), S. 255, Tabelle 94.

438 Heiden (2001), S. 208, Tabelle 49.

zweifeln. Als einzig eindeutige Aussage bleibt, daß ein positiver Zusammenhang zwischen der Dividendenänderung und der Gewinnentwicklung vor der Dividendenänderung besteht.

Auch die Ergebnisse für die Kursreaktionen bei Dividendensenkungen sind nicht eindeutig in Hinblick auf die Signalwirkung. So sind die Kursreaktionen deutlich negativer für relativ kleine als für große Dividendensenkungen.[439] Auch die Gewinnentwicklung nach der Dividendensenkung läßt nicht auf ein längerfristig gültiges Signal schließen. Zwar fällt der Gewinnrückgang im ersten Jahr nach der Ankündigung noch negativer aus als für die beiden anderen Gruppen, aber im zweiten und dritten Jahr weist diese Gruppe im Gegensatz zu den beiden anderen Gewinnzuwächse auf.

Einzig die Ergebnisse der Gruppe „Dividendenausfälle", die allerdings bei den weitergehenden Untersuchungen nicht mehr berücksichtigt worden ist, spricht für die Signalwirkung der Ankündigung einer unerwarteten Dividendenänderung.

3. Zusammenfassung

Selbst in Japan, einem Land, in dem die Zahlung einer Bardividende nur eine geringe Bedeutung hat und die Informationsasymmetrie eher gering ist, lassen sich Ankündigungseffekte feststellen, die allerdings geringer als in den USA ausfallen. Die Funktion der Dividendenzahlungen in Japan ist deshalb auch nicht eindeutig. Die einen sehen den Signaleffekt, die anderen eher die Free-Cashflow-Hypothese bestätigt.

Auch der deutsche Aktienmarkt reagiert mit Überrenditen auf die Ankündigung einer Dividendenänderung. Die Ergebnisse stimmen sogar teilweise mit denen einiger Untersuchungen am amerikanischen Markt überein. Diese Ergebnisse lassen sich nicht mit dem Klientel-Effekt begründen. Anders als in den USA liegt der Ankündigungstag mindestens einen Monat vor dem Tag des Dividendenabschlags. Das läßt im Umkehrschluß Zweifel an der Gültigkeit dieser Theorie auch für den amerikanischen Markt aufkommen. Auch die theoretischen Überlegungen von John und Williams (1985), daß es der Steuernachteil der Dividenden ist, der ein glaubwürdiges Signal erzeugt, treffen auf Deutschland nicht zu. Offen bleibt, welchen Inhalt genau die neue Information

[439] Heiden (2001), S. 214 f, Tabellen 54 und 55.

„Dividendenänderung" hat und warum der Markt diese Information offenbar als ein zuverlässiges Signal interpretiert.

Letztlich gründet sich die Signaling-Funktion auf Self-Fulfilling Vermutungen. Der Markt glaubt, er versteht die Dividendenpolitik des Unternehmens, und das Unternehmen glaubt, der Markt versteht die Signale, und beide vertrauen darauf. Wenn die Manager wissen, daß dieses sensible Gleichgewicht nur halten kann, wenn die von der Dividendenpolitik gesendeten Signale sich anschließend als richtig erweisen, müssen sie dieses Vertrauen des Marktes erhalten und können sich kein falsches Signaling leisten. Ein falsches Signaling würde durch die folgenden Gewinnveröffentlichungen schnell sichtbar und zu einem nicht wieder gut zu machenden Vertrauensverlust führen. Dieser mögliche Nachteil sollte zusammen mit den positiven Erfahrungen der Vergangenheit ausreichen, unerwartete Dividendenänderungen als ein glaubwürdiges Signal zu interpretieren.

Auch für den deutschen Markt kann man davon ausgehen, daß Informationsasymmetrien über die Gewinnaussichten für die nähere Zukunft auch ohne Dividendenänderungen schnell beseitigt würden. Bisher gibt es jedoch noch keine Untersuchungen über einen möglichen Zusammenhang von unerwarteten Dividendenänderungen und der daran anschließenden langfristigen Kursentwicklung deutscher Unternehmen.

Ein Beitrag in diese Richtung soll im folgenden Kapitel geleistet werden. Als Untersuchungsgegenstand bietet sich aufgrund der aufgezeigten Probleme der amerikanischen Studien und der Ergebnisse von Heiden (2001) für Deutschland die Kategorie „Dividendenausfälle" an. Negative Überrenditen bei Dividendenausfällen unterstützen vor allem die Signaling-Theorie. Das gilt insbesondere dann, wenn eine schlechte Ertragslage für den Ausfall verantwortlich ist. In diesen Fällen scheiden die Free-Cashflow-Hypothese und der Agency-Costs-Ansatz als Erklärungen für die Kursreaktionen aus.

Kapitel II Eigene Untersuchungen zu Dividendenausfällen deutscher börsennotierter Unternehmen

Die im Rahmen dieser Arbeit durchgeführten Untersuchungen konzentrieren sich auf die Dividendenausfälle deutscher börsennotierter Unternehmen im Untersuchungszeitraum von 1984 bis 1997. Ein Dividendenausfall im Sinne dieser Arbeit liegt dann vor, wenn ein Unternehmen für ein Geschäftsjahr keine Dividende zahlt, obwohl es für das vorausgegangene Geschäftsjahr noch eine Dividende gezahlt hat.[440] Bevor die Ergebnisse der Untersuchungen dargestellt und interpretiert werden, wird der Aufbau der Untersuchung vorgestellt.

A. Aufbau der eigenen empirischen Untersuchung

Bevor die der Untersuchung zugrunde liegenden Daten und die Methodik der Untersuchung näher erläutert werden, ist zu begründen, warum Dividendenausfälle als Untersuchungsgegenstand ausgewählt wurden.

1. Gegenstand und Ziel der empirischen Untersuchung

Damit eine Dividendenankündigung eine neue Information darstellt und somit als Signal fungieren kann, muß sie anders als vom Kapitalmarkt erwartet ausfallen, d.h. sie muß unerwartet sein. Zur empirischen Überprüfung der theoretischen Zusammenhänge ist es deshalb erforderlich, die vom Markt erwartete und damit im Kurs bereits enthaltene Dividende zu ermitteln. Dabei stellt sich die Frage, welche Informationen die Grundlage für die Erwartungen bilden. Die vorgegebenen Daten sind die aktuellen und vergangenen Gewinne mit den daraus resultierenden Rücklagen und die bisher gezahlten Dividenden. Folgt man der Theorie[441], dann kommen noch die aufgrund öffentlich verfügbarer Schätzungen zukünftig erwarteten Gewinne als weiterer Einflußfaktor hinzu.

Die Bedeutung der bisherigen Dividendenzahlungen zeigt sich darin, daß die derzeitige Dividende in aller Regel nur geändert wird, wenn sich bei einem der anderen Einflußfaktoren deutliche Änderungen ergeben. Die Schwankungen der aktuellen Gewinne führen innerhalb einer bestimmten Bandbreite nicht zu einer Dividendenänderung. Die Grenzen solcher „unerheblichen“ Gewinnveränderungen werden für Dividendenerhöhungen geringer sein als für Dividendensenkungen. Darin kommt zum Ausdruck, daß Unternehmen eine Dividendensenkung möglichst vermeiden möchten, Dividendenerhöhungen als positives Signal jedoch, wenn möglich, vornehmen.

---

[440] Unternehmen, die für ein bestimmtes Geschäftsjahr keine Dividende zahlen, unabhängig davon, ob sie zuvor gezahlt haben oder nicht, fallen in die Kategorie „Unternehmen ohne Dividende“.

[441] „...where a firm has adopted a policy of dividend stabilization with a long-established and generally appreciated target payout ratio, investors are likely to (and have good reason to) interpret a change in the dividend rate as a change in management's views of future profit prospects for the firm.“ Miller und Modigliani (1961), S. 430.

Die Grenzen, innerhalb derer es nicht zu einer Dividendenänderung kommt, sind noch in Abhängigkeit von der Eigenkapitalquote zu modifizieren. Sie sind insbesondere auch von den durch vorausgegangene Gewinne aufgebauten Rücklagen abhängig. Würde eine sich aus diesen Überlegungen ergebende Dividende gezahlt, entspräche sie den Erwartungen des Marktes, und zwar unabhängig davon, ob eine Dividendenänderung stattgefunden hat oder nicht. Alle Informationen, die eine solche Dividendenzahlung beinhaltet, sind bereits öffentlich bekannt und dementsprechend in den Kursen enthalten. Nicht beobachtbar hingegen ist der letzte Einflußfaktor, die zukünftige Ertragsentwicklung. Sind die Aussichten gut, verschieben sich die Grenzen der Bandbreite in negative Richtung und vice versa. Das bedeutet, daß eine Dividendenerhöhung schon bei geringerer Gewinnänderung und eine Dividendensenkung erst bei einem größeren aktuellen Gewinnrückgang vorgenommen wird, wenn die zukünftigen Gewinnaussichten gut sind.

Der Vergleich der aktuellen Gewinnänderung mit den so ermittelten Grenzen der Gewinnänderung entscheidet darüber, ob es zu einer Dividendenänderung kommt oder nicht. Innerhalb dieser Grenzen lassen sich weitere Grenzen aufbauen, an denen sich die Höhe der Dividendenänderung orientieren kann.

Besteht eine Informationsasymmetrie zwischen den Investoren und dem Management über die Ertragsaussichten, dann gehen beide Seiten von unterschiedlichen Grenzen aus und es kann zu für die Investoren unerwarteten Dividendenänderungen kommen. Die Investoren werden dann in aller Regel ihre Ertragserwartungen den geänderten Grenzen des Managements anpassen.

Der beschriebene Zusammenhang zwischen der Gewinn- und der Dividendenänderung ist nachfolgend beispielhaft dargestellt.

Dividendenausfall	Dividendensenkung	konstante Dividende	Dividendenerhöhung
←	←	← →	→
Gewinnänderung < -50%	Gewinnänderung < -25% u. > -50%	Letzter Gewinn	Gewinnänderung > +25%

Sind die weiteren Gewinnaussichten sehr positiv, dann verschieben sich die Grenzen, beispielsweise wie folgt:

Div.ausfall	Div.senkung	konstante Dividende	Dividendenerhöhung
←	←	← →	→
Gew.änderung < -75%	Gew.änderung < -50% u. > -75%	Letzter Gewinn	Gewinnänderung > +10%

Unerwartete Dividendenzahlungen können aber auch eine andere Ursache haben. Das Unternehmen ändert seine bisherige Dividendenpolitik grundlegend, indem es sich z.B. nicht mehr an der aktuellen Gewinnsituation orientiert und seine Ausschüttungsquote grundlegend ändert.

Kommt es zu einer unerwarteten Dividendenentscheidung, muß der Markt diese neue Information bewerten. Der Informationsgehalt ist abhängig von der Ursache für die Abweichung von der erwarteten Dividende. Ist sie auf die Informationsasymmetrie zurückzuführen, dann wird der Markt seine Erwartungen über die zukünftige Entwicklung des Unternehmens entsprechend der mit der unerwarteten Dividendenentscheidung übermittelten Information ändern und eine Neubewertung der Aktien vornehmen. Ist die Dividendenänderung hingegen auf eine geänderte Dividendenpolitik zurückzuführen, dann ist der damit verbundene Informationsgehalt nicht ohne weiteres zu bestimmen. Es gibt viele mögliche Motive des Managements für eine Änderung der bisherigen Dividendenpolitik. Dazu zählen insbesondere gewünschte Änderungen in der Verwendung der Cashflows und in der Kapitalstruktur. Aber auch geänderte Interessen der Entscheidungsträger können verantwortlich sein. In diesem Zusammenhang können die Besteuerung, die Gewinnausweispolitik des Mehrheitsaktionärs oder die Tantiemen eine wichtige Rolle spielen. Schließlich kann auch die Absicht, durch eine unerwartet positive Dividendenentscheidung kurzfristig Kurssteigerungen zu erzielen oder Kursrückgänge zu vermeiden bzw. zu mildern, ein Motiv sein. In den Fällen sind zusätzliche unternehmensspezifische Informationen erforderlich, um die neuen Informationen richtig bewerten zu können.

In der Praxis ergeben sich daraus einige Probleme. Zunächst muß der Marktteilnehmer aufgrund der eigenen Erwartungen bestimmen, ob die Dividendenentscheidung unerwartet ist oder nicht. Ist sie unerwartet, dann muß unterschieden werden, ob der Informationsvorsprung des Managements bezüglich der zukünftigen Entwicklung oder ob eine geänderte Dividendenpolitik des Entscheidungsträgers dafür verantwortlich ist. Handelt es sich um eine Änderung der Dividendenpolitik, dann ist deren Einfluß auf den Shareholder Value des Unternehmens mit Hilfe weiterer Informationen zu ermitteln. In diesem Zusammenhang kann es auch von Bedeutung sein, ob man von einer einmaligen oder einer dauerhaften Änderung der Dividendenpolitik auszugehen hat. Wie gut es dem Markt gelingt, diese Probleme zu lösen und eine vollständige und zutreffende Bewertung vorzunehmen, zeigt sich in der Informationseffizienz der Aktienmärkte.

Zur empirischen Überprüfung der theoretischen Zusammenhänge ist es wichtig, die vom Markt erwartete und damit im Kurs bereits reflektierte Dividende zu kennen. Nur dann ist die Möglichkeit gegeben, zwischen erwarteter und unerwarteter Dividendenänderung differenzieren zu können. Eine exakte Aussage über die von den Marktteilnehmern erwartete Dividende ist jedoch nicht möglich. Der einfachste und deshalb auch am häufigsten beschrittene Weg zur Schätzung der erwarteten Dividende ist, davon auszugehen, daß der Markt immer Dividendenkonstanz erwartet. Das muß jedoch zwangsläufig zu Fehlspezifikationen führen. Denn danach wäre jede Dividendenerhöhung und jede Dividendensenkung unerwartet.

Deshalb konzentriert sich diese Arbeit auf das Ereignis, für das am ehesten die Erwartungen des Marktes eindeutig sind: den Dividendenausfall. Er beinhaltet in aller Regel keine positiven Informationen.[442] Bestenfalls enthält er keine neuen Informationen, wenn der Markt bereits aufgrund der vorliegenden Jahresabschlüsse und der eigenen Gewinnerwartungen einen Dividendenausfall erwartet und diese Erwartungen be-

[442] Man könnte argumentieren, daß ein Dividendenausfall, der nicht auf eine schlechte Ertragslage zurückzuführen ist, sondern zur Finanzierung rentabler Investitionen erfolgt, eine positive Information darstellt. Aber das Argument greift nicht. Zwar ist die Nachricht über die rentablen Investitionen positiv, aber deren Finanzierung mit soviel Eigenkapital, daß die Dividende ausfallen muß, wird vom Markt als negative Information eingestuft.

reits in den Kursen enthalten sind. In den meisten Fällen jedoch wird ein Dividendenausfall vom Markt nicht erwartet, denn den Unternehmen darf eine Dividendenpolitik unterstellt werden, die u.a. besagt: Laß nur dann die Dividende ausfallen, wenn es unumgänglich ist.[443]

Eine geänderte Dividendenpolitik als Ursache für den unerwarteten Dividendenausfall ist zwar auch hier denkbar, aber eher unwahrscheinlich. Man darf grundsätzlich unterstellen, daß dem Management bekannt ist, welchen negativen Bewertungseffekt die Ankündigung eines unerwarteten Dividendenausfalls hat. Es ist nicht erkennbar, wie der Entscheidungsträger aus einem vermeidbaren Dividendenausfall einen so großen Vorteil erlangen soll, daß der Nachteil aus dem negativen Ankündigungseffekt überkompensiert wird.[444]

Entsprechend den zuvor angestellten Überlegungen beinhaltet ein unerwarteter Dividendenausfall demnach die folgende Information: Das Management erwartet für die Zukunft eine schlechtere Ertragslage des Unternehmens als bisher vom Markt angenommen. Deshalb sind bei Ankündigung dieses Ausfalls die Aktien des Unternehmens überbewertet. Sie sind daraufhin entsprechend neu zu bewerten.

Es bleibt noch die Frage nach dem Ausmaß der negativen Kurskorrektur offen. Entscheidend dafür ist der Unterschied zwischen den beiden Ertragserwartungen. Dieser ist jedoch nicht beobachtbar und auch nicht in der neuen Information „unerwarteter Dividendenausfall“ enthalten. Daraus ergeben sich zwei Untersuchungsrichtungen für diese Arbeit.

---

443 Nach der Studie von DeAngelo et.al. (1992) über die Dividendenpolitik von Unternehmen, die in zumindest in einem der Jahre 1980 bis 1985 einen Verlust ausweisen, lassen nur 15% dieser Unternehmen die Dividende ausfallen. Nur eins der 440 Unternehmen, die in diesem Zeitraum keinen Verlust ausweisen, ließ die Dividende ausfallen. DeAngelo, DeAngelo und Skinner (1992), S. 1838.

444 Auf der Hauptversammlung der Turbon International AG am 2.7.1998 gab es einen Gegenantrag zur vorgeschlagenen Entlastung des Aufsichtsrats und Vorstandes. Antwort der Verwaltung: „Wir halten den Verzicht auf die Ausschüttung einer Dividende für das Jahr 1997 trotz des erzielten Ergebnisanstiegs für gerechtfertigt. Der Verzicht wird die Finanzkraft des Unternehmens stärken und helfen, den langfristigen Unternehmenserfolg zu sichern.“ Im Jahr darauf allerdings gestand der Vorstandsvorsitzende der Turbon International AG ein, „..., daß der Dividendenausfall für 1997, der zu erheblichen Kursrückgängen geführt hatte, aus Investor-Relations-Sicht unglücklich war“. Um ein positives Signal zu setzen, habe man sich für 1998 trotz eines deutlich schlechteren Ergebnisses für eine Dividendenzahlung entschieden. O.V. (1999a), S. 16. Dieser Fall ist zugleich ein Beispiel für eine geänderte Dividendenpolitik, die zu unerwarteten Dividendenentscheidungen führt.

Zum einen soll überprüft werden, ob das mit dem Dividendenausfall gegebene Signal zutreffend ausgewertet und in vollem Umfang erkannt worden ist. Davon ist auszugehen, wenn nach der kurzfristigen Kursreaktion bei Ankündigung des Dividendenausfalls in der Folgezeit keine signifikanten Überrenditen mehr auftreten. In diesem Zusammenhang ist die Ermittlung der Long-Run-Performance bedeutsam. Sie ist im Gegensatz zur unmittelbaren kurzfristigen Aktienkursreaktion geeignet, den nachhaltigen Einfluß der Dividendenentscheidung auf Marktwert aufzuzeigen.[445] Ist die Long-Run-Performance nach Dividendenausfällen in der Regel signifikant negativ, dann spricht das dafür, daß nach einem Dividendenausfall noch weitere unerwartete negative Informationen folgen.

Deshalb soll zum anderen der Frage nachgegangen werden, ob es beobachtbare Kriterien gibt, die es dem Markt ermöglichen, die Informationen des Ereignisses „Dividendenausfall" effizienter als bisher zu bewerten. Das erfordert zunächst einen Überblick über die deskriptive Statistik zu Dividendenausfällen, der im nächsten Abschnitt (B) erfolgt. Anschließend werden im Abschnitt C die Kursentwicklungen der nach diesen Kriterien unterteilten Untersuchungsgruppen miteinander verglichen. Das Hauptziel ist es dabei, aus den historischen Daten Handlungsanweisungen für die Bewertung zukünftiger Dividendenausfälle zu erhalten.

2. Beschreibung der Untersuchungsgruppen

Der Untersuchungszeitraum umfaßt die Jahre von 1984 bis 1997. Für diesen Zeitraum werden alle Dividendenausfälle deutscher nichtfinanzieller Unternehmen, die bis 1995 an die Börse gegangen sind, untersucht. Zur Berechnung der Long-Run-Performance sind die Kursdaten auch noch für das Jahr 1998 berücksichtigt worden.

Der Schwerpunkt der Untersuchungen liegt auf den deutschen Neuemissionen der Jahre 1984 bis 1995 (IPO). Um die für diese Gruppe gefundenen Ergebnisse zu den Dividendenausfällen besser interpretieren zu können, werden in einer zweiten Untersuchungsgruppe die Unternehmen mit Dividendenausfällen betrachtet, die bereits vor 1984 an einer deutschen Börse notiert waren (etablierte Unternehmen). In beiden Gruppen sind die Unternehmen des Finanzsektors, wie Banken und Versicherungen, wegen ihrer besonderen Charakteristika nicht enthalten. Dividendensenkungen und

---

[445] Bessler und Thies (2000a), S. 4.

insbesondere Dividendenausfälle führen bei Banken zu deutlich größeren negativen Kurseffekten als bei Industrieunternehmen.[446] Außerdem treten aufgrund der ausgeprägten Informationsasymmetrien bei Banken besondere „Contagion-Effekte“ auf[447], d.h. von der Dividendensenkung einer Bank werden auch andere Banken, die eine ähnliche Struktur aufweisen, die aber noch keine Dividendenänderung angekündigt haben, in der Bewertung negativ beeinflußt.[448] Es ist daher erforderlich, diese gesondert zu untersuchen.[449]

Die Gruppe der IPO umfaßt alle nichtfinanziellen deutschen Unternehmen, die in den Jahren von 1984 bis 1995 erstmals an die Börse, d.h. den amtlichen Handel oder den geregelten Markt, gegangen sind. Eine zusätzliche Bedingung ist, daß die Unternehmen drei Jahre nach dem Börsengang noch notiert sind. Einige Unternehmen haben Stamm- und Vorzugsaktien begeben. Da jedes Unternehmen jedoch in der Grundgesamtheit nur einmal vertreten sein soll, wird in den Fällen nur die Aktiengattung einbezogen, die als erste an der Börse notiert worden ist.[450] Die Gruppe der IPO umfaßt nach diesen Abgrenzungen 198 Unternehmen.

Die Grundgesamtheit der Gruppe „etablierte Unternehmen“ ist wie folgt ermittelt worden. Sie umfaßt alle Aktiengesellschaften, die Ende 1988 im geregelten oder amtlichen Markt notiert sind (506)[451], die nicht zum Bereich Banken und Versicherungen gehören (439) und die auch schon vor 1984 im geregelten Freiverkehr oder im amtlichen

446 Siehe dazu Keen (1983) sowie Bessler und Nohel (1996).

447 Zu Contagion-Effekten bei Industrieunternehmen siehe Firth (1996).

448 Bessler und Nohel (2000). Siehe dazu auch Aharony und Swary (1996) sowie Slovin et al. (1999).

449 Zu den Unterschieden in der Dividendenpolitik von Bank-IPO und anderen IPO siehe Bessler, Murtagh und Siregar (2001).

450 Erfolgte der Börsengang mit beiden Aktiengattungen gleichzeitig, wurde die Gattung einbezogen, die mehr Umsatz und damit bessere Kursdaten versprach. Diese Abgrenzung fand auf sechs der einbezogenen Unternehmen Anwendung. Davon ließen nur drei Unternehmen die Dividende überhaupt ausfallen. Bei zwei dieser drei Unternehmen unterscheiden sich die Stamm- und Vorzugsaktien hinsichtlich der Dauer und des Zeitpunktes des Dividendenausfalls nicht voneinander. Eine andere Abgrenzung hätte deshalb auf die Ergebnisse der Untersuchung keinen wesentlichen Einfluß gehabt.

451 Schickentanz (1999), S. V1, Tab. 1. Die Angaben über die in den einzelnen Jahren im amtlichen und geregelten Markt notierten Gesellschaften schwanken erheblich. Hier wird auf den Aktienführer von Hoppenstedt zurückgegriffen, da auch die Dividendendaten diesem Führer entnommen sind. Zudem liegt der Wert zwischen den geringeren Zahlen bei Schrader (1993), S. 2, der auf das statistische Bundesamt zurückgreift, und den höheren Werten im DAI Factbook (1997).

Markt gehandelt worden sind (353). Das Jahr 1988 bietet sich als Ausgangspunkt der Eingrenzung an, da es den geregelten Freiverkehr ab dem 30.04.1988 nicht mehr gab und alle zuvor dort notierten Unternehmen sich bis dahin entschieden haben mußten, ob sie fortan im ungeregelten Freiverkehr oder im seit dem 04.05.1987 bestehenden geregelten Markt notiert sein wollten.[452] Nach diesen Abgrenzungen bleiben 353 Unternehmen übrig. Aus dieser Grundgesamtheit „etablierte Unternehmen" werden die Aktiengesellschaften ermittelt, die in dem Untersuchungszeitraum (1984 bis 1997) mindestens einmal keine Dividende gezahlt haben. Eine ab 1984 emittierte zusätzliche Aktiengattung wird nicht einbezogen, da auch hier jedes Unternehmen nur einmal in der Grundgesamtheit vertreten sein soll. 12 Gesellschaften sind davon betroffen. Der sehr geringe Anteil der Vorzugsaktien läßt eine Unterteilung in Stamm- und Vorzugsaktien wie in der anderen Untersuchungsgruppe nicht sinnvoll erscheinen. Deshalb beinhaltet diese Gruppe allein die Stammaktien der 134 Unternehmen, die zwischen 1984 und 1997 mindestens einmal keine Dividende gezahlt haben.

3. Datenerhebung

Als Maß für die Kursentwicklung der einbezogenen Unternehmen dienen die bereinigten monatlichen Renditen. Die Renditedaten für die einzelnen Unternehmen und für die Indices stammen aus der Kapitalmarkt-Datenbank der Universität Karlsruhe. Die dafür verwendeten Kurse werden dem letzten Handelstag eines Monats entnommen und sind um Dividendenzahlungen und Bezugsrechtsabschläge bereinigt.

Der Rückgriff auf Monatsrenditen anstelle von täglichen Renditen ist hier sinnvoll, da Tagesrenditen für viele Unternehmen nicht in ausreichendem Maße vorliegen. Zu geringe Größen der Stichproben wären die Folge. Monatliche Renditen sind auch deshalb vorzuziehen, da hier vor allem die langfristigen Kurseffekte untersucht werden. Dafür werden in empirischen Untersuchungen üblicherweise monatliche Renditen verwendet.

Für die empirischen Untersuchungen ist zunächst festzulegen, welche Termine im Zusammenhang mit der Dividendenpolitik als informationsrelevant anzusehen sind.

---

[452] Zu den Einzelheiten des Überganges vom geregelten Freiverkehr zum geregelten Markt siehe Schrader (1993), S. 113 – 120.

Danach stellt sich die Frage, ob sich diese Termine für jedes Unternehmen exakt bestimmen lassen. Kurzfristige Informationseffekte einer neuen Nachricht können nur dann zuverlässig gemessen werden, wenn der exakte Zeitpunkt des Entstehens der Information bekannt ist. Dieser Zeitpunkt ist für die Dividendenzahlungen nicht immer eindeutig zu bestimmen. Genaugenommen entsteht die Information während der Hauptversammlung, wenn die Aktionäre über den Dividendenvorschlag des Vorstandes entscheiden. Da aber der Gewinnverwendungsvorschlag der Verwaltung so gut wie immer von der Hauptversammlung bestätigt wird[453], entsteht die Information de facto schon mit der Erstellung des Gewinnverwendungsvorschlags. Das gilt insbesondere bei Dividendenausfällen, da bei einem in der Regel gleichzeitig ausgewiesenen Bilanzverlust für die Hauptversammlung gar keine andere Möglichkeit besteht, als die Dividende ausfallen zu lassen. Abhängig von der Effizienz des Aktienmarktes wird sich die neue Information „Dividendenausfall" bereits mit der Erstellung des Gewinnverwendungsvorschlags[454] oder erst bei seiner Veröffentlichung in den Kursen niederschlagen.

Die Untersuchungen für den US-amerikanischen Kapitalmarkt gehen fast alle von dem Zeitpunkt der Veröffentlichung aus. Den setzen sie mit der erstmaligen Bekanntgabe der Dividendenentscheidung im Wall Street Journal gleich. Für den deutschen Markt sind die Termine der erstmaligen Veröffentlichung nicht so leicht und zweifelsfrei zu ermitteln. Da in dieser Arbeit ohnehin die langfristigen Kurseffekte untersucht werden sollen und monatliche Renditen benutzt werden, ist das exakte Datum der Ankündigung nicht entscheidend. Wichtig ist, daß für alle Unternehmen der gleiche Referenzpunkt gilt. Deshalb stellt diese Arbeit auf den Zeitpunkt der Hauptversammlung ab und bezeichnet den Monat, in dem der Dividendenausfall von der Hauptversammlung beschlossen wird, als Monat „0".

Der Gewinnverwendungsvorschlag ist spätestens einen Monat vor der Hauptversammlung für die Aktionäre zur Einsicht auszulegen.[455] Das bedeutet, daß die erstmalige Veröffentlichung des Gewinnverwendungsvorschlags in der Regel in dem Monat „-2" oder „-1" erfolgt. Zeitgleich finden üblicherweise die Analystenkonferenz und

---

[453] Heiden (2001) findet bei keiner von ihm untersuchten Gewinnverwendung eine Abweichung des Beschlusses vom Vorschlag.

[454] Das setzt allerdings Insidertrading voraus, denn nur dadurch kann die nicht veröffentlichte Information schon zu Kursreaktionen führen.

[455] § 175 Abs. 2 iVm § 123 Abs. 1 AktG.

das Bilanzpressegespräch statt. In den Zeitraum „-2 bis 0" fällt damit sowohl die Veröffentlichung des Vorschlags als auch die Entscheidung der Hauptversammlung. Im folgenden wird dieser Zeitraum deshalb auch als Ankündigungsperiode bezeichnet. Spätestens am Ende dieser Periode sollten alle Informationen zum Ereignis „Dividendenausfall" in den Kursen enthalten sein.

Für die Interpretation der Kursentwicklung ist es hilfreich, weitere Zusammenhänge zwischen den Untersuchungsmonaten und Unternehmensereignissen zu berücksichtigen. Der in der Regel immer wiederkehrende Verlauf eines Geschäftsjahres stellt sich für die meisten Unternehmen wie folgt dar:

- Erstellung der Bilanz des Vorjahres: drei Monate nach Ende des Geschäftsjahres (Monat -4 bis -2),
- Veröffentlichung des Gewinnverwendungsvorschlags: ein bis zwei Monate vor der Hauptversammlung (Monat -1, gelegentlich auch schon Monat -2),
- Hauptversammlung (Monat 0): fünf bis sieben Monate nach Ende des Geschäftsjahres,
- Ende des Geschäftsjahres: fünf bis sieben Monate vor und nach der Hauptversammlung (Monat -7 bis -5 bzw. +5 bis +7),
- Veröffentlichung der Halbjahreszahlen: ein bis zwei Monate nach der Hauptversammlung (Monat +1 oder +2).

Für die vorangegangenen und nachfolgenden Jahre gilt der gleiche Terminplan. Im folgenden wird angenommen, daß die entsprechenden Hauptversammlungen genau 12 Monate vor bzw. nach dem Monat 0 liegen (Monat -12 bzw. +12).

Für die Untersuchung der langfristigen Kursentwicklungen vor und nach einem Dividendenausfall werden unterschiedlich große Zeitfenster gebildet. Die Zeiträume beginnen 35 oder 11 Monate vor dem Zeitpunkt 0, dem Monat der Hauptversammlung, auf der der Dividendenausfall beschlossen wird. Die Monate -36 bzw. -12 sind nicht mit einbezogen worden, da sie in den meisten Fällen ebenfalls Monate mit Hauptversammlung sind, die möglicherweise besonderen Einflüssen unterliegen. Sie sind deshalb als Startpunkt nicht geeignet. Die Zeiträume enden jeweils 15, 36 oder 60 Monate nach dem Zeitpunkt 0. Daraus ergeben sich sechs unterschiedliche Zeitfenster.

Leider liegen nicht für alle Zeitfenster Daten für jeden Ausfall vor. Zunächst werden alle Unternehmen ausgeschlossenen, für die keine ausreichenden[456] Renditedaten ermittelt werden konnten. Einige Unternehmen können nicht in einzelne Zeitfenster einbezogen werden, da für sie die Kursdaten nicht mehr für den gesamten Untersuchungszeitraum nach der Hauptversammlung im Zeitpunkt 0 verfügbar sind. Entweder sind die Unternehmen nicht mehr notiert oder der Ausfall liegt zu nahe am Ende des Untersuchungszeitraumes[457]. Insbesondere bei den IPO fallen zudem noch weitere Unternehmen heraus, weil nicht für genügend Monate vor dem Zeitpunkt 0 Daten vorliegen. In den meisten dieser Fälle ereignete sich dann der Ausfall zu schnell nach dem Börsengang. Die folgende Tabelle 3.1 zeigt die für jedes Fenster verbliebene Anzahl von Ausfällen[458], die damit die jeweilige Stichprobe darstellen.

Tabelle 3.1 Anzahl der jeweils einbezogenen Ausfälle

Gruppe	**11 a**	**11 b**	**11 c**	**35 a**	**35 b**	**35 c**
Zeitraum	(-11, 15)	(-11, 36)	(-11, 60)	(-35, 15)	**(-35, 36)**	(-35, 60)
IPO	94	56	31	77	**43**	23
etablierte	137	111	82	134	**108**	80

Quelle: Eigene Untersuchung.

Im Mittelpunkt der Untersuchungen zu den Kursreaktionen wird die Gruppe 35 b (-35, 36) stehen. Werden jedoch Untergruppen gebildet, so muß je nach Fragestellung auf die Gruppen 11 a, 11 b oder 35 a zurückgegriffen werden, da ansonsten die zu geringe Größe der Untersuchungsgruppen keine eindeutigen Ergebnisse mehr zuließe.

4. Methodik

Die Kursveränderungen vor und nach dem Ereignis „Dividendenausfall" werden durch die Renditen gemessen, die das Portfolio aus den in der jeweiligen Untersuchungsgruppe enthaltenen Unternehmen erzielt. Zur Interpretation dieser Renditen ist ein

---

456 Renditereihen, die für drei oder mehr aufeinander folgende Monate keine Renditen ausweisen, werden nicht berücksichtigt.

457 Die Renditen sind bis Ende 1998 erfaßt.

458 Die Zahlen sind größer als die Zahl der einbezogenen Unternehmen, da einige Unternehmen mit zwei oder mehr Ausfällen erfaßt sind.

Vergleichsmaßstab notwendig.[459] Mit dessen Hilfe lassen sich abnormale Renditen (Überrenditen) ermitteln. Die Ermittlung von Überrenditen kann auf verschiedene Weise geschehen. Im folgenden werden zunächst unterschiedliche Möglichkeiten der Berechnung abnormaler Renditen dargestellt und daraufhin die Vorgehensweise in dieser Untersuchung festgelegt.

I. Die verschiedenen Möglichkeiten der Renditenberechnung

Die hier benutzten monatlichen Renditen (R_t) ergeben sich jeweils aus der Kursdifferenz zweier aufeinander folgender Monatsendkurse (P_{t-1}, P_t) im Verhältnis zum Endkurs des ersten der beiden Monate (P_{t-1}).

(3.1) $$R_t = \frac{P_t - P_{t-1}}{P_{t-1}}$$

Die Renditen für einen langen Zeitraum (R_T), der aus mehreren aufeinander folgenden Perioden besteht, lassen sich sowohl additiv (R_{Ta}) als auch multiplikativ (R_{Tm}) verknüpfen. Aus den Renditen der additiven Methode ergeben sich Cumulative Returns (CR) und aus der multiplikativen Methode Buy-and-Hold-Returns (BHR).

(3.2) CR: $$R_{Ta} = \sum_{t=1}^{T} R_t$$

(3.3) BHR: $$R_{Tm} = \prod_{t=1}^{T} (1 + R_t) - 1 = \frac{P_T}{P_0} - 1$$

Die beiden Berechnungsarten müssen zwangsläufig zu unterschiedlichen Ergebnissen führen. Es stellt sich somit die Frage, welche Alternative am ehesten den Sachverhalt wiedergibt, über den hier eine Aussage getroffen werden soll. Ein einfaches Zahlenbeispiel soll zunächst die Unterschiede verdeutlichen. Die Tabelle 3.2 gibt die Kurse und Renditen (in Klammern) für drei Unternehmen sowie den Indexstand zu den Zeitpunkten t = 1 bis t = 3 wieder.

---

[459] Die Vorgehensweise bei der Untersuchung der Long-Run-Performance ist mit der bei Ereignisstudien (Event Study) vergleichbar. Zur Vorgehensweise siehe Campell, Andrew und MacKinlay (1997), S. 149-180.

Tabelle 3.2 Beispiel 1, Kurse und Renditen einzelner Monate

Zeitpunkte	0	1		2		3	
Unternehmen 1	100	110	(10%)	99	(-10%)	110	(11,11%)
Unternehmen 2	100	90	(-10%)	81	(-10%)	90	(11,11%)
Unternehmen 3	100	80	(-20%)	72	(-10%)	36	(-50,00%)
Index	100	105	(5%)	84	(-20%)	100	(19,05%)

Quelle: Eigene Berechnung.

Tabelle 3.3 Beispiel 1, Vergleichsrechnung additiv und multiplikativ verknüpfter Renditen

Renditen	$R_{a,i}$ additiv (CR)	$R_{m,i}$ multiplikativ (BHR)
Unternehmen 1	11,11%	10%
Unternehmen 2	-8,89%	-10%
Unternehmen 3	-80,00%	-64%
Index	4,05%	0%

Quelle: Eigene Berechnung.

Aus der Tabelle 3.2 ergeben sich die in Tabelle 3.3 aufgeführten Renditen für den gesamten Zeitraum. Für Unternehmen 1 (U_1) sollen die beiden Rechenwege beispielhaft aufgezeigt werden.

(3.4) $$CR_{U1} = 10\% + (-10\%) + 11{,}11\% = 11.11\%$$

(3.5) $$BHR_{U1} = (1+10\%)\,(1-10\%)\,(1+11{,}11\%) - 1 = 10\%$$

Das Ergebnis der multiplikativen Verknüpfung gibt an, wie sich ein zu einem bestimmten Zeitpunkt investierter Betrag über die gesamte Anlagedauer rentiert hat.[460]

Die additive Vorgehensweise führt zu anderen Ergebnissen. Hier wird nicht die Rendite für den einmal festgelegten Ausgangsbetrag ermittelt, sondern jeweils für den am Beginn der Periode vorhandenen Betrag, der sich unter Berücksichtigung der vorange-

[460] Aus den BHR ($R_{T,m}$) oder den einzelnen Periodenrenditen (R_t) sind analog zu den Berechnungen von Spot Rates auch die durchschnittlichen Renditen ($R_{0,T}$) von Anlageperioden zu berechnen. Für die drei Perioden ergibt sich folgende Beziehung der Renditen:
$1+R_{3,m} = (1+R_{0,3})^3 = (1+R_1)(1+R_2)(1+R_3)$.
Die durchschnittlichen Renditen lassen sich aber nicht nur als geometrisches, sondern auch als arithmetisches Mittel berechnen. Für eine Diskussion dieser beiden Möglichkeiten siehe Buckley (1999). Diese Renditen sind jedoch im Zusammenhang mit dieser Arbeit nicht relevant.

gangenen Wertänderungen ergibt.[461] Addiert man diese Renditen, um zu einer kumulierten Gesamtrendite zu kommen, dann addiert man Renditen mit unterschiedlichen Bezugsgrößen.

Die Unterschiede zwischen CR und BHR sind in der Regel nicht so groß, wenn nur wenige Perioden betrachtet werden. Ihre Höhe hängt davon ab, wie sehr sich die Ausgangsbeträge der einzelnen Perioden von dem ursprünglichen Investitionsbetrag entfernt haben. Die additiven Renditen liegen unter den multiplikativen, wenn die Kurse stetig steigen oder fallen.[462] Ist der Kursverlauf hingegen volatil in beide Richtungen, übertreffen die additiven die multiplikativ ermittelten Renditen deutlich.[463] Ein einfaches Beispiel soll das verdeutlichen. Sinkt der Kurs von 100 auf 50 und steigt dann wieder auf 100, ergibt sich für die erste Periode eine negative Rendite von 50%. Das Aufholen genau dieses Verlustes aber führt zu einer Rendite von 100%. Wenn man diese beiden Renditen addiert, erhält man als Gesamtrendite 50%, obwohl gar kein Kursgewinn vorliegt.[464] Häufige Verluste und anschließende Gewinne oder vice versa im Kursverlauf können somit zu deutlichen Unterschieden in den Renditen der beiden Berechnungswege führen.

Für die Untersuchung reichen jedoch diese absoluten Renditen nicht aus, da die Renditen zu verschiedenen Zeitpunkten nicht direkt miteinander vergleichbar sind. So sind beispielsweise zwei Renditen von 5% unterschiedlich zu bewerten, wenn vergleichbare Aktien in dem einen Zeitraum durchschnittlich 20% und in dem anderen nur 1% Rendite erzielt haben. Es müssen abnormale Renditen (Überrenditen) ermittelt werden,

---

461 Die einzelnen Periodenrenditen beziehen sich immer auf den Betrag am Anfang der Periode. Bei den BHR verlieren diese Beträge durch die multiplikative Verknüpfung dieser einzelnen Renditen jedoch ihren Einfluß wieder, da sie aus den einzelnen Faktoren heraus gekürzt werden können: $1+R_{3,m} = P_1/P_0 * P_2/P_1 * P_3/P_2 = P_3/P_0$.

462 Siehe im Beispiel 1 die Ergebnisse für Unternehmen 3. Besonders deutlich wird es bei negativen Renditen. Während die BHR niemals unter –100% sinken können, ist das für die CR durch die Addition mehrerer negativer Renditen durchaus möglich.

463 Siehe im Beispiel 1 die Ergebnisse für den Index oder Unternehmen 1.

464 Wie vorsichtig man unabhängig von der Berechnungsmethode immer sein sollte, wenn man positive und negative Renditen vergleicht, zeigt folgende Aussage. „Der Nemax 50 stieg von 1.003 Punkten Anfang 1998 um 841,7 Prozent (860,3% Anm. d. Verf.) auf 9.632 Punkte am 10. März 2000, um bis Anfang April 2001 um 86,4 Prozent auf nur noch 1.310 Punkte zu fallen." Von Rosen und Gerke (2001), S. 7. Die BHR für den gesamten Zeitraum beträgt 30,6%, die CR für die beiden allerdings unterschiedlich langen Zeiträume beträgt 773,9%. Um eine BHR in dieser Höhe zu erzielen, hätte ein Anleger auf dem Höchststand (9.632) verkaufen, den Kursgewinn einbehalten und lediglich den ursprünglichen Anlagebetrag wieder investieren müssen.

die die Abweichungen der Aktienrendite von den Renditen eines Vergleichsmaßstabes ausdrücken (relative Renditen).

Die abnormale Rendite einer Aktie ($AR_{i,t}$) ergibt sich aus der Differenz der realisierten Aktienrendite ($R_{i,t}$) und der für den Zeitpunkt t erwarteten Gleichgewichtsrendite [($E(R_{i,t})$]. Diese ex-ante erwartete Rendite wird vor allem bei der Verwendung täglicher Renditen und kurzer Untersuchungszeiträume mit dem Marktmodell oder dem CAPM ermittelt, um so das unterschiedliche Risiko und dessen Einfluß auf die Rendite zu erfassen. Bei der Verwendung monatlicher Renditen und bei längeren Untersuchungszeiträumen ist die Marktrendite als Maß für die erwartete Rendite aber ebenso geeignet.[465]

Eine Möglichkeit, die Marktrendite zu bestimmen, ist die Verwendung eines Indexes, der den Markt möglichst umfassend repräsentiert. Es kann aber auch sinnvoll sein, ein nach besonderen Merkmalen zusammengestelltes Kontrollportfolio als Benchmark zu benutzen. Die so ermittelte erwartete Rendite stimmt dann mit der nach dem CAPM ermittelten erwarteten Rendite überein, wenn die Betas der Aktien gleich eins sind, sie also dem Marktrisiko unterliegen. Das ist in aller Regel nicht der Fall, aber bei Verwendung eines geeigneten Indexes kann man davon ausgehen, daß das Beta des untersuchten Portfolios ungefähr eins beträgt.

Beim additiven Verfahren ergibt sich die kumulative abnormale Rendite (CAR) dann durch die Subtraktion der jeweiligen Indexrendite von der empirisch ermittelten Aktienrendite. Dabei ist es unerheblich, wann der Vergleich mit der Benchmark rechnerisch vorgenommen wird, d.h. es können zunächst die abnormalen Renditen für jede Periode ermittelt und erst danach diese Renditen summiert werden, oder die Subtraktion der Indexrendite erfolgt erst, nachdem die CR für den gesamten Zeitraum berechnet worden sind.

Bei den BHR gibt es ebenfalls zwei unterschiedliche Möglichkeiten, die Bereinigung der Renditen durchzuführen. Die multiplikative Verknüpfung der einzelnen Renditen kann dabei vor (BHAR) oder nach ($BHAR_N$) der Bereinigung durch die Indexrenditen

---

[465] Brown und Warner (1980), S. 213.

erfolgen. Die Ergebnisse fallen hier aber unterschiedlich aus, wie sich aus der Anwendung auf die Daten im Beispiel 1 verdeutlichen läßt (siehe Tabelle 3.4).[466]

Tabelle 3.4 Beispiel 1, Vergleich verschiedener Bereinigungsverfahren bei multiplikativer Verknüpfung

Bereinigungsverfahren	$BHAR_N$	BHAR
Unternehmen 1	6,33%	10,00%
Unternehmen 2	-13,92%	-10,00%
Unternehmen 3	-74,47%	-64,00%
Gleichgewichtes Portfolio	-27,35%	-21,33%

Quelle: Eigene Berechnung.

In diesem Zusammenhang lassen sich eindeutig Aussagen treffen, welche Vorgehensweise den ökonomischen Sachverhalt adäquat wiedergibt. Nur die BHAR, bei denen zunächst die Einzelrenditen multiplikativ verknüpft wurden und danach erst die Bereinigung um den Index erfolgte, zeigen das Ergebnis, das man aufgrund der Daten erwartet hätte. Nur hier gilt, daß die Aktienkurse und der Indexstand lediglich zu Beginn und am Ende des Untersuchungszeitraums Einfluß auf das Ergebnis haben.

Erfolgt die Bereinigung sofort für jede Periodenrendite, indem die Indexrendite von der Periodenrendite subtrahiert wird, erlangen die Renditen jeder einzelnen Periode Einfluß auf das Ergebnis. Außerdem hängt das Ergebnis hier auch noch vom zwischenzeitlichen Verlauf des Indexes ab, da dafür die gleichen mathematischen Bedingungen gelten. Ein Vorteil dieser Methode ist nicht ersichtlich, so daß sie hier nicht berücksichtigt wird.[467]

Als Zwischenergebnis bleibt somit folgendes festzuhalten. Zur Berechnung der BHAR sind die einzelnen Periodenrenditen multiplikativ zu einer Gesamtrendite für einen bestimmten Zeitraum zu verknüpfen. Erst dann erfolgt die Berücksichtigung der Alternativanlage durch den Index, dessen Periodenrenditen ebenfalls durch Multiplikati-

---

466 Für Unternehmen 1 sollen die beiden Rechenwege beispielhaft aufgezeigt werden.
Aus Tabelle 3.2.: $BHAR_{N,U1}$ = (1+10%-5%) (1-10%+20%) (1+11,11%-19,05%) – 1 = 6,33%
Aus Tabelle 3.3.: $BHAR_{U1}$ = BHR_{U1} – BHR_{index} = 10% - 0% = 10%.

467 Zur Kritik an diesem Verfahren siehe auch Ehrhardt (1997). Dementsprechend selten ist diese Vorgehensweise in Untersuchungen zur Anwendung gekommen. Als Beispiel siehe Dimson und Marsh (1986).

on der Renditefaktoren zu einer Gesamtrendite zusammengefaßt werden. Bei dieser Vorgehensweise spielt es keine Rolle, ob die Gesamtrenditen für das Portfolio der untersuchten Aktien vor oder nach der Bereinigung errechnet werden.[468]

Erfolgt die Bereinigung erst nach der Ermittlung der BHR für das Portfolio, dann ist anstelle der bisher beschriebenen absoluten BHAR auch die Berechnung relativer BHAR[469] möglich. Dafür wird der Renditefaktor für das Portfolio ins Verhältnis zum Renditefaktor des Indexes gesetzt.

Zieht man die Indexrendite von der Rendite der untersuchten Gruppe ab (absolut), erhält man eine Aussage darüber, wieviel Prozentpunkte der Unterschied zwischen beiden Renditen beträgt. Dividiert man hingegen den Faktor der Portfoliorendite durch den der Indexrendite (relativ), läßt sich aus dem Ergebnis ablesen, wieviel Prozent der Indexrendite mit dem Portfolio erreicht wird. Dieses Ergebnis ist sehr stark von der Entwicklung des Indexes abhängig, wie das folgende Beispiel 2 in Tabelle 3.5 zeigt.[470]

Tabelle 3.5 Beispiel 2, absolute und relative BHAR bei unterschiedlichen Indexentwicklungen

	Zustand 1: $BHR_{Pf}+1 = 1{,}2$		Zustand 2: $BHR_{Pf}+1 = 0{,}6$	
Indexrendite+1	BHAR relativ	BHAR absolut	BHAR relativ	BHAR absolut
0,5	140%	70%	20%	10%
1,0	20%	20%	-40%	-40%
1,5	-20%	-30%	-60%	-90%

Quelle: Eigene Berechnung.

Hier fällt es schwer zu sagen, welche Vorgehensweise vorzuziehen ist. Entscheidend ist in diesem Zusammenhang, welche ökonomische Aussage man treffen möchte. Ist es das Ziel, zu ermitteln, wie sich die untersuchte Gruppe in Relation zum Index verhalten hat, dann ist es sinnvoll, daß die Indexentwicklung einen so großen Einfluß hat. So kann 10% absolute Überrendite bei einem Indexrückgang um beispielsweise 20%

468 Möglich ist es also auch, anders als in Tabelle 3.4 zunächst die BHR des Portfolios zu ermitteln und dann um das arithmetische Mittel der zugehörigen BHR des Indexes zu bereinigen.

469 Ritter (1991) verwendet diese Größe unter der Bezeichnung „Wealth Relative“ (WR).

470 In dem Beispiel 1 führen beide Vorgehensweisen zum gleichen Ergebnis, weil die BHR des Indexes null ist. Das muß aber nicht so sein, wie Beispiel 2 mit anderen Daten zeigt.

eine beachtlichere Leistung darstellen, als 15% bei einem Indexanstieg um 30%. Relativ ergeben sich 14,5% bzw. nur 11,5% Überrendite.

Auf der anderen Seite kann es hilfreich sein, zu wissen, wie groß der Renditeunterschied zum Index ist, und zwar bezogen auf den investierten Betrag.[471] Diesen Bezug stellt alleine die absolute BHAR her. Dann bezieht sich „Prozent" nach wie vor auf diesen Betrag und nicht auf den Indexstand.

Unabhängig davon, welche der beiden Alternativen man wählt, aber auch wenn man beide Vorgehensweisen wählt und vergleichen möchte, ist es wichtig, präzise zu formulieren, worauf sich die Prozentangaben beziehen. Jedoch muß man bei der Interpretation der Verläufe der BHAR im Zeitablauf sehr vorsichtig sein. Stellt man beispielsweise die monatlichen BHAR für einen Zeitraum von 36 Monaten graphisch dar, so gibt die Grafik lediglich Auskunft darüber, um wieviel Prozentpunkte sich die Rendite bei einer Investition in die Untersuchungsgruppe von der Rendite für ein Portfolio, das den Index abbildet, unterschieden hätte. Diese Renditen beziehen sich auf den anfänglichen Investitionsbetrag und gelten für alle Halteperioden, die jeweils vom Anfangszeitpunkt bis zu den in der Grafik angezeigten jeweiligen Zeitpunkten dauern. Der Unterschied zwischen zwei aufeinander folgenden BHAR ist demnach bedingt durch die Verlängerung der Halteperiode um einen Monat. Anders als bei den BHR kann man bei den BHAR keine gesicherte Aussage mehr zur Überrendite genau dieses einen Monats treffen. Das folgende Beispiel ist den Daten für die Herlitz Aktie entnommen und soll die Gefahren aufzeigen.

Sinkt der Kurs der Aktie in dem Monat, um den die Halteperiode verlängert wird, um 25% und geht der Index um 17 % zurück, dann ergibt sich eine negative Überrendite für den Monat. Tatsächlich verringern sich die CAR auch um 8%-Punkte. Wie sich die BHAR verändern, hängt davon ab, wie der bisherige Stand für BHR und Index ist. Ist der BHR durch vorangegangene Verluste bereits ziemlich gering, dann ist die absolute Veränderung selbst bei einer Rendite von -25% sehr gering. BHR von bisher -80% ergeben einen weiteren Rückgang um lediglich 5%-Punkte auf -85%. Wenn man zwei aufeinanderfolgende absolute BHAR miteinander vergleicht, dann vergleicht man die absolute Änderung der BHR (-5%-Punkte) mit der absoluten Veränderung des Inde-

[471] Zu beachten ist, daß die absoluten BHAR, im Gegensatz zu den BHR, auch unter -100% liegen können, da es sich durch den Vergleich mit dem Index um eine Renditendifferenz handelt.

xes. Bei einer bisherigen Indexrendite von 100% resultiert aus dem Rückgang um 17% im zusätzlichen Monat eine absolute Änderung von -34%-Punkten. Die BHAR steigen durch die Verlängerung der Halteperiode um diesen einen Monat, in dem die Aktie eine negative Überrendite (-8%) ausweist, um 29%-Punkte [-5% -(-34%)]. Grafisch wirkt sich das in dem starken Anstieg der BHAR-Kurve von -1,80 auf -1,51 aus.

Ein Anstieg der BHAR-Kurve kann auf positiven Überrenditen der hinzukommenden Monate beruhen, aber bei entsprechend großen Unterschieden zwischen BHR und Indexrendite können auch negative Überrenditen dazu führen. Das bedeutet für die Interpretation der Verläufe von absoluten BHAR, daß man aus dem Anstieg der Kurve in einem bestimmten Monat nicht schließen darf, daß in diesem zusätzlichen Monat eine positive Überrendite erzielt worden sein muß.

II. Vorgehensweise in den Untersuchungen

Aus den bisherigen Überlegungen für die Berechnungen von Renditen bietet sich die nachfolgend aufgezeigte Vorgehensweise für diese Arbeit als sinnvoll und adäquat an.

- Für die Untersuchung sind CAR sowie absolute und relative BHAR berechnet worden. In der Arbeit selbst werden die Ergebnisse für die untersuchten Gesamtperioden als absolute BHAR dargestellt, da die ökonomische Interpretation sinnvoll nachzuvollziehen ist.[472] Dabei ist aber zu beachten, daß der Startzeitpunkt einen besonders großen Einfluß auf das Gesamtergebnis hat, da alle Kursveränderungen und damit auch die Renditen sich auf diesen Ausgangskurs beziehen. Andere Anfangszeitpunkte würden zu anderen Ergebnissen führen.[473]

- Da sich aufgrund der Berechnungsweise aus diesen Ergebnissen keine Aussagen zu den abnormalen Renditen für Teilperioden ableiten lassen, werden diese Renditen als CAR ermittelt. Für diese kurzen Intervalle, die meistens nur drei Monate betra-

---

472 Die Verwendung der absoluten BHAR ist bei Untersuchungen zu langfristigen Kursreaktionen üblich. Siehe z.B. für die USA Michaely et al. (1995) und für Deutschland Thies (2000).

473 Das ist jedoch kein Problem, wenn man bei der Interpretation der Ergebnisse immer berücksichtigt, daß die Aussagen nur für genau die jeweils untersuchte Halteperiode gelten und Verallgemeinerungen deshalb nicht zulässig sind. Auch die Phase des Börsenzyklus ist hier weniger entscheidend, da Renditedifferenzen (abnormale Renditen) betrachtet werden und sich Anfangs- sowie Endpunkt der Halteperiode in Abhängigkeit von dem Ereignis „Dividendenausfall" und nicht von einem bestimmten Datum ergeben. Zu den Problemen, die sich dadurch allerdings bei dem Vergleich von Aktien- und Anleiherenditen ergeben, siehe Bessler (1999).

gen, sind die Abweichungen zwischen den BHAR und CAR in aller Regel nicht sehr groß.

Zu einer der kritischsten Aufgaben zählt die Festlegung der Benchmark, die zur Berechnung der abnormalen Rendite herangezogen werden soll. Die Verwendung eines Indexes birgt immer auch die Gefahr, daß Branchen- und Größeneffekte vernachlässigt oder nicht richtig erfaßt werden. Von allen anwendbaren Indices für den deutschen Markt erscheint der DAFOX[474] am ehesten geeignet, die Untersuchungsgruppen widerzuspiegeln. Die Verwendung eines individuell zusammengestellten Kontrollportfolios dürfte genauere Ergebnisse bieten. Allerdings müßte es für beide Untersuchungsgruppen gleichermaßen anwendbar sein. Das kann hier aber nicht sichergestellt werden.

Es ist deshalb wichtig, Aufschluß darüber zu bekommen, wie die Wahl des Indexes die Ergebnisse beeinflußt. Die Ergebnisse sind für diese Arbeit bei Verwendung des DAX, des DAFOX und eines Kontrollportfolios berechnet worden.[475] Das Kontrollportfolio setzt sich aus allen einbezogenen IPO zusammen, die mit gleichen Gewichten in die Berechnung eingehen. Die BHAR für die drei verschiedenen Bereinigungen sind für die Untersuchungsgruppe „IPO mit Dividendenausfall“ in Abbildung 3.1 dargestellt.

---

474 Der DAFOX ist ein marktwertgewichteter Performance-Index, der die an der Frankfurter Aktienbörse amtlich gehandelten inländischen Aktien beinhaltet. Göppl und Schütz (1995).

475 Der Korrelationskoeffizient für DAX und DAFOX liegt im Untersuchungszeitraum nahe an eins. Thies (2000), S. 503.

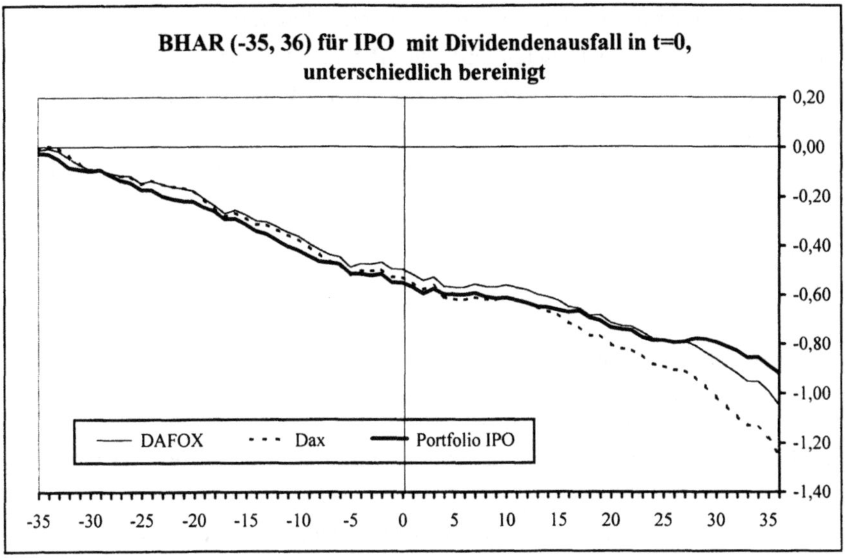

Abbildung 3.1 Verschieden bereinigte BHAR für IPO mit Dividendenausfall im Zeitpunkt 0[476]

Quelle: Eigene Untersuchung.

Die Abweichungen für die verschieden bereinigten BHAR für den hier überwiegend untersuchten Zeitraum, der 35 Monate vor dem Dividendenausfall beginnt und 36 Monate danach endet, sind gering und führen zu keinen tendenziell anderen Aussagen. Insbesondere die Ergebnisse bei Verwendung des DAFOX liegen relativ nahe bei denen des Kontrollportfolios.[477] In dieser Arbeit wird auf den DAFOX zurückgegriffen. Das hat den Vorteil, daß die Ergebnisse besser nachvollziehbar und mit den Ergebnissen anderer Arbeiten in diesem Bereich vergleichbar sind.

Die so ermittelten Überrenditen (BHAR und CAR) werden anschließend auf ihre statistische Signifikanz getestet. Dafür wird auch hier wie üblicherweise der zweiseitige t-Test verwendet.[478] Die zu testende Hypothese H_0 lautet BHAR bzw. CAR = 0. Um die

476 In den folgenden Abbildungen bezeichnet die X-Achse die Monate des untersuchten Zeitfensters, sofern keine Beschriftung erfolgt. Auf der Y-Achse sind entsprechend des Titels der Abbildung Überrenditen oder Anteile (in %) oder absolute Zahlen abgetragen.

477 Das schließt allerdings nicht aus, daß es in einzelnen Monaten womöglich zu stärkeren Unterschieden kommen kann. Im Gegensatz zu den BHAR sind abweichende Ergebnisse bei den CAR, insbesondere für kürzere Zeiträume, in Einzelfällen durchaus möglich.

478 Siehe dazu und zu den Problemen bei der Anwendung Thies (2000), S. 364 ff. und die dort aufgeführte Literatur.

Ergebnisse interpretieren zu können, sind Vergleiche hilfreich. Zum einen werden die Ergebnisse für die Untersuchungsgruppe der IPO mit denen der etablierten Unternehmen verglichen, zum anderen werden die Ergebnisse für die gebildeten Untergruppen der IPO einander gegenübergestellt. Um zu bestimmen, ob die Unterschiede auch statistisch signifikant sind, werden Tests zum Vergleich von Mittelwerten von zwei Normalverteilungen bei unabhängigen Stichproben durchgeführt.[479] Die zu testende Hypothese lautet:
H_0: $BHAR_1 - BHAR_2 = 0$, bzw. $CAR_1 - CAR_2 = 0$.

B. Statistik der Dividendenausfälle

In diesem Abschnitt werden statistische Daten zum Umfang und der Dauer von Dividendenausfällen erhoben. Sie ermöglichen zum einen eine genauere ökonomische Interpretation der nachfolgend ermittelten langfristigen Kursreaktionen auf Dividendenausfälle und geben zum anderen Aufschluß über mögliche Tendenzen in der Dividendenpolitik deutscher Unternehmen.

Die Darstellung der Ergebnisse erfolgt getrennt für die beiden Untersuchungsgruppen „IPO“ und „etablierte Unternehmen“. Dafür werden verschiedene Fragestellungen, die im einzelnen in Abbildung 3.2 aufgeführt sind, untersucht. Bei den einzelnen Unterpunkten der IPO mit Dividendenausfall wird jeweils noch hinsichtlich der Aktiengattung differenziert, und gegebenenfalls werden die Daten für IPO im engeren Sinne dargestellt.

---

479 Siehe dazu Rinne (1997), S. 537.

1.	**IPO mit Dividendenausfall**
• I	Anteil der Ausfälle
• II	Dividendenausfälle für die einzelnen Geschäftsjahre
• III	Ausfalldauer
• IV	Anzahl der IPO ohne Dividende für die einzelnen Geschäftsjahre
• V	Zeitraum vom Börsengang bis zum ersten Ausfall
2.	**Etablierte Unternehmen mit Dividendenausfall**
• I	Anteil der Ausfälle
• II	Dividendenausfälle für die einzelnen Geschäftsjahre
• III	Ausfalldauer
• IV	Anzahl der Unternehmen ohne Dividende für die einzelnen Geschäftsjahre

Abbildung 3.2 Systematisierung der statistischen Untersuchung

Quelle: Eigene Darstellung

1. Untersuchungsgruppe „IPO mit Dividendenausfall"

Insgesamt sind 198 deutsche Unternehmen, die zwischen 1984 und 1995 an die Börse gegangen sind, in die Untersuchungen einbezogen worden. Abbildung 3.3 stellt die Verteilung der Unternehmen auf die einzelnen Emissionsjahre dar.[480] Ein eindeutiger Trend oder eine bestimmte Systematik ist hier nicht erkennbar. Der nach 1988 möglich erscheinende Aufwärtstrend in der Zahl der Neuemissionen wird durch die 1991 beginnende Rezession gestoppt. Somit sind für das Jahr 1990 die höchste Zahl und für die Jahre 1992 und 1993 die geringste Anzahl von Neuemissionen zu verzeichnen.[481] Insgesamt gesehen ist die Zahl der Neuemissionen gegenüber den Jahren vor 1984 zwar deutlich gestiegen, bleibt aber im internationalen Vergleich immer noch sehr gering[482] und ist auch erheblich geringer als die Anzahl der IPO seit Eröffnung des Neuen Marktes im Jahre 1997.

---

[480] Die Bezeichnung „IPO" dient vor allem zur Abgrenzung der Untersuchungsgruppe von der Gruppe der etablierten Unternehmen. In dieser Arbeit werden alle Unternehmen, die zwischen 1984 und 1995 erstmals an die Börse gegangen sind, als IPO bezeichnet.

[481] Die Zahl der Neuemissionen weist eine hohe Korrelation zur Kursniveau des Aktienmarktes auf. Holtrup (1993), S. R98.

[482] „Von 1991 bis 1996 wurden an heimischen Börsen nur 77 inländische Aktiengesellschaften neu eingeführt; in den USA waren es in der gleichen Zeit weit mehr als 3000 Unternehmen". Deutsche Bundesbank (1997), S. 28.

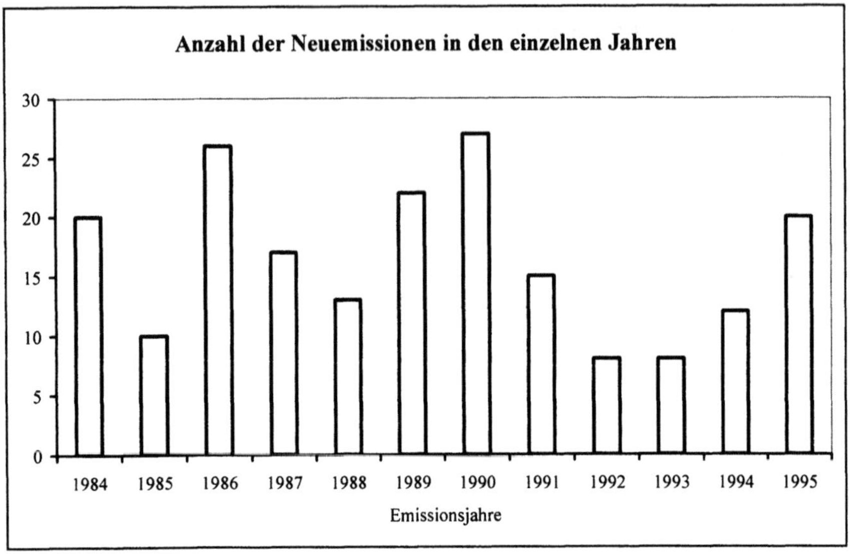

Abbildung 3.3 Anzahl der Neuemissionen in den einzelnen Jahren

Quelle: Eigene Untersuchung.

Aktuelle Studien belegen, daß sich die Dividendenpolitik von Unternehmen, die neu an die Börse gehen, von denen der bereits etablierten Unternehmen unterscheidet. Für den amerikanischen Kapitalmarkt belegen **Fama/French (2001)** in ihrer Untersuchung, daß sich mit der Einführung der NASDAQ die Zahl der Unternehmen, die noch Dividende ausschütten, drastisch verringert. Das liegt vor allem an der Dividendenpolitik der Neuemissionen. Ab 1978 sind 85% aller Neuemissionen an der NASDAQ gelistet. Zahlten im Zeitraum von 1973 bis 1977 noch ein Drittel aller Neuemissionen bereits beim Börsengang eine Dividende, so waren es 1999 nur noch 3,7%.[483]

Das legt die Vermutung nahe, daß sich die Dividendenpolitik etablierter Unternehmen von der junger Unternehmen unterscheidet. Die Einstufung „junges Unternehmen" trifft jedoch für die hier untersuchte Gruppe der IPO zwischen 1984 und 1995 nicht zu. Vergleichbar sind die durch die IPO an der NASDAQ hervorgerufenen Entwicklungen nur mit denen der IPO am Neuen Markt. Die Neuemissionen ab 1997 in diesem Marktsegment gelten als Wachstumsaktien junger Unternehmen mit großen Investitionsmöglichkeiten. Die Studie von **Bessler (2001)** deutet auf eine Übereinstimmung

[483] Fama und French (2001), S. 9, Tab.1.

hinsichtlich der Dividendenzahlungen hin. Eine Dividendenzahlung wird in diesem Segment nicht erwartet und ist häufig auch gar nicht möglich, da diese Unternehmen vielfach noch Verluste ausweisen. So lag der Anteil der Unternehmen mit Gewinn an der Gesamtzahl der Neuemissionen des Jahres 2000 am Neuen Markt unter 50%.[484] Lediglich 8,2% der Neuemissionen des Jahres 1999 haben bereits für das Jahr des Going Public eine Dividende gezahlt, obwohl ca. 65% dieser IPO einen Gewinn auswiesen.[485] Die IPO des Neuen Marktes sind jedoch nicht Gegenstand dieser Arbeit, da hierfür längere Zeitreihen noch nicht vorliegen.

Bei den hier untersuchten IPO handelte es sich zum Zeitpunkt des Börsengangs zu einem großen Teil um Unternehmen im Familienbesitz. **Ehrhardt und Nowak (2001)** untersuchen 105 der Familienunternehmen, die zwischen 1970 und 1991 an die Börse gegangen sind. Selbst 10 Jahre nach dem Börsengang halten die Familien in 60% der Unternehmen noch Anteile, die durchschnittlich 63% der Stimmrechte ausmachen. Das Durchschnittsalter dieser Unternehmen betrug beim Börsengang 63,6 Jahre, so daß sich sehr viele Unternehmen bereits in einem späten Stadium ihres Lebenszyklusses befanden.[486]

IPO sind durch eine ausgeprägte Informationsasymmetrie charakterisiert. Daher sollte ihrer Dividendenpolitik eine besondere Relevanz zukommen. Darüber hinaus kann die Dividendenpolitik helfen, neue Agency-Probleme, die zwischen dem Management und den neuen Aktionären beim Börsengang entstehen, zu reduzieren.[487] Insbesondere für Familienunternehmen dürfte das gelten. Es sollte noch stärker für solche Unternehmen zutreffen, in denen das Management und die Mehrheit der Stimmrechte auch nach dem Börsengang noch in der Hand der Familie liegen. Deshalb sind auch für diese IPO durchaus andere Ergebnisse als für die ebenfalls untersuchte Gruppe der etablierten Unternehmen zu erwarten.

---

[484] Bessler (2001), S. 309.

[485] Bessler (2001), S. 313.

[486] So auch Bessler (2001), S. 304, bei seiner Einordnung der IPO in diesem Zeitraum: „Dabei handelte es sich oftmals um etablierte Unternehmen, also Unternehmen, die bereits seit vielen Jahren existierten und die man im heutigen Sprachgebrauch oftmals der „old economy“ zurechnen würde.“ Zur Aktionärsstruktur der Unternehmen am Neuen Markt und dessen Bedeutung siehe Bessler et al. (2001).

[487] Bessler (2001), S. 298.

Aber die Unternehmen, die in den ersten Jahren des Untersuchungszeitraumes an die Börse gegangen sind, sind nach einigen Jahren keine IPO im eigentlichen Sinne mehr. Es stellt sich deshalb die Frage, ob die besonderen Informationsasymmetrien und Agency-Probleme der IPO sich reduzieren, je länger der Börsengang zurückliegt, oder ob es für die Ergebnisse unerheblich ist, wie lange der Börsengang zurückliegt. Das kann insbesondere Bedeutung für die Dividendenpolitik haben. Deshalb ist zusätzlich die Untergruppe „IPO im engeren Sinne mit Dividendenausfall" (IPO i.e.S.) gebildet worden. In ihr sind nur die Unternehmen enthalten, die innerhalb der ersten fünf Jahre nach dem Börsengang ihre Dividende ausfallen ließen.[488]

Die Untersuchungsgruppe der IPO wird zusätzlich auch noch hinsichtlich der Aktiengattung, d.h. Stammaktien (StA) und Vorzugsaktien (VzA), unterteilt. Aufgrund der Besonderheiten der Vorzugsaktien darf man für diese Untergruppe zum Teil abweichende Ergebnisse erwarten. Vorzugsaktien sind in aller Regel vom Stimmrecht ausgeschlossen. Voraussetzung dafür ist gem. § 139 AktG ein nachzuzahlender Vorzug bei der Verteilung des Gewinns. Dieser Vorteil besteht zunächst darin, daß die Vorzugsaktionäre eine in der Satzung festgelegte Mindestdividende erhalten, bevor die Gewinnverteilung an die Stammaktionäre erfolgt. Bei genügend großen Gewinnausschüttungen erhalten beide Aktionärsgruppen oftmals die gleiche Dividende. Diese Ausgestaltung ihrer Vorzugsaktie wählte knapp ein Drittel der von Daske und Ehrhardt (2001) untersuchten 124 Vorzugsaktien im Zeitraum von 1956 bis 1998. Nahezu alle anderen Unternehmen statteten ihre Vorzugsaktien zusätzlich mit einer Mehrdividende gegenüber den Stammaktien aus.[489]

Bei einem Ausfall oder Teilausfall der Vorzugsdividende muß der fehlende Betrag im nächsten Jahr zusammen mit der dann fälligen Vorzugsdividende nachgezahlt werden. Gelingt das dem Unternehmen nicht, so erhalten die Vorzugsaktionäre das Stimmrecht, und zwar so lange, bis alle Rückstände nachgezahlt sind.[490] Diese Vorschrift läßt unterschiedliche Ergebnisse für Dividendenausfälle bei Stammaktien und Vorzugsaktien erwarten, wenn man davon ausgeht, daß die Stammaktionäre nach wie vor ein

---

488 Fünf Jahre sollten ein geeignetes Abgrenzungskriterium sein, weil nach der Studie von Fama und French (2001) der Anteil der Dividende zahlenden Unternehmen ab dem sechsten Jahr relativ konstant bleibt.

489 Zu den Daten siehe Daske und Ehrhardt (2001), S. 29.

490 § 140 Abs. 2 AktG.

großes Interesse daran haben, den Vorzugsaktionären kein Stimmrecht zu ermöglichen.

1. Auf Vorzugsaktien sollten relativ weniger Dividendenausfälle entfallen als auf Stammaktien. Eine Vorzugsdividende kann bei gleichzeitigem Dividendenausfall für die Stammaktien gezahlt werden.[491] Der Aufwand an finanziellen Mitteln ist dann nicht so hoch und deshalb auch bei schlechter Ertragslage noch eher zu leisten. Somit ist ein Ausfall auch leichter zu vermeiden. Fällt die Vorzugsdividende dennoch aus, sendet das Unternehmen damit ein besonders negatives Signal über seine aktuelle und zukünftige Ertragslage.
2. Die Wiederaufnahme der Dividendenzahlung sollte bei Vorzugsaktien in der Regel bereits nach einem Jahr und damit früher als bei den meisten Stammaktien erfolgen. Das Wiederaufleben des Stimmrechts bei einem weiteren Jahr ohne Vorzugsdividende erfordert die unverzügliche Wiederaufnahme der Dividendenzahlung. Unternehmen mit Stammaktien hingegen sollten ohne größere Nachteile eine Wiederaufnahme hinausschieben können, falls die Ertragslage noch nicht wieder dauerhafte Dividendenzahlungen erwarten läßt.

Unterteilt man die Gruppe der IPO hinsichtlich der Aktiengattung, dann erkennt man aus Abbildung 3.4, daß der Anteil der Vorzüge an den Neuemissionen in den ersten vier Jahren mit zum Teil über 50% in den einzelnen Jahren überdurchschnittlich hoch ausfällt. In den letzten vier Jahren (1992 bis 1995) hingegen spielen Vorzüge bei den IPO kaum noch eine Rolle. Diese Entwicklung setzt sich auch danach weiter fort. Zum einen dürfen die Unternehmen am Neuen Markt keine Vorzugsaktien begeben,[492] zum anderen wandeln immer mehr Unternehmen ihre Vorzugsaktien in Stammaktien um.[493]

---

491 Man könnte meinen, das wäre nicht im Sinne der Stammaktionäre, die über die Gewinnverwendung entscheiden, da sie in diesem Fall einen Vermögensverlust zu Gunsten der Vorzugsaktionäre erleiden. Der tritt jedoch auch dann auf, wenn die Vorzugsdividende nicht gezahlt wird. Denn sie muß im nächsten Jahr vollständig nachgezahlt werden, wenn die Vorzüge weiterhin ohne Stimmrecht bleiben sollen.

492 Zu den Zulassungsvoraussetzungen zum Neuen Markt siehe Kullmann und van Aerssen (2000).

493 Unterstützung für das Prinzip „One Share – One Vote" finden sich bei Pellens und Hillebrandt (2001).

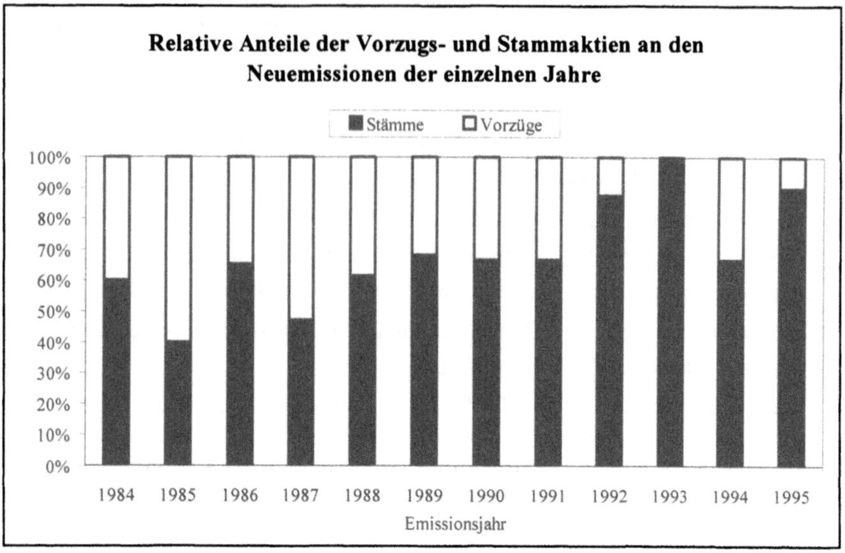

Abbildung 3.4 Relative Anteile der Vorzugs- und Stammaktien an den Neuemissionen der einzelnen Jahre

Quelle: Eigene Untersuchung.

Dadurch steigt der Anteil der Stammaktien an den notierten IPO im Zeitablauf kontinuierlich an. Abbildung 3.5 stellt die Gesamtzahl der in jedem Jahr notierten IPO seit 1984 getrennt nach Stamm- und Vorzugsaktien dar. Die zu erwartende stetige Zunahme der noch notierten IPO zeigt sich nur bei den Stammaktien. Die Zahl der insgesamt notierten IPO-Vorzüge hingegen stagniert in den neunziger Jahren weitgehend, da es an Neuemissionen in dieser Aktiengattung mangelt.

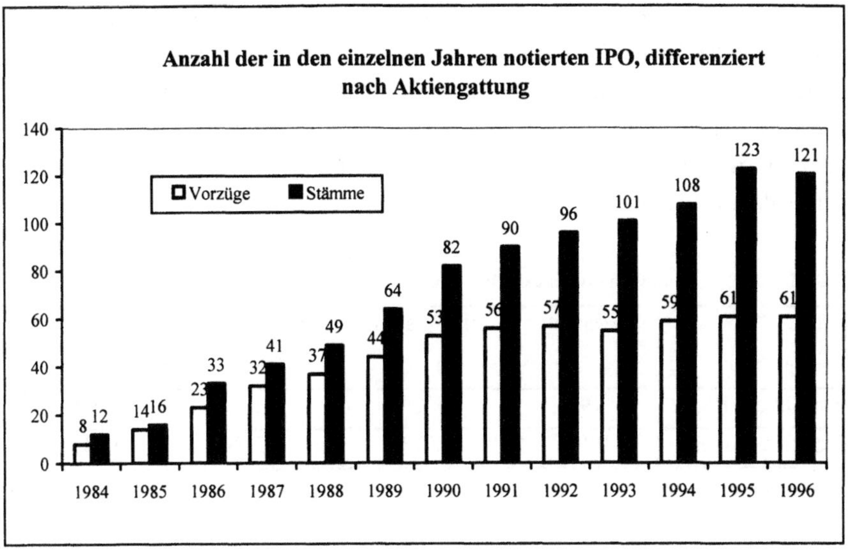

Abbildung 3.5 Anzahl der in den einzelnen Jahren notierten IPO, differenziert nach Aktiengattung

Quelle: Eigene Untersuchung.

Von diesen insgesamt 198 IPO bilden 103 Unternehmen die eigentliche Untersuchungsgruppe „IPO mit Dividendenausfall“, die Gegenstand der folgenden Auswertungen ist. Das Ziel in diesem Kapitel ist es, die nachfolgend aufgeführten Fragestellungen für die Gruppe der „IPO mit Dividendenausfall“ und deren Untergruppen zu beantworten. Daraus ergeben sich wesentliche Vorüberlegungen für die empirische Untersuchung der Kursreaktionen.

a. Wie viele Unternehmen haben die Dividende ausfallen lassen?
b. Wie verteilen sich die Dividendenausfälle auf die einzelnen Jahre?
c. Wie lange bleiben die Unternehmen nach einem Ausfall ohne Dividendenzahlung?
d. Wie viele Unternehmen zahlen in den einzelnen Jahren keine Dividende?
e. Wie viele Geschäftsjahre sind seit der Börseneinführung verstrichen, bevor es zum ersten Dividendenausfall kommt?

I. Anteil der Ausfälle

Von den 198 IPO haben in dem betrachteten Zeitraum von 1984 bis 1997 lediglich 90 Unternehmen (45,45%) in jedem Jahr eine Dividende gezahlt (Tabelle 3.6). 108 Unternehmen (54,55%) haben zumindest einmal keine Dividende gezahlt. Davon haben

103 Unternehmen ab Börseneinführung eine Dividende gezahlt, sie dann aber irgendwann ausfallen lassen. Zehn der 103 Unternehmen haben ein zweites Mal und zwei Unternehmen sogar dreimal die Dividende ausfallen lassen, so daß insgesamt 115 Dividendenausfälle untersucht werden. Bei 60 der 103 Unternehmen (58,25%) ereignet sich der erste Dividendenausfall innerhalb von fünf Jahren nach dem Börsengang. Sie bilden die Untergruppe der IPO im engeren Sinne (IPO i.e.S.).

Tabelle 3.6 Anzahl und Anteile der IPO von 1984 bis 1995 und deren Dividendenausfälle

	Gesamt	mit Ausfall	immer ohne Div[494]	immer mit Div
Anzahl der IPO	**198**	103	5	**90**
Relativer Anteil	100%	52,02%	2,53%	**45,45%**

Quelle: Eigene Untersuchung.

Diese Zahlen überraschen zunächst, denn viele Theorien und empirische Untersuchungen deuten darauf hin, daß Unternehmen bestrebt sind, kontinuierlich eine Dividende zu zahlen und einen Ausfall, wenn eben möglich, zu verhindern. Diese These wird unterstützt durch die Tatsache, daß nahezu alle hier untersuchten Unternehmen bereits für das Geschäftsjahr, in dem der Börsengang erfolgte, auch Dividenden gezahlt haben.[495] Dieses Ergebnis ist konträr zu den Ergebnissen in den USA. Nach einer Untersuchung von Kotz (1999)[496] beginnen dort lediglich 7,1% aller von 1972-1995 an die Börse gegangenen Unternehmen mit der Dividendenzahlung im ersten Jahr.[497]

Offenbar ist die Zahlung einer Dividende lange Zeit eine Voraussetzung für den Gang an eine deutsche Börse gewesen. Eine Dividendenzahlung von Anfang an könnte als

494 Diese Auswertung soll vor allem Informationen über die Dividendenausfälle bei den IPO liefern. Deshalb werden die vier Unternehmen, die seit ihrer Börseneinführung immer dividendenlos waren und das eine Unternehmen, das erst für das neunte Geschäftsjahr nach Emission erstmals eine Dividende gezahlt hat, in einer Extragruppe „ immer ohne Dividende“ zusammengefaßt.

495 Die IPO im Dezember nahmen die Zahlung in der Regel erst für das kommende Geschäftsjahr auf.

496 Die Abgrenzungen stimmen nicht genau überein, aber die Zahl von Kotz dürfte sich kaum verändern, wenn er die hier gewählte Abgrenzung benutzt hätte, insbesondere wenn man berücksichtigt, daß in den USA zu der Zeit Dividenden in der Regel häufiger als einmal pro Jahr gezahlt wurden.

497 Dieses Ergebnis ist nicht allein auf den steigenden Einfluß der an der NASDAQ eingeführten Wachstumswerte zurückzuführen. Auch die meisten anderen IPO zahlen zunächst keine Dividende, wie die Untersuchungen von Fama und French (2001) zeigen.

Signal für Qualität interpretiert werden und somit auch einen Einfluß auf den Emissionskurs haben. Über 50% der Unternehmen aber sehen sich im Zeitablauf gezwungen, mindestens einmal die Dividende wieder ausfallen zu lassen. Offenbar sind sie nicht in der Lage, Zeiten wirtschaftlichen Abschwungs erfolgreich zu überbrücken. Möglicherweise sind in den Jahren zuvor zuwenig Rücklagen als Puffer für schwierige Jahre gebildet worden, z.B. durch eine zu hohe Ausschüttungsquote bei Börseneinführung. Dabei sind die Zahlen sogar noch nach unten verzerrt, da für die IPO der Jahre 1994 und 1995 nur vier bzw. drei Geschäftsjahre in den Untersuchungszeitraum fallen und somit die Wahrscheinlichkeit eines Ausfalls wesentlich verringert wird. Ohne die IPO von 1995 liegt der Anteil der nicht durchgängig Dividende zahlenden Unternehmen bei 60,11%, läßt man auch noch die IPO von 1994 unberücksichtigt, steigt der Anteil sogar auf 62,05%.

Die besondere Bedeutung einer Dividendenzahlung für die ersten Jahre nach dem Börsengang läßt sich auch aus Abbildung 3.6 erkennen. Der relative Anteil der dividendenzahlenden IPO an der Gesamtzahl der jeweils notierten IPO wird in der Regel um so geringer, je länger der Börsengang zurückliegt.[498]

[498] Zur Dividendenpolitik von Wachstumsunternehmen siehe Bessler (2001).

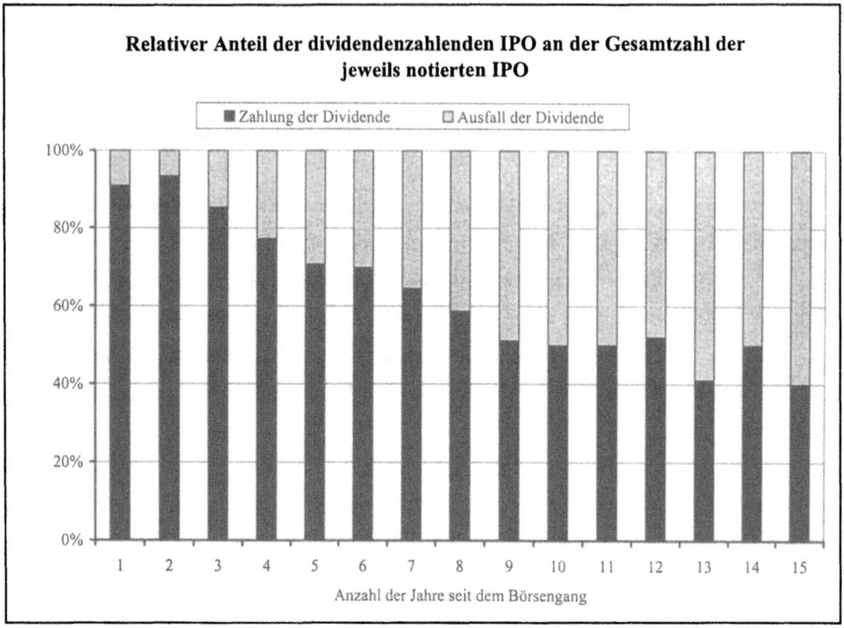

Abbildung 3.6 Relativer Anteil der dividendenzahlenden IPO an der Gesamtzahl der jeweils notierten IPO

Quelle: Eigene Berechnungen

Für die Auswertung der nachfolgenden empirischen Untersuchung könnte es hilfreich sein zu wissen, inwieweit die IPO eines bestimmten Emissionsjahres von Dividendenausfällen betroffen sind. Die Abbildung 3.7 zeigt, wieviel Prozent der IPO des jeweiligen Emissionsjahres es nicht geschafft haben, bis zum Ende des Untersuchungszeitraumes kontinuierlich Dividenden zu zahlen. Besonders auffällig sind hier die hohen Anteile in den Emissionsjahren 1990 und 1991 sowie die 85% im Jahr 1984. Auf den ersten Blick könnte man meinen, die IPO der letzten vier Jahre sind in Bezug auf Dividendenausfälle erfolgreicher verlaufen. Dieses Ergebnis ist jedoch im wesentlichen ebenfalls auf die geringeren Zeiträume zurückzuführen, in denen ein Ausfall für diese IPO überhaupt möglich gewesen ist.

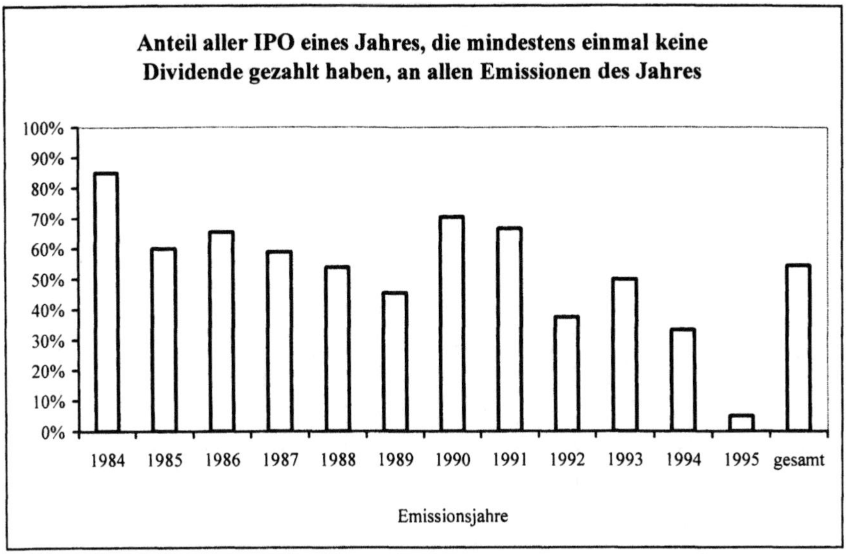

Abbildung 3.7 Anteil aller IPO eines Jahres, die mindestens einmal keine Dividende gezahlt haben, an allen Emissionen des Jahres

Quelle: Eigene Untersuchung.

Dementsprechend zeigt die Abbildung 3.8 ein anderes Ergebnis. Hier werden nur IPO erfaßt, deren Ausfälle innerhalb der ersten fünf Jahre nach dem Börsengang stattfanden. Dadurch sind Ergebnisse für die einzelnen Emissionsjahre vergleichbarer.

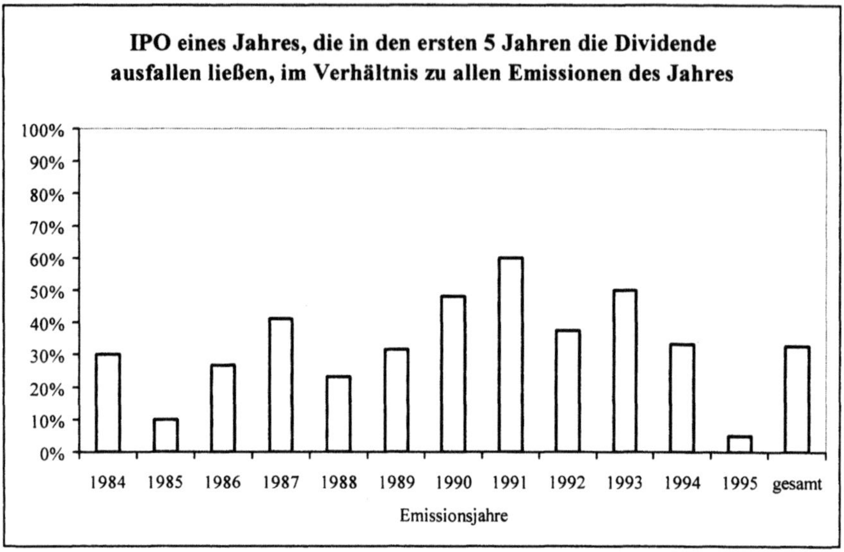

Abbildung 3.8 IPO eines Jahres, die in den ersten 5 Jahren die Dividende ausfallen ließen, im Verhältnis zu allen Emissionen des Jahres

Quelle: Eigene Untersuchung.

Die „schlechten" Emissionsjahre liegen danach in den frühen neunziger Jahren mit einem Spitzenwert von 60% für das Jahr 1991. Viele der Unternehmen, die 1984 bis 1986 an die Börse gingen, lassen erst relativ spät zum ersten Mal ihre Dividende ausfallen und sind somit in der Abbildung 3.8 nicht mehr enthalten. Dadurch sinkt der Anteil der „schlechten" IPO des Jahres 1984 von 85% auf 30% und des Jahres 1985 von 60% auf nur noch 10%.

Eine Differenzierung der bisherigen Ergebnisse hinsichtlich der Aktiengattung der in die Untersuchung einbezogenen IPO deutet auf Unterschiede zwischen IPO mit Stammaktien und IPO mit Vorzugsaktien hin. Knapp ein Drittel (32,83%) der einbezogenen IPO haben beim Börsengang Vorzugsaktien emittiert (Tabelle 3.7). Betrachtet man nur die IPO, die als Stammaktien an den Markt gekommen sind, so liegt der Anteil der kontinuierlich Dividende zahlenden IPO bei nur 42,11% (56 von 133). Der entsprechende Anteil der IPO, die als Vorzugsaktien begeben worden sind, beträgt hingegen 52,31% (34 von 65). Lediglich zwei der 30 Unternehmen, die die Vorzugsdividende ausfallen ließen, haben sie noch ein zweites Mal ausfallen lassen.

Tabelle 3.7 Anzahl und Anteile der IPO von 1984 bis 1995 und deren Dividendenausfälle, differenziert nach Vorzugs- (VzA) und Stammaktien (StA)

IPO	Anzahl Gesamt	Anzahl VzA	Anteil VzA an IPO (198)	Anteil an VzA (65)	Anzahl StA	Anteil StA an IPO (198)	Anteil an StA (133)
gesamt	198	65	**32,83%**	100,00%	133	67,17%	100,00%
mit Ausfall	103	30	29,13%	**46,15%**	73	70,87%	**54,89%**
immer ohne Div	5	1	20,00%	1,54%	4	80,00%	3,01%
immer mit Div	90	34	37,78%	**52,31%**	56	62,22%	**42,11%**

Quelle: Eigene Untersuchung.

Auch wenn der relative Anteil der Vorzüge mit Ausfällen mit rund 46% geringer ausfällt als bei den Stammaktien mit fast 55%, ist er dennoch unerwartet hoch. Denn gerade die Vorzüge, bei denen in der Regel das Stimmrecht durch attraktive Dividendenkonditionen ausgeschlossen wird, beinhalten die Vorstellung von kontinuierlichen Dividendenzahlungen. Das Unternehmen hat zudem die Möglichkeit, nur die Vorzugsaktionäre zu bedienen und muß dafür erheblich weniger Mittel aufwenden als für eine Dividendenzahlung an alle Aktionäre. Zudem sind die Vorzugsaktien in der Regel mit einer Nachzahlungspflicht ausgestattet, so daß sich bei einem Dividendenausfall Verbindlichkeiten gegenüber den Vorzugsaktionären aufbauen. Muß ein Unternehmen dennoch die Vorzugsdividende ausfallen lassen, so sendet es damit ein besonders negatives Signal über seine wirtschaftliche Lage aus. Dementsprechend sollte ein Dividendenausfall bei Vorzugsaktien ein seltenes Ereignis darstellen. Insofern überrascht die insgesamt hohe Zahl von Unternehmen, die an ihre Vorzugsaktionäre zumindest einmal keine Dividende ausgeschüttet haben.

Die folgenden Abbildungen stellen jeweils getrennt für Vorzugs- und Stammaktien dar, wieviel Prozent der IPO eines bestimmten Jahres die Dividende später mindestens einmal haben ausfallen lassen. Dabei bezieht sich Abbildung 3.9 auf alle IPO und Abbildung 3.10 nur auf die IPO i.e.S.

Bei den Vorzügen fallen besonders die großen Unterschiede zwischen den einzelnen Emissionsjahren auf. Während von den IPO mit Vorzügen des Jahres 1989 lediglich eins von sieben Unternehmen (14,3%) später ihre Dividende ausfallen ließ, waren es von den IPO mit Vorzügen des Jahres 1990 bemerkenswerte sieben von neun Unternehmen (77,8%). Auch wenn man lediglich die IPO i.e.S. berücksichtigt, bleibt dieser deutliche Unterschied bestehen (Abbildung 3.10). Da die Jahre unmittelbar aufeinander folgen, dürften individuelle Unternehmensgründe dafür verantwortlich sein. Von den insgesamt nur sieben IPO mit Vorzügen der Jahre 1992 bis 1995 hat nur ein Unternehmen die Dividende ausfallen lassen.[499]

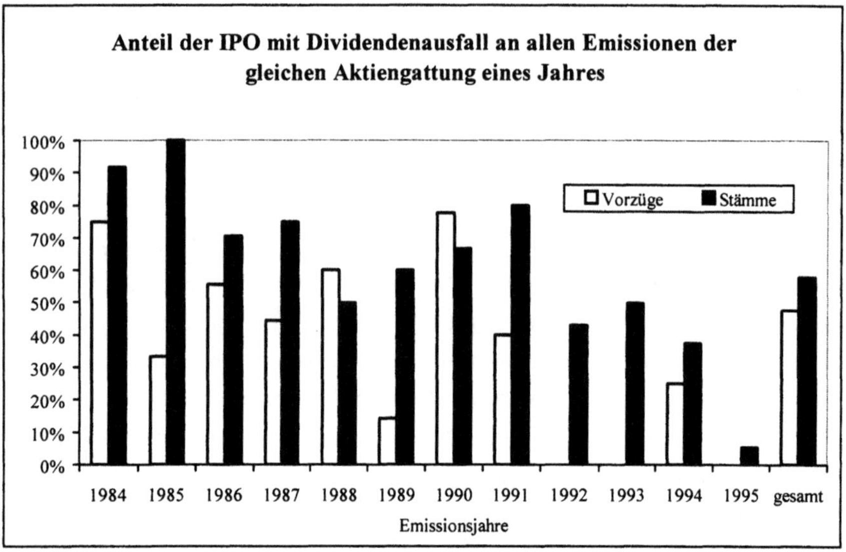

Abbildung 3.9 Anteil der IPO mit Dividendenausfall an allen Emissionen der gleichen Aktiengattung eines Jahres

Quelle: Eigene Untersuchung.

Nur sehr wenige Unternehmen, die in den Jahren von 1984 bis 1987 mit Stämmen erstmals an die Börse gegangen sind, haben es geschafft, über den gesamten Untersuchungszeitraum kontinuierlich Dividenden zu zahlen (Abbildung 3.9). Von den 16 Unternehmen der ersten beiden Jahre gelang das sogar nur einer Gesellschaft.

[499] Ab 1992 müssen die Ergebnisse beider Abbildungen aufgrund der Konstruktion übereinstimmen.

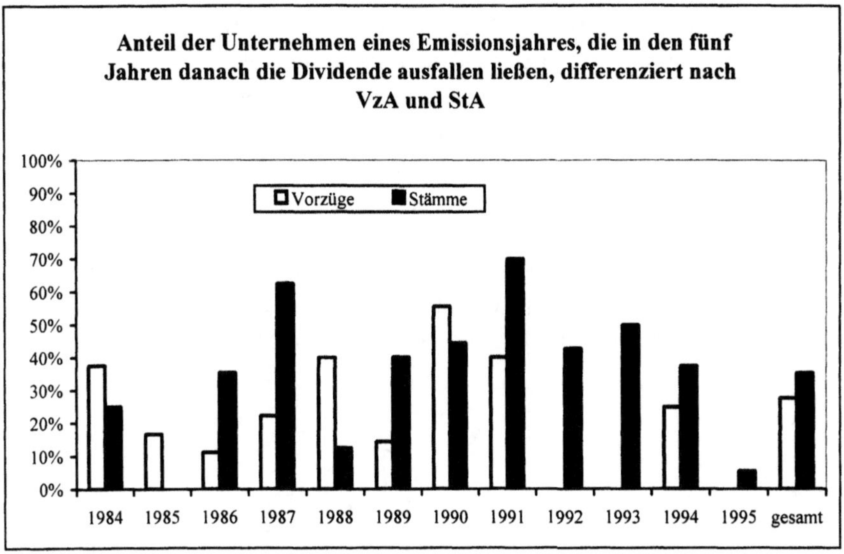

Abbildung 3.10 Anteil der Unternehmen eines Emissionsjahres, die in den fünf Jahren danach die Dividende ausfallen ließen, differenziert nach VzA und StA

Quelle: Eigene Untersuchung.

Aber auch hier zeigt sich ein anderes Bild (Abbildung 3.10), wenn man nur die Ausfälle in den ersten fünf Jahren heranzieht. So haben zwar alle IPO mit Stämmen des Jahres 1985 irgendwann die Dividende ausfallen lassen, aber keiner der Ausfälle ereignete sich in den ersten fünf Jahren nach der Emission. Im Gegensatz dazu bleibt die sehr hohe Ausfallquote für die IPO mit Stämmen des Jahres 1987 bestehen. Das gilt auch für die IPO mit Stämmen des Jahres 1991. Acht von zehn Unternehmen haben die anfängliche Dividendenzahlung nicht dauerhaft aufrecht erhalten können. Die Ursachen dafür können unternehmensspezifisch sein, können aber auch auf die gesamtwirtschaftlichen Rahmenbedingungen zurückzuführen sein. Näheren Aufschluß darüber soll der nächste Abschnitt geben, in dem der Frage nachgegangen wird, wie sich die Ausfälle auf die einzelnen Geschäftsjahre verteilen.

II. Dividendenausfälle für die einzelnen Geschäftsjahre

Schon allein aus der Tatsache, daß fast jedes Unternehmen nach dem Börsengang eine Dividende zahlt, läßt sich folgern, daß Unternehmen die Dividende nur dann ausfallen lassen, wenn die schlechte Ertragslage sie dazu zwingt. Dementsprechend sollte die Zahl der Unternehmen mit einem Dividendenausfall in wirtschaftlich schwierigen

Zeiten, wie z.B. der Rezession Anfang der neunziger Jahre, relativ hoch sein. In den Abbildungen 3.11 und 3.12 ist die Zahl der Unternehmen, die für ein bestimmtes Geschäftsjahr die Dividende ausfallen ließen, ins Verhältnis gesetzt worden zu der Zahl der Unternehmen, die für das vorangegangene Geschäftsjahr noch eine Dividende gezahlt haben. Denn nur bei diesen Unternehmen konnte es für das folgende Geschäftsjahr überhaupt zu einem Dividendenausfall kommen.

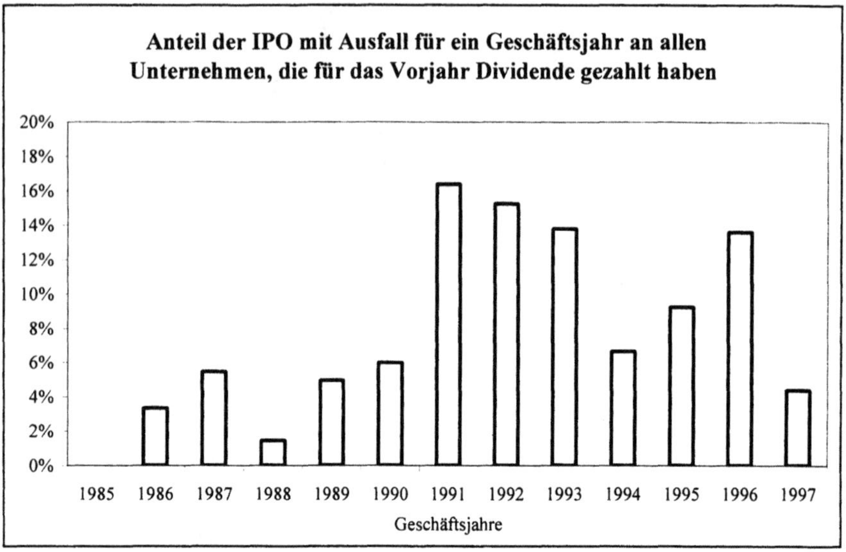

Abbildung 3.11 Anteil der IPO mit Ausfall für ein Geschäftsjahr an allen Unternehmen, die für das Vorjahr Dividende gezahlt haben

Quelle: Eigene Untersuchung.

Bei allen IPO (Abbildung 3.11) liegt der Anteil der Unternehmen mit einem Dividendenausfall in den ersten Jahren des Untersuchungszeitraums bis 1990 nie über 6% und damit in einem Bereich, den man grundsätzlich erwarten konnte. Für das Geschäftsjahr 1991 jedoch erfolgt ein starker Anstieg der Ausfallquote auf über 16%. Demnach verzeichnet jedes sechste seit 1984 an die Börse gegangene Unternehmen, das für 1990 noch Dividende gezahlt hatte, für 1991 einen Dividendenausfall. Auch in den beiden folgenden Jahren liegt die Ausfallquote mit 15,25% und 13,79% außergewöhnlich hoch. Das könnte darauf hindeuten, daß es zwar vielen Unternehmen zunächst noch gelingt, ein schwieriges Jahr ohne Dividendenausfall zu überstehen. Im zweiten oder dritten Jahr eines Abschwungs können aber auch sie nicht umhin, die Dividendenzahlungen auszusetzen. Auf diese länger andauernde wirtschaftliche Abschwungphase dürfte auch die insgesamt geringe Zahl an IPO zurückzuführen sein, die es überhaupt geschafft haben, kontinuierlich Dividenden zu zahlen. Bei nahezu der Hälfte aller Unternehmen, die mindestens einmal die Dividende ausfallen lassen, erfolgt der erste Ausfall in diesem Zeitraum von drei Jahren (1991-1993). Etwas anders hingegen sieht die Situation für das Geschäftsjahr 1996 aus. Mit der ebenfalls hohen Ausfallquote von 13,61% steht es isoliert da. Bereits 1997 erreicht die Ausfallquote nur noch 4,38%.

Der Vergleich der Ausfallquoten für Stamm- und Vorzugsaktien unterstützt die Annahme, daß Unternehmen stärker zögern, die Dividende ausfallen zu lassen, wenn es sich um Vorzugsaktien handelt. Zu Beginn der Abschwungphase 1991 lag die Ausfallquote bei Stammaktien deutlich über der für Vorzugsaktien. Für das folgende Jahr jedoch ging sie für Stammaktien zurück, für Vorzugsaktien hingegen stieg sie kräftig an und lag sogar deutlich über der Ausfallquote für Stammaktien. Besonders auffällig an der Abbildung 3.12 ist auch das Geschäftsjahr 1996. Über 20% aller Unternehmen, die seit 1984 mit Stammaktien erstmals an die Börse gegangen sind und die für 1995 Dividende gezahlt haben, müssen die Dividende für 1996 ausfallen lassen.

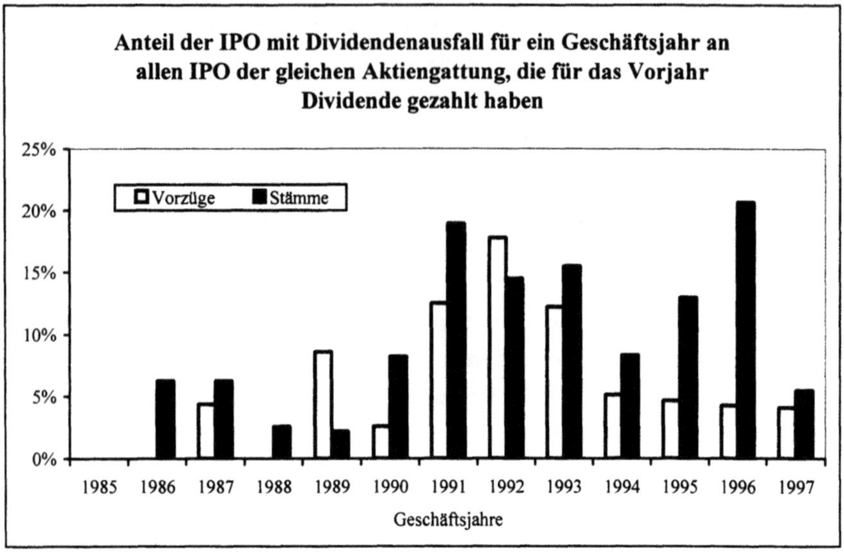

Abbildung 3.12 Anteil der IPO mit Ausfall für ein Geschäftsjahr an allen IPO der gleichen Aktiengattung, die für das Vorjahr Dividende gezahlt haben

Quelle: Eigene Untersuchung.

Die Eingrenzung der Unternehmen auf die IPO im engeren Sinne bringt in diesem Fall keine neuen Aufschlüsse. Die ersten fünf Jahre müssen per Konstruktion ohnehin übereinstimmen. Für die interessanten Jahre von 1991 bis 1993 lassen sich auf ermäßigtem Niveau die gleichen Schlüsse ziehen. Für die letzten fünf Geschäftsjahre verzeichnen nur insgesamt drei Unternehmen, die Vorzüge beim Börsengang begeben haben, einen Dividendenausfall. Die daraus resultierenden Ausfallquoten sind nicht aussagekräftig. Auf eine Darstellung der Ergebnisse wird deshalb hier verzichtet.

III. Ausfalldauer

Die Dauer der dividendenlosen Zeit, die einem Dividendenausfall folgt, sollte weitere Einsichten in die Dividendenpolitik eröffnen. Die Ausfälle werden nach der Zahl der dividendenlosen Jahre, zu der der Ausfall insgesamt geführt hat, geordnet. Alle Unternehmen, die mehr als sechs Jahre hintereinander keine Dividenden gezahlt haben, werden in einer Klasse zusammengefaßt. Innerhalb der einzelnen Klassen wird noch einmal hinsichtlich des Grundes für das Ende der dividendenlosen Zeit unterschieden.

In der Regel sollte diese Zeit durch die Wiederaufnahme der Dividendenzahlung beendet werden. Das ist aber lediglich in 45,22% der 115 festgestellten Ausfälle der Grund. In allen anderen Fällen erfolgte keine Wiederaufnahme der Dividendenzahlungen. Der Grund dafür kann im „Delisting“ des Unternehmens vom Kurszettel liegen oder daran, daß bis zum Ende des Betrachtungszeitraumes (1997) die Dividendenzahlung noch nicht wieder aufgenommen worden ist. Gerade dieser zuletzt genannte Grund würde das Ergebnis stark verzerren, wenn man ihn in eine Gesamtzahl mit einbezieht. So fallen allein 13,91% aller Ausfälle in die Kategorie „zwei Jahre ohne Dividende und keine Wiederaufnahme bis 1997“. Es handelt sich dabei um die relativ hohe Zahl von Ausfällen des Jahres 1996, von denen die meisten auch für 1997 keine Dividende gezahlt haben. Hinzu kommen noch die jeweils 5,22% aller Ausfälle, die 1997 und 1995 auftraten, ohne die Zahlungen bis 1997 wieder aufzunehmen. Die verbleibenden gut 18% ohne Wiederaufnahme bis 1997 hingegen kann man schon zur Rubrik Langzeitausfälle zählen, da sie mindestens vier dividendenlose Jahre aufweisen. Der entsprechende Anteil für eine Wiederaufnahme nach mehr als vier Jahren liegt mit weniger als 10% deutlich darunter. Abbildung 3.13 zeigt die Anteile der einzelnen Gründe je Ausfalldauer in Relation zur Gesamtzahl der Ausfälle (115) für alle IPO.

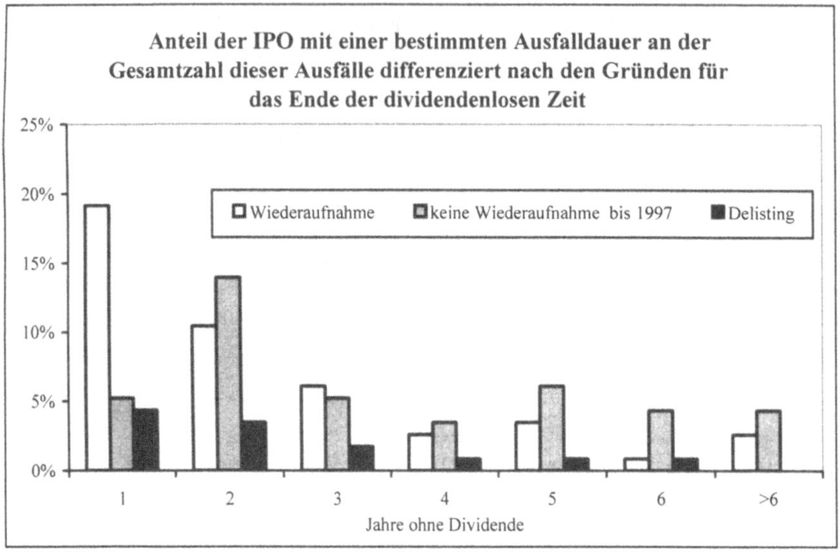

Abbildung 3.13 Anteil der IPO mit einer bestimmten Ausfalldauer an der Gesamtzahl dieser Ausfälle differenziert nach den Gründen für das Ende der dividendenlosen Zeit

Quelle: Eigene Untersuchung.

Unter der Bezeichnung „Delisting" sind die Unternehmen erfaßt, deren Notierung an der Börse eingestellt, für die ein Vergleichsverfahren beantragt oder ein Konkursverfahren eröffnet worden ist. Von den insgesamt 103 Unternehmen mit Ausfällen gehören 14 dieser Kategorie an. Dabei konzentrieren sich die Zeitpunkte des „Delisting" auf die Jahre 1992, 1994, 1996 und 1997. Auch hier wird der Zusammenhang zu den wirtschaftlich schwierigen Jahren deutlich. Allein 7 dieser 14 Unternehmen hatten 1991 ihren ersten Dividendenausfall. Das bedeutet gleichzeitig, daß sich mehr als ein Drittel der 19 Unternehmen, die für 1991 ihren ersten Ausfall verzeichnen, davon nicht wieder dauerhaft erholen konnten. Das dürfte auch der Grund dafür sein, daß die Zeitspanne zwischen dem ersten Ausfall und dem Delisting in den meisten Fällen sehr kurz ist und drei Jahre nur selten überschreitet.[500] Man könnte nun meinen, daß die

[500] De facto ist die Zeitspanne bei einigen Unternehmen um ein Jahr zu verlängern. Wenn das Delisting erfolgte, bevor ein Beschluß für das vergangene Geschäftsjahr gefaßt worden war, wurde bereits für das vergangene Geschäftsjahr das Unternehmen als delisted behandelt.

Wahrscheinlichkeit ziemlich gering sei, daß ein Unternehmen, das drei dividendenlose Jahre überstanden hat, noch in Konkurs geht. Letztlich dürfte das jedoch vor allem von der Dauer des gesamtwirtschaftlichen Abschwungs abhängen.

In lediglich 19,13% der Ausfälle handelt es sich um ein einmaliges Aussetzen der Dividendenzahlung. Betrachtet man aber nur die IPO, die überhaupt die Dividendenzahlungen wieder aufnehmen (Abbildung 3.14), dann ist die Wiederaufnahme nach einem Jahr mit über 40% der häufigste Wiederaufnahmezeitpunkt. Knapp 80% aller Wiederaufnahmen erfolgen in den ersten drei Jahren nach dem Ausfall. In den anderen Fällen muß sich der Anleger meistens auf eine längere Zeit ohne Dividendenzahlungen einstellen. Aber auch hier ist zu berücksichtigen, daß eine Verlängerung des Untersuchungszeitraumes die Anteile der längeren Zeiträume und auch die Gesamtzahl der Wiederaufnahmen erhöhen würde.

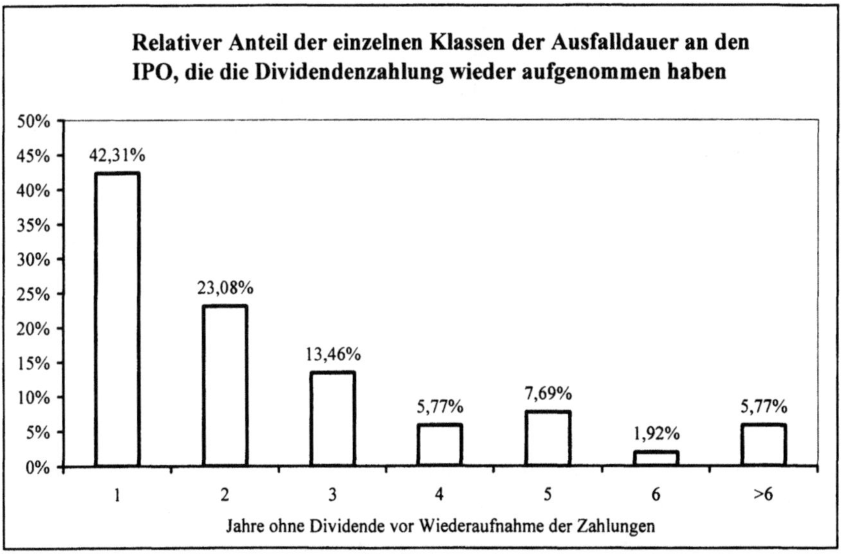

Abbildung 3.14 Relativer Anteil der einzelnen Klassen der Ausfalldauer an den IPO, die die Dividendenzahlung wieder aufgenommen haben

Quelle: Eigene Untersuchung.

Untersucht man, wie sich die Anteile an der jeweiligen Ausfalldauer bis zur Wiederaufnahme auf die Vorzugs- und Stammaktien verteilen (Abbildung 3.15), dann fällt auf, daß die Vorzüge insgesamt bei den längeren Ausfallzeiten stärker vertreten sind.

Eine mögliche Interpretation der Ergebnisse könnte sein, daß Unternehmen möglichst die Vorzugsdividende nur einmal ausfallen lassen wollen, da sonst das Stimmrecht wieder auflebt. Gelingt das nicht, dann ist die Ausfalldauer bei den IPO mit Vorzugsaktien häufig länger als bei denen mit Stammaktien.

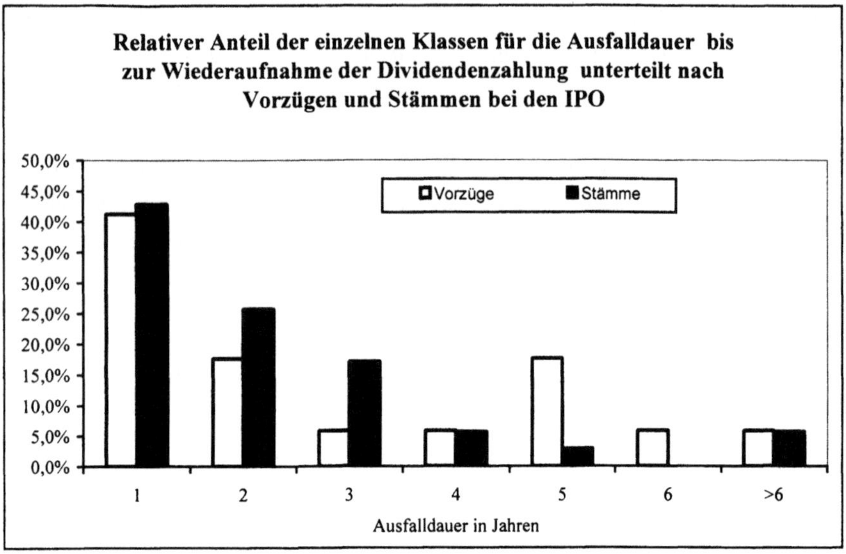

Abbildung 3.15 Relativer Anteil der einzelnen Klassen für die Ausfalldauer bis zur Wiederaufnahme der Dividendenzahlung unterteilt nach Vorzügen und Stämmen bei den IPO

Quelle: Eigene Untersuchung.

Bei Wiederaufnahme der Dividendenzahlungen für Vorzugsaktien sind zunächst die ausgefallenen Dividenden nachzuzahlen. Die dann zu leistende Zahlung ist um so höher, je länger der dividendenlose Zeitraum war. Die finanzielle Belastung, die mit der Wiederaufnahme verbunden ist, steigt also bei den Vorzügen von Jahr zu Jahr. In der hier untersuchten Gruppe erfolgt innerhalb des Untersuchungszeitraumes jedoch nur in gut 45% der Ausfälle überhaupt eine Wiederaufnahme. Der Anteil der Vorzüge liegt hier mit 32,7% höher als an den Ausfällen insgesamt (27,8%). Allerdings sollte bei den Ergebnissen für die IPO mit Vorzügen bedacht werden, daß sich die Zahlen in Abbildung 3.15 nur auf insgesamt 17 Unternehmen beziehen. Eine weitere Eingrenzung auf die IPO i.e.S. unterbleibt deshalb.

IV. Anteil der IPO ohne Dividendenzahlung für die einzelnen Geschäftsjahre

Faßt man die Ergebnisse der vorangegangenen Abschnitte zusammen, so erhält man eine Antwort auf die Frage, wie hoch der Anteil der Unternehmen ist, die in den einzelnen Jahren keine Dividende gezahlt haben. Die Abbildung 3.16 zeigt die Zahl der Unternehmen, die für ein bestimmtes Geschäftsjahr keine Dividende gezahlt haben, im Verhältnis zu der Zahl aller IPO, die zu Beginn des jeweiligen Jahres notiert sind. Insgesamt blieben die 108 IPO, die in dem Untersuchungszeitraum mindestens einmal keine Dividende gezahlt haben, 358 mal ohne Dividendenzahlung.

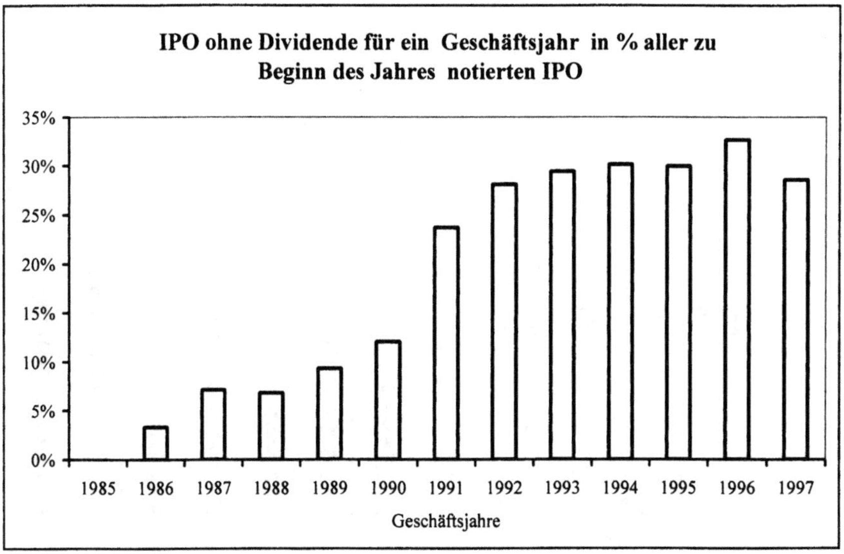

Abbildung 3.16 IPO ohne Dividende für ein Geschäftsjahr in % aller zu Beginn des Jahres notierten IPO

Quelle: Eigene Untersuchung.

Fast durchgängig wächst der Anteil der Unternehmen ohne Dividendenzahlung von Jahr zu Jahr an. Besonders auffällig ist auch hier der große Sprung für das Geschäftsjahr 1991. Nach den zuvor gewonnenen Erkenntnissen überrascht das Ergebnis nicht. Unerwartet jedoch steigt der Anteil in den folgenden Jahren noch weiter an, bis er für 1996 mit über 33% seinen Spitzenwert erreicht. Somit hat jedes dritte der seit 1984 an die Börse gegangene Unternehmen für 1996 keine Dividende ausgeschüttet. Offenbar haben viele Unternehmen, die für die Jahre 1991 bis 1993 die Dividende haben ausfallen lassen, in den Folgejahren die Dividendenzahlungen nicht wieder aufgenommen.

Insgesamt gesehen widerspricht der durchgehend hohe Anteil von Unternehmen ohne Dividendenzahlung in den neunziger Jahren der Annahme kontinuierlicher Dividendenzahlungen. Eine mögliche Erklärung dafür könnte sein, daß nach einem Dividendenausfall ein Verharren auf dem dividendenlosen Niveau kaum weitere negative Kursreaktionen auslöst, zumindest aber geringere als eine zu frühe Wiederaufnahme mit anschließendem erneuten Ausfall der Dividende. Hier kann die nachfolgende Untersuchung der langfristigen Kursreaktionen weiteren Aufschluß geben.

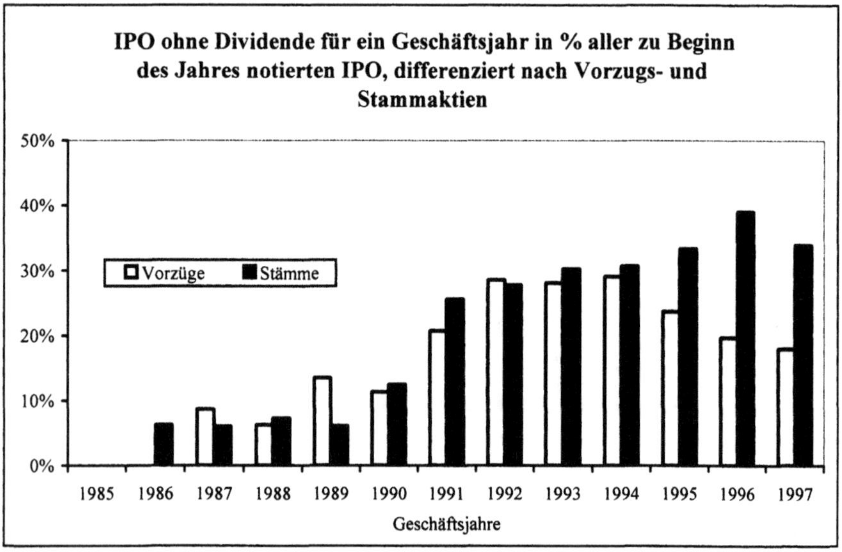

Abbildung 3.17 IPO ohne Dividende für ein Geschäftsjahr in % aller zu Beginn des Jahres notierten IPO, differenziert nach Vorzugs- und Stammaktien

Quelle: Eigene Untersuchung.

Die Unterteilung in Stammaktien und Vorzugsaktien weist für die Geschäftsjahre bis 1994 im Durchschnitt erstaunlich geringe Unterschiede zwischen den beiden Aktiengattungen aus (Abbildung 3.17). Erst ab 1995 liegt der Anteil der dividendenlosen Unternehmen bei den Stämmen deutlich über dem der IPO mit Vorzügen. Insgesamt hätte man hier einen größeren Abstand zwischen den Vorzügen und den Stämmen erwartet. Die im vorangegangenen Abschnitt festgestellte längere Ausfalldauer bei vielen Vorzugsaktien zeichnet dafür verantwortlich. Die Beschränkung der Untersuchung auf die IPO im engeren Sinne bringt in diesem Zusammenhang keine neuen Erkenntnisse.

V. Zeitraum vom Börsengang bis zum ersten Ausfall

Der Zeitraum bis zum ersten Ausfall wird durch die Anzahl der seit dem Börsengang gezahlten Dividenden gemessen.[501] Alle Unternehmen, die mehr als acht Dividenden bis zum ersten Ausfall gezahlt haben, werden zusammengefaßt. Abbildung 3.18 zeigt die Verteilung der IPO auf die einzelnen Zeiträume bis zu dem ersten Ausfall. Überraschend erzielt der Anteil der Unternehmen mit „zwei Dividendenzahlungen" den höchsten Wert. Zusammen mit der Kategorie „eine Dividendenzahlung" ergibt sich daraus, daß jedes vierte der Unternehmen mit Dividendenausfall (103) bereits nach höchstens zwei Dividendenzahlungen die Dividende hat ausfallen lassen. Bezogen auf alle IPO im Untersuchungszeitraum (198) ergibt sich, daß nahezu jedes siebte IPO es nicht geschafft hat, die anfängliche Dividendenzahlung mehr als zwei Jahre aufrecht zu erhalten.

---

[501] Das ist möglich, da alle Unternehmen, die ihre Dividende ausfallen ließen, gleich von Anfang an Dividende gezahlt haben. Die fünf Unternehmen, die zu Beginn keine Dividenden gezahlt haben, konnten bzw. haben die Dividende auch nicht ausfallen lassen.

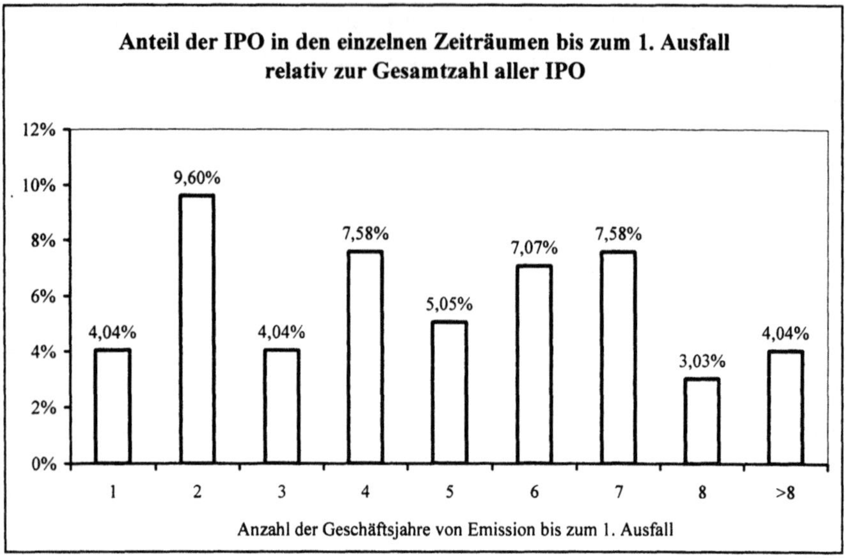

Abbildung 3.18 Anteil der IPO in den einzelnen Zeiträumen bis zum 1. Ausfall relativ zur Gesamtzahl aller IPO

Quelle: Eigene Untersuchung.

Die vorangegangenen Erkenntnisse helfen, den hohen Anteil der Ausfälle nach zwei Dividendenzahlungen zu begründen. 1990 ist das Jahr mit der größten Zahl an Neuemissionen (27). In den beiden Folgejahren 1991 und 1992 ist die Zahl der ersten Ausfälle am höchsten. Können die IPO des Jahres 1990 noch für 1991 eine Dividende zahlen, so müssen doch schon sieben von ihnen bereits für 1992 die Dividende ausfallen lassen. Sie stellen damit bereits mehr als ein Drittel der 19 Unternehmen, die nach zweimaliger Dividendenzahlung auf null heruntergehen müssen. Auch der ebenfalls hohe Anteil der Unternehmen, die nach sechs Jahren die Dividendenzahlungen einstellen, beruht weitgehend auf den IPO des Jahres 1990, die für 1996 einen Dividendenausfall verzeichnen. Hier macht ihr Anteil fast die Hälfte aus (6 von 14).

Die Unterscheidung nach Stammaktien und Vorzugsaktien in Abbildung 3.19 zeigt, daß die Vorzüge relativ stark in den Zeiträumen vertreten sind, für die auch insgesamt ein hoher Anteil ermittelt wurde, also zwei, vier und sechs Jahre. Die Annahme, bei Vorzugsaktien dauere es länger, bis es zu einem Ausfall kommt, bestätigt sich hier nicht.

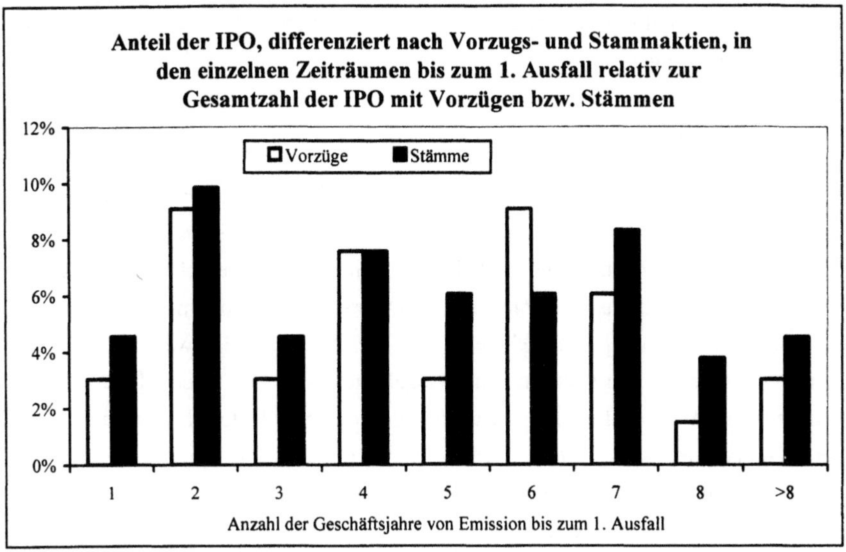

Abbildung 3.19 Anteil der IPO, differenziert nach Vorzugs- und Stammaktien, in den einzelnen Zeiträumen bis zum 1. Ausfall relativ zur Gesamtzahl der IPO mit Vorzügen bzw. Stämmen

Quelle: Eigene Untersuchung.

Die aus den statistischen Daten für die IPO abgeleiteten Schlußfolgerungen können von der speziellen Charakteristik der IPO beeinflußt sein. Ein Vergleich der Daten für die IPO mit denen für etablierte Unternehmen soll näheren Aufschluß darüber bieten. Die Ergebnisse sind im folgenden Abschnitt dargestellt.

2. Untersuchungsgruppe „etablierte Unternehmen"

Im Vergleich zur Gruppe der IPO lassen sich einige Auswertungen hier nicht durchführen, da lediglich auf den Aspekt „Ausfall" abgestellt wird. Da der Untersuchungszeitraum 1984 beginnt, sind Daten über die Emissionsjahre der Unternehmen und über die vor 1984 liegenden Dividendenausfälle nicht vorhanden. Deshalb bezieht sich hier der Begriff „erster Ausfall" immer auf den ersten Ausfall innerhalb des Untersuchungszeitraumes. Das erfordert eine weitere Abgrenzung. 34 der 51 Unternehmen, die für das Geschäftsjahr 1984 keine Dividende gezahlt haben, waren auch schon für 1983 ohne Dividendenzahlung. Damit handelt es sich in diesen Fällen nach der hier benutzten Definition nicht um einen Dividendenausfall für 1984. Diese Fälle sind in den Tabellen deshalb gesondert ausgewiesen und werden teilweise nicht in die Auswertungen einbezogen.

I. Anteil der Ausfälle

Von den 353 in die Untersuchung einbezogenen etablierten Unternehmen haben im Untersuchungszeitraum nur 134 (38%) die Dividende mindestens einmal ausfallen lassen. Der entsprechende Anteil ist bei den IPO mit 54,5% deutlich höher. Insgesamt hatten die 134 etablierten Unternehmen im Untersuchungszeitraum 218 Dividendenausfälle. Denn 69 dieser Unternehmen ließen die Dividende ein zweites Mal, 13 von denen ein drittes und zwei Unternehmen sogar ein viertes Mal innerhalb des Untersuchungszeitraumes ausfallen. Hier zeigt sich ein deutlicher Unterschied zu der Gruppe der IPO, in der lediglich 10 der 103 Unternehmen mit Dividendenausfall einen zweiten und zwei noch einen dritten Ausfall hatten. Eine mögliche Erklärung für diesen Unterschied könnte sein, daß die IPO nach einem Ausfall erst dann die Dividende wieder aufnehmen, wenn die Wahrscheinlichkeit relativ groß ist, daß sie die Dividende dann auch kontinuierlich weiter zahlen können. Das müßte sich dann allerdings auch in einer höheren Gesamtzahl an Jahren, in denen keine Dividende gezahlt wird, widerspiegeln. Durchschnittlich jedoch bleibt jedes etablierte Unternehmen, das mindestens einmal keine Dividende gezahlt hat, rund sechs Jahre ohne Dividendenzahlung (762/134). Bei den IPO fällt dieses Verhältnis mit rund dreieinhalb Jahren (358/103) wesentlich geringer aus.

Allerdings ist hier, wie auch in den nachfolgend angestellten Vergleichen, immer zu berücksichtigen, daß in dieser Untersuchungsgruppe für alle Unternehmen im gesamten Untersuchungszeitraum ein Ausfall möglich ist. In der Gruppe der IPO jedoch steht für viele Unternehmen durch den relativ späten Börsengang nur ein eingeschränkter Zeitraum dafür zur Verfügung. Das schlägt sich natürlich entsprechend in den Ergebnissen nieder. Dennoch bleibt tendenziell der Eindruck bestehen, daß die etablierten Unternehmen es häufiger zu weiteren Dividendenausfällen kommen lassen, d.h. eher geneigt sind, die Dividendenpolitik an der aktuellen Gewinnsituation zu orientieren oder die negativen Bewertungseffekte bei einem Dividendenausfall bereit sind hinzunehmen oder besser tragen können.

II. Dividendenausfälle für die einzelnen Geschäftsjahre

Die Abbildung 3.20 zeigt den Anteil der ersten Ausfälle für die einzelnen Geschäftsjahre an der Zahl der einbezogenen Unternehmen, die für das vorangegangene Geschäftsjahr noch eine Dividende gezahlt haben. Über ein Viertel aller etablierten Unternehmen (35 von 134) gehört in die spezielle Kategorie der Gesellschaften, bei denen der Dividendenausfall schon vor 1984 eingetreten ist und die für 1984 noch immer keine Dividende gezahlt haben. Sie sind hier nicht berücksichtigt.

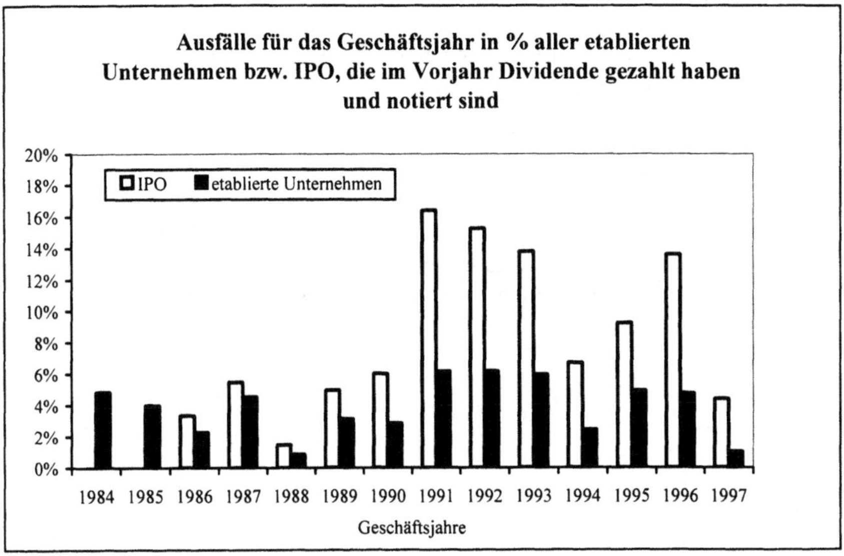

Abbildung 3.20 Ausfälle für das Geschäftsjahr in % aller etablierten Unternehmen bzw. IPO, die im Vorjahr Dividende gezahlt haben und notiert sind

Quelle: Eigene Untersuchung.

Die Abbildungen für beide Untersuchungsgruppen ähneln sich in ihrer Struktur. Der Anteil der Ausfälle ist in den wirtschaftlich schwachen Jahren 1991 bis 1993 jeweils am höchsten und in den Jahren davor eher gering. Abgesehen vom Geschäftsjahr 1985, in dem überhaupt zum ersten Mal ein Ausfall bei den IPO möglich war, aber nicht eingetreten ist, liegt der Anteil der Ausfälle bei den IPO immer über denen bei den etablierten Unternehmen. Besonders groß sind die Unterschiede zwischen den beiden Gruppen in den wirtschaftlich schwachen Jahren 1991 bis 1993 und 1996.

Von den insgesamt 69 zweiten Ausfällen etablierter Unternehmen ereignen sich 33 in den Jahren 1991 bis 1993. Zusammen mit der im Durchschnitt liegenden Zahl von ersten Ausfällen für diese Jahre deutet das darauf hin, daß in den Zeiten wirtschaftlichen Abschwungs besonders die etablierten Unternehmen von einem Dividendenausfall betroffen sind, die es bereits in den Jahren zuvor nicht geschafft haben, durchgängig Dividende zu zahlen. Bei ihnen reichen offenbar ebenso wie bei vielen IPO die Rücklagen nicht aus, um schlechtere Jahre ohne Dividendenausfall zu überstehen.

III. Ausfalldauer

Bei der Dauer der Ausfälle ist es sinnvoll, die Kategorie „keine Dividende für 1983 und 1984" zunächst getrennt zu betrachten, da dafür nur eine Mindestausfalldauer angegeben werden kann. Abbildung 3.21 zeigt, wie sich diese 35 etablierten Unternehmen auf die einzelnen Zeiträume der Ausfalldauer verteilen.

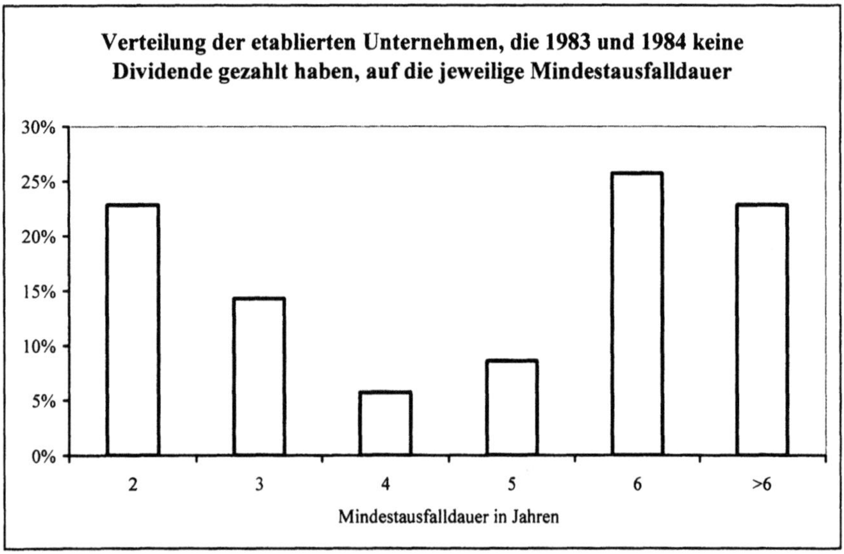

Abbildung 3.21 Verteilung der etablierten Unternehmen, die 1983 und 1984 keine Dividende gezahlt haben, auf die jeweilige Mindestausfalldauer

Quelle: Eigene Untersuchung.

Bis auf drei Unternehmen haben alle die Dividendenzahlung innerhalb des Untersuchungszeitraumes wieder aufgenommen, so daß eine weitere Untergliederung wie bei den IPO hier unterbleiben kann. Besonders erstaunlich ist, daß bis auf zwei Unternehmen alle bis zum Ende notiert sind. Allerdings ist der Anteil der Unternehmen, die sehr lange mit der Wiederaufnahme warten, auffällig hoch. Nahezu die Hälfte dieser Unternehmen benötigte mehr als fünf Jahre dafür, und die tatsächliche Ausfalldauer ist in vielen Fällen sogar noch wesentlich höher. Der hohe Anteil der Wiederaufnahme nach sechs Jahren ist auf das Geschäftsjahr 1989 zurückzuführen. Das dürfte Ausdruck der zu der Zeit guten Konjunkturlage sein.

Berücksichtigt man diese 35 Ausfälle mit ihrer Mindestausfalldauer, dann zeigt die Abbildung 3.22 die entsprechende Verteilung für alle 218 Ausfälle. Hier offenbart sich ein anderes Bild.

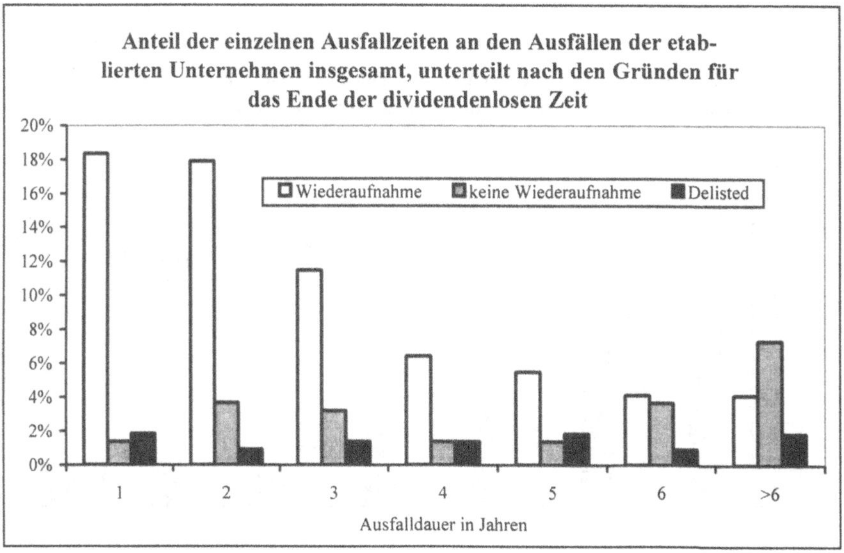

Abbildung 3.22 Anteil der etablierten Unternehmen mit einer bestimmten Ausfalldauer an der Gesamtzahl dieser Ausfälle differenziert nach den Gründen für das Ende der dividendenlosen Zeit

Quelle: Eigene Untersuchung.

Bei über 36% dieser Ausfälle beträgt die daraus resultierende dividendenlose Zeit nur ein oder zwei Jahre. In nahezu 50% der Ausfälle erfolgt eine Wiederaufnahme der Dividendenzahlungen innerhalb von drei Jahren. Die Anteile an den längeren Ausfallzeiträumen ist dagegen gering. Auffällig ist noch der mit 7,3% sehr hohe Anteil an allen Ausfällen für die Unternehmen, die schon mehr als sechs Jahre keine Dividende gezahlt und bis 1997 die Dividendenzahlungen auch noch nicht wieder aufgenommen haben. Mißt man den Anteil nicht an der Gesamtzahl der Ausfälle sondern an der Zahl der Unternehmen mit Dividendenausfall, dann erhöht sich der Anteil sogar auf 12%. Offenbar gibt es also bei den etablierten Unternehmen anders als bei den IPO eine größere Zahl von Unternehmen, die dauerhaft keine Dividenden mehr ausschütten.

Von den 134 etablierten Unternehmen mit Dividendenausfall fallen 22 in die Kategorie „Delisting". Der Anteil liegt hier mit 16,4% etwas über den 13,6% bei den IPO. Bei den etablierten Unternehmen sind die dividendenlosen Zeiten vor einem „Delisting" in etwa gleich häufig vertreten. Ein relativ schnelles Delisting nach dem Ausfall ist hier im Gegensatz zu der Gruppe der IPO nicht festzustellen.

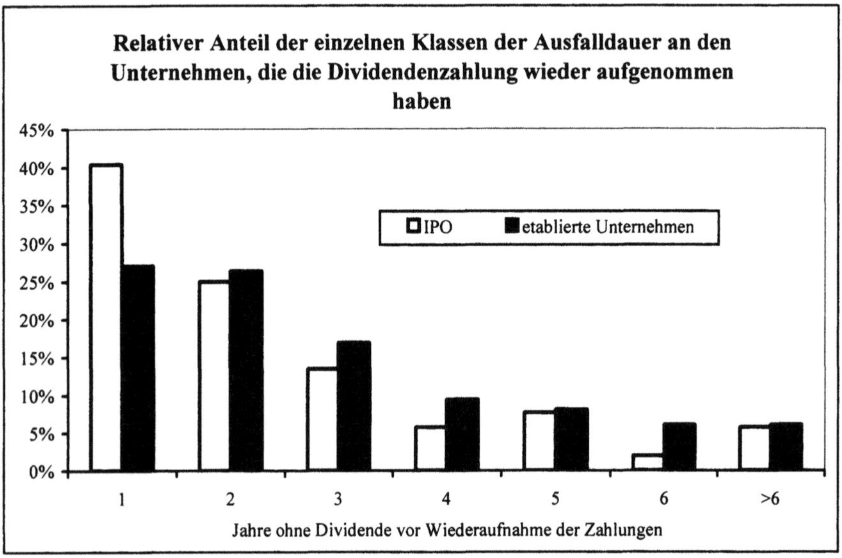

Abbildung 3.23 Relativer Anteil der einzelnen Klassen der Ausfalldauer an den Unternehmen, die die Dividendenzahlung wieder aufgenommen haben

Quelle: Eigene Untersuchung.

Betrachtet man lediglich die Fälle, in denen die Dividendenzahlungen wieder aufgenommen werden (Abbildung 3.23), ergibt sich wie für die IPO eine Konzentration auf geringe Ausfallzeiten. Die Wiederaufnahme der Dividendenzahlung bereits im Jahr nach dem Ausfall hat hier allerdings einen nicht so hohen Anteil wie bei den IPO. Offenbar neigen besonders die IPO zu einer sofortigen Wiederaufnahme der Dividendenzahlungen. Insgesamt ist bei den etablierten Unternehmen nach 68% aller Ausfälle eine Wiederaufnahme festzustellen. Dieser Anteil liegt bei den IPO mit nur 45,2% deutlich niedriger. Der Grund dafür dürfte vor allem in den geringeren Zeitspannen zwischen den Ausfällen und Ende des Untersuchungszeitraumes bei den IPO liegen.

IV. Anteil der etablierten Unternehmen ohne Dividende für die einzelnen Geschäftsjahre

In Abbildung 3.24 sind die Anteile der Unternehmen, die für das jeweilige Geschäftsjahr keine Dividende gezahlt haben, an der Gesamtzahl der einbezogenen und noch notierten Unternehmen abgebildet. Bei den etablierten Unternehmen sinkt dieser Anteil ab 1987 stetig bis zu seinem Minimum im Jahre 1990. Danach steigt er stark an, bis er 1993 sein Maximum erreicht. Durchgängig haben mindestens 10% der etablierten Unternehmen in jedem Jahrgang keine Dividende gezahlt. Andererseits liegt der Anteil selten über 20%.

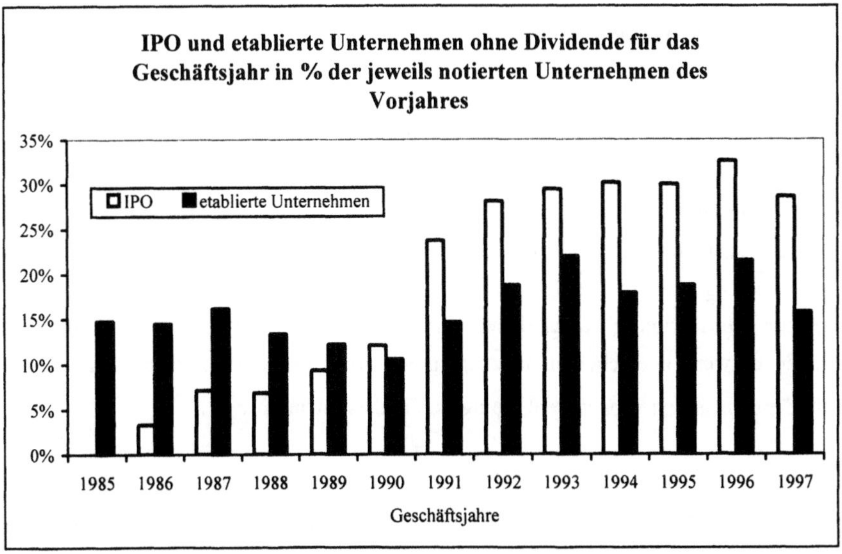

Abbildung 3.24 IPO und etablierte Unternehmen ohne Dividende für das Geschäftsjahr in % der jeweils notierten Unternehmen des Vorjahres

Quelle: Eigene Untersuchung.

Setzt man die Zahl der Ausfälle pro Jahr ins Verhältnis zur Zahl der etablierten Unternehmen, die für das betreffende Jahr keine Dividende gezahlt haben, dann erreichen die Jahre 1991 und 1992 die höchsten Anteile. 42% der für 1991 nicht gezahlten Dividenden sind durch einen Dividendenausfall hervorgerufen worden, während dieser Anteil für 1988 lediglich bei gut 6% liegt.

Die Unterschiede zwischen den einzelnen Jahren sind bei den etablierten Unternehmen nicht so groß wie bei den IPO. Insbesondere ab 1991 liegen die Anteile für die IPO auf einem deutlich höheren Niveau. Die Verläufe für die Jahre 1987 bis 1990 sind entgegengesetzt. Das bedeutet, für diese Jahre gibt es jeweils mehr etablierte Unternehmen, die die Dividendenzahlung wieder aufnehmen als einstellen. Für die IPO gilt der umgekehrte Sachverhalt. Trotz eines offenbar günstigen wirtschaftlichen Umfelds sind viele IPO, die relativ früh bereits die Dividende ausfallen lassen, nicht in der Lage, schnell wieder eine Dividende zu zahlen. Der Eindruck bestätigt sich beim Vergleich der Jahre nach 1993. Während bei den etablierten Unternehmen der Anteil der dividendenlosen Unternehmen wieder sinkt, verharrt er bei den IPO auf hohem Niveau und erreicht 1996 sogar mit über 33% sein Maximum.

3. Zusammenfassung

Fast alle Unternehmen, die zwischen 1984 und 1995 neu an die Börse gegangen sind, haben von Anfang an Dividende gezahlt. Anders als in den USA ist der relative Anteil der dividendenzahlenden Unternehmen in den ersten beiden Jahren nach dem Börsengang am größten.[502] Die zum Zeitpunkt des Börsengangs besonders ausgeprägten Informationsasymmetrien und die daraus resultierenden Bewertungsprobleme sowie fehlende Möglichkeiten der Unternehmen, dem Kapitalmarkt auf anderen Wegen verläßliche Informationen zu signalisieren, lassen die Ankündigung von Dividendenzahlungen notwendig erscheinen. Dementsprechend erwartet der Anleger regelmäßige Dividendenzahlungen nach dem Going Public dieser Unternehmen.[503]

Aber über die Hälfte der IPO konnte die Dividendenzahlungen nicht dauerhaft aufrecht erhalten. Dieser Anteil ist überraschend hoch und liegt auch deutlich über dem in der Vergleichsgruppe der etablierten Unternehmen (38%).

---

[502] Bessler (2001), S. 307.

[503] So auch Bessler (2001), S. 314: „Man könnte einfacher argumentieren, daß die Unternehmen beim Börsengang ... grundsätzlich schon im ersten Jahr Dividende zahlen mußten, weil dies von den Anlegern erwartet und von den Underwritern gefordert wurde."

Die Ursache für die hohe Zahl von IPO mit Dividendenausfällen dürfte vor allem in der Kombination „vor kurzem an die Börse gegangenes Unternehmen" und „Rezession in den Jahren 1991 bis 1993" liegen. Die Kosten des Börsenganges und die offenbar für notwendig erachteten Dividendenzahlungen von Anfang an lassen es nicht zu, genügend Rücklagen zu bilden, um eine so lange Phase wirtschaftlichen Abschwungs ohne Dividendenausfall durchzustehen. Bei den etablierten Unternehmen entfallen auf die Jahre 1991 bis 1993 zwar auch die höchsten Anteile an Ausfällen, aber die Zahl der Unternehmen, die in dieser schwierigen Zeit erstmals die Dividende ausfallen lassen, ist vergleichsweise gering. Eine sehr große Zahl etablierter Unternehmen hat offenbar genügend Reserven, weiterhin durchgängig Dividende zu zahlen. Die Zahl der Unternehmen, die in diesen Jahren ihren zweiten oder dritten Ausfall innerhalb des Untersuchungszeitraums verzeichnen, ist hingegen mehr als doppelt so hoch. Für sie ist womöglich die Erholungsphase nach dem vorangegangenen Ausfall zu kurz.

Auch der relativ hohe Anteil von Vorzugsaktien an den Neuemissionen in der zweiten Hälfte der achtziger Jahre verbessert die Ausfallstatistik nicht wesentlich. Der Unterschied zu der höheren Zahl von Ausfällen bei Stammaktien ist geringer, als man aufgrund der Besonderheiten von Vorzugsaktien erwarten durfte. Der Ruf der Vorzugsaktie als Wertpapier mit gesicherter Dividende dürfte darunter gelitten haben. Das könnte mit ein Grund für den starken Rückgang von Neuemissionen mit Vorzugsaktien ab 1992 gewesen sein.[504]

IPO mit Stammaktien verzeichnen zu Beginn des wirtschaftlichen Abschwungs eine wesentlich höhere Ausfallquote als IPO mit Vorzugsaktien (siehe die Geschäftsjahre 1991 und 1996). Wenn der Abschwung jedoch auch im nächsten Jahr anhält, dann liegt die Ausfallquote für Vorzüge deutlich über der für Stämme (siehe 1992). Unternehmen mit Vorzugsaktien bemühen sich offenbar, die Dividendenzahlungen länger aufrecht zu erhalten.

IPO, die bereits in den ersten Jahren nach dem Börsengang die Dividende ausfallen lassen, sind besonders häufig in der Gruppe der Unternehmen zu finden, die den Markt

---

[504] Die meisten von Daske und Erhardt (2001), S. 4, angeführten Gründe (keine Vorzugsaktien am Neuen Markt ab 1997, Einführung des neuen Übernahmekodex 1995, Umwandlung der Vorzugsaktien wegen einer möglichen Berücksichtigung im EURO STOXX) können erst auf die Neuemissionen in der zweiten Hälfte der neunziger Jahre bzw. gar nicht auf Neuemissionen zutreffen.

wieder verlassen. Die Zeit von dem ersten Ausfall bis zum „Delisting" ist in diesen Fällen oftmals sehr kurz.

Viele IPO haben nach den Ausfällen in den Jahren 1991 bis 1993 die Dividendenzahlungen nicht wieder aufgenommen. Anders als bei den etablierten Unternehmen verharrt der Anteil der IPO, die für das jeweilige Geschäftsjahr keine Dividende zahlen, auch nach 1993 auf dem hohen Niveau. Dabei muß offen bleiben, ob diese Unternehmen wirtschaftlich nicht in der Lage waren, die Dividendenzahlungen wieder aufzunehmen, oder ob sie die Erfahrungen der vergangenen Jahre haben vorsichtiger werden lassen und eine verstärkte Rücklagenbildung der Ausschüttung vorgezogen haben.

Bezüglich der Dauer der einzelnen Ausfälle unterscheiden sich etablierte Unternehmen und IPO nicht wesentlich. Das häufigste Ereignis ist die Wiederaufnahme der Dividendenzahlung nach nur einem Ausfall. Allerdings geschieht das lediglich in weniger als 20% aller Fälle bei den IPO. Eine derart schnelle Wiederaufnahme stellt demnach die Ausnahme dar. Ein Dividendenausfall hat offenbar in vielen Fällen so gravierende Gründe, daß sich die meisten Unternehmen nicht so schnell wieder erholen. Der Anteil an den Wiederaufnahmen nach einem oder zwei Jahren ist bei den etablierten Unternehmen deutlich höher. Das hat auf der anderen Seite womöglich zu der hohen Zahl von zweiten und dritten Ausfällen beigetragen, die bei den IPO hingegen kaum vorkommen. Für einige etablierte Unternehmen gehören Dividendenausfall und Wiederaufnahme somit zur Normalität.

Entscheidend für den Zeitraum vom Börsengang bis zum ersten Ausfall ist vor allem, wie nahe das Emissionsjahr an den wirtschaftlich schwierigen Jahren (1991 bis 1993 und 1996) liegt. Um so überraschender ist es, daß selbst die Neuemissionen 1990 und 1991 zunächst für die Jahre des Börsengangs Dividenden ausgeschüttet haben. Die meisten von ihnen mußten sie dann aber nach einem oder zwei Jahren doch ausfallen lassen. Wahrscheinlich hätte sich ein Dividendenverzicht bei Emission zu negativ auf den Emissionskurs ausgewirkt, so daß die Altaktionäre offenbar lieber den bei einem nachfolgenden Dividendenausfall zu erwartenden Kursrückgang in Kauf genommen haben.

C. Empirische Analyse der langfristigen Kursreaktionen

Das Ziel der eigenen empirischen Untersuchungen ist es, die langfristigen Kursentwicklungen der IPO vor und nach einem Dividendenausfall im Vergleich zur Entwicklung des DAFOX aufzuzeigen. Die Ergebnisse für die IPO werden den entsprechenden Ergebnissen für die Gruppe der etablierten Unternehmen gegenübergestellt. Die sich anschließende Unterteilung der Untersuchungsgruppen hinsichtlich verschiedener, im Abschnitt B bereits benutzter Kriterien soll eine tiefergehende ökonomische Auswertung der ermittelten Ergebnisse ermöglichen.

Dementsprechend ist dieser Abschnitt wie folgt aufgebaut. Zunächst werden die Ergebnisse für die Gesamtgruppe „IPO mit Dividendenausfall" dargestellt und denen für die Gesamtgruppe „etablierte Unternehmen mit Dividendenausfall" gegenübergestellt. Danach werden beide Gesamtgruppen differenziert untersucht hinsichtlich Ausfalldauer, vorangegangener Dividendensenkung und dem Ausfalljahr. Lediglich für die IPO erfolgen dann abschließend weitere Differenzierungen hinsichtlich der Aktiengattung und der Dauer vom Börsengang bis zum ersten Dividendenausfall.

Für die einzelnen Untersuchungen wird jeweils im ersten Schritt die Long-Run-Performance mittels der BHAR für das gesamte Zeitfenster dargestellt und interpretiert. Im zweiten Schritt werden jeweils die CAR für Intervalle von kürzerer Dauer analysiert. Die Verwendung von CAR erleichtert die Interpretation, da die Ergebnisse nebeneinander liegender Intervalle addiert werden können und somit das Ergebnis für ein längeres Intervall direkt aus den Abbildungen ablesbar ist. Die Unterschiede zwischen den BHAR und CAR sind in aller Regel um so geringer, je weniger Renditen kumuliert werden, d.h. in diesem Fall je weniger Monate das Intervall umfaßt.[505] Die Abbildung 3.25 zeigt die Unterschiede für verschieden lange Intervalle.

---

505 Bei den BHAR ist die Entwicklung der zwischenzeitlichen Renditen ohne Bedeutung, bei den CAR hingegen ist sie von großer Bedeutung. Für einen Monat stimmen beide Ergebnisse noch überein.

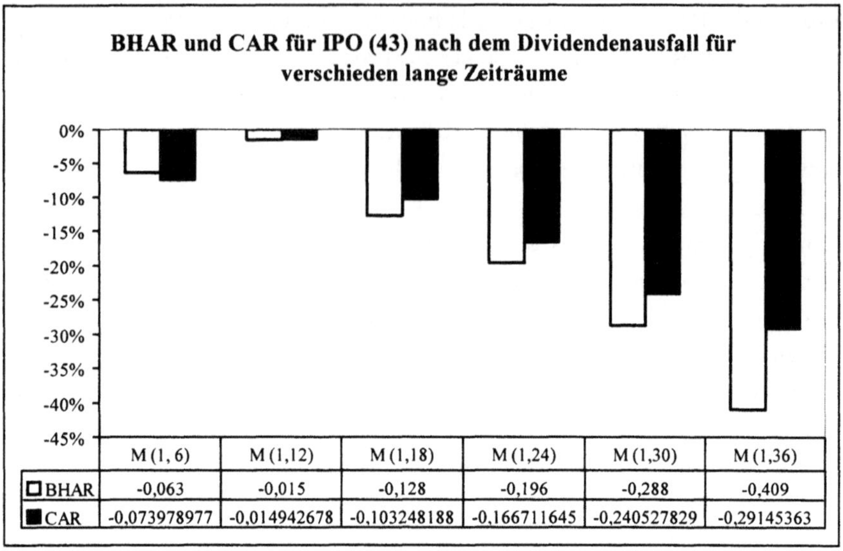

	M (1, 6)	M (1,12)	M (1,18)	M (1,24)	M (1,30)	M (1,36)
BHAR	-0,063	-0,015	-0,128	-0,196	-0,288	-0,409
CAR	-0,073978977	-0,014942678	-0,103248188	-0,166711645	-0,240527829	-0,29145363

Abbildung 3.25 BHAR und CAR für IPO (35 b) nach dem Dividendenausfall für verschieden lange Zeiträume

Quelle: Eigene Untersuchung.

Für die in dieser Arbeit hauptsächlich betrachteten 3-Monats-Intervalle sind die Unterschiede dementsprechend gering, so daß die Verwendung von BHAR zu keinen anderen Schlußfolgerungen führen würde.

1. Gesamte Untersuchungsgruppen IPO und etablierte Unternehmen mit Dividendenausfall

Bevor im zweiten Teil dieses Abschnitts die Ergebnisse dargestellt und analysiert werden, ist zunächst zu erörtern, inwieweit die ermittelten Kursreaktionen von IPO mit Dividendenausfall von dem besonderen Kursverhalten der IPO im allgemeinen abhängig sein könnten.

I. Vergleich zur Long-Run-Performance von IPO nach dem Going Public

Eine weitgehend identische Gruppe von IPO ist von Thies (2000) hinsichtlich der Kursreaktionen auf das Going Public untersucht worden. Die BHAR der IPO der Jahre

1977 bis 1987 und der Jahre 1988 bis 1995 sind für die 36 Monate nach dem Börsengang in Abbildung 3.26[506] dargestellt.

Ein Vergleich mit den BHAR nach einem Dividendenausfall in Abbildung 3.27 zeigt ähnliche Verläufe einerseits für die IPO der Jahre 1977 bis 1987 nach dem Going Public und den in dieser Arbeit untersuchten etablierten Unternehmen nach einem Dividendenausfall sowie andererseits für die IPO der Jahre 1988 bis 1995 nach dem Going Public und den in dieser Arbeit untersuchten IPO der Jahre 1984 bis 1995 nach einem Dividendenausfall.

---

506 Der Wiederabdruck erfolgt mit freundlicher Genehmigung des Verfassers.

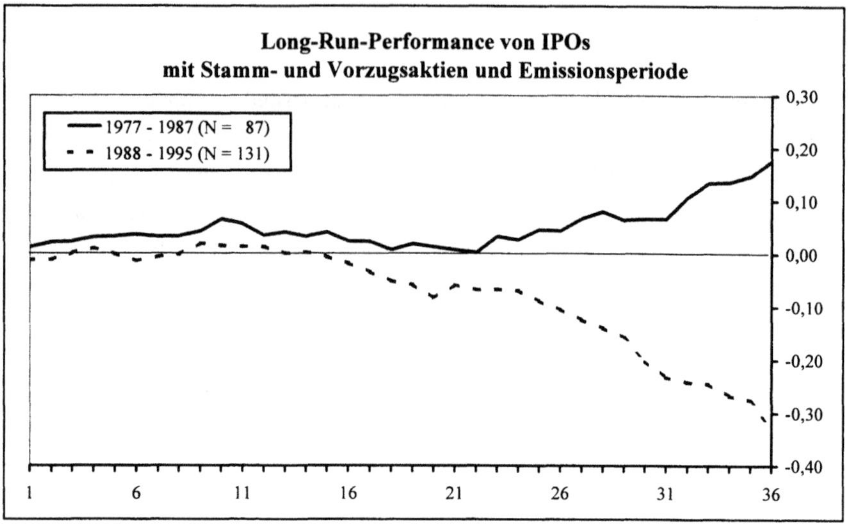

Abbildung 3.26 Long-Run-Performance nach dem Going Public

Quelle: Thies (2000), S. 393, Abbildung 3.10

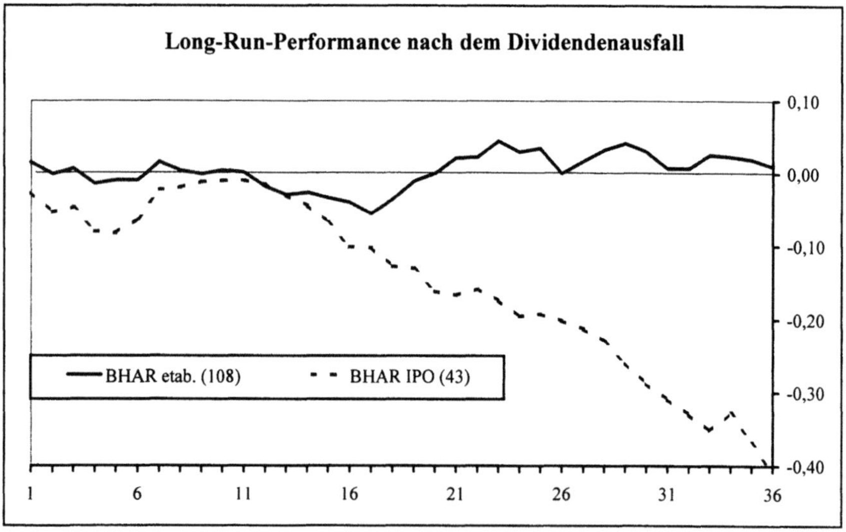

Abbildung 3.27 Long-Run-Performance nach Dividendenausfall

Quelle: Eigene Untersuchung.

Man könnte daraus folgern, daß die IPO der Jahre 1977 bis 1987 in ihrer Charakteristik den etablierten Unternehmen ähneln und diese beide Gruppen ähnlich und im deutlichen Unterschied zu den späteren IPO, deren BHAR sich ebenfalls ähneln, auf das Going Public bzw. den Dividendenausfall reagieren. Doch diese Vergleiche zwischen den beiden Finanzierungsmaßnahmen dürfen so nicht gezogen werden.

In der Untersuchung von Thies (2000) bezieht sich der Zeitpunkt 0 auf den Zeitpunkt des Going Public. In dieser Untersuchung hingegen bezieht er sich auf den Zeitpunkt des Dividendenausfalls, der mindestens ein Jahr, in der Regel jedoch viele Jahre später liegt. Damit werden die Kursreaktionen für zwar überwiegend dieselben Unternehmen, aber für häufig unterschiedliche Zeiträume ermittelt. Es kommen allerdings auch Überschneidungen der Zeiträume vor. Dabei stimmen bei einigen Unternehmen die ebenfalls untersuchten Monate vor dem Dividendenausfall mit einigen untersuchten Monaten nach dem Going Public überein. Daraus ergibt sich die Frage nach dem gegenseitigen Einfluß der beiden untersuchten Ereignisse auf die Ergebnisse.

Falls IPO generell eine Underperformance aufgrund von Overpricing beim Going Public aufweisen, dann könnte das zum Teil eine Underperformance bei den IPO, die frühzeitig nach dem Going Public bereits ihre Dividende ausfallen lassen, begründen. Um diese Vermutung zu entkräften, ist in dieser Untersuchung neben dem DAFOX auch ein Portfolio aus allen IPO als Benchmark benutzt worden. Die BHAR fallen für beide Benchmarks annähernd gleich aus, so daß ein Einfluß durch eine allgemeine Underperformance der IPO auf die Underperformance bei einem Dividendenausfall nicht anzunehmen ist. Vielmehr ist davon auszugehen, daß die schlechte Ertragslage der Unternehmen, die dann letztlich zu einem Dividendenausfall führt, eine Underperformance hervorruft, die sich sowohl in der Long-Run-Performance nach dem Going Public als auch in der Performance vor dem Dividendenausfall widerspiegelt, sofern die betroffenen Kalendermonate in beiden Untersuchungen enthalten sind.

Der Einfluß der IPO mit Dividendenausfall auf die Long-Run-Performance nach dem Going Public aller IPO wird dann besonders groß sein,

- wenn ihr Anteil an allen IPO sehr hoch ist,
- wenn ihre Underperformance besonders ausgeprägt ist,
- wenn der Dividendenausfall möglichst schnell nach dem Going Public erfolgt und dadurch die Renditen mehrerer Monate negativ beeinflußt werden können.

Die nachfolgenden Untersuchungen werden zeigen, daß diese drei Voraussetzungen für die IPO der Jahre 1988 bis 1995 in besonderem Maße vorliegen. Verantwortlich dafür sind letztlich die Rezessionsjahre 1991 bis 1993 und 1996. Dieser Einfluß dürfte auch dafür verantwortlich sein, daß die BHAR dieser Gruppe für die längsten Halteperioden nach dem Going Public besonders negativ ausfallen, denn dort ist der Einfluß der IPO mit Dividendenausfall am größten.

II. Kursreaktionen von IPO und etablierten Unternehmen bei einem Dividendenausfall

In diesem Abschnitt erfolgt die Darstellung und Interpretation der Long-Run-Performance (a) und der CAR für Teilintervalle (b) für beide Untersuchungsgruppen als Ganzes. Obwohl die Berechnungen der Kursreaktionen für alle sechs Zeitfenster vorliegen, erscheint es angebracht, sich bei der Darstellung und Interpretation auf ein Zeitfenster zu konzentrieren.

a. Long-Run-Performance (BHAR)

In Tabelle 3.8 sind die BHAR für jeweils alle sechs Zeitfenster der beiden Untersuchungsgruppen zusammengefaßt wiedergegeben. Dabei ist zu beachten, daß nur die Ergebnisse innerhalb des gleichen Zeitfensters, nicht aber die Ergebnisse unterschiedlicher Zeitfenster direkt miteinander vergleichbar sind.

Tabelle 3.8 Long-Run-Performance für IPO und etablierte Unternehmen

Zeitfenster	**Anzahl**	**BHAR**	**Std**	**t-Wert**	**Anteil neg.**
(-11, 15)					
Etablierte	137	-40,2%	0,49	-56,4***	81,75%
IPO	94	-51,2%	0,51	-47,1***	85,11%
(-11, 36)					
Etablierte	111	-31,1%	0,81	-21,3***	74,77%
IPO	55	-62,4%	0,83	-20,7***	85,45%
(-11, 60)					
Etablierte	82	-42,6%	1,52	-11,5***	70,73%
IPO	31	-83,4%	1,32	-9,8***	83,87%
(-35, 15)					
Etablierte	134	-63,0%	0,81	-52,1***	83,58%
IPO	77	-90,0%	0,47	-74,2***	98,70%
(-35, 36)					
Etablierte	**108**	**-52,1%**	**1,00**	**-28,0*** **	**81,50%**
IPO	**43**	**-105,0%**	**0,70**	**-32,1*** **	**93,02%**
(-35, 60)					
Etablierte	80	-74,5%	1,59	-18,8***	78,75%
IPO	23	-142,7%	0,84	-19,5***	86,96%

Quelle: Eigene Untersuchung.

Tabelle 3.9 Test auf Signifikanz der Unterschiede in den Mittelwerten von IPO und etablierten Unternehmen in Tabelle 3.8

Zeitfenster	(-11, 15)	(-11, 36)	(-11, 60)	(-35, 15)	(-35, 36)	(-35, 60)
t-Wert	1,64	2,31***	1,40	3,06***	3,68***	2,73***

Quelle: Eigene Untersuchung.

Der Einfluß, den gewöhnlich ein bestimmter Startzeitpunkt der Renditeberechnung haben kann,[507] verliert hier zwar an Bedeutung, da Kurse und Indexstände zum Startzeitpunkt nicht alle vom gleichen Datum, sondern von vielen verschiedenen Monaten stammen. Die Ergebnisse sind aber dennoch in starkem Maße abhängig davon, welcher Zeitraum untersucht wird, d.h. wann das untersuchte Zeitfenster beginnt und wann es endet. Die BHAR verschiedener Startzeitpunkte sind generell nicht miteinander vergleichbar. Darüber hinaus führt auch die unterschiedliche Zahl der jeweils einbezogenen Unternehmen zu unterschiedlichen Ergebnissen. So fallen die BHAR für eine Halteperiode von -11 bis +15 für die drei Zeitfenster der IPO im Abbildung 3.28 um so negativer aus, je größer die Stichprobe der Untersuchungsgruppe ist. Entsprechendes gilt auch für die im Monat „-35“ beginnenden Zeitfenster (Abbildung 3.29).[508]

---

507 Siehe dazu Bessler (1999).

508 Das bedeutet, die Unternehmen, für die nach dem Dividendenausfall nicht mehr lange genug Kursdaten vorliegen, um auch in das nächst längere Zeitfenster einbezogen werden zu können, haben eine überdurchschnittlich schlechte Performance. Das legt den Verdacht nahe, daß es sich dabei insbesondere um die Unternehmen handelt, die bereits kurz nach dem Dividendenausfall nicht mehr notiert sind. Eine Korrektur der größten Stichproben um diese Unternehmen führte jedoch zu keinen wesentlichen Unterschiedenen in der Performance. Das bedeutet, daß vor allem die Unternehmen, die in den letzten Jahren des Untersuchungszeitraumes die Dividende ausfallen ließen, die schlechtere Performance hervorgerufen haben. Nähere Aufschlüsse darüber erlaubt die Differenzierung der Untersuchungsgruppen hinsichtlich des Geschäftsjahres, für das der Ausfall erfolgte (Abschnitt 2.III).

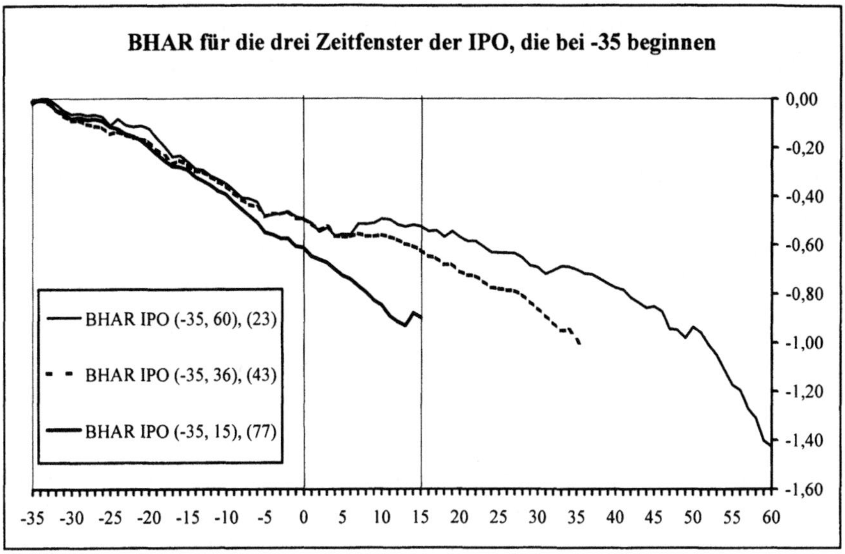

Abbildung 3.28 BHAR für die drei Zeitfenster der IPO, die bei -35 beginnen

Quelle: Eigene Untersuchung.

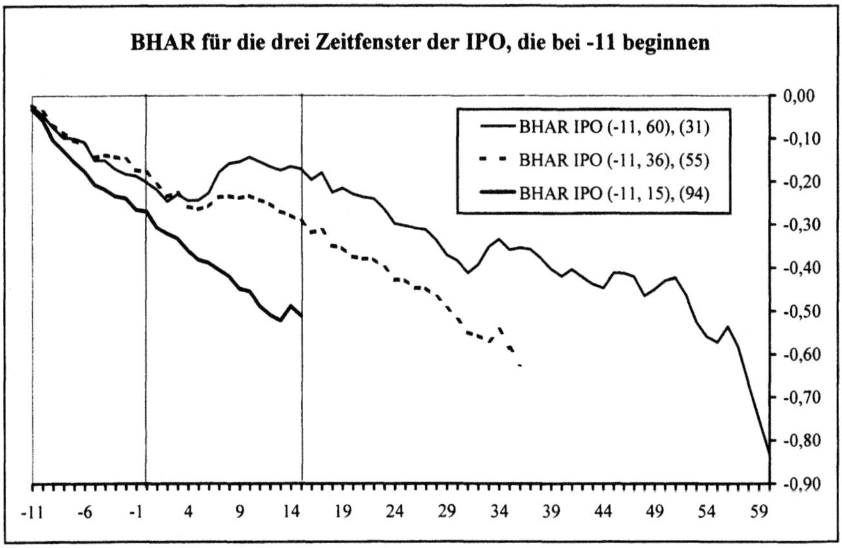

Abbildung 3.29 BHAR für die drei Zeitfenster der IPO, die bei -11 beginnen

Quelle: Eigene Untersuchung.

Obwohl die Berechnungen der Kursreaktionen für alle sechs Zeitfenster erfolgt, ist es erforderlich, sich bei den folgenden Untersuchungen jeweils auf ein Zeitfenster zu konzentrieren. Dieses Zeitfenster muß die beiden folgenden Anforderungen erfüllen. Zum einen muß die Zeitspanne lang genug sein, um langfristige Effekte sichtbar zu machen. Zum anderen muß die Stichprobe noch groß genug sein, um brauchbare Ergebnisse zu liefern. Der Zeitraum von drei Jahren vor und drei Jahren nach dem Dividendenausfall (-35, 36) entspricht für die Gesamtgruppen insgesamt am ehesten diesen Anforderungen.[509] Bei der Bildung von Untergruppen in den folgenden Gliederungspunkten hingegen muß auf andere Zeitfenster mit einer größeren Anzahl einbezogener Unternehmen zurückgegriffen werden, um eine ausreichende Größe der einzelnen Untergruppen zu gewährleisten.

Bevor jetzt näher auf die abnormalen Renditen (BHAR) im ausgewählten Zeitfenster (-35, 36) für beide Untersuchungsgruppen eingegangen wird, sollen zunächst jeweils die BHR und die zugehörigen Veränderungen des DAFOX[510], aus denen sich die BHAR dann für die einzelnen Halteperioden ergeben, getrennt aufgezeigt werden. Die Abbildungen 3.30 und 3.31 zeigen die erzielten Renditen folgender fiktiver Anlagestrategie für jede mögliche monatliche Haltedauer bis 36 Monate nach dem Dividendenausfall an. Ein Anleger investiert den gleichen Betrag in jedes der 108 etablierten Unternehmen bzw. der 43 IPO jeweils 35 Monate vor der Hauptversammlung, in der der Ausfall der Dividende für das jeweilige Unternehmen beschlossen wird.

Das Portfolio mit den etablierten Unternehmen zeigt für nahezu jeden Verkaufszeitpunkt eine positive Rendite. Betrachtet man nur die BHR könnte man annehmen, der Markt habe die weitere Entwicklung der Unternehmen nach dem Dividendenausfall gut antizipiert. Die nach dem Dividendenausfall entstehenden neuen Informationen führen offenbar zu keinen wesentlichen Kursänderungen bei den betroffenen Unternehmen. Allerdings dürfte die durchschnittliche Rendite unter der für ein derartiges Portfolio vom Anleger geforderten Rendite liegen.

---

509 Studien über langfristige Effekte eines Ereignisses wählen als Untersuchungszeitraum in der Regel die 36 Monate nach dem Ereignis. Siehe als Beispiele u. a. Michaely, Thaler und Womack (1995), Akhigbe und Madura (1996), DeAngelo, DeAngelo und Skinner (1996), Thies (2000), Bessler, Murtagh und Siregar (2001).

510 Alle weiteren Ergebnisse und Darstellungen beruhen auf dem DAFOX als Benchmark. Siehe zur Begründung und zu den Unterschieden bei der Bereinigung mit anderen Benchmarks Seite 222 ff.

Das Portfolio mit den IPO hingegen erzielt für jeden möglichen Verkaufszeitpunkt eine negative Rendite. Die Verluste für ein derartiges Portfolio beliefen sich für jeden Verkaufszeitpunkt nach dem Dividendenausfall auf jeweils über 35% des investierten Betrages.

Für beide Untersuchungsgruppen zeigt sich aber deutlich, daß der jeweils zugehörige Index eine sehr viel bessere Performance erzielt. Das bedeutet, die Aktien der betroffenen Unternehmen haben sich insgesamt wesentlich schlechter entwickelt als der Markt. Damit muß auch der erste durchaus positive Eindruck von der Kursentwicklung der etablierten Unternehmen mit Dividendenausfall revidiert werden.

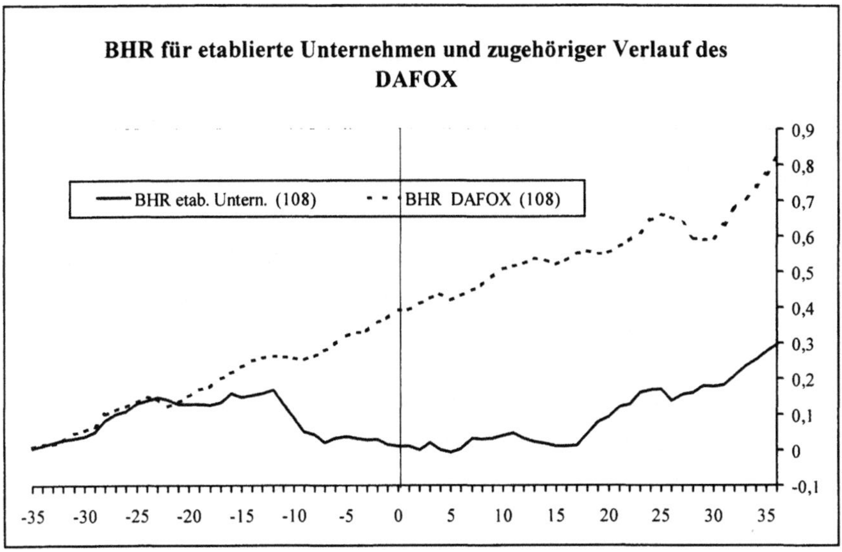

Abbildung 3.30 BHR für etablierte Unternehmen und zugehöriger Verlauf des DAFOX

Quelle: Eigene Untersuchung.

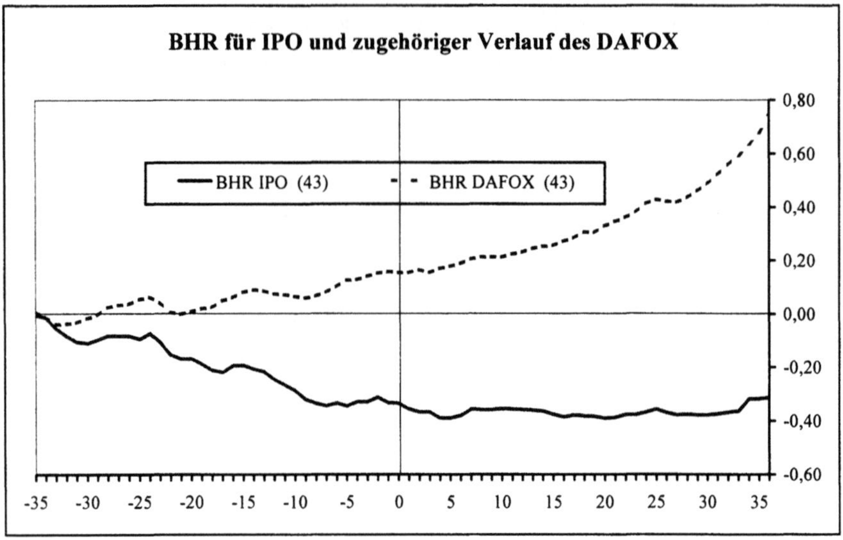

Abbildung 3.31 BHR für IPO und zugehöriger Verlauf des DAFOX

Quelle: Eigene Untersuchung.

Im Vergleich zur Kursentwicklung des gesamten deutschen Aktienmarktes, repräsentiert durch den DAFOX, bleibt die Kursentwicklung der betroffenen Unternehmen insgesamt weit zurück.

Die Differenzen zwischen der BHR der Untersuchungsgruppen und den jeweiligen Veränderungen des DAFOX, die sich in dem Abstand der beiden Verläufe in den einzelnen Zeitpunkten ausdrücken, ergeben die absoluten BHAR für die beiden Untersuchungsgruppen.

Die Abbildung 3.32 zeigt die sich aus den Abbildungen 3.30 und 3.31 ergebenden Verläufe der BHAR. Für die Gruppe der IPO zeigt sich, daß die Verluste im Vergleich zum DAFOX zunehmen, je länger die Halteperiode ist. Diese Beziehung gilt auch für die Gruppe der etablierten Unternehmen, allerdings dort nur für Halteperioden, die zwischen -19 und +17 enden.

Ein Investment in Unternehmen, die in drei Jahren die Dividende ausfallen lassen werden, ist ein schlechtes Investment. Je eher der Anleger das erkennt und sich davon trennt, um so besser. Verkauft er die Titel erst drei Jahre nach dem Dividendenausfall, so erzielt er im Vergleich zu einer Anlage in ein Portfolio, das den DAFOX nachbildet, eine relative Underperformance von -105%[511] bei den IPO und von rund -50% bei den etablierten Unternehmen.

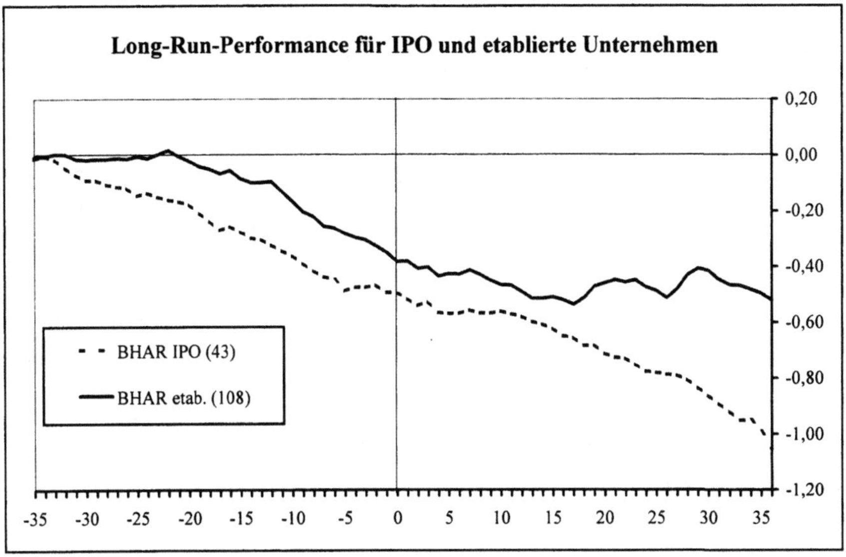

Abbildung 3.32 Long-Run-Performance für IPO und etablierte Unternehmen

Quelle: Eigene Untersuchung.

Da die Ergebnisse der Long-Run-Performance für die Zeit nach dem Dividendenausfall aufgrund der Berechnung der BHAR nicht unmittelbar dieser Abbildung zu entnehmen sind, zeigt die Abbildung 3.32 die BHAR für beide Untersuchungsgruppen für die Zeit nach dem Dividendenausfall ab dem Monat 1. In Tabelle 3.10 sind die BHAR für das gesamte Zeitfenster (-35, 36) und für die Halteperioden vor und nach dem Dividendenausfall sowie die zugehörigen statistischen Kennzahlen zu deren Signifikanz zusammengestellt.

511 Da bei den BHAR anders als bei den BHR die Ergebnisse durch den Vergleich mit dem Index auch unter -100% liegen können, kann der Anleger relativ zum Index auch einen Betrag verlieren, der den investierten Betrag übersteigt.

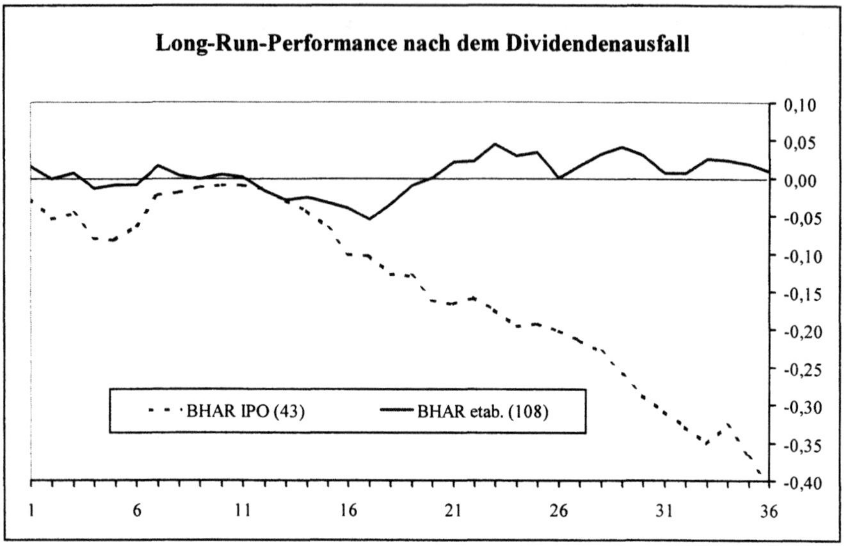

Abbildung 3.33 Long-Run-Performance nach dem Dividendenausfall

Quelle: Eigene Untersuchung.

Tabelle 3.10 Long-Run-Performance vor und nach dem Dividendenausfall

Untersuchungsgruppe	Halteperiode	BHAR	t-Wert	STD	Anteil negativ
IPO (N=43)	-35, 36	-105,0%	-32,05***	0,70	93,0%
	-35, 0	-49,5%	-36,37***	0,29	93,0%
	1, 36	-40,9%	-11,56***	0,76	69,8%
Etablierte Unternehmen (N=108)	-35, 36	-52,1%	-28,03***	1,00	81,5%
	-35, 0	-38,4%	-27,32***	0,76	85,2%
	1, 36	+0,9%	+0,62	0,81	59,3%

Quelle: Eigene Untersuchung.

Tabelle 3.11 Test auf Signifikanz der Unterschiede in den Mittelwerten von IPO und etablierten Unternehmen in Tabelle 3.10

Zeitfenster	(-35, 36)	(-35, 0)	(1, 36)
t-Wert	3,68***	1,30	3,00***

Quelle: Eigene Untersuchung.

In den drei Jahren nach dem Dividendenausfall verlieren die IPO relativ zum Index fast den gleichen Betrag noch einmal wie in den drei Jahren vor dem Dividendenausfall. So hätte ein Anleger, der in ein derartiges Portfolio nach Bekanntgabe des Dividendenausfalls investiert hätte, nach drei Jahren eine relative Underperformance von -40% erzielt.

Ein Vergleich der Ergebnisse für die Zeiträume vor und nach dem Dividendenausfall weist darauf hin, daß die Entwicklung der einzelnen IPO besonders nach einem Dividendenausfall unterschiedlich ausfällt. Die Standardabweichung ist wesentlich größer und der Anteil der Unternehmen mit negativer BHAR geringer. So erzielen 13 (30%) der IPO für eine dreijährige Halteperiode nach dem Dividendenausfall keine Underperformance. Für den Zeitraum bis zum Dividendenausfall galt das lediglich für drei Unternehmen (7%). Um so überraschender fällt die Höhe der Underperformance mit – 40,9% für diesen Zeitraum aus. Das deutet darauf hin, daß ein Großteil der IPO mit Underperformance sehr stark negative BHAR auch nach dem Dividendenausfall aufweist.

Bei den etablierten Unternehmen zeigt sich ein anderes Bild. Zwar lassen sich für den Zeitraum vor dem Dividendenausfall keine signifikanten Unterschiede zu den BHAR für die IPO feststellen (Tabelle 3.11). Im Vergleich zu den IPO ergibt sich eine etwas geringere, aber ebenfalls deutliche Underperformance von -38%, eine höhere Standardabweichung und ein geringerer Anteil (85% im Vergleich zu 93%) von Unternehmen mit einer Underperformance. Aber für den Zeitraum nach dem Dividendenausfall weichen die Ergebnisse deutlich und signifikant voneinander ab. Die etablierten Unternehmen weisen nach dem Dividendenausfall langfristig keine signifikanten Überrenditen mehr auf. Die BHAR schwanken für die verschieden langen Halteperioden um 0 herum und liegen dabei nicht über 5% oder unter -5% (siehe Abbildung 3.33). Der Anteil der Unternehmen mit einer Underperformance sinkt auf unter 60%. Bei den etablierten Unternehmen antizipiert der Markt die zukünftige Entwicklung nach dem Dividendenausfall offenbar besser als bei den IPO.

Auf einem informationseffizienten Kapitalmarkt sollten alle negativen Informationen des Ereignisses „Dividendenausfall" spätestens zum Zeitpunkt 0 bereits in den Kursen enthalten sein. Deshalb könnte man erwarten, daß sich die Kurse nach dem Dividendenausfall ähnlich denen des Gesamtmarktes entwickeln und somit keine oder nur geringe Überrenditen auftreten würden, wie es für die etablierten Unternehmen festgestellt wurde.

Aber es ist nicht möglich, den Einfluß des Dividendenausfalls auf die langfristige Kursentwicklung exakt zu bestimmen. Nach dem Dividendenausfall treten neue Informationen auf, die zu weiteren Kursreaktionen führen können. Sofern diese Informationen die Ertragslage des Unternehmens betreffen[512], stellt sich die Frage, ob diese Informationen aufgrund des Dividendenausfalls erwartet worden sind oder ob sie unerwartet sind.[513]

Zeigen die Kursreaktionen (wie bei den IPO), daß die neuen Informationen unerwartet sind, dann ergibt sich daraus die Frage, ob diese Informationen nicht bereits aufgrund des Dividendenausfalls hätten erwartet werden können. In dem Fall wäre die Information „Dividendenausfall" nicht effizient bewertet worden. Bei einer effizienten Auswertung hätten die Kursreaktionen auf die Information „Dividendenausfall" dann deutlicher und die Kursreaktionen auf die danach folgenden neuen Ertragsinformationen geringer ausfallen müssen.

Die Antwort auf diese Frage dürfte für die einzelnen Unternehmen unterschiedlich ausfallen und davon abhängen, wie ausgeprägt die Informationsasymmetrie jeweils ist. Die in dieser Untersuchung ermittelte starke Underperformance der Gesamtgruppe IPO und der immer noch sehr hohe Anteil von IPO mit einer Underperformance nach dem Dividendenausfall an der Gesamtgruppe deuten darauf hin, daß ein Dividendenausfall bei den untersuchten IPO mehr negative Informationen beinhaltet hat, als ihm vom Markt zugesprochen worden sind. Daraus könnte man verallgemeinernd ableiten, daß ein Dividendenausfall ein noch negativeres Signal über die künftige Ertragsentwicklung der IPO aussendet als bisher angenommen.

Die Ergebnisse dieser Untersuchungen für die IPO können das zwar für die Vergangenheit bestätigen, aber ob das auch in Zukunft gelten wird, läßt sich nicht sagen. Ein

---

512 Davon ist in der Regel auszugehen, da andere kursrelevante Informationen zwar für einige Unternehmen vorliegen, aber deren Einfluß auf die gesamte Gruppe sehr gering ist. Bei acht der einbezogenen IPO fällt eine Kapitalmaßnahme (Kapitalerhöhung und/oder Kapitalherabsetzung) in den Untersuchungszeitraum nach dem Dividendenausfall. Davon sind nur vier in dem hier dargestellten Sample (-35, 36) enthalten.

513 Einfluß darauf dürfte auch die Antwort auf die Frage haben, für welchen Zeitraum sich Erwartungen überhaupt sinnvoll bilden lassen.

Indiz für eine geänderte Informationsauswertung des Ereignisses „Dividendenausfall" könnten dann stärkere Kursreaktionen zum Ankündigungszeitpunkt sein. Auch muß offen bleiben, inwieweit sich diese Ergebnisse auf die IPO am Neuen Markt übertragen lassen. Da nur wenige dieser Unternehmen überhaupt Dividende zahlen, wird es noch lange dauern, bis eine für entsprechende Untersuchungen genügend große Stichprobe vorliegt.

Daraus ergibt sich die Frage, ob das mit dem Dividendenausfall verbundene Signal für IPO und etablierte Unternehmen womöglich unterschiedlich ist. Beinhaltet ein Dividendenausfall für beide Gruppen die gleiche Information hinsichtlich der weiteren Ertragsentwicklung der Unternehmen, dann müßten die Kursreaktionen in der Ankündigungsperiode bei den etablierten Unternehmen deutlich negativer als bei den IPO ausgefallen sein. Das spräche für eine effizientere Auswertung des gleichen Signals. Theoretisch zu begründen wäre dies mit der geringeren Informationsasymmetrie bei den etablierten Unternehmen. Die Ergebnisse für die Ankündigungsperiode, die im folgenden Abschnitt dargestellt sind, unterstützen diese Annahmen nur teilweise.

Sind diese unterschiedlichen Kursreaktionen in der Ankündigungsperiode nicht festzustellen, dann spricht vieles dafür, daß der Dividendenausfall unterschiedliche Signale für IPO und etablierte Unternehmen aussendet. Eine mögliche Erklärung dafür wäre, daß sich die Ertragslage bei den etablierten Unternehmen nach einem Dividendenausfall nicht weiter verschlechtert. Der Dividendenausfall markiert dann eher das Ende einer negativen Ertragsentwicklung. Bei den IPO hingegen verschlechtert sich die Ertragslage nach dem Dividendenausfall noch weiter. Hier stünde dann der Dividendenausfall eher am Anfang einer negativen Ertragsentwicklung. Interpretiert der Markt dann jedoch das Signal „Dividendenausfall" bei den IPO wie bisher von den etablierten Unternehmen gewohnt, kommt es zu einer ineffizienten Informationsauswertung.[514]

Bevor im folgenden einzelne kürzere Intervalle und mögliche Einflußfaktoren näher untersucht werden, bleiben als erste Erkenntnisse festzustellen:

---

[514] Eine Untersuchung über die jeweiligen Ertragsentwicklungen nach einem Dividendenausfall könnte hier zu weiteren Erkenntnissen führen.

- Einem Dividendenausfall gehen bei nahezu allen Unternehmen stark negative Überrenditen voraus.
- Der Dividendenausfall bei den IPO ist, anders als bei den etablierten Unternehmen, ein Ereignis, dem weitere starke Kursverluste relativ zum Index in den nächsten drei Jahren nach dem Ausfall folgen.
- Damit deutet ein Dividendenausfall bei den IPO auf eine langfristig gesehen noch wesentlich schlechtere Entwicklung der betroffenen Unternehmen hin, als in den Ankündigungseffekten bereits zum Ausdruck kommt.
- Man könnte auf den ersten Blick denken, daß bei den IPO die mit dem Ereignis „Dividendenausfall" signalisierten Ertragsaussichten offenbar nicht unmittelbar und vollständig bewertet werden.
- Die bei den IPO möglicherweise besonders großen Informationsasymmetrien könnten eine Ursache dafür sein, daß der Markt nicht erkennt, daß ein Dividendenausfall für ein IPO ein besonders negatives Signal sendet.

b. Ergebnisse für Teilintervalle (CAR)

Die Verläufe der BHAR zeigen deutlich, daß ein Großteil der Kursverluste relativ zum Index bereits vor, zum Teil sogar weit vor dem Dividendenausfall eintreten. Aussagen über die Kursentwicklung bestimmter Zeiträume vor und nach dem Dividendenausfall sind aufgrund dieser Berechnungen nicht möglich, da die BHAR die Renditen geometrisch verknüpfen und die Renditen zu verschiedenen Zeitpunkten nicht einfach subtrahiert werden können, um die Rendite für ein bestimmtes Intervall zu ermitteln. Deshalb werden in diesem Abschnitt die Überrenditen als CAR berechnet.

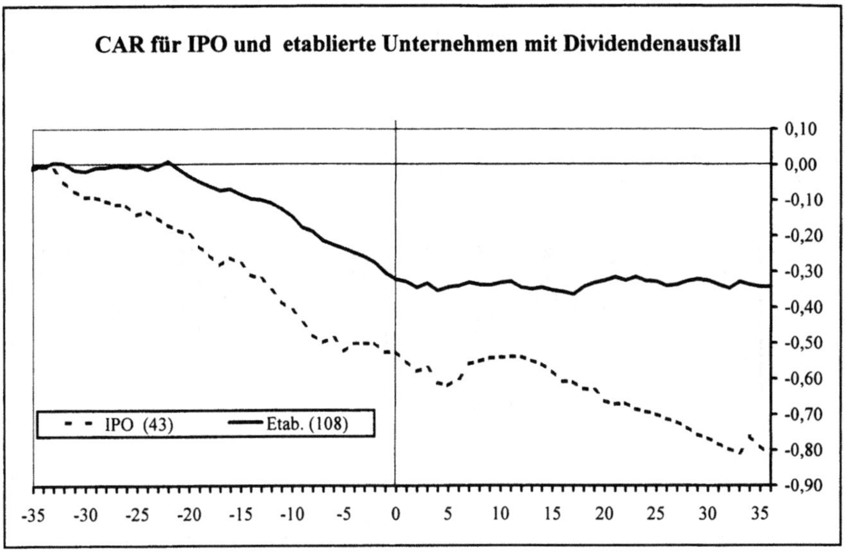

Abbildung 3.34 CAR für IPO und etablierte Unternehmen mit Dividendenausfall

Quelle: Eigene Untersuchung.

Die Abbildung 3.34 zeigt die additiv kumulierten Überrenditen der einzelnen Monate. Aus ihr lassen sich direkt Aussagen über die Überrenditen einzelner Subperioden gewinnen. Im Vergleich zu den BHAR ergeben sich tendenziell die gleichen Verläufe, allerdings auf unterschiedlichem Niveau. Die Veränderungen der CAR sind bei den IPO jedoch ausgeprägter. Das läßt auf stärkere Unterschiede in den Überrenditen einzelner Monate schließen, die bei den BHAR nicht sichtbar werden. Im folgenden sollen die Überrenditen für 6-Monats-Intervalle und 3-Monats-Intervalle der beiden Untersuchungsgruppen nähere Aufschlüsse über die zeitliche Verteilung geben. Abbildung 3.35 zeigt für beide Untersuchungsgruppen die CAR für die zwölf 6-Monats-Intervalle.

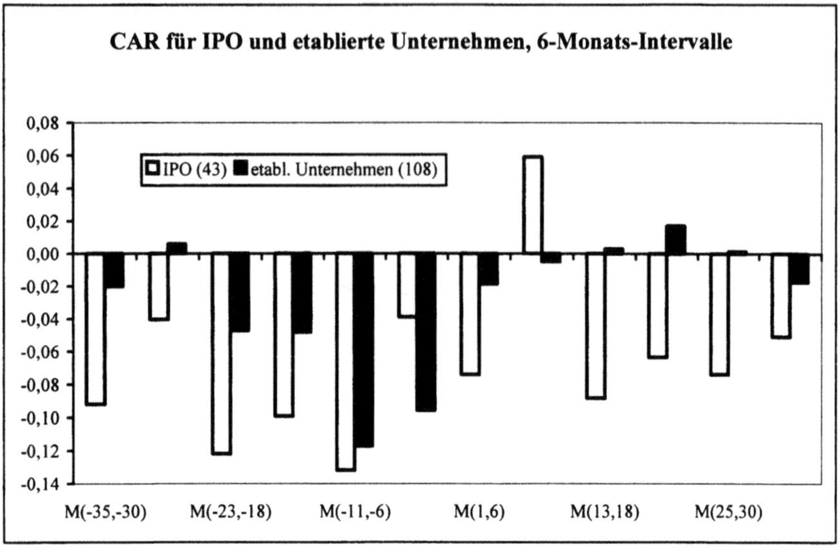

Abbildung 3.35 CAR für IPO und etablierte Unternehmen, 6-Monats-Intervalle

Quelle: Eigene Untersuchung.

Abgesehen von einer Periode sind alle CAR für die Intervalle **vor dem Dividendenausfall** signifikant negativ (siehe Tabelle 3.12). Die CAR für die Gruppe der IPO fallen dabei deutlich stärker negativ aus als die CAR für die etablierten Unternehmen, allerdings sind diese Unterschiede nur für zwei Intervalle auch signifikant.

Tabelle 3.12 CAR für 6-Monats-Intervalle (-35,36), IPO (43) und etablierte Unternehmen (108)

Intervall	**CAR IPO**	t-Wert	**CAR etab. Unternehmen**	t-Wert	t-Wert Diff. Mittelwerte
M(-35,-30)	**-9,20%**	-11,605***	**-2,02%**	-5,661***	2,252***
M(-29,-24)	**-4,05%**	-4,481***	**0,59%**	1,635	1,324
M(-23,-18)	**-12,20%**	-18,053***	**-4,72%**	-11,837***	2,466***
M(-17,-12)	**-9,93%**	-11,553***	**-4,81%**	-13,766***	1,527
M(-11,-6)	**-13,19%**	-14,474***	**-11,72%**	-31,395***	0,411
M(-5,0)	**-3,90%**	-3,095***	**-9,56%**	-23,668***	1,221
M(1,6)	**-7,40%**	-7,751***	**-1,88%**	-4,596***	1,460
M(7,12)	**5,90%**	5,377***	**-0,50%**	-1,301	1,553
M(13,18)	**-8,83%**	-7,894***	**0,29%**	0,796	2,209***
M(19,24)	**-6,35%**	-5,546***	**1,70%**	3,860***	1,831*
M(25,30)	**-7,38%**	-8,667***	**0,15%**	0,296	1,989**
M(31,36)	**-5,09%**	-3,644***	**-1,74%**	-4,003***	0,655

Quelle: Eigene Untersuchung.

Ausgerechnet für das Intervall M(-5, 0), in das die Ankündigung des Dividendenausfalls und die dazugehörige Hauptversammlung fallen, ist die Überrendite für die **IPO** aber am wenigsten negativ. Dabei waren hier stark negative Überrenditen zu erwarten. Stark negative Ergebnisse ergeben sich für die IPO dagegen in den drei davor liegenden Intervallen. Bereits zwei Jahre vor dem Dividendenausfall setzt eine deutliche Abwärtsbewegung ein. Eine mögliche Erklärung dafür könnte sein, daß diese Unternehmen trotz schlechter Unternehmensdaten zu dem Zeitpunkt versuchen, einen Dividendenausfall zu vermeiden und er deshalb erst im darauffolgenden Jahr eintritt, wenn er nicht mehr zu vermeiden ist. Dann beinhaltet das Ereignis „Dividendenausfall" für die Marktteilnehmer keine neuen Informationen, die zu abnormalen Kursänderungen führen könnten, denn aufgrund der wirtschaftlichen Entwicklung des Unternehmens in den vergangenen zwei Jahren kommt der Dividendenausfall nicht mehr unerwartet. Das würde die These stützen, daß sich die IPO so lange wie möglich gegen einen Dividendenausfall wehren.

Bei den **etablierten Unternehmen** setzt der starke relative Kursverfall erst ein Jahr später ein als bei den IPO. Die negativen CAR für die Intervalle M(-11, -6) und M(-5, 0) bei den etablierten Unternehmen stimmen dann nahezu mit den entsprechenden für die IPO ein Jahr früher überein. Das könnte darauf hindeuten, daß die etablierten Unternehmen im Gegensatz zu den IPO schon sehr schnell nach negativen Unternehmensdaten, die zu starken Kursrückgängen führen, die Dividende ausfallen lassen. Dieser schnelle Dividendenausfall bei den etablierten Unternehmen könnte für den Markt überraschend gekommen sein. Die schlechten Aussichten für das laufende Geschäftsjahr dürften weitgehend schon in der stark negativen Überrendite der davor liegenden Periode M(-11, -6), in der die Halbjahreszahlen veröffentlicht wurden, enthalten sein. In den Fällen war vielleicht doch eher mit einer Dividendenkürzung gerechnet worden, so daß die Entscheidung „Dividendenausfall" neue negative Informationen über die zukünftige wirtschaftliche Entwicklung des Unternehmens beinhaltet. Ein noch genaueres Bild ergibt sich aus den 3-Monats-Intervallen für das Jahr vor der Hauptversammlung mit dem Dividendenausfall (siehe Abbildung 3.36 und Tabelle 3.13).

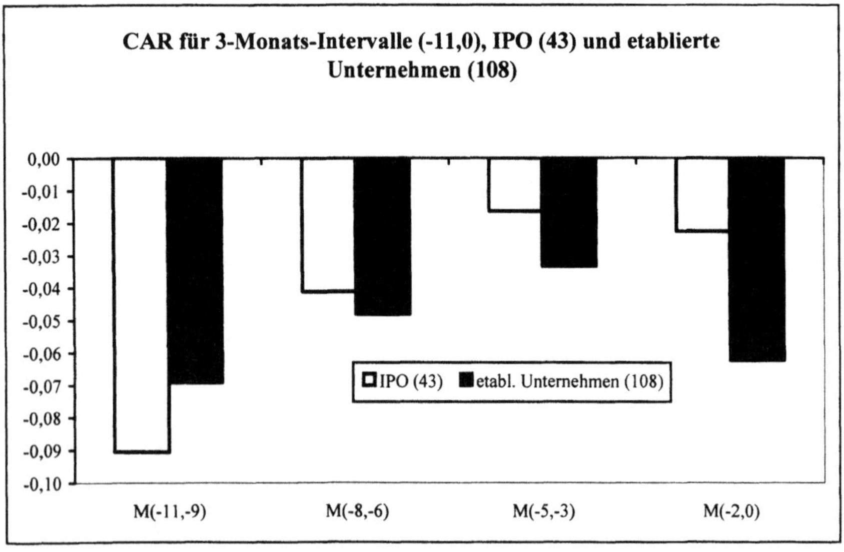

Abbildung 3.36 CAR für IPO und etablierte Unternehmen, 3-Monats-Intervalle (-11, 0)
Quelle: Eigene Untersuchung.

Tabelle 3.13 CAR für 3-Monats-Intervalle (-11, 0), IPO und etablierte Unternehmen

Intervall	**CAR IPO**	t-Wert	**CAR etab. Unternehmen**	t-Wert	t-Wert Diff. Mittelwerte
M(-11,-9)	-9,06%	-15,689***	-6,91%	-26,836***	0,930
M(-8,-6)	-4,12%	-5,766***	-4,82%	-17,086***	0,250
M(-5,-3)	-1,64%	-2,225**	-3,33%	-12,236***	0,607
M(-2,0)	-2,26%	-2,841***	-6,23%	-20,803***	1,304

Quelle: Eigene Untersuchung.

Ein Blick auf die Abbildung 3.36 zeigt, daß insbesondere in der Ankündigungsperiode M(-2, 0) die Überrendite für die Gruppe der etablierten Unternehmen stärker negativ als für die IPO ausfällt. Der Vergleich mit dem davor liegenden Intervall M(-5, -3) läßt vermuten, daß zumindest zu einem Teil die Information „Dividendenausfall" für die Höhe der negativen Überrenditen verantwortlich sein könnte. Das gilt insbesondere für die Gruppe der etablierten Unternehmen. Für die IPO hingegen ist der Ankündigungseffekt, falls überhaupt vorhanden, eher als klein einzuordnen, da die Überrendite hier besonders im Vergleich zu denen der anderen Perioden gering ausfällt. Für beide Untersuchungsgruppen sind vor allem für das 3-Monats-Intervall M(-11, -9) stark negative Überrenditen zu verzeichnen. Der bereits aus den Ergebnissen der 6-Monats-Intervalle hergestellte Zusammenhang zu der Veröffentlichung der Halbjahresberichte für das Geschäftsjahr, für das die Dividende ausfallen wird, bekommt hier weitere Unterstützung.

Zusammenfassend lassen sich aus den Ergebnissen für die Zeit vor dem Dividendenausfall die folgenden Aussagen ableiten. Bereits lange vor dem Dividendenausfall weisen die Unternehmen beider Untersuchungsgruppen stark negative Bewertungseffekte auf.[515] Bei den IPO beginnen diese starken Kursverluste bereits zwei Jahre vor dem Dividendenausfall, bei den etablierten Unternehmen erst ein Jahr vor dem Ausfall. Der Dividendenausfall kommt deshalb bei den IPO anscheinend weniger überraschend als bei den etablierten Unternehmen. Der Markt hat die negativen Informationen bereits in der Bewertung berücksichtigt und entnimmt dem Ereignis deshalb weniger neue kursrelevante Informationen. Die negative Überrendite für die IPO in der Ankündigungsperiode fällt dementsprechend relativ gering aus.

---

[515] Kursverluste bezeichnen hier und im folgenden die Kursveränderungen relativ zur Entwicklung des DAFOX. Das müssen nicht unbedingt tatsächliche Kursverluste sein.

Die etablierten Unternehmen lassen offenbar bei schlechter wirtschaftlicher Lage früher als die IPO die Dividende ausfallen. Der Dividendenausfall kommt für den Markt unerwartet und signalisiert, daß die zukünftige wirtschaftliche Entwicklung der Unternehmen negativer ausfallen dürfte als bisher angenommen. Die Gruppe der etablierten Unternehmen verzeichnet dementsprechend in der Ankündigungsperiode stark negative Überrenditen.

Falls die Marktteilnehmer aus der Information „Dividendenausfall" die wesentlichen Schlußfolgerungen über die zukünftige wirtschaftliche Entwicklung der betroffenen Unternehmen ziehen konnten, d.h. daß der Markt eine vollständige und unverzügliche Neubewertung vorgenommen hat, dann sollten in der Folgezeit keine signifikanten Überrenditen mehr auftreten. Betrachtet man die 6-Monats-Intervalle **nach dem Dividendenausfall** in Abbildung 3.35, so wird diese Vermutung weitgehend für die Gruppe der **etablierten Unternehmen** unterstützt. In keinem der Intervalle übersteigt die Überrendite 2%. Die starken Kurskorrekturen in der Ankündigungsperiode haben offenbar die mit dem Dividendenausfall verbundenen negativen Informationen gut reflektiert.

Ein ganz anderes Bild zeigt sich für die Gruppe der **IPO**. Lediglich in dem Intervall von +7 bis +12 ergibt sich die einzige positive Überrendite für die Gruppe der IPO in den 6-Monats-Intervallen. Sie fällt ungewöhnlich hoch aus. Alle anderen Perioden nach dem Dividendenausfall weisen dagegen deutlich negative CAR auf, die auch signifikant sind. Die in dem Ereignis „Dividendenausfall" enthaltenen negativen Informationen über die zukünftige Ertragslage sind von den Marktteilnehmern bei den IPO entweder nicht vollständig berücksichtigt worden, oder es sind in den Folgeperioden bei vielen IPO weitere nicht vorhersehbare negative Informationen aufgetreten.

Eine Analyse der Ergebnisse der einzelnen Monate zeigt, daß die Monate 6 und 7 mit einer positiven Überrendite von zusammen 6% völlig aus dem Rahmen fallen. Warum gerade diese beiden Monate so sehr von allen anderen abweichen, ist zunächst schwierig zu erklären. Die Unterteilungen der beiden Untersuchungsgruppen hinsichtlich bestimmter Kriterien in den folgenden Abschnitten erlauben auch diesbezüglich genauere Einblicke und weitergehende Interpretationen.

2. Untergruppen für IPO und etablierte Unternehmen mit Dividendenausfall

Eine Differenzierung der beiden Untersuchungsgruppen hinsichtlich ausgewählter Kriterien in diesem Abschnitt soll Aufschluß darüber geben, inwieweit die Dividendenpolitik vor und nach dem Ausfall sowie das gesamtwirtschaftliche Umfeld im betreffenden Geschäftsjahr einen Einfluß auf die Performance der Unternehmen mit einem Dividendenausfall haben. Als Unterscheidungskriterien werden eine vor dem Ausfall erfolgte Dividendensenkung, die Dauer bis zur Wiederaufnahme der Dividendenzahlungen sowie das Ausfalljahr herangezogen.

Das bisher überwiegend analysierte Zeitfenster (-35, 36) beinhaltet für die IPO eine zu geringe Stichprobe (43 Ausfälle), um für die gewünschten Untergruppen noch zu aussagekräftigen Ergebnissen kommen zu können. Es werden deshalb hier kürzere Zeitfenster, die eine höhere Zahl der insgesamt einbezogenen Unternehmen aufweisen, für die Untersuchungen benutzt. Entsprechend der Fragestellung verkürzt sich entweder

- die Zeitspanne nach dem Dividendenausfall auf 15 Monate (Dividendensenkung)
- oder die Zeitspanne vor dem Dividendenausfall auf 11 Monate (Ausfalldauer),
- oder beide Zeitspannen werden angepaßt (Ausfalljahr).

I. Unterteilung der Untersuchungsgruppen hinsichtlich vorangegangener Dividendensenkung

Geht dem Dividendenausfall eine Dividendensenkung voraus, dann sollte bereits die Ankündigung der Dividendensenkung zu einer Korrektur der erwarteten zukünftigen Ertragslage geführt haben. Der anschließende Dividendenausfall enthält dann weniger kursrelevante Informationen. Die Ergebnisse werden für das Zeitfenster (-35, 15) dargestellt, wobei die beiden Untersuchungsgruppen hier jeweils in die zwei Untergruppen „ mit Dividendensenkung“ und „ohne Dividendensenkung“ aufgeteilt werden.

a. Long-Run-Performance (BHAR)

Die Abbildung 3.37 zeigt bei den **IPO** weitgehend übereinstimmende BHAR für die beiden Untergruppen. Die Mittelwerte unterscheiden sich nicht signifikant voneinander (t-Wert = 0,639). Es scheint für die Long-Run-Performance nicht von Bedeutung zu sein, ob die IPO die Dividende vor dem Ausfall senken oder nicht.

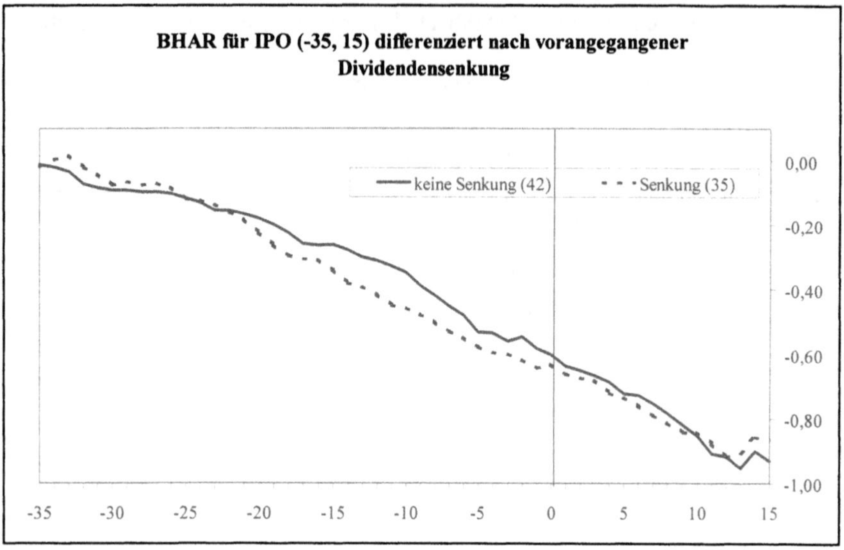

Abbildung 3.37 BHAR für IPO (-35, 15) differenziert nach vorangegangener Dividendensenkung

Quelle: Eigene Untersuchung.

Die entsprechenden BHAR (Abbildung 3.38) für die beiden Untergruppen der **etablierten Unternehmen** unterscheiden sich zwar im Ausmaß deutlich, sind aber nicht signifikant voneinander verschieden (t-Wert = -0,952). Die Verläufe der BHAR trennen sich ab dem Monat –23 voneinander. Erwartungsgemäß fällt die Performance der Unternehmen, die eine Dividendensenkung vornehmen, in diesen Monaten offenbar schlechter aus als für die restlichen Unternehmen.

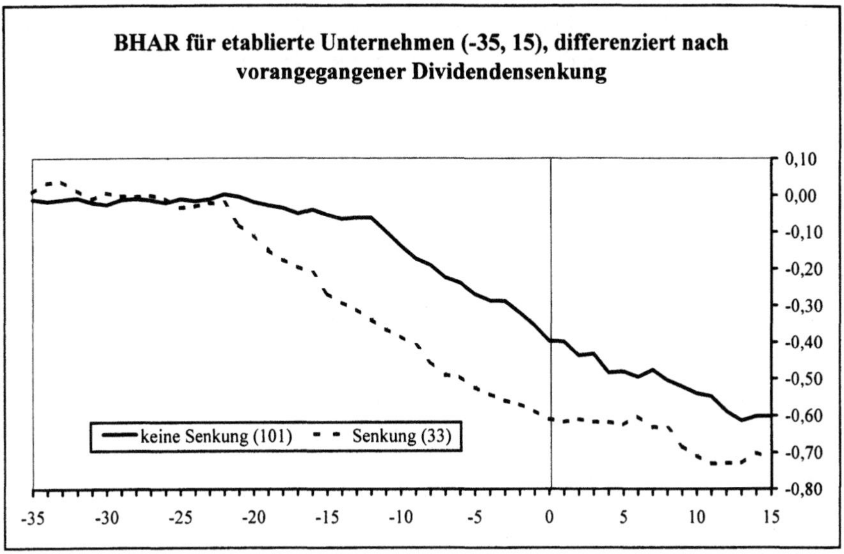

Abbildung 3.38 BHAR für etablierte Unternehmen (-35, 15), differenziert nach vorangegangener Dividendensenkung

Quelle: Eigene Untersuchung.

Ein Vergleich der BHAR (-35, 15) der IPO mit denen der etablierten Unternehmen (Tabelle 3.14) zeigt unterschiedliche Reaktionen für diese beiden Untersuchungsgruppen auf. Bei den IPO fallen die BHAR am Ende negativer für die Unternehmen aus, die keine Dividendensenkung vorgenommen haben, als für die übrigen IPO. Bei den etablierten Unternehmen hingegen verhält es sich umgekehrt.

Tabelle 3.14 BHAR für IPO und etablierte Unternehmen mit und ohne vorangegangene Dividendensenkung (-35, 15)

Untersuchungsgruppen	Mit Senkung			Ohne Senkung			Gesamt		
	BHAR in %	t-Wert	N	BHAR in %	t-Wert	N	BHAR in %	t-Wert	N
IPO	-86,3	-39,4***	35	-93,0	-36,9***	42	-89,9	-74,2***	77
etablierte	-71,5	-26,2***	33	-60,2	-33,9***	101	-63,0	-52,1***	134

Quelle: Eigene Untersuchung.

Vergleicht man die BHAR für die jeweiligen Untergruppen, so ergibt sich für die Untergruppe „ohne Dividendensenkung“ ein signifikanter Unterschied der Mittelwerte (t-Wert = 2,709) für die IPO bzw. die etablierten Unternehmen. Die deutlich negativere Long-Run-Performance, die für die Gesamtgruppe IPO ermittelt wurde, ist demnach im wesentlichen auf die IPO zurückzuführen, die vor dem Dividendenausfall keine Dividendensenkung vorgenommen haben.

Eine mögliche Erklärung für die unterschiedlichen Ergebnisse könnten die verschiedenen Eigenkapitalveränderungen sein, die durch die jeweilige Dividendenpolitik der IPO und der etablierten Unternehmen c.p. hervorgerufen werden. Die Ergebnisse in den vorangegangenen Auswertungen haben darauf hingedeutet, daß es nach der Verschlechterung der Ertragslage bei den IPO länger dauert als bei den etablierten Unternehmen, bis sie die Dividende ausfallen lassen.[516] Setzt man diese unterschiedlichen Verhaltensweisen als gegeben voraus, dann kann ein einfaches Beispiel die Zusammenhänge veranschaulichen.

Zwei etablierte Unternehmen und zwei IPO unterscheiden sich ansonsten nur durch ihre Dividendenpolitik. Sie haben zu Beginn des Geschäftsjahres jeweils Gewinnrücklagen von 250 Geldeinheiten (GE). Bisher hat jedes Unternehmen pro Jahr konstant 60 GE ausgeschüttet. In diesem Geschäftsjahr erzielt jedes Unternehmen einen Verlust von 50 GE. Die etablierten Unternehmen stehen dann vor der Entscheidung „Dividendenausfall“ oder „Dividendensenkung“ (z.B. hier 50%). Die IPO hingegen lassen die Dividende nicht sofort ausfallen. Für sie lautet die Frage: „konstante Dividende“ oder „Dividendensenkung“ (angenommen 50%). Im folgenden Geschäftsjahr steigt der Verlust auf 100 GE. Die Ergebnisse für jede Alternative sind in Tabelle 3.15 dargestellt.

---

516 Dementsprechend hoch ist bei den IPO mit fast 50% der Anteil der Unternehmen, die vor dem Ausfall zunächst die Dividende senken.

Tabelle 3.15 Beispielrechnung „mit und ohne vorhergehende Dividendensenkung“

		t_0	t_1		t_2	
Untersuchungsgruppe	**Zuordnung zur Untergruppe**	**Rücklage - Verlust**	**Dividende**	**Rücklage - Verlust**	**Dividende**	**Rücklage**
Etablierte	Mit Senkung	250 -50	-30	170 - 100	0	70
Unternehmen	Ohne Senkung	250 -50	0	200 - 100	0	100
IPO	Ohne Senkung	250 -50	-60	140 - 100	0	40
	Mit Senkung	250 -50	-30	170 - 100	0	70

Quelle: Eigene Untersuchung.

Das etablierte Unternehmen, das sofort ohne vorherige Dividendensenkung die Dividende ausfallen läßt, weist c.p. sowohl beim Dividendenausfall in t_1 (ein Jahr früher als die anderen) als auch in t_2 das höchste Eigenkapital und damit c.p. ein geringeres Insolvenzrisiko als die anderen Unternehmen auf. Bei den IPO dagegen verfügt das Unternehmen, das ohne vorherige Dividendensenkung die Dividende ausfallen läßt, über das geringste Eigenkapital.

Aus der Gegenüberstellung der BHAR für die einzelnen Gruppen (Tabelle 3.14) und der zugehörigen Eigenkapitalbestände (Tabelle 3.15) könnte man folgern, daß je geringer das verbliebene Eigenkapital um so negativer die Long-Run-Performance ist. Die besondere Aktionärsstruktur und die Corporate Governance bei den IPO könnte ein Grund dafür sein, daß der Dividendenausfall bei den IPO häufig später als bei den etablierten Unternehmen erfolgt. Denkbar ist auch, daß bei einigen IPO, die sich im Mehrheitsbesitz befinden, die Verzögerung des wirtschaftlich gebotenen Dividendenausfalls dazu genutzt wird, noch Eigenkapital an die Aktionäre auszuschütten. Bei einem möglichen Konkurs würde dann dieses Eigenkapital den Fremdkapitalgebern nicht mehr zur Verfügung stehen.

b. Ergebnisse für Teilintervalle (CAR)

Die Verläufe der BHAR im vorangegangenen Abschnitt deuten darauf hin, daß sich die Performance der beiden Untergruppen jeweils ab dem Monat „-23“ unterschiedlich entwickelt. Dementsprechend beginnen die in diesen Abschnitt untersuchten 3-Monats-Intervalle zwei Jahre vor dem Dividendenausfall. Bei der Interpretation der Ergebnisse werden drei Zeiträume getrennt betrachtet:

- das Jahr vor der letzten Dividendenzahlung,
- das Jahr vor dem Dividendenausfall und
- die 15 Monate nach dem Dividendenausfall.

Abbildung 3.39 zeigt die entsprechenden CAR für die **IPO** und Tabelle 3.16 gibt die CAR und die Ergebnisse der Signifikanztests wieder. Die CAR sind für alle vier Intervalle des Jahres vor der letzten Dividendenzahlung signifikant negativ. Für drei der vier Intervalle unterscheiden sich dabei die CAR der beiden Untergruppen signifikant voneinander. Diese deutlich negativere Performance der IPO, die bereits vor dem Ausfall die Dividende senken, deutet darauf hin, daß die Ertragslage bei diesen IPO eher einen Dividendenausfall als eine Dividendensenkung erfordert hätte. Aber auch die durchgängig negativen CAR für die IPO ohne Senkung für diesen Zeitraum deuten bereits auf Ertragsprobleme hin. Die weiterhin gezahlte konstante Dividende spiegelt das jedoch nicht wider.

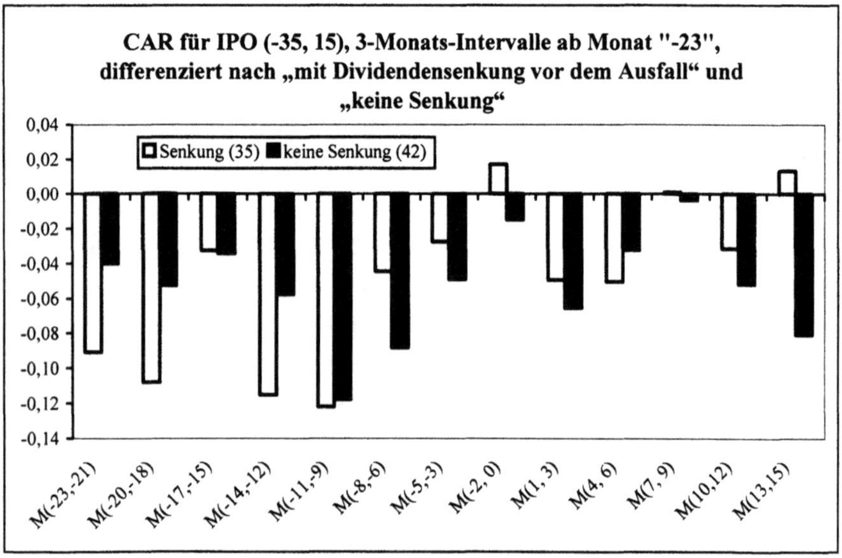

Abbildung 3.39 CAR für IPO (-35, 15), 3-Monats-Intervalle ab Monat „-23“, differenziert nach „mit Dividendensenkung vor dem Ausfall“ und „keine Senkung“

Quelle: Eigene Untersuchung.

Das der Dividendenzahlung folgende Intervall M(-11, -9) weist für beide Gruppen die schlechteste Performance im Vergleich mit allen anderen Intervallen auf. In diesem

Intervall werden in aller Regel die Halbjahresberichte für das Geschäftsjahr veröffentlicht, für das schließlich die Dividende ausfallen wird. Auch die Überrenditen der beiden folgenden Intervalle sind für beide Untergruppen signifikant negativ. In der Ankündigungsperiode M(-2, 0) jedoch ist jeweils keine signifikant negative Überrendite festzustellen. Der so lange herausgezögerte Dividendenausfall kommt nicht mehr unerwartet und beinhaltet dementsprechend auch keine neuen kursrelevanten Informationen mehr.

Tabelle 3.16 CAR für IPO (-35,15), 3-Monats-Intervalle ab Monat „-23", differenziert nach „mit Senkung" und „ohne Senkung" vor dem Dividendenausfall

Intervall	**CAR mit Senkung (35)**	t-Wert	**CAR ohne Senkung (42)**	t-Wert	t-Wert Diff. Mittelwerte
M(-23,-21)	**-9,09%**	-15,762***	**-4,01%**	-7,587***	2,105**
M(-20,-18)	**-10,81%**	-13,815***	**-5,26%**	-10,033***	1,933*
M(-17,-15)	**-3,27%**	-5,435***	**-3,43%**	-6,582***	0,065
M(-14,-12)	**-11,51%**	-14,511***	**-5,77%**	-8,005***	1,733*
M(-11,-9)	**-12,19%**	-14,314***	**-11,78%**	-12,730***	0,105
M(-8,-6)	**-4,47%**	-4,470***	**-8,84%**	-15,070***	1,244
M(-5,-3)	**-2,78%**	-2,739***	**-4,92%**	-5,606***	0,518
M(-2, 0)	**1,70%**	2,073**	**-1,50%**	-1,421	0,762
M(1, 3)	**-4,95%**	-5,877***	**-6,55%**	-9,183***	0,473
M(4, 6)	**-5,05%**	-4,443***	**-3,24%**	-4,237***	0,435
M(7, 9)	**0,09%**	0,091	**-0,39%**	-0,330	0,099
M(10,12)	**-3,16%**	-2,888***	**-5,19%**	-5,679***	0,462
M(13,15)	**1,33%**	1,195	**-8,07%**	-7,427***	1,950*

Quelle: Eigene Untersuchung.

Die CAR fallen in drei von vier Intervallen im Jahr nach dem Dividendenausfall jeweils signifikant negativ aus. Die CAR der beiden Untergruppen unterscheiden sich nicht signifikant voneinander. Damit ähneln sich die Ergebnisse für beide Untersuchungsgruppen in den Intervallen ein Jahr vor als auch in den Intervallen ein Jahr nach dem Dividendenausfall. Um so überraschender ist der signifikante Unterschied für das sich anschließende Intervall M(13, 15). Dieses Ergebnis ist auf die stark negativen CAR für die IPO ohne Dividendensenkung zurückzuführen. Um zu überprüfen, ob dieser Unterschied auch längerfristig auftritt, sollen zusätzlich die weiteren Intervalle bis M(34, 36) untersucht werden. Die Ergebnisse sind in Abbildung 3.40 und Tabelle

3.17 zusammengefaßt. Dafür wurde das Zeitfenster M(-11, 36) herangezogen, um die größtmögliche Stichprobe verwenden zu können.

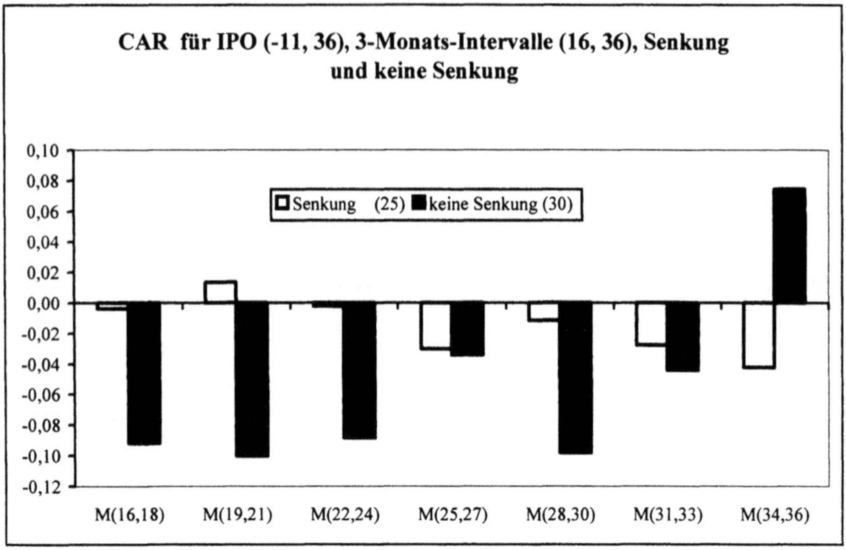

Abbildung 3.40 CAR für IPO (-11, 36), 3-Monats-Intervalle (16, 36), Senkung und keine Senkung

Quelle: Eigene Untersuchung.

Tabelle 3.17 CAR für IPO (-11, 36), 3-Monats-Intervalle (16, 36), Senkung und keine Senkung

Intervall	**CAR mit Senkung (25)**	t-Wert	**CAR ohne Senkung (30)**	t-Wert .	t-Wert Diff. Mittelwerte
M(16,18)	**-0,38%**	-0,254	**-9,21%**	-8,047***	1,808*
M(19,21)	**1,35%**	0,977	**-10,02%**	-8,792***	2,446***
M(22,24)	**-0,23%**	-0,176	**-8,86%**	-6,565***	1,757*
M(25,27)	**-3,03%**	-2,375**	**-3,42%**	-3,917***	0,097
M(28,30)	**-1,18%**	-0,755	**-9,83%**	-8,848***	1,752*
M(31,33)	**-2,78%**	-1,897*	**-4,42%**	-3,537***	0,326
M(34,36)	**-4,23%**	-3,489***	**7,43%**	3,623***	1,827*

Quelle: Eigene Untersuchung.

Auch für die folgenden drei Intervalle des zweiten Jahres nach dem Dividendenausfall sind die CAR für die IPO ohne Dividendensenkung signifikant negativ und unterscheiden sich auch signifikant von denen der anderen Untergruppe. Für das gesamte

Jahr ergibt sich eine Underperformance von -36%. Für die langfristig schlechte Performance nach dem Dividendenausfall der IPO sind demnach vor allem die IPO verantwortlich, die ohne vorherige Dividendensenkung die Dividende ausfallen lassen. Möglicherweise handelt es sich dabei um Spätfolgen der zu lange aufrecht erhaltenen konstanten Dividende und der damit verbundenen Verringerung des Eigenkapitals. Dann haben die Aktionäre, die die Aktie längerfristig gehalten haben, das falsche Signal „konstante Dividende“ mit erheblichen Verlusten bezahlen müssen.

Die Ergebnisse für die **etablierten Unternehmen** (Abbildung 3.41 und Tabelle 3.18) entsprechen eher den Erwartungen. Die Performance der Unternehmen, die ihre Dividende zunächst senken, ist deutlich und signifikant negativ in den vier Intervallen vor der Senkung. Sie liegt gleichzeitig auch signifikant unter der jeweiligen Performance für die Unternehmen ohne Dividendensenkung. Nach der Höhe der Underperformance zu urteilen, wäre möglicherweise anstelle der Dividendensenkung bereits ein Dividendenausfall angezeigt gewesen. Die CAR für diese vier Intervalle zusammen belaufen sich auf ca. -26%. Das entspricht nahezu den CAR für das Jahr vor dem Dividendenausfall M(-11, 0) der anderen Untergruppe „ohne Senkung“. Nimmt man die Underperformance als Maß für die wirtschaftliche Situation der Unternehmen, dann entscheiden sich in dieser Situation ungefähr ein Viertel der etablierten Unternehmen für eine Dividendensenkung und drei Viertel sofort für einen Dividendenausfall. Das bestätigt noch einmal, daß die meisten der etablierten Unternehmen nicht zögern, die Dividende ausfallen zu lassen, wenn die wirtschaftliche Situation das erfordert. Ihre Dividendenpolitik unterscheidet sich damit deutlich von der der meisten IPO.

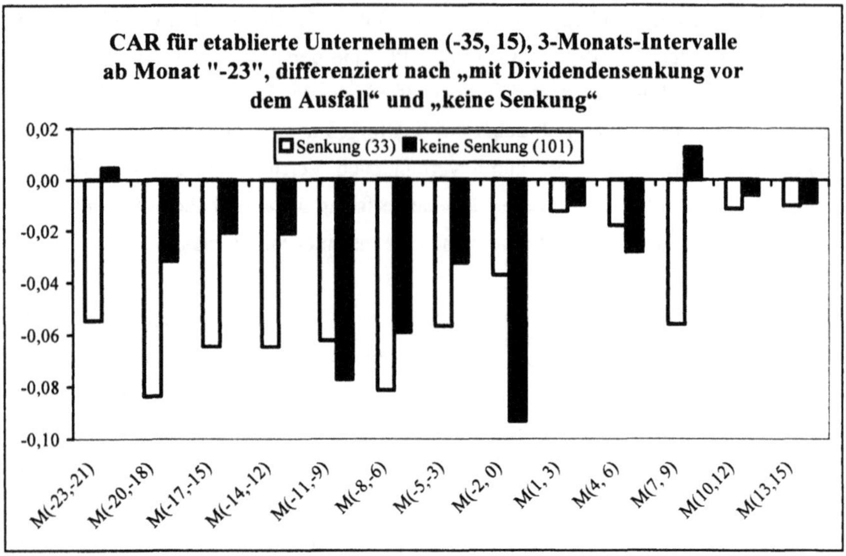

Abbildung 3.41 CAR für etablierte Unternehmen (-35, 15), 3-Monats-Intervalle ab Monat „–23“, differenziert nach „mit Dividendensenkung vor dem Ausfall“ und „keine Senkung“

Quelle: Eigene Untersuchung.

Die CAR für die vier Intervalle im Jahr vor dem Ausfall sind für beide Untergruppen deutlich und signifikant negativ. Sie unterscheiden sich nur in der Ankündigungsperiode signifikant voneinander. Dort fällt die Performance für die Unternehmen ohne vorherige Dividendensenkung deutlich negativer aus als für die anderen etablierten Unternehmen. Die Entscheidung, bereits so früh und nach einer zuvor konstanten Dividendenzahlung die Dividende ausfallen zu lassen, trifft die Marktteilnehmer in aller Regel unerwartet. Sie signalisiert weitere negative Informationen und führt zu kräftigen Kursabschlägen.

Tabelle 3.18 CAR für etablierte Unternehmen (-35, 15), 3-Monats-Intervalle ab Monat „-23", differenziert nach „mit Senkung" und „ohne Senkung" vor dem Dividendenausfall

Intervall	**CAR mit Senkung (33)**	t-Wert	**CAR ohne Senkung (101)**	t-Wert	t-Wert Differenz Mittelwerte
M(-23,-21)	**-5,46%**	-6,343***	**0,47%**	1,734*	2,098**
M(-20,-18)	**-8,37%**	-11,948***	**-3,17%**	-10,405***	2,055**
M(-17,-15)	**-6,45%**	-7,700***	**-2,08%**	-8,456***	1,617
M(-14,-12)	**-6,47%**	-10,103***	**-2,10%**	-7,666***	1,901*
M(-11,-9)	**-6,23%**	-7,812***	**-7,72%**	-29,533***	0,566
M(-8,-6)	**-8,15%**	-8,759***	**-5,91%**	-20,231***	0,736
M(-5,-3)	**-5,67%**	-5,153***	**-3,25%**	-10,195***	0,685
M(-2, 0)	**-3,71%**	-4,376***	**-9,32%**	-25,911***	1,849*
M(1, 3)	**-1,25%**	-1,412	**-1,00%**	-2,607***	0,081
M(4, 6)	**-1,80%**	-2,339**	**-2,83%**	-8,192***	0,366
M(7, 9)	**-5,60%**	-5,919***	**1,26%**	3,077***	2,013**
M(10,12)	**-1,14%**	-1,501	**-0,61%**	-1,828*	0,194
M(13,15)	**-1,00%**	-0,663	**-0,90%**	-2,685***	0,021

Quelle: Eigene Untersuchung.

Mit einer Ausnahme unterscheiden sich die CAR der beiden Untergruppen in den Intervallen nach dem Dividendenausfall nicht signifikant voneinander. Die meisten CAR fallen zwar noch signifikant, aber doch relativ gering negativ aus. Im Gegensatz zu den IPO gibt es auch für die Intervalle im zweiten und dritten Jahr nach dem Ausfall kaum noch signifikant negative CAR in den einzelnen 3-Monats-Intervallen. Eine Darstellung dieser Ergebnisse kann deshalb hier unterbleiben.

Zusammengefaßt ergeben sich die folgenden Erkenntnisse. Die langfristigen Kursreaktionen nach einem Dividendenausfall sind u.a. davon abhängig, ob im Jahr zuvor bereits eine Dividendensenkung stattgefunden hat. Wenn ein ertragsschwaches Geschäftsjahr nicht sicher als „einmaliger Ausrutscher" eingestuft werden kann, dann sollte das Unternehmen die Dividende für dieses Geschäftsjahr ausfallen lassen. Diese Politik verfolgen offenbar viele etablierte Unternehmen. Sie führt zwar kurzfristig zu etwas höheren Kursrückgängen bei der Ankündigung des Ausfalls, aber langfristig zu einer relativ besseren Performance als die anderen Alternativen. Am schlechtesten erweist es sich, trotz eines ertragsschwachen Geschäftsjahres die Dividendenzahlung konstant zu halten, um dann für das darauf folgende Geschäftsjahr doch die Dividende ausfallen lassen zu müssen. Das ist anscheinend die Politik vieler IPO gewesen. Die stark negativen CAR dieser Untergruppe für nahezu alle Intervalle bis fast drei Jahre nach dem Ausfall legen die Vermutung nahe, daß eine solche Dividendenpolitik direkten Einfluß auf die langfristige Entwicklung des Markwertes gehabt hat. Das ist eine erhebliche Bestrafung durch den Kapitalmarkt für das vor dem Ausfall gesendete falsche Signal „konstante Dividende“.

II. Unterteilung der Untersuchungsgruppen hinsichtlich der Ausfalldauer

Die langfristige Kursreaktion nach einem Dividendenausfall ist abhängig von der weiteren Entwicklung des Unternehmens. Ein deutliches Signal für die wirtschaftliche Erholung sollte die Wiederaufnahme der Dividende sein. Es ist deshalb zu erwarten, daß Unternehmen mit unterschiedlich langer Ausfalldauer auch unterschiedliche langfristige Kursreaktionen aufweisen. Um die langfristigen Effekte zeigen zu können, wird in diesem Abschnitt jeweils auf die Zeitfenster (-11, 36) zurückgegriffen.

a. Long-Run-Performance (BHAR)

In der Abbildung 3.42 sind die BHAR für die Gruppe der **IPO** unterteilt in „Ausfalldauer 1 Jahr“, „Ausfalldauer 2 Jahre“ und „Ausfalldauer mehr als 2 Jahre“ dargestellt. Bei den IPO weist die Gruppe „Ausfalldauer mehr als 2 Jahre“ mit Abstand die schlechteste Performance auf. Auffällig ist hier besonders der negative relative Kursverlauf für Halteperioden, die über den Monat „18“ hinausgehen. Offenbar verliert der Markt jegliche Hoffnung auf einen baldigen Turn-around, wenn abzusehen ist, daß ein zweites Jahr ohne Dividende folgen wird.

Zwar sind für die Gruppe „Ausfalldauer 1 Jahr“ die BHAR am höchsten und sogar positiv, wenn die Halteperiode in den Monaten direkt vor der Wiederaufnahme endet. Aber danach verbessern sich die BHAR tendenziell nicht mehr. Ein Verkauf eines derartigen Portfolio nach Ankündigung des Dividendenausfalls hätte sogar eine bessere Performance erbracht als ein Verkauf am Ende des Untersuchungszeitraums (Monat „36“).

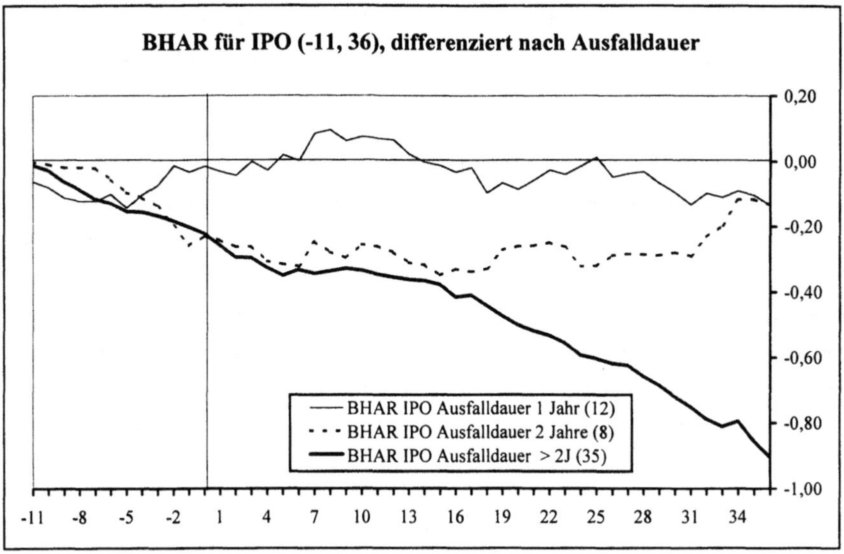

Abbildung 3.42 BHAR für IPO (-11, 36), differenziert nach Ausfalldauer

Quelle: Eigene Untersuchung.

Die Untergruppe „Ausfalldauer 2 Jahre“ erreicht bei den IPO für keine der möglichen Halteperioden eine positive BHAR. Aber auch hier verschlechtern sich die BHAR kaum noch für Halteperioden, die nach dem Dividendenausfall enden. Wird das Portfolio bis zum Ende (Monat „36“) durchgehalten, dann erzielt diese Gruppe sogar noch die gleiche BHAR wie die Gruppe „Ausfalldauer 1 Jahr“. Für beide Gruppen ist dann die Underperformance nicht signifikant von Null verschieden.

Die insgesamt starke Underperformance der Gruppe der IPO bei einem Dividendenausfall ist somit wesentlich auf die IPO zurückzuführen, denen es nicht gelingt, innerhalb von zwei Jahren nach dem Dividendenausfall die Dividendenzahlungen wieder aufzunehmen. Um den Zusammenhang zu den Ergebnissen des vorangegangenen Abschnitts herzustellen, ist diese Untergruppe noch einmal danach unterteilt worden, ob die IPO vor dem Dividendenausfall eine Dividendensenkung vorgenommen haben oder nicht. Die BHAR (-11, 36) weichen für diese beiden weiteren Untergruppen signifikant (t-Wert = 2,012) voneinander ab. Die 16 IPO, die die Dividende senken und deren Ausfalldauer zwei Jahre übersteigt erreichen eine BHAR von -66%. Die anderen 19 IPO der Untergruppe „Ausfalldauer >2 Jahre“ hingegen eine Underperformance von -111%. Der Anteil dieser Unternehmen an der Untergruppe ist zwar nicht überdurchschnittlich hoch, aber die Kombination „ohne Dividendensenkung“ und „Ausfalldauer >2 Jahre“ erweist sich als Kennzeichen für Unternehmen mit besonders negativer Performance.

Die Abbildung 3.43 zeigt die BHAR der jeweiligen Untergruppe für die Gruppe der **etablierten Unternehmen**. Erwartungsgemäß verzeichnet auch hier die Gruppe „Ausfalldauer >2 Jahre“ die schlechteste Performance. Die zuvor angestellten theoretischen Überlegungen werden jedoch für die beiden anderen Gruppen nicht bestätigt. Für beide werden die BHAR mit zunehmender Länge der Halteperiode bis zum Monat „3“ immer negativer. Die BHAR für die Untergruppe „Ausfalldauer 1 Jahr“ bleiben dann unter Schwankungen in etwa in dem Korridor von -20% bis -30%. Der positive Effekt durch die Wiederaufnahme nach einem Jahr wirkt sich somit nur wenig auf die BHAR aus.

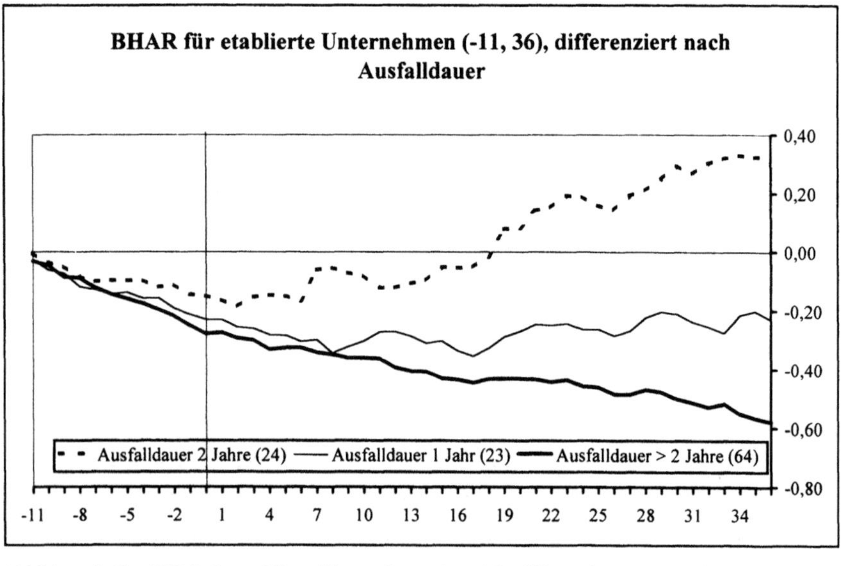

Abbildung 3.43 BHAR für etablierte Unternehmen (-11, 36), differenziert nach Ausfalldauer

Quelle: Eigene Untersuchung.

Ganz anders verlaufen dagegen die BHAR für die Untergruppe „Ausfalldauer 2 Jahre“ bei Halteperioden über den Monat „3“ hinaus. Bereits von da an verbessern sich die BHAR leicht von Monat zu Monat. Der steile Anstieg der BHAR beginnt etwa ein halbes Jahr vor der Hauptversammlung, auf der die Wiederaufnahme der Dividendenzahlung beschlossen wird. Für alle Halteperioden, die über den Monat „18" hinaus gehen, hätte eine Investition in ein derartiges Portfolio sogar abnormale Überrenditen von bis zu +30% erbracht. Die BHAR sind hier für alle drei Untergruppen signifikant. Die Ergebnisse für die IPO und die etablierten Unternehmen sind in Tabelle 3.19 gegenübergestellt.

Die Ergebnisse der Signifikanztests in Tabelle 3.20 zeigen, daß sich die BHAR aller Untergruppen bei den etablierten Unternehmen signifikant voneinander unterscheiden. Bei den IPO ist es dagegen nur die Untergruppe „Ausfalldauer >2 Jahre", die sich signifikant von den beiden anderen Untergruppen abhebt. Für diese Untergruppe läßt sich auch ein signifikanter Unterschied zwischen den IPO und den etablierten Unternehmen feststellen.

Tabelle 3.19 BHAR (-11, 36) für IPO und etablierte Unternehmen differenziert nach Ausfalldauer

Ausfalldauer	1 Jahr			2 Jahre			>2 Jahre		
	BHAR	N	t-Wert	**BHAR**	N	t-Wert	**BHAR**	N	t-Wert
IPO (55)	**-13,4**	12	-1,0	**-13,3**	8	- 0,5	**-90,4**	35	-23,6***
etablierte (111)	**-22,9**	23	-5,3***	**+32,8**	24	+3,5***	**-57,9**	64	-29,0***

Quelle: Eigene Untersuchung.

Tabelle 3.20 Ergebnisse der Tests auf Differenz der Mittelwerte (BHAR) der nach der Dauer des Dividendenausfalls differenzierten Untersuchungsgruppen

Vergleich	t-Wert IPO	t-Wert etab
1-2 Jahre	0,003	2,304**
2->2 Jahre	2,056**	3,896***
1->2 Jahre	2,955***	2,680***

t-Wert Mittelwert IPO-etab	
1 Jahr	0,370
2 Jahre	1,099
>2 Jahre	2,347**

Quelle: Eigene Untersuchung.

Nähere Aufschlüsse sollen auch hier wieder die CAR für die einzelnen 3-Monats-Intervalle geben.

b. Ergebnisse für Teilintervalle (CAR)

Abbildung 3.44 läßt zum Teil deutliche Unterschiede in den CAR der einzelnen Untergruppen bei den **IPO** erkennen. Die Untergruppe **„Ausfalldauer >2 Jahre"** erzielt abgesehen vom Zeitraum „ 7 bis 12" durchgängig negative CAR, die für die meisten

Intervalle auch signifikant sind (siehe Tabelle 3.21). Besonders stark ausgeprägt ist die Underperformance für die Intervalle ab dem Monat „16". Zu diesem Zeitpunkt ist offenbar schon abzusehen, daß nach zwei dividendenlosen Jahren mindestens noch ein weiteres folgen wird. Die CAR in den drei darauf folgenden Intervallen unterscheiden sich signifikant von denen der anderen Untergruppen, deren Unternehmen die Dividendenzahlungen wiederaufnehmen bzw. schon wieder aufgenommen haben. Offenbar gelingt es den Marktteilnehmern nicht, bei der Auswertung der Information „Dividendenausfall" bereits zu differenzieren, welche Unternehmen längerfristig Ertragsprobleme haben werden. Lediglich für die vier Intervalle zwischen den Monaten 4 und 15 kommt es zu keinen signifikanten Überrenditen. Durch den großen Anteil dieser Untergruppe an der Gesamtgruppe IPO wirken sich die stark negativen Überrenditen ab dem Monat „16" auch negativ auf die Gesamtperformance der IPO mit Dividendenausfall aus.

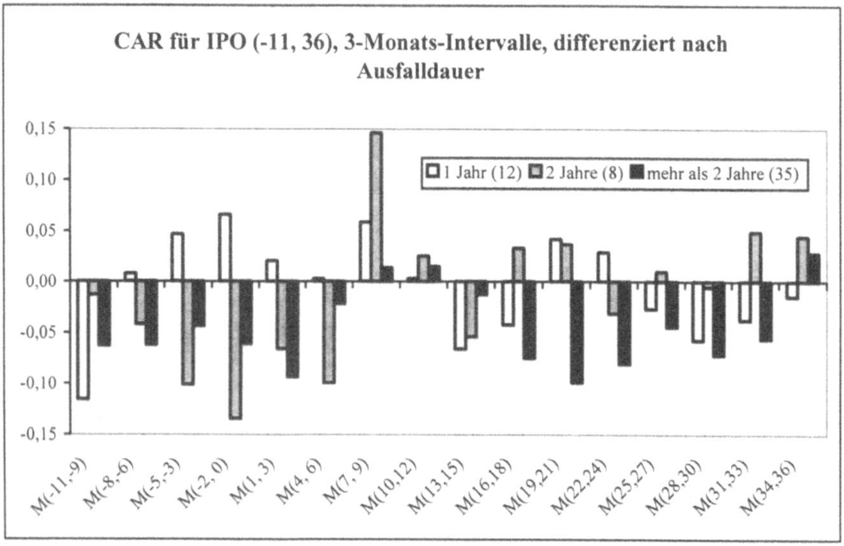

Abbildung 3.44 CAR für IPO (-11, 36), 3-Monats-Intervalle, differenziert nach Ausfalldauer

Quelle: Eigene Untersuchung.

Ein ungewöhnliches Bild ergibt sich bei den **IPO** für die Untergruppe **„Ausfalldauer 1 Jahr"**. Nach den stark negativen CAR im Intervall (-11, -9) folgen sieben Intervalle mit positiven Überrenditen, die zum Teil sogar signifikant sind. Ausgerechnet in dem Intervall, in dem der Dividendenausfall angekündigt wird, fällt die positive CAR am höchsten aus und unterscheidet sich damit signifikant von den entsprechenden CAR der beiden anderen Untergruppen (siehe Tabelle 3.23).

Tabelle 3.21 CAR für 3-Monats-Intervalle (-11, 36), IPO differenziert nach der Ausfalldauer

Intervalle	**CAR IPO 1 Jahr**	t-Wert IPO 1 Jahr	**CAR IPO 2 Jahre**	t-Wert IPO 2 Jahre	**CAR IPO >2 Jahre**	t-Wert IPO >2 Jahre
M(-11,-9)	**-11,54%**	-6,704***	**-1,29%**	-0,357	**-6,26%**	-6,956***
M(-8,-6)	**0,79%**	0,269	**-4,16%**	-1,675*	**-6,18%**	-7,984***
M(-5,-3)	**4,69%**	1,675*	**-10,10%**	-2,133**	**-4,36%**	-4,721***
M(-2, 0)	**6,63%**	2,467**	**-13,43%**	-3,193***	**-6,07%**	-6,432***
M(1, 3)	**2,07%**	1,184	**-6,59%**	-2,009**	**-9,31%**	-9,419***
M(4, 6)	**0,25%**	0,101	**-9,92%**	-2,699***	**-2,15%**	-1,693*
M(7, 9)	**5,88%**	2,026**	**14,61%**	2,682***	**1,35%**	1,313
M(10,12)	**0,32%**	0,197	**2,52%**	1,818*	**1,49%**	1,611
M(13,15)	**-6,57%**	-2,627***	**-5,37%**	-1,832*	**-1,27%**	-1,560
M(16,18)	**-4,21%**	-1,161	**3,31%**	0,867	**-7,48%**	-7,484***
M(19,21)	**4,20%**	1,921*	**3,70%**	0,838	**-9,91%**	-9,723***
M(22,24)	**2,89%**	1,930*	**-3,11%**	-0,803	**-8,03%**	-6,585***
M(25,27)	**-2,67%**	-1,134	**0,98%**	0,341	**-4,41%**	-5,099***
M(28,30)	**-5,73%**	-3,300***	**-0,53%**	-0,247	**-7,18%**	-5,762***
M(31,33)	**-3,76%**	-1,254	**4,91%**	1,160	**-5,61%**	-5,226***
M(34,36)	**-1,44%**	-0,589	**4,47%**	0,661	**2,82%**	1,748*

Quelle: Eigene Untersuchung.

Die Kursreaktionen auf die Ankündigung der Wiederaufnahme der Dividendenzahlung hingegen sind für das Intervall (10, 12) sehr gering und nicht signifikant. Die vier schlechtesten Ergebnisse treten in den Intervallen auf, die jeweils das Halbjahr nach den Hauptversammlungen betreffen. Die negativen CAR nach der Wiederaufnahme der Dividende sind für die IPO zum Teil darauf zurückzuführen, daß vier der zwölf betroffenen Unternehmen bereits im folgenden Jahr die Dividende wieder ausfallen lassen mußten. Das mag auch erklären, warum diese Untergruppe nach dem Dividendenausfall auch langfristig eine Underperformance aufweist. Eine Wiederaufnahme der Dividende nach bereits einem Jahr sendet in diesen Fällen ein falsches Signal, das die zukünftige Ertragslage der Unternehmen überschätzt, da sie nicht ausreicht, um die Dividendenzahlungen dauerhaft aufrecht zu erhalten.

Für die Untergruppe **„Ausfalldauer 2 Jahre"** ergibt sich ein ganz anderes Bild. Stark negative, signifikante CAR treten bei den **IPO** in den jeweils zwei Intervallen vor und nach dem Dividendenausfall auf. Danach zeichnet sich diese Untergruppe durch überwiegend positive CAR aus. Die negativen CAR in dem halben Jahr nach dem Dividendenausfall für die IPO deuten darauf hin, daß sich im neuen Geschäftsjahr die Ertragslage womöglich noch weiter verschlechtert hat. Damit aber dürften diese Unternehmen gar keine Möglichkeit gehabt haben, die Dividendenzahlungen schon nach einem Jahr wieder aufzunehmen.

Für die **etablierten Unternehmen** zeigt die Abbildung 3.45 ein anderes Bild. Die CAR für die vier Intervalle vor dem Dividendenausfall sind für alle drei Untergruppen negativ und von zwei Ausnahmen abgesehen auch alle signifikant negativ (siehe Tabelle 3.22).

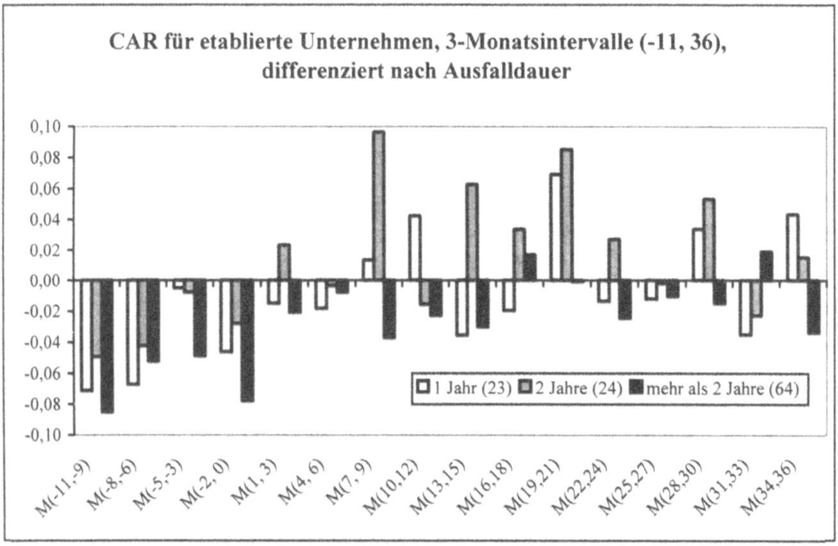

Abbildung 3.45 CAR für etablierte Unternehmen, 3-Monatsintervalle (-11, 36), differenziert nach Ausfalldauer

Quelle: Eigene Untersuchung.

Unterschiede zwischen den einzelnen Untergruppen werden erwartungsgemäß in den Intervallen nach dem Dividendenausfall sichtbar. Die **Untergruppe „Ausfalldauer >2 Jahre"** weist auch dort noch überwiegend signifikant negative CAR auf. Allerdings unterschreiten sie in keinem Fall -4% und liegen damit deutlich über den entsprechenden Werten für diese Untergruppe bei den IPO. Die Ergebnisse für die Untergruppe **„Ausfalldauer 2 Jahre“** sind ungewöhnlich. Bereits vor dem Dividendenausfall fallen die CAR vergleichsweise gering aus. Nach dem Dividendenausfall kommt es nur noch für ein Intervall zu einer signifikanten Underperformance, dafür aber häufig zu signifikant positiven Überrenditen, die vor allem die Intervalle vor der Wiederaufnahme der Dividendenzahlung betreffen. Daraus ergibt sich bei den etablierten Unternehmen, die nach zwei Jahren die Dividendenzahlung wieder aufnehmen, eine hohe positive Überrendite für den gesamten Zeitraum nach dem Ausfall.

Tabelle 3.22 CAR für 3-Monats-Intervalle (-11, 36), etablierte Unternehmen differenziert nach der Ausfalldauer

Intervalle	**CAR Etablierte 1 Jahr**	t-Wert Etablierte 1 Jahr	**CAR Etablierte 2 Jahre**	t-Wert Etablierte 2 Jahre	**CAR Etab. >2 Jahre**	t-Wert Etablierte >2 Jahre
M(-11,-9)	**-7,15%**	-5,779***	**-4,93%**	-4,946***	**-8,52%**	-21,518***
M(-8,-6)	**-6,73%**	-7,128***	**-4,23%**	-2,868***	**-5,24%**	-9,936***
M(-5,-3)	**-0,50%**	-0,531	**-0,77%**	-0,558	**-4,89%**	-10,244***
M(-2, 0)	**-4,61%**	-2,772***	**-2,80%**	-2,713***	**-7,79%**	-15,816***
M(1, 3)	**-1,50%**	-1,388	**2,34%**	1,361	**-2,07%**	-3,689***
M(4, 6)	**-1,84%**	-1,656*	**-0,35%**	-0,374	**-0,78%**	-1,521
M(7, 9)	**1,32%**	0,797	**9,62%**	4,386***	**-3,73%**	-7,506***
M(10,12)	**4,23%**	4,711***	**-1,56%**	-1,175	**-2,28%**	-5,046***
M(13,15)	**-3,56%**	-3,922***	**6,27%**	5,328***	**-3,01%**	-5,119***
M(16,18)	**-1,95%**	-2,829***	**3,37%**	2,327**	**1,72%**	3,445***
M(19,21)	**6,91%**	6,729***	**8,52%**	5,592***	**-0,09%**	-0,172
M(22,24)	**-1,34%**	-1,255	**2,71%**	2,181**	**-2,46%**	-4,816***
M(25,27)	**-1,19%**	-1,331	**-0,20%**	-0,194	**-1,03%**	-1,534
M(28,30)	**3,39%**	2,375**	**5,33%**	3,141***	**-1,48%**	-2,389***
M(31,33)	**-3,50%**	-4,800***	**-2,29%**	-2,409**	**1,93%**	3,109***
M(34,36)	**4,34%**	3,151***	**1,54%**	0,978	**-3,36%**	-6,003***

Quelle: Eigene Untersuchung.

Kein so klares Bild ergibt sich bei der Untergruppe **„Ausfalldauer 1 Jahr“** für die Zeit nach dem Dividendenausfall. Auffällig ist auch hier wie bei den IPO, daß in den Intervallen nach den Hauptversammlungen negative CAR auftreten, die zum Teil auch signifikant sind. Im Gegensatz zu den IPO reagiert der Markt in der Ankündigungsperiode (10, 12) signifikant positiv auf die Wiederaufnahme der Dividendenzahlung.

Tabelle 3.23 Ergebnisse der Tests auf Differenz der Mittelwerte (CAR) für die 3-Monats-Intervalle (-11, 36) der nach der Dauer des Dividendenausfalls differenzierten Untersuchungsgruppen

Intervalle	t-Wert IPO 1 Jahr - 2 Jahre	t-Wert IPO 1 Jahr - >2 Jahre	t-Wert IPO 2 Jahre - >2 Jahre	t-Wert Etab. 1 Jahr - 2 Jahre	t-Wert Etab. 1 Jahr - >2 Jahre	t-Wert Etab. 2 Jahre - >2 Jahre
M(-11,-9)	1,735*	1,320	0,865	0,576	0,408	1,232
M(-8,-6)	0,802	1,252	0,481	0,589	0,485	0,241
M(-5,-3)	1,789*	1,626	0,794	0,066	1,483	1,063
M(-2, 0)	2,656***	2,340**	1,120	0,384	0,714	1,559
M(1, 3)	1,563	2,704***	0,496	0,777	0,167	0,925
M(4, 6)	1,504	0,419	1,212	0,422	0,314	0,139
M(7, 9)	0,949	0,771	1,601	1,242	1,136	2,330**
M(10,12)	0,650	0,301	0,308	1,483	2,316**	0,192
M(13,15)	0,201	1,071	0,856	2,722***	0,172	2,495**
M(16,18)	0,908	0,470	1,752*	1,360	1,416	0,404
M(19,21)	0,068	2,916***	1,963*	0,360	2,199**	2,029**
M(22,24)	0,989	2,458**	0,749	1,019	0,343	1,409
M(25,27)	0,634	0,362	1,122	0,304	0,047	0,229
M(28,30)	1,211	0,305	1,388	0,361	1,152	1,407
M(31,33)	1,094	0,304	1,552	0,419	1,790*	1,240
M(34,36)	0,565	0,668	0,154	0,553	1,930*	1,101

Quelle: Eigene Untersuchung.

Zusammengefaßt ergeben sich die folgenden Erkenntnisse. Die langfristigen Kursreaktionen nach einem Dividendenausfall sind u.a. davon abhängig, wann die Dividendenzahlungen wieder aufgenommen werden. Erwartungsgemäß weisen Unternehmen, die innerhalb von zwei Jahren die Dividendenzahlungen nicht wieder aufnehmen, in beiden Gruppen die stärkste Underperformance auf. Ganz besonders negativ aber sind die Ergebnisse für die Untergruppe der IPO, die vor dem Dividendenausfall die Dividende nicht gesenkt haben. Das betrifft 34,5% aller IPO mit Dividendenausfall (-11, 36). Zumindest bei diesen Unternehmen stand der Dividendenausfall eher am

Anfang als am Ende einer negativen Gewinnentwicklung. Zum Zeitpunkt des Dividendenausfalls ist diese Differenzierung jedoch noch nicht möglich und somit auch nicht zur Auswertung der Information „Dividendenausfall“ verwertbar.

Nach zwei Jahren ohne Dividendenzahlung sollte ein Unternehmen wieder in der Lage sein, Dividende zu zahlen. Schafft es das nicht, sendet es damit ein besonders negatives Signal aus. Es treten dann insbesondere bei den IPO in der Folgezeit weitere stark negative Überrenditen auf.

Eine Wiederaufnahme der Dividendenzahlungen bereits im Jahr nach dem Dividendenausfall sollte in der Regel eher kritisch gesehen werden. Zu rechtfertigen wäre die sofortige Wiederaufnahme nur durch entsprechend hohe Gewinne in dem Geschäftsjahr, die zudem auch in Zukunft erwartet werden dürfen. In den Fällen aber wäre dieser Turn-around bereits zu Zeiten der Ankündigung des Dividendenausfalls erkennbar gewesen, so daß der Dividendenausfall dann wohl vermeidbar gewesen wäre. Besonders bei den IPO zeigte sich im nachhinein, daß die Wiederaufnahme bereits nach einem Jahr eher als negative Information hätte bewertet werden müssen. Wenn die Gewinndaten und –prognosen nicht bereits eindeutig auf eine Dauerhaftigkeit der Dividendenzahlungen hinweisen, erscheint es angebracht, noch ein Jahr mit der Wiederaufnahme zu warten und die angefallenen Gewinne zunächst zur Stärkung der Rücklagen zu nutzen.

Insgesamt erweist es sich in beiden Gruppen, als eine gute Entscheidung, die Dividendenzahlungen nach zwei Jahren wiederaufzunehmen, sofern die Ertragslage das zuläßt. Insbesondere die etablierten Unternehmen dieser Untergruppe haben es offenbar verstanden, eine ihrer Ertragslage und -erwartungen adäquate Dividendenpolitik zu betreiben. Diese Unternehmen vermeiden es in der Regel, falsche Signale auszusenden, lassen bereits bei ersten Ertragsproblemen die Dividende ausfallen und nehmen die Zahlungen auch erst wieder auf, wenn sich die Ertragsaussichten soweit stabilisiert haben, daß die Dividende dauerhaft gezahlt werden kann. So hat nur eins der 24 betroffenen etablierten Unternehmen innerhalb von fünf Jahren nach dem Dividendenausfall erneut dic Dividende ausfallen lassen.

III. Unterteilung der Untersuchungsgruppen hinsichtlich des Ausfalljahres

Die beiden Untersuchungsgruppen werden in diesem Abschnitt danach unterteilt, für welches Geschäftsjahr innerhalb der Rezessionsphasen 1991 bis 1993 und 1995 bis

1996 der Dividendenausfall erfolgte. Um die einzelnen Untergruppen nicht zu klein werden zu lassen, wird dabei jeweils das kürzeste Zeitfenster (-11, 15) untersucht.

a. Long-Run-Performance (BHAR)

Bevor die empirischen Ergebnisse für die ausgewählten Jahre dargestellt und interpretiert werden, ist zunächst zu untersuchen, ob sich die Ergebnisse für die Rezessionsjahre 1991 bis 1993 überhaupt, wie vermutet, von denen für andere Jahre signifikant unterscheiden. In Abbildung 3.46 sind für beide Untersuchungsgruppen die BHAR der Unternehmen, die für die Jahre 1991 bis 1993 einen Dividendenausfall hatten, denen der restlichen Unternehmen der jeweiligen Gruppe gegenübergestellt.

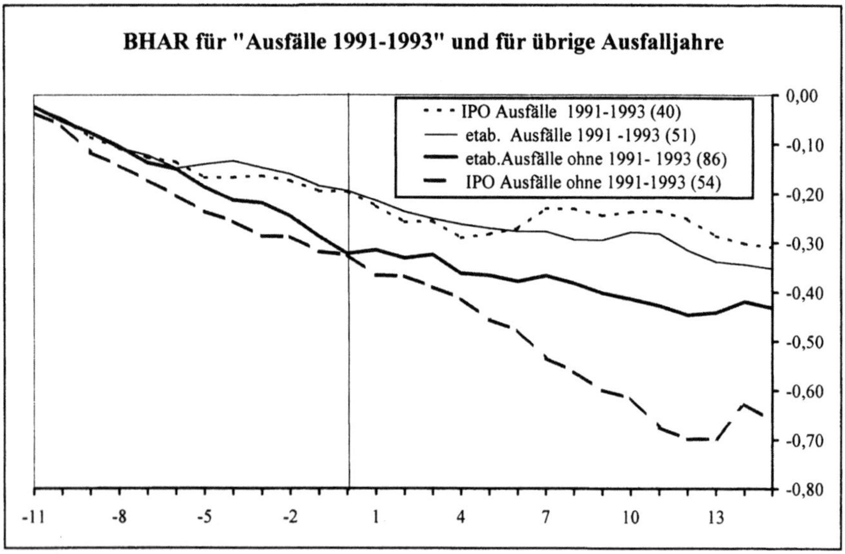

Abbildung 3.46 BHAR für "Ausfälle 1991-1993" und für übrige Ausfalljahre

Quelle: Eigene Untersuchung.

Alle vier Untergruppen weisen signifikante, deutlich negative BHAR auf. Sowohl bei den IPO als auch bei den etablierten Unternehmen fallen die Überrenditen aber für die Untergruppen mit Ausfällen für 1991 bis 1993 weniger negativ aus als für die jeweiligen Untergruppen mit Ausfällen für die übrigen Jahre. Besonders ausgeprägt und signifikant (t-Wert = 3,705) ist der Unterschied für die IPO. Diese Ergebnisse unterstützen die zuvor aufgestellte These, daß ein Dividendenausfall in Zeiten nachlassender Konjunktur eher erwartet wird und somit weniger kursrelevante Informationen beinhaltet. Der Informationsgehalt ändert sich, wenn der Grund für den Ausfall nicht vorrangig mit der unternehmensspezifischen, sondern vor allem mit der gesamtwirtschaftlichen Situation zu erklären ist.

Die BHAR für IPO und etablierte Unternehmen liegen auffällig nahe beieinander (-35,2% bzw. -30,9%) und unterscheiden sich nicht signifikant (t-Wert = 0,588), wenn man nur die Unternehmen betrachtet, deren Dividendenausfall die Jahre 1991 bis 1993 betrifft. Zudem deuten die Verläufe der BHAR für diese Gruppen bereits darauf hin, daß die Informationsauswertung effizienter erfolgt. Auch das unterstützt die Vermutung, daß die gesamtwirtschaftliche Situation in den betreffenden Jahren einen über den normalen Umfang hinausgehenden Einfluß auf die Überrenditen gehabt hat.

In den Abbildungen 3.47 und 3.48 sind die Überrenditen der IPO bzw. der etablierten Unternehmen für die Unternehmen der jeweiligen Untersuchungsgruppe dargestellt, die für die ausgewählten Jahre die Dividende ausfallen ließen.

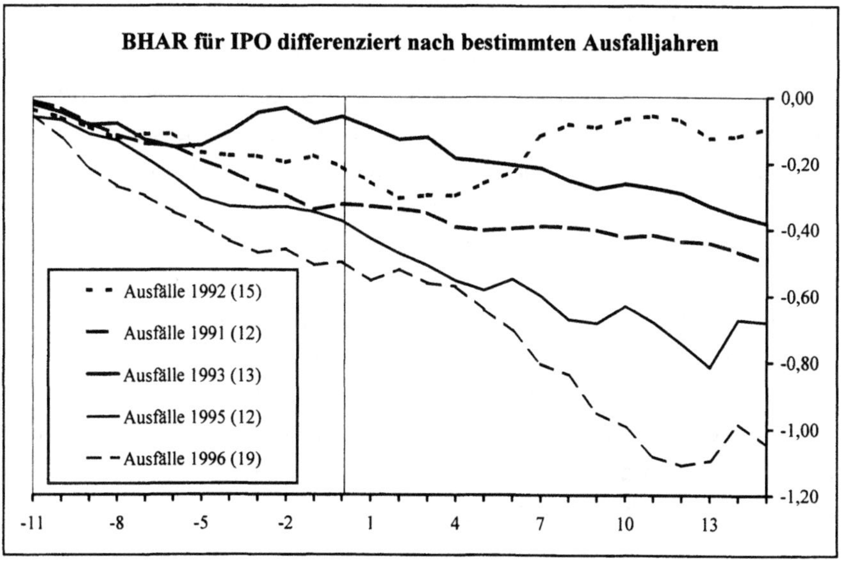

Abbildung 3.47 BHAR für IPO differenziert nach bestimmten Ausfalljahren

Quelle: Eigene Untersuchung.

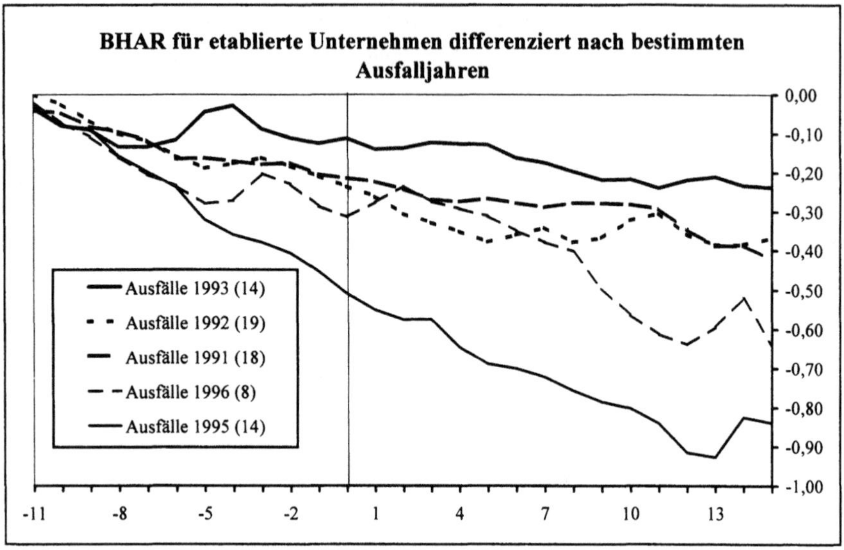

Abbildung 3.48 BHAR für etablierte Unternehmen differenziert nach bestimmten Ausfalljahren

Quelle: Eigene Untersuchung.

Die Abbildung 3.47 zeigt, daß die BHAR für die einzelnen Ausfalljahre der **IPO** sich wesentlich unterscheiden, d.h. die Bewertungseffekte bei Dividendenausfällen werden von dem Zeitpunkt des Ausfalls wesentlich beeinflußt. Mit zunehmender Haltedauer werden die Differenzen in den BHAR immer größer. Die IPO, die für 1995 oder für 1996 die Dividende ausfallen ließen, weisen eine wesentlich schlechtere Performance auf als die Unternehmen, deren Dividendenausfall sich in den Jahren 1991 bis 1993 ereignete. Die Unterschiede zeigen sie zwar auch schon für den Zeitraum vor dem Ausfall. Besonders groß aber sind die Unterschiede in dem Zeitraum nach dem Ausfall. Völlig aus dem Rahmen fällt das Ergebnis für „Ausfälle 1992" bei den IPO. Die nur leicht negative BHAR ist als einzige kaum signifikant und auch der Anteil der Unternehmen mit negativen BHAR ist dort mit 60% verhältnismäßig gering. Tabelle 3.24 gibt einen Überblick über alle Ergebnisse.

Für die Gruppe der **etablierten Unternehmen** zeigt sich ein ähnliches Bild. Allerdings liegen die BHAR hier nicht so weit auseinander, wie zuvor bei den IPO gesehen. Einen signifikanten Unterschied gibt es nur zwischen den Untergruppen „Ausfälle 1992". Die Ausfälle 1996 erzielen hier ein bei weitem nicht so negatives Ergebnis wie bei den IPO. Das könnte zum Teil in der nur sehr geringen Zahl von etablierten Unternehmen (8) begründet sein, die für 1996 die Dividende ausfallen ließen. Die etablierten Unternehmen, die dem Abschwung nicht standhalten konnten, haben offenbar bereits für 1995 ihre Dividende ausfallen lassen.

Für beide Untersuchungsgruppen läßt sich feststellen, daß der Zeitpunkt des Dividendenausfalls einen wesentlichen Einfluß auf die Long-Run-Performance der Unternehmen für den Zeitraum direkt vor und nach Dividendenausfall hat. Das bedeutet, daß abhängig von der gesamtwirtschaftlichen Situation sich die Kurse der betroffenen Unternehmen sehr unterschiedlich im Vergleich zum Gesamtmarkt entwickeln.

Für die beiden Rezessionsphasen 1992-1993 und 1995-1996 gilt, je später in der Rezession der Ausfall erfolgt, um so höher ist die Underperformance bei den IPO und um so geringer ist sie bei den etablierten Unternehmen. Diese unterschiedlichen Reaktionen lassen sich mit der unterschiedlichen Dividendenpolitik begründen. Der Dividendenausfall kommt bei vielen IPO gemessen an der eigenen wirtschaftlichen Lage zu spät.

Tabelle 3.24 Ergebnisse für beide Untersuchungsgruppen (-11, 15) bei einem Ausfall in einem bestimmten Jahr

Untersuchungsgruppe		Anzahl	BHAR (in %)	STD	t-Werte	Negativ (in %)	t-Wert Test Mittelwerte
Gesamt	IPO	94	-51,2	0,51	-47,1***	85,1	1,64
	Etablierte	137	-40,2	0,49	-56,4***	81,8	
Ausfall 91	IPO	12	-49,9	0,27	-11,1***	100,0	0,77
	Etablierte	18	-42,3	0,26	-14,6***	88,9	
Ausfall 92	IPO	15	-9,3	0,41	-1,7*	60,0	2,13**
	Etablierte	19	-36,8	0,32	-10,7***	94,7	
Ausfall 93	IPO	13	-38,3	0,30	-8,2***	84,8	1,23
	Etablierte	14	-23,8	0,31	-5,3**	85,7	
Ausfall 95	IPO	12	-68,0	0,53	-7,8***	91,7	0,79
	Etablierte	14	-83,9	0,49	-12,0***	85,7	
Ausfall 96	IPO	19	-104,8	0,54	-18,4***	89,5	1,51
	Etablierte	8	-64,0	0,68	-3,7**	87,5	

Quelle: Eigene Untersuchung.

b. Ergebnisse für Teilintervalle (CAR)

Um die Übersichtlichkeit der Abbildungen zu gewährleisten, erfolgt hier eine Trennung der untersuchten fünf Ausfalljahre in zwei Gruppen. Zunächst werden die Ergebnisse der 3-Monats-Intervalle für die Ausfalljahre 1991, 1992 und 1993 diskutiert und erst danach folgen die Ausführungen zu den Jahren 1995 und 1996. Die Ergebnisse werden für die beiden Untersuchungsgruppen IPO (Abbildungen 3.49 bzw. 3.52) und etablierte Unternehmen (Abbildungen 3.50 bzw. 3.53) jeweils getrennt dargestellt.

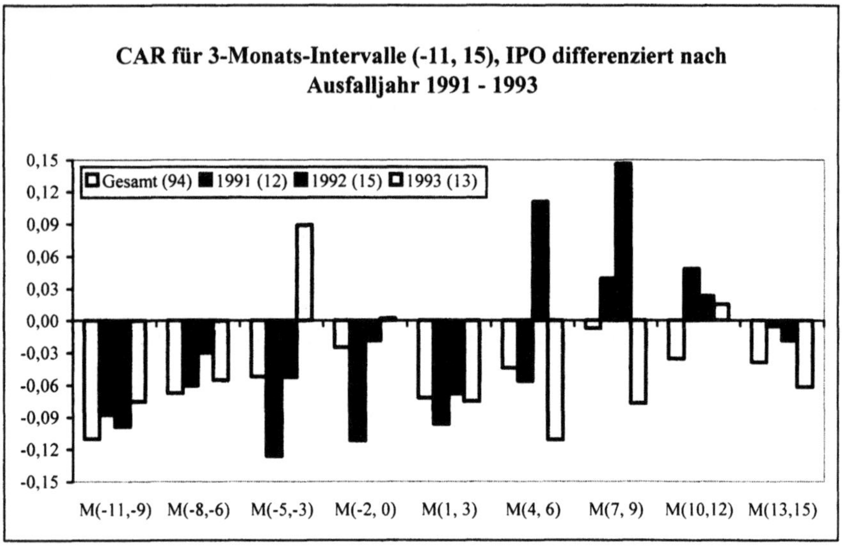

Abbildung 3.49 CAR für 3-Monats-Intervalle (-11, 15), IPO differenziert nach Ausfalljahr 1991 – 1993

Quelle: Eigene Untersuchung.

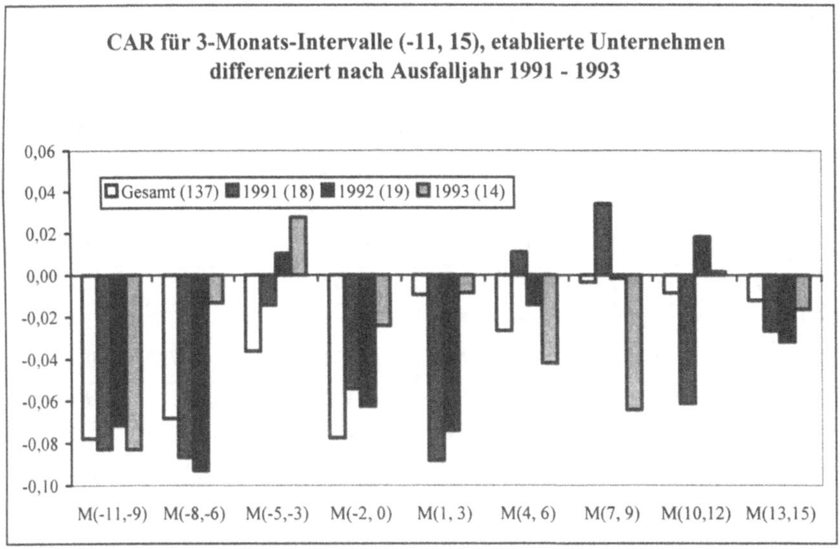

Abbildung 3.50 CAR für 3-Monats-Intervalle (-11, 15), etablierte Unternehmen differenziert nach Ausfalljahr 1991 – 1993

Quelle: Eigene Untersuchung.

Wie aufgrund der BHAR zu erwarten, fallen auch die CAR für die einzelnen Ausfalljahre zum Teil sehr unterschiedlich aus. Das gilt insbesondere für die Intervalle nach dem Dividendenausfall. Erwartungsgemäß sind die CAR für die Intervalle vor dem Dividendenausfall fast alle stark negativ. Allerdings unterscheiden sie sich in der Regel nicht sehr von den CAR für die gesamte Untersuchungsgruppe, deren Ergebnisse zum Vergleich in Tabelle 3.25 zusammengefaßt sind.

Tabelle 3.25 CAR für 3-Monats-Intervalle (-11, 15), IPO und etablierte Unternehmen mit Dividendenausfall, Gesamtgruppen

Intervalle	**CAR IPO Gesamt (94)**	t-Wert IPO	**CAR etab. Gesamt (137)**	t-Wert etab.	t-Wert Diff. Mittelwerte
M(-11,-9)	**-11,00%**	-27,039***	**-7,79%**	-43,579***	1,434
M(-8,-6)	**-6,75%**	-21,684***	**-6,84%**	-30,430***	0,045
M(-5,-3)	**-5,25%**	-13,033***	**-3,64%**	-14,997***	0,667
M(-2, 0)	**-2,51%**	-6,190***	**-7,76%**	-31,038***	2,140**
M(1, 3)	**-7,22%**	-19,965***	**-0,95%**	-3,592***	2,670***
M(4, 6)	**-4,45%**	-10,696***	**-2,67%**	-11,267***	0,729
M(7, 9)	**-0,75%**	-1,658*	**-0,35%**	-1,223	0,144
M(10,12)	**-3,61%**	-8,995***	**-0,86%**	-3,731***	1,162
M(13,15)	**-3,90%**	-8,704***	**-1,22%**	-4,236***	0,977

Quelle: Eigene Untersuchung.

Besonders auffällig ist jedoch die hohe Underperformance für die Untergruppe **„Ausfälle 1991“** der **IPO** in den Intervallen um den Dividendenausfall herum. In den neun Monaten von -5 bis +3 beträgt die abnormale Rendite -33,4% und damit liegen die Ergebnisse für „Ausfälle 1991“ deutlich unter den entsprechenden für die Gesamtgruppe IPO.[517] Die Ergebnisse für die einzelnen Intervalle sind in Tabelle 3.26 zusammengestellt.

517 Die Ergebnisse der Tests auf Signifikanz der Unterschiede der CAR der jeweiligen Untergruppe im Vergleich zur zugehörigen Gesamtgruppe ohne die Unternehmen der betroffenen Untergruppe sind in Tabelle 3.29 wiedergegeben.

Tabelle 3.26 CAR für 3-Monats-Intervalle (-11, 15), IPO und etablierte Unternehmen mit Dividendenausfall für 1991

Intervalle	**CAR IPO Ausfall 1991**	t-Wert IPO	**CAR etab. Ausfall 1991**	t-Wert etab.	t-Wert Diff. Mittelwerte
M(-11,-9)	**-8,77%**	-3,261***	**-8,28%**	-5,859***	0,087
M(-8,-6)	**-6,08%**	-2,251***	**-8,67%**	-5,320***	0,446
M(-5,-3)	**-12,67%**	-3,891***	**-1,43%**	-0,791	1,646*
M(-2, 0)	**-11,17%**	-3,425***	**-5,44%**	-2,806***	0,819
M(1, 3)	**-9,63%**	-2,384***	**-8,83%**	-5,902***	0,105
M(4, 6)	**-5,64%**	-1,142***	**1,10%**	0,659	0,728
M(7, 9)	**3,94%**	1,109	**3,42%**	1,481	0,066
M(10,12)	**4,84%**	1,536	**-6,14%**	-3,720***	1,693*
M(13,15)	**-0,59%**	-0,171	**-2,67%**	-1,062	0,261

Quelle: Eigene Untersuchung.

Ähnliches gilt auch für die **etablierten Unternehmen**, allerdings mit weniger negativen Werten und einer signifikanten Ausnahme. Die CAR für das Intervall M(-5, -3) sind nur schwach und nicht signifikant negativ. Der Unterschied zu den IPO verschwindet allerdings nahezu, wenn man das Intervall etwas anders wählt. In dem Intervall M(-6, -4) ergeben sich CAR von -5% bei den etablierten Unternehmen und -5,8% bei den IPO. Setzt man die Intervallverschiebung fort und schaut sich das Intervall M(-3, -1) an, dann ergibt sich jetzt hier ein großer Unterschied. Die CAR bei den etablierten Unternehmen betragen -4,2% und bei den IPO dagegen -16%. In dieses Intervall fällt die Ankündigung des Dividendenausfalls.

Die stark negativen CAR in der Ankündigungsperiode sprechen dafür, daß der Markt bei vielen der betroffenen Unternehmen noch nicht mit einem Dividendenausfall gerechnet hat. Das gilt in besonderen Maße für die IPO. Ein Dividendenausfall bereits zu Beginn des 1991 einsetzenden wirtschaftlichen Abschwungs enthält offenbar viele negative Informationen über die zukünftige Entwicklung der IPO.

Die für beide Untersuchungsgruppen überdurchschnittlich negativen Werte im Intervall M(1, 3), in dem die Halbjahreszahlen für 1992 verkündet werden, lassen erkennen, daß die deutlichen Kurskorrekturen beim Dividendenausfall offensichtlich dennoch nicht ausgereicht haben, die tatsächliche Lage der vom Ausfall betroffenen Unternehmen richtig zu bewerten. Unternehmen, die bereits zu Beginn des Abschwungs nicht mehr in der Lage sind, eine Dividende zu zahlen, sind erhöhten Insolvenzrisiken ausgesetzt, wenn die Rezession andauert.

Nach dem Dividendenausfall unterscheiden sich die CAR der beiden Untersuchungsgruppen für die Ankündigungsperiode des folgenden Jahres M(10, 12) signifikant voneinander. Die signifikant positive Überrendite für die IPO könnte vor allem darin begründet sein, daß bei den IPO jedes dritte Unternehmen (4 von 12) dieser Untergruppe die Wiederaufnahme der Dividendenzahlungen für das Geschäftsjahr 1992 ankündigt. Bei den etablierten Unternehmen hingegen trifft das nur auf eins der 18 einbezogenen Unternehmen zu. Die positive Überrendite im Intervall zuvor läßt vermuten, daß der Kapitalmarkt auch bei den etablierten Unternehmen mehr Wiederaufnahmen der Dividendenzahlungen erwartet hat. Die überdurchschnittliche Underperformance in der folgenden Ankündigungsperiode könnte dann Ausdruck der enttäuschten Erwartungen gewesen sein.

Die CAR der einzelnen Intervalle für **„Ausfälle 1992"** fallen bei den IPO und den etablierten Unternehmen **vor dem Dividendenausfall** nicht signifikant unterschiedlich aus (siehe Tabelle 3.27). Auffällig ist zwar das Intervall M(-5, -3) mit der nicht signifikant positiven Überrendite bei den etablierten Unternehmen. Für die entsprechende Gruppe der IPO hingegen fallen die Überrenditen in diesem Intervall negativ aus. Betrachtet man jedoch das 6-Monats-Intervall M(-8, -3), dann stimmen die CAR mit jeweils -8,3% nahezu überein.

Tabelle 3.27 CAR für 3-Monats-Intervalle (-11, 15), IPO und etablierte Unternehmen mit Dividendenausfall für 1992

Intervalle	**CAR IPO Ausfall 1992**	t-Wert IPO	**CAR etab. Ausfall 1992**	t-Wert etab.	t-Wert Diff. Mittelwerte
M(-11,-9)	**-9,88%**	-5,061***	**-7,17%**	-5,678***	0,580
M(-8,-6)	**-3,02%**	-1,305	**-9,31%**	-9,761***	1,272
M(-5,-3)	**-5,29%**	-2,949***	**1,03%**	0,484	1,090
M(-2, 0)	**-1,90%**	-1,028	**-6,27%**	-4,037***	0,887
M(1, 3)	**-6,84%**	-4,630***	**-7,42%**	-4,175***	0,121
M(4, 6)	**11,04%**	5,301***	**-1,43%**	-0,997	2,444**
M(7, 9)	**14,64%**	9,524***	**-0,16%**	-0,066	2,417**
M(10,12)	**2,29%**	1,306	**1,82%**	0,978	0,090
M(13,15)	**-1,92%**	-1,665*	**-3,20%**	-1,822*	0,289

Quelle: Eigene Untersuchung.

In der Zeit **nach dem Dividendenausfall** unterscheiden sich die CAR in den Intervallen M(4, 6) und M(7, 9) der Gruppe „Ausfälle 1992" bei den IPO signifikant sowohl von denen der etablierten Unternehmen als auch von den CAR der übrigen IPO[518] voneinander. Allein in den drei Monaten +5 bis +7 erzielen die „Ausfälle 1992" der IPO eine positive kumulierte Überrendite von rund 20%. Der kräftige Anstieg in den Monaten +5 bis +7 betrifft im wesentlichen die Zeit Ende 1993 und Anfang 1994, da die relevanten Hauptversammlungen der meisten Unternehmen in dieser Gruppe zwischen Juni und August 1993 stattfanden. Möglicherweise sieht der Markt für diese Unternehmen, die in einer schwierigen wirtschaftlichen Lage sind, durch den einsetzenden Aufschwung ein überdurchschnittliches Erholungspotential. In dem Fall sollten sich für die nächste Untergruppe „Ausfälle 1993" entsprechende Ergebnisse feststellen lassen.

Auffällig sind die atypischen Ergebnisse für **„Ausfälle 1993"** in beiden Untersuchungsgruppen. Nur für diese Untergruppen fällt die Performance für das Jahr nach dem Dividendenausfall schlechter aus als für das Jahr vor dem Ausfall. Zwar unterscheiden sich die CAR der beiden Untersuchungsgruppen in den einzelnen Intervallen nicht signifikant voneinander (Tabelle 3.28), aber Vergleiche innerhalb der eigenen Untersuchungsgruppe zeigen einige signifikante Unterschiede.

Ein Vergleich der CAR für die Untergruppen „Ausfälle 1993“ mit den Ergebnissen für die anderen Untergruppen zeigt, daß die Ankündigung eines Dividendenausfalls gegen Ende des wirtschaftlichen Abschwungs deutlich weniger negative Überrenditen hervorruft. Das unterstreicht noch einmal die Überlegung, daß der Informationsgehalt des Ereignisses „Dividendenausfall“ auch davon abhängt, in welchem gesamtwirtschaftlichen Umfeld er stattfindet.

Die im Vergleich zu den beiden anderen Ausfalljahren insbesondere für die **IPO** stark negativen CAR für „Ausfälle 1993“ in den Intervallen **nach dem Dividendenausfall** (siehe Tabelle 3.28) könnten eine Reaktion auf die zuvor erfolgten, vielleicht übertriebenen positiven Überrenditen oder die Folge einer nicht genügenden Auswertung des negativen Signals „Dividendenausfall“ sein.[519] Aber zusätzlichen Einfluß dürften auch neue Informationen über die wieder schlechter werdende konjunkturelle Entwicklung für die Jahre 1995 und 1996 gehabt haben. Ein erneuter Abschwung würde besonders die Unternehmen treffen, die sich ohnehin in schwieriger Lage befinden, und deren Insolvenzrisiko deutlich erhöhen.

Tabelle 3.28 CAR für 3-Monats-Intervalle (-11, 15), IPO und etablierte Unternehmen mit Dividendenausfall für 1993

Intervall	**CAR IPO Ausfall 1993**	t-Wert IPO	**CAR etab. Ausfall 1993**	t-Wert etab.	t-Wert Diff. Mittelwerte
M(-11,-9)	**-7,55%**	-4,347***	**-8,29%**	-7,246***	0,195
M(-8,-6)	**-5,57%**	-2,940***	**-1,33%**	-0,768	0,902
M(-5,-3)	**8,89%**	3,854***	**2,77%**	1,236	1,036
M(-2, 0)	**0,23%**	0,101	**-2,42%**	-2,035**	0,576
M(1, 3)	**-7,53%**	-2,802***	**-0,86%**	-0,873	1,287
M(4, 6)	**-11,10%**	-5,906***	**-4,23%**	-3,110***	1,623
M(7, 9)	**-7,73%**	-2,832***	**-6,43%**	-5,684***	0,242
M(10,12)	**1,53%**	0,727	**0,17%**	0,129	0,297
M(13,15)	**-6,21%**	-2,743***	**-1,62%**	-0,938	0,880

Quelle: Eigene Untersuchung.

518 Siehe zu den Ergebnissen Tabelle 3.29.

Bei den Interpretationen ist zu beachten, daß die Bildung der Intervalle Einfluß auf die Ergebnisse haben kann. Das Problem der Intervallabgrenzung ist besonders relevant, wenn die Ergebnisse für die IPO mit denen für die etablierten Unternehmen verglichen werden. Da die Hauptversammlungstermine bei den IPO der Untergruppe **„Ausfälle 1993“** durchschnittlich mehr als einen Monat früher als bei den etablierten Unternehmen liegen, entspricht zum Beispiel der Monat -2 bei den IPO kalendermäßig dem Monat -3 oder -4 bei den etablierten Unternehmen. Neue kursrelevante Informationen im April 1994 beispielsweise beeinflussen bei dieser Untergruppe der IPO vor allem die Ergebnisse im Monat -2. Bei der entsprechenden Gruppe der etablierten Unternehmen hingegen wirken sie sich auf die Monate -3 und -4 aus und werden damit in einem anderen Intervall erfaßt.

Die Abbildung 3.51 zeigt die Verläufe der CAR für die „Ausfälle 1993“ für beide Untersuchungsgruppen. Beide Kurven weisen eine erstaunlich übereinstimmende Verlaufsstruktur auf. Bis zum Monat -1 vollzieht die Kurve der IPO ungefähr die gleichen Richtungsänderungen wie die der etablierten Unternehmen, allerdings immer ein bis zwei Monate später. Das bedeutet beide Gruppen reagieren gleich, allerdings nicht in Abhängigkeit vom Zeitpunkt des Dividendenausfalls sondern für den gleichen Kalendermonat. Diese weitgehende Übereinstimmung der Verläufe in diesem Bereich bestätigt die Vermutung, daß hier vor allem der Kalendermonat die Überrenditen bestimmt und nicht der zeitliche Abstand zum bevorstehenden Dividendenausfall. Das ändert sich für die Monate von -1 bis +1. Hier spielt der Time-Lag der IPO keine Rolle mehr. Die Kurven verlaufen in diesem Abschnitt parallel. Hier ist nicht mehr der Kalendermonat ausschlaggebend, sondern offenbar der zeitliche Bezug zum Ereignis „Dividendenausfall“.

---

[519] Wenn der Informationsgehalt abhängig ist von den konjunkturellen Aussichten, dann ist eine zutreffende Auswertung des Signals um so schwieriger, da für die Beurteilung auch Annahmen über die gesamtwirtschaftliche Entwicklung getroffen werden müssen.

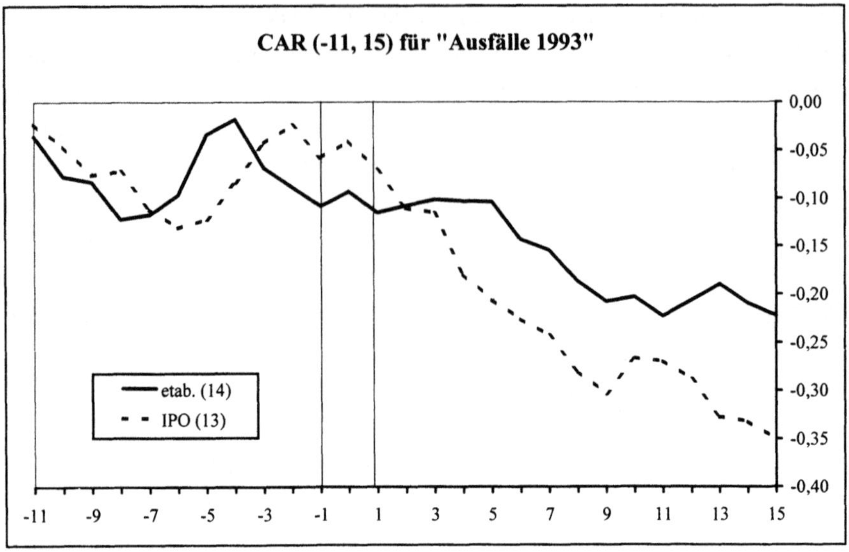

Abbildung 3.51 CAR (-11, 15) für "Ausfälle 1993"

Quelle: Eigene Untersuchung.

Betrachtet man die CAR der einzelnen Intervalle der Gruppe „Ausfälle 1993“ und vergleicht sie mit den entsprechenden CAR der zugehörigen Gesamtgruppe ohne die Unternehmen mit einem Ausfall für 1993, dann fällt besonders der signifikante Unterschied für das Intervall M(-5, -3) bei den IPO auf (siehe zur Signifikanz Tabelle 3.29).

Tabelle 3.29 Test auf Differenz der jeweiligen Mittelwerte der nach dem Jahr des Dividendenausfalls (1991 – 1993) differenzierten Untersuchungsgruppen von den Mittelwerten der zugehörigen Gesamtgruppe ohne die jeweiligen Ausfälle für die 3-Monats-Intervalle des Zeitraums (-11, 15)

Intervalle	Ausfälle 1991 IPO	Ausfälle 1992 IPO	Ausfälle 1993 IPO	Ausfälle 1991 Etab.	Ausfälle 1992 Etab.	Ausfälle 1993 Etab.
M(-11,-9)	0,498	0,302	1,039	0,175	0,244	0,230
M(-8,-6)	0,156	0,933	0,359	0,564	1,121	1,739*
M(-5,-3)	1,417	-0,012	3,534***	0,612	1,114	1,603
M(-2, 0)	1,649*	0,173	0,693	0,606	0,461	2,166**
M(1, 3)	0,384	0,128	0,071	2,517**	1,778*	0,042
M(4, 6)	0,156	4,042***	1,896*	1,126	0,412	0,588
M(7, 9)	0,816	4,786***	1,481	0,832	0,039	2,414**
M(10,12)	1,660*	1,732*	1,365	1,604	0,724	0,394
M(13,15)	0,594	0,697	0,561	0,297	0,540	0,121

Quelle: Eigene Untersuchung.

Die Monate von -5 bis -3 entsprechen hier der Zeit zu Beginn des Jahres 1994, denn für die „Ausfälle 1993" liegen die Hauptversammlungstermine (Monat 0) zum Teil schon im März, häufig aber im Mai und Juni 1994. Man könnte daraus schließen, daß die positiven Überrenditen auf die geänderten Erwartungen aufgrund des gesamtwirtschaftlichen Aufschwungs, der 1994 einsetzte, zurückzuführen wären. Das setzt voraus, daß der Markt den Unternehmen, die ein ertragsschwaches Jahr hinter sich haben, im Rahmen der konjunkturellen Erholung überdurchschnittliche Erholungsaussichten zubilligt. Der gesamtwirtschaftliche Aufschwung selbst sollte sich in Indexsteigerungen niederschlagen und somit nicht grundsätzlich schon Überrenditen erzeugen.

Bereits bei der IPO-Untergruppe „Ausfälle 1992" führten die CAR für diese Kalendermonate zu signifikant positiven Überrenditen. Die positiven Überrenditen in diesen Kalendermonaten traten demnach unabhängig davon auf, ob ein Dividendenausfall schon stattgefunden hatte („Ausfälle 1992") oder noch nicht („Ausfälle 1993"). Das verleitet zu der Vermutung, die Ergebnisse könnten durch eine besondere Datenlage beim für die Bereinigung benutzten DAFOX beeinflußt sein. Da alle Ergebnisse auch für eine Bereinigung mit einem Vergleichsportfolio aller IPO ermittelt worden sind, kann diese Vermutung anhand der Tabelle 3.30 überprüft werden.

Tabelle 3.30 Monatsrenditen verschiedener Benchmarks Ende 1993 und Anfang 1994

Monate	10-1993	11-1993	12-1993	1-1994	2-1994	3-1994	4-1994
Portfolio alle IPO	7,49%	1,20%	4,57%	3,71%	0,34%	1,51%	4,33%
DAFOX	8,11%	-0,29%	6,74%	-1,92%	-3,01%	1,44%	4,98%
Differenz	-0,62%	1,49%	-2,17%	5,63%	3,35%	0,07%	-0,65%

Quelle: Eigene Untersuchung.

Die Differenz zwischen den beiden Benchmarks ist gewöhnlich gering, aber nicht so in den vier Monaten um den Jahreswechsel 1993/1994. Besonders in den Monaten Januar und Februar 1994 weist das Portfolio aller IPO eine wesentlich bessere Performance auf als der DAFOX. Das erklärt aber nur zum Teil die besonderen Überrenditen der Unternehmen mit Ausfällen 1992 und 1993 für diese Monate, da die positiven Überrenditen für die einzelnen Unternehmen auch die anderen Monate, insbesondere den April, betreffen und zudem deutlich höher ausfallen als die hier ermittelte Differenz.[520]

Da die hier dargestellten und ausgewerteten Ergebnisse sowohl für die IPO als auch für die etablierten Unternehmen durch die Bereinigung mit DAFOX ermittelt worden sind, ergeben sich aus dieser Abweichung keine grundsätzlichen Probleme beim Vergleich der beiden Untersuchungsgruppen. Allerdings bleibt zu beachten, daß diese Abweichungen auf unterschiedliche Intervalle Einfluß haben. Allgemein läßt sich in diesem Zusammenhang dennoch feststellen, daß die vom Dividendenausfall betroffenen etablierten Unternehmen wesentlich schwächer auf positive gesamtwirtschaftliche Daten reagieren als die IPO.

Diese durch die Konjunkturdaten bedingten atypischen CAR für bestimmte Zeiträume können Einfluß auf das Ergebnis der Gesamtgruppe IPO haben. Das hauptsächlich untersuchte Zeitfenster (-35, 36) wird dominiert von den Untergruppen „Ausfälle 1992" (32,5%) und „Ausfälle 1993" (25%). Die außergewöhnlich hohen CAR für die Monate +6 und +7 bei „Ausfälle 1992" in Höhe von +15,8% und +8,9% für das Inter-

520 Zudem ist zu berücksichtigen, daß umgekehrt die Renditen der beiden Untergruppen selbst einen Teil der Differenz verursachen, da ihr Einfluß auf die Rendite des Vergleichsportfolios größer ist als auf die Rendite des DAFOX.

vall (-5, -3) bei „Ausfälle 1993“ wirken sich dementsprechend stark auf das Gesamtergebnis aus.

Das erklärt auch die bei der Interpretation der Gesamtgruppe IPO offen gebliebene Frage nach dem Ursprung der hohen positiven CAR in den Monaten +6 und +7. Werden die Überrenditen für diese beiden Monate für abweichende Samples, die andere Zeitfenster betreffen, gegenübergestellt (Tabelle 3.31), dann zeigt sich, daß die positive Überrendite um so höher ausfällt, je kleiner das Sample ist.

Tabelle 3.31 CAR der IPO für die Monate 6 und7 für unterschiedliche Samples

Zeitfenster	(-35, 60)	(-11, 60)	(-35, 36)	(-11, 36)	(-35, 15)	(-11, 15)
N	23	31	43	55	77	94
CAR (6, 7)	10,0%	9,7%	6,0%	4,8%	1,2%	0,5%

Quelle: Eigene Untersuchung.

In der Gruppe (-35, 60) der IPO gehören mehr als die Hälfte (56,5%) der 23 in der Stichprobe enthaltenen Unternehmen auch zur Gruppe „Ausfälle 1992“. Das führt zu der hohen positiven Überrendite von 10%. Bei Verkürzung des betrachteten Zeitraums für die Halteperioden auf +36 erhöht sich die Zahl der einbezogenen Unternehmen auf 43. Da es sich bei den Zugängen hauptsächlich um „Ausfälle 1993 und 1994“ handelt, verringert sich der Anteil der „Ausfälle 1992“ auf nunmehr 32,5% und damit auch die CAR auf nur noch 6%. Eine weitere Verkürzung bei den Halteperioden bis +15 ermöglicht die Aufnahme der „Ausfälle 1995 und 1996“. Da die Zahl der „Ausfälle 1992“ konstant bleibt, sinkt ihr Anteil auf nur noch 18,2% und die CAR dieser Gruppe dadurch auf 1,2%.

Für das im Gliederungspunkt C 1 hauptsächlich betrachtete Zeitfenster (-35, 36) ergeben sich deshalb für die Untersuchungsgruppe IPO ganz andere Ergebnisse, wenn man die besonderen Kursreaktionen Anfang 1994 für die beiden Untergruppen nicht berücksichtigt. Der Ausschluß der Untergruppe „Ausfälle 1992“ aus der Untersuchungsgruppe würde in den relevanten Zeitintervallen M(4, 6) und M(7, 9) zu einer deutlichen Verringerung der jeweiligen CAR (von –3,0% auf –6,8% bzw. von +5,5% auf 0,3%) führen. Entsprechendes gilt für das Intervall M(-5, -3) nach einer Herausnahme der „Ausfälle 1993“ (von -1,6% auf -3,9%). Mit diesen Korrekturen gilt dann für die Gesamtgruppe IPO, daß die Underperformance in den einzelnen 3-Monats-Intervallen immer geringer wird, je näher sie am Dividendenausfall liegen. Die CAR für die beiden Intervalle nach dem Dividendenausfall sind wieder deutlich negativer, bevor dann für die beiden Intervalle vor der nächsten Hauptversammlung so gut wie keine kumulierten Überrenditen festzustellen sind.

Die folgenden Abbildungen zeigen für die IPO bzw. die etablierten Unternehmen die CAR der 3-Monats-Intervalle in den Untergruppen **„Ausfälle 1995"** und **„Ausfälle 1996".** Hinzu kommen zum Vergleich die CAR für die jeweilige Gesamtgruppe. Die Darstellung erfolgt wieder getrennt für die IPO (Abbildung 3.52) und die etablierten Unternehmen (Abbildung 3.53).

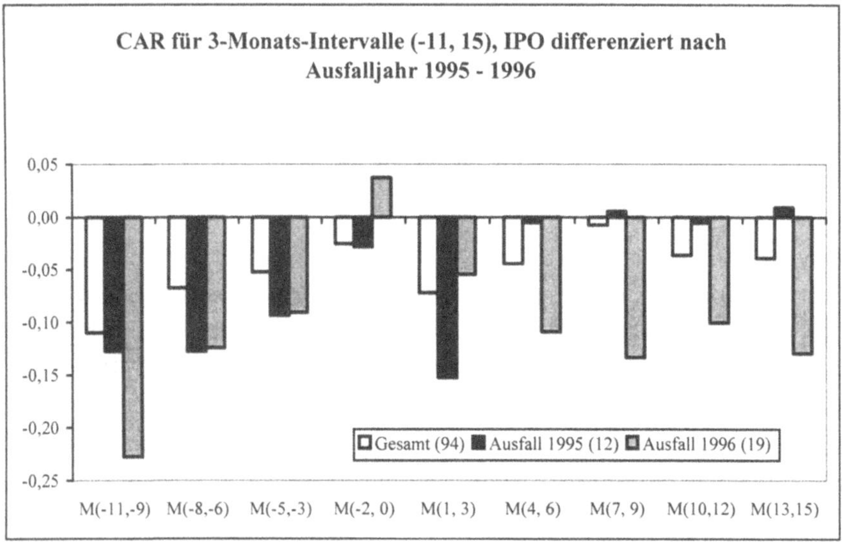

Abbildung 3.52 CAR für 3-Monats-Intervalle (-11, 15), IPO differenziert nach Ausfalljahr 1995 - 1996

Quelle: Eigene Untersuchung.

Die Underperformance **vor dem Dividendenausfall** fällt für beide Untergruppen der **IPO** in fast allen Intervallen überdurchschnittlich negativ aus. Im Vergleich zu den Überrenditen der jeweils übrigen Unternehmen der Gesamtgruppe „IPO" ergeben sich jedoch für die „Ausfälle 1995" keine signifikanten Unterschiede (siehe Tabelle 3.32). Für die „Ausfälle 1996" hingegen sind die entsprechenden Unterschiede für die CAR in den Intervallen M(-11, -9) und M(-8, -6) signifikant.

Nach dem Dividendenausfall unterscheiden sich die CAR der beiden Untergruppen deutlich voneinander. Auffällig ist hier die hohe Underperformance der Gruppe „Ausfälle 1996" ab dem Intervall M(4, 6). Ein signifikanter Unterschied ergibt sich im Vergleich zu den CAR für die übrigen Unternehmen der Gesamtgruppe im Intervall M(7, 9). Für die Gruppe „Ausfälle 1995" ergeben sich auch nach dem Dividendenausfall keine signifikanten CAR, aber die besonders stark negative Überrendite (-15,3%) im Intervall M(1, 3) ist auffällig. Dieses Intervall entspricht kalendermäßig dem Intervall M(-11, -9) der „Ausfälle 1996", für das ebenfalls die höchste Underperformance (-22,7%) in dieser Gruppe ermittelt wurde.[521] Diese Ergebnisse dürften die Reaktionen des Kapitalmarktes auf die Halbjahresergebnisse für 1996, die in diesen Monaten veröffentlicht wurden, widerspiegeln. Für die „Ausfälle 1996" überrascht diese deutliche Underperformance nicht, da sie die Unternehmen betrifft, die später für das Geschäftsjahr 1996 die Dividende ausfallen lassen. Die Unternehmen der Gruppe „Ausfälle 1995" jedoch haben kurz vorher bereits den Dividendenausfall für das Geschäftsjahr 1995 verkündet. Wenn dieser Dividendenausfall als ein Signal für eine weiterhin schlechte Ertragslage interpretiert worden wäre, dann hätte die Veröffentlichung der Halbjahreszahlen so kurz danach entsprechend weniger neue Informationen beinhalten sollen.

[521] Von wenigen Ausnahmen abgesehen fanden die Hauptversammlungen (Monat „0") der einbezogenen Unternehmen in den Monaten Juni und Juli statt.

Tabelle 3.32 Test auf Differenz der Mittelwerte der Untergruppen „Ausfälle 1995“ bzw. „Ausfälle 1996“ zu den Mittelwerten der jeweils nicht dazugehörenden Unternehmen der Untersuchungsgruppen „IPO“ bzw. „etablierte Unternehmen“

Intervalle	IPO 1995	IPO 1996	Etablierte 1995	Etablierte 1996
M(-11,-9)	0,143	3,154***	0,334	1,012
M(-8,-6)	1,618	1,988**	3,002***	1,267
M(-5,-3)	0,595	1,003	3,248***	2,028**
M(-2, 0)	0,103	1,284	2,262**	0,328
M(1, 3)	1,438	0,543	0,137	0,673
M(4, 6)	1,129	1,340	1,640	0,078
M(7, 9)	0,211	2,797***	0,193	1,162
M(10,12)	0,582	1,543	0,233	1,904*
M(13,15)	0,731	1,463	1,385	0,395

Quelle: Eigene Untersuchung.

Bei den **etablierten Unternehmen** fällt in der Untergruppe „Ausfälle 1995“ die weit überdurchschnittliche Underperformance für die drei Intervalle **vor dem Dividendenausfall** auf. Ihre CAR unterscheiden sich damit signifikant von den entsprechenden CAR für die übrigen Unternehmen der Gesamtgruppe (siehe Tabelle 3.32). Überraschend ist die Überrendite für die Gruppe „Ausfälle 1996“ im Intervall M(-5, -3) positiv und signifikant unterschiedlich von der Überrendite der übrigen Unternehmen.

Nach dem Dividendenausfall treten hingegen insbesondere für die Gruppe „Ausfälle 1996“ negative Überrenditen auf, die sich allerdings bis auf eine Ausnahme nicht signifikant von denen der übrigen Unternehmen unterscheiden. Im folgenden werden die Ergebnisse für die jeweilige Untergruppe der IPO denen der etablierten Unternehmen gegenübergestellt.

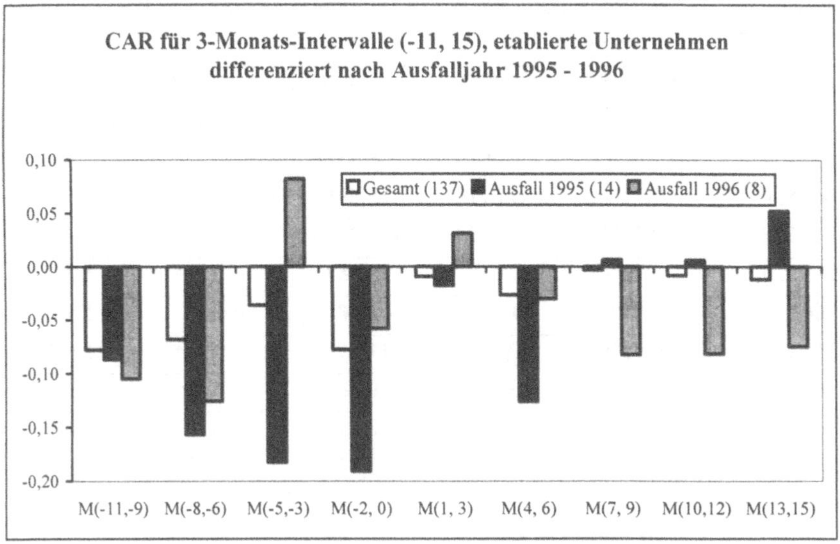

Abbildung 3.53 CAR für 3-Monats-Intervalle (-11, 15), etablierte Unternehmen differenziert nach Ausfalljahr 1995 – 1996

Quelle: Eigene Untersuchung.

Die CAR für die **„Ausfälle 1995“** fallen für beide Untersuchungsgruppen (siehe Tabelle 3.33) in nahezu allen Intervallen **vor dem Dividendenausfall** signifikant und stark negativ aus. Dabei überraschen die sehr negativen Überrenditen der etablierten Unternehmen in der Ankündigungsperiode und dem vorhergehenden Intervall mit -19,1% bzw. -18,2%. Bei den IPO hingegen hebt sich gerade das Ergebnis für die Ankündigungsperiode mit einer Überrendite von nur -2,8% positiv von den umliegenden Intervallen und auch signifikant von der CAR der Ankündigungsperiode bei den etablierten Unternehmen ab.

Wie schon für die Untergruppe „Ausfälle 1991“ kommt offenbar auch hier der Dividendenausfall zu Beginn eines wirtschaftlichen Abschwungs für etablierte Unternehmen überraschender. Der Grund dafür könnte in der Bereitschaft der etablierten Unternehmen liegen, die Dividende früher als die IPO ausfallen zu lassen. Dafür sprechen die Anzahl der Ausfälle in den einzelnen Jahren und die deutlichen Unterschiede in den CAR im Zeitraum -35 bis -12.

Tabelle 3.33 CAR für 3-Monats-Intervalle (-11, 15), IPO und etablierte Unternehmen mit Dividendenausfall für 1995

Intervall	**CAR IPO Ausfall 1995**	t-Wert IPO	**CAR etab. Ausfall 1995**	t-Wert etab.	t-Wert Diff. Mittelwerte
M(-11,-9)	**-12,75%**	-2,802***	**-8,71%**	-6,178***	0,483
M(-8,-6)	**-12,77%**	-5,091***	**-15,69%**	-10,582***	0,556
M(-5,-3)	**-9,36%**	-2,000**	**-18,24%**	-7,612***	0,941
M(-2, 0)	**-2,78%**	-1,036	**-19,08%**	-7,115***	2,292**
M(1, 3)	**-15,27%**	-4,266***	**-1,80%**	-0,541	1,481
M(4, 6)	**-0,55%**	-0,300	**-12,59%**	-3,817***	1,642
M(7, 9)	**0,55%**	0,128	**0,68%**	0,240	0,014
M(10,12)	**-0,57%**	-0,206	**0,62%**	0,179	0,141
M(13,15)	**0,93%**	0,259	**5,20%**	2,153**	0,542

Quelle: Eigene Untersuchung.

In den meisten Intervallen **nach dem Dividendenausfall** treten keine nennenswerten Überrenditen mehr auf. Ausnahmen bilden die Ergebnisse für die Intervalle M(1, 3) bei den IPO und M(4, 6) bei den etablierten Unternehmen mit einer Underperformance von -15,3% bzw. -12,6%. Daß die starke Underperformance bei den etablierten Unternehmen ein Intervall später auftritt, liegt zum Teil wieder an der Abgrenzung der Intervalle. Wählt man als Intervall die drei Monate nach Ankündigung des Dividendenausfalls M(0, 2), dann unterscheiden sich die Ergebnisse für IPO und etablierte Unternehmen mit -13,2% bzw. -6,5% nicht mehr so stark voneinander. Das Gleiche gilt insbesondere für das dann folgende Intervall M(3, 5) mit -10,1% bzw. -10,5%.[522] Damit läßt sich für beide Untersuchungsgruppen feststellen, daß in den sechs Monaten nach Ankündigung des Dividendenausfall für 1995 noch stark negative Überrenditen auftreten, danach jedoch nicht mehr.

[522] Die Überrenditen für die einzelnen Monate unterscheiden sich für die beiden Untersuchungsgruppen weiterhin zum Teil recht deutlich. Entscheidend dürfte dafür sein, daß besonders kursrelevante Informationen, wie z.B. die Bekanntgabe der Halbjahresergebnisse, in unterschiedliche Monate fallen.

Tabelle 3.34 CAR für 3-Monats-Intervalle (-11, 15), IPO und etablierte Unternehmen mit Dividendenausfall für 1996

Intervall	**CAR IPO Ausfall 1996**	t-Wert IPO	**CAR etab. Ausfall 1996**	t-Wert etab.	t-Wert Diff. Mittelwerte
M(-11,-9)	**-22,73%**	-11,922***	**-10,50%**	-5,661***	2,487**
M(-8,-6)	**-12,42%**	-8,577***	**-12,56%**	-3,861***	0,025
M(-5,-3)	**-9,08%**	-4,646***	**8,20%**	1,924*	2,341**
M(-2, 0)	**3,70%**	1,406	**-5,81%**	-1,344	0,069
M(1, 3)	**-5,46%**	-3,387***	**3,12%**	0,709	1,199
M(4, 6)	**-10,94%**	-4,173***	**-3,05%**	-0,864	1,040
M(7, 9)	**-13,34%**	-5,629***	**-8,24%**	-1,664*	0,587
M(10,12)	**-10,06%**	-4,561***	**-8,16%**	-3,018***	0,309
M(13,15)	**-12,96%**	-3,758***	**-7,48%**	-0,631	0,298

Quelle: Eigene Untersuchung.

Die Ergebnisse für die Untergruppen **„Ausfälle 1996"** sind in Tabelle 3.34 wiedergegeben. Bei den **IPO** ist ein Dividendenausfall für das Geschäftsjahr 1996 offenbar nach den vorangegangenen Informationen über die Geschäftslage erwartet worden. Für das Intervall M(-11, -9), in das die Halbjahresberichte für 1996 fallen, ergibt sich bereits eine negative Performance von rund 23%. Wenn es zutrifft, daß die Veröffentlichungen der Halbjahreszahlen für 1996 einen stark negativen Informationsaspekt enthalten, dann sollte sich für „Ausfälle 1995" 12 Monate später im Intervall M(1, 3) ebenfalls eine stark negative Überrendite ergeben. Das Ergebnis von -15,3% bestätigt das eindrucksvoll. Ein genauerer Blick auf die Daten zeigt, daß der Monat „+1" mit -7,2% den größten Teil zur Underperformance beiträgt. Das ist der Monat, in dem die Unternehmen häufig die Halbjahreszahlen bekannt geben.

Die Überrenditen bei den IPO für die einzelnen Monate um die Hauptversammlung herum sind abwechselnd positiv und negativ und gleichen sich so immer wieder nahezu aus. So ergibt sich für das 6-Monats-Intervall M(-2, 3) lediglich eine negative Überrendite von 1,8%.

Überraschend fallen dann aber die CAR bei den **IPO** für die weiteren Intervalle **nach dem Dividendenausfall** signifikant und stark negativ aus. So durchgängig negative Werte auf hohem Niveau sind für diese Intervalle die Ausnahme. Man könnte meinen, die Ergebnisse deuteten auf eine schlechte Informationsauswertung des Dividendenausfalls durch die Marktteilnehmer hin. Jedoch sprechen die geringen Überrenditen in der Ankündigungsperiode eher dafür, daß der Dividendenausfall in den meisten Fällen erwartet worden ist. Das ist um so wahrscheinlicher, je länger die Rezessionsphase bereits besteht. Dann aber beinhaltet der Dividendenausfall keine neuen Informationen mehr. Die Informationsasymmetrie bleibt bestehen und die Kursreaktionen auf die tatsächliche wirtschaftliche Situation der Unternehmen erfolgt erst mit der Veröffentlichung aktueller Unternehmensdaten.

Ein vergleichender Blick auf die **etablierten Unternehmen** zeigt, daß die entsprechenden CAR in diesen Intervallen ähnlich ausfallen, wenn auch nicht ganz so negativ. Das könnte dafür sprechen, daß auch hier konjunkturelle Einflüsse wirksam waren, die besonders bei den Unternehmen, die sich in einer schwierigen wirtschaftlichen Lage befinden, zu weiteren Kursabschlägen geführt haben. Im Zeitraum vor dem Dividendenausfall unterscheidet sich die CAR für das Intervall M(-5, -3) mit einer Overperformance signifikant von den CAR der Gesamtgruppe. Die positive Überrendite von zusammen 12,1% für die Monate -4 und -3 läßt sich durch Sonderbewegungen einzelner Unternehmen in der sehr kleinen Stichprobe (8 Unternehmen) erklären.

Betrachtet man für jeweils alle fünf Untergruppen die CAR in der **Ankündigungsperiode M(-2, 0)**, dann zeigt sich ein deutlicher Unterschied zwischen IPO und etablierten Unternehmen. Bei den IPO ist lediglich für die Gruppe „Ausfälle 1991" eine signifikante Underperformance festgestellt worden. Bei den etablierten Unternehmen hingegen sind die Überrenditen für alle fünf Untergruppen negativ und bis auf eine Ausnahme („Ausfälle 1996") auch signifikant. Eine genauere Betrachtung der Ergebnisse für die einzelnen Monate kann Hinweise darauf geben, inwieweit diese Unterschiede einen Zusammenhang mit der Ankündigung des Dividendenausfalls aufweisen.

Von besonderem Interesse ist dabei der Monat „-1". In ihm dürften in der Regel die Ankündigungen des Dividendenausfalls stattfinden. In einigen Fällen erfolgen diese Ankündigungen bereits im Monat „-2". Die Tabelle 3.35 zeigt die einzelnen Überrenditen für die drei Monate der Ankündigungsperiode jeweils für beide Untersuchungsgruppen und dort für jede der fünf Untergruppen und für die Gesamtgruppe. Die statistischen Daten für den Monat „-1" werden in Tabelle 3.36 aufgeführt.

Tabelle 3.35 Überrenditen in den einzelnen Monaten der Ankündigungsperiode (in %)

Untersuchungs-gruppe	IPO			etablierte Unternehmen		
Monat	**-2**	**-1**	**0**	**-2**	**-1**	**0**
(–11, 15)	-0,3	**-2,4**	+0,2	-1,7	**-3,5**	-2,6
Ausfälle 1991	-3,4	**-7,5**	-0,3	+1,6	**-4,3**	-2,7
Ausfälle 1992	-1,6	**+2,3**	-2,7	-2,2	**-2,8**	-1,3
Ausfälle 1993	+1,9	**-3,4**	+1,8	-2,0	**-2,0**	+1,5
Ausfälle 1995	+0,9	**-1,7**	-2,0	-3,4	**-5,1**	-10,6
Ausfälle 1996	+2,6	**-2,3**	+3,4	+0,2	**-3,8**	-2,2

Quelle: Eigene Untersuchung.

Tabelle 3.36 Ergebnisse für den Monat „-1“

Gruppe	IPO				etablierte Unternehmen			
	AR in %	STD	t-Wert	Negativ in %	AR in %	STD	t-Wert	Negativ in %
(–11, 15)	-2,4	0,11	-10,5***	62,8	-3,5	0,12	-19,9***	64,2
Ausfälle 1991	-7,5	0,07	-6,6***	91,7	-4,3	0,12	-3,2***	55,6
Ausfälle 1992	+2,3	0,15	+1,2	53,3	-2,8	0,08	-3,4***	63,2
Ausfälle 1993	-3,4	0,08	-2,9***	61,5	-2,0	0,06	-2,4**	57,1
Ausfälle 1995	-1,7	0,07	-1,4	58,3	-5,1	0,11	-3,5***	73,3
Ausfälle 1996	-2,3	0,09	-2,5**	63,2	-3,8	0,09	-1,8*	62,5

Quelle: Eigene Untersuchung.

Bis auf eine Ausnahme („Ausfälle 1992“ bei den IPO) weisen alle Untergruppen für beide Untersuchungsgruppen negative Überrenditen für den **Monat „-1“** aus, die bis auf eine Ausnahme auch signifikant sind. Die Underperformance für diesen Monat ist zudem für die meisten Gruppen deutlich schlechter als für die angrenzenden Monate. Diese Ergebnisse unterscheiden sich damit nicht wesentlich von denen für die jeweilige Gesamtgruppe. Lediglich die „Ausfälle 1991“ bei den IPO und „Ausfälle 1995“ bei den etablierten Unternehmen haben eine überdurchschnittlich hohe Underperformance und jeweils in ihrer Untersuchungsgruppe den höchsten Anteil an Unternehmen mit negativen Kursreaktionen (91,7% bzw. 73,3%). Ein Dividendenausfall bereits zu Beginn eines wirtschaftlichen Abschwungs kommt überraschend und sendet offenbar ein besonders negatives Signal über die zukünftigen Ertragsaussichten eines Unternehmens aus und führt zu einem entsprechenden Kursrückgang. Die Höhe des Kursrückgangs bei Ankündigung eines Dividendenausfalls ist somit auch von der gesamtwirtschaftlichen Lage abhängig.

Zusammenfassend kann man aufgrund der Ergebnisse davon ausgehen, daß auch die Konjunkturaussichten Einfluß auf die Long-Run-Performance nach einem Dividendenausfall haben. Die vom Dividendenausfall betroffenen Unternehmen reagieren auf einen wirtschaftlichen Abschwung mit stark negativen und auf einen Aufschwung mit positiven Überrenditen. Das gilt insbesondere für die IPO. Die Long-Run-Performance nach dem Dividendenausfall ist damit nicht nur abhängig von der richtigen Auswertung des damit gegebenen Signals über die zukünftige Ertragslage des Unternehmens, sondern auch davon, wie das gesamtwirtschaftliche Umfeld sich entwickeln wird.

IV. Differenzierung der IPO hinsichtlich der Aktiengattung

In der Gruppe der etablierten Unternehmen sind nur Stammaktien enthalten, in der Gruppe der IPO hingegen sind auch Vorzugsaktien vertreten. Könnte ein Teil der festgestellten Unterschiede in den Ergebnissen beider Untersuchungsgruppen auf diese unterschiedliche Zusammensetzung zurückzuführen sein? Das wäre dann der Fall, wenn die IPO mit Vorzugsaktien wesentlich andere Überrenditen aufweisen würden als die IPO mit Stammaktien. Die theoretischen Überlegungen zu Beginn dieses Kapitels lassen erwarten, daß solche Unterschiede auftreten können. Ein Dividendenausfall bei Vorzugsaktien sollte dann zu stärker negativen Überrenditen führen als bei Stammaktien.

a. Long-Run-Performance (BHAR)

Die Verläufe der BHAR für beide Aktiengattungen in Abbildung 3.52 bestätigen diese Erwartungen nicht. Die BHAR der Stammaktien liegen durchgängig unter denen der Vorzugsaktien. Eine erste Schlußfolgerung könnte sein, daß die Marktteilnehmer offenbar trotz der schlechten Unternehmensnachrichten noch von einer Dividendenzahlung an die Vorzugsaktionäre ausgehen, die damit wesentlich besser gestellt würden als die Stammaktionäre, wenn deren Dividende ausfallen würde.

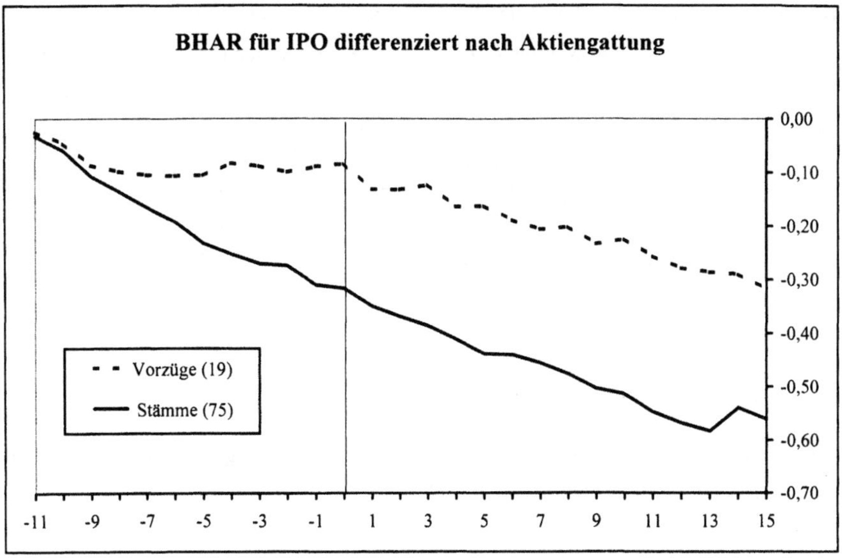

Abbildung 3.54 BHAR für IPO (-11, 15) differenziert nach Aktiengattung

Quelle: Eigene Untersuchung.

Die Tabelle 3.37 enthält neben den BHAR für die gesamte Halteperiode (-11, 15) auch die BHAR für die Halteperiode bis zum Dividendenausfall (-11, 0). Alle BHAR sind signifikant negativ. Schon bereits für die kurze Halteperiode unterscheiden sich die BHAR der beiden Untergruppen signifikant voneinander. Die Performance der Stammaktien ist deutlich schlechter. Der Abstand in den BHAR zwischen Stammaktien und Vorzugsaktien bleibt für die Halteperioden, die nach dem Dividendenausfall enden, in etwa konstant. Die BHAR deuten daraufhin, daß nach dem Dividendenausfall beide Untergruppen noch weitere negative Überrenditen in etwa gleicher Höhe aufweisen. Genaueren Aufschluß werden auch hier die CAR für die einzelnen 3-Monats-Intervalle geben. Aber bereits jetzt läßt sich feststellen, daß die schlechtere Performance der Gesamtgruppe IPO im Vergleich zu den etablierten Unternehmen nicht auf die in der Gruppe der IPO enthaltenen Vorzüge zurückgeführt werden kann. Im Gegenteil, ohne die Vorzüge fiele das Ergebnis für die IPO noch negativer aus.

Tabelle 3.37 BHAR für IPO (-11, 15) differenziert nach Aktiengattung

	Vorzugsaktien (19)			Stammaktien (75)			Test Mittelwerte
Halteperiode	BHAR in %	t-Wert	Anteil negativ	BHAR in %	t-Wert	Anteil negativ	t-Wert
(-11, 15)	-31,79	-5,5***	78,95%	-56,09	-42,7***	86,67%	1,757*
(-11, 0)	-8,37	-2,6***	63,16%	-31,69	-41,2***	85,33%	2,995***

Quelle: Eigene Untersuchung.

b. *Ergebnisse für Teilintervalle (CAR)*

Die CAR für die 3-Monats-Intervalle sind für beide Aktiengattungen in Abbildung 3.55 dargestellt und in Tabelle 3.38 aufgeführt.

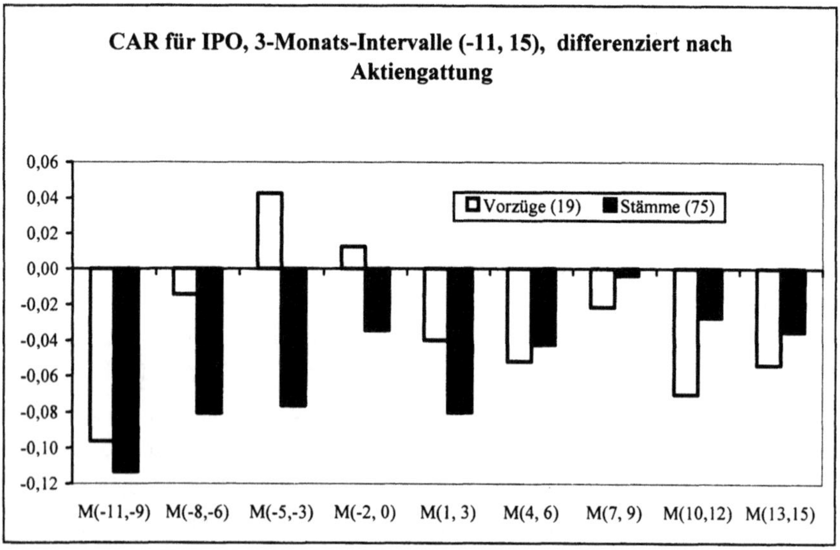

Abbildung 3.55 CAR für IPO, 3-Monats-Intervalle (-11, 15), differenziert nach Aktiengattung

Quelle: Eigene Untersuchung.

Tabelle 3.38 CAR für IPO, 3-Monats-Intervalle (-11, 15), differenziert nach Aktiengattung

Intervalle	**CAR VzA**	t-Wert VzA	**CAR StA**	t-Wert StA	t-Wert Diff. Mittelwerte
M(-11,-9)	**-9,64%**	-5,129***	**-11,34%**	-21,785***	0,363
M(-8,-6)	**-1,45%**	-1,061	**-8,09%**	-20,502***	1,939*
M(-5,-3)	**4,25%**	1,765*	**-7,65%**	-16,759***	2,121**
M(-2, 0)	**1,25%**	0,624	**-3,47%**	-6,810***	0,964
M(1, 3)	**-4,01%**	-2,663***	**-8,03%**	-17,110***	1,043
M(4, 6)	**-5,20%**	-3,717***	**-4,26%**	-7,636***	0,244
M(7, 9)	**-2,16%**	-1,107	**-0,39%**	-0,666	0,358
M(10,12)	**-7,03%**	-2,890***	**-2,74%**	-5,809***	0,755
M(13,15)	**-5,41%**	-2,479***	**-3,52%**	-6,205***	0,352

Quelle: Eigene Untersuchung.

In den vier Intervallen vor dem Dividendenausfall sind die CAR für die Gruppe der Stammaktien alle signifikant negativ. Das gilt für die Gruppe der Vorzugsaktien nur für das Intervall M(-11, -9), in dem die Halbjahresergebnisse für das Geschäftsjahr des Ausfalls bekanntgegeben werden. Die CAR der beiden Untergruppen unterscheiden sich in den folgenden beiden Intervalle jeweils signifikant voneinander. Dabei erzielen die Vorzugsaktien im Intervall M(-5, -3) sogar eine signifikant positive Überrendite. Möglicherweise erwarten die Vorzugsaktionäre aufgrund ihrer bevorzugten Stellung trotz der angespannten Ertragslage eine Dividendenzahlung. Dann aber käme der tatsächlich eintretende Dividendenausfall überraschend und sollte auch für die Vorzugsaktionäre neue negative Informationen enthalten. Das zeigt sich jedoch nicht im Ankündigungsmonat „-1" mit einer nicht signifikant positiven Überrendite von 1,5%. Ein Grund für die deutlich bessere Performance der Vorzugsaktien in diesen Intervallen könnte die Pflicht der Unternehmen zur Nachzahlung der Dividende sein. Zudem steigt durch den Dividendenausfall die Wahrscheinlichkeit, daß die Vorzugsaktionäre in Zukunft auch Stimmrecht erhalten werden. Das könnte bei einigen Unternehmen zu einer Annäherung der Kurse an die höher notierten Stammaktien führen.[523]

Auch nach dem Dividendenausfall ergeben sich für alle Intervalle bei beiden Untergruppen negative CAR, die abgesehen vom Intervall M(7, 9) auch jeweils signifikant

[523] Zu den Kursunterschieden zwischen Stamm- und Vorzugsaktien siehe Jung und Wachtler (2001).

sind. Allerdings unterscheiden sich hier die Mittelwerte der beiden Untergruppen nicht signifikant voneinander. Besonders negativ sind die CAR für die Vorzugsaktien in der Ankündigungsperiode für die Dividende des folgenden Geschäftsjahres M(10, 12). Das dürfte darin begründet sein, daß zwei Drittel der Vorzüge die Dividendenzahlungen dann noch nicht wieder aufnehmen.

Die Gruppe der Vorzugsaktien weist insgesamt zwar für das Jahr vor dem Dividendenausfall eine deutlich bessere Performance auf als die der Stammaktien. Aber die kleine Stichprobe und die sehr unterschiedlichen Ergebnisse für die einzelnen Vorzugsaktien erlauben keine zuverlässigen Schlußfolgerungen über den Einfluß der Aktiengattung auf die langfristige Kurreaktion bei einem Dividendenausfall. Zu groß ist offenbar der Einfluß anderer Kriterien, wie z.B. Ausfalldauer und Jahr des Ausfalls, auf die Ergebnisse der sehr heterogenen Untergruppe der Vorzugsaktien.[524] Tendenziell aber unterschätzt der Markt offenbar die negativen Informationen, die ein Dividendenausfall für Vorzugsaktien beinhaltet.

V. Differenzierung der IPO hinsichtlich der Dauer vom Börsengang bis zum Dividendenausfall

Die Unterschiede in der Long-Run-Performance der IPO und der etablierten Unternehmen bei einem Dividendenausfall lassen sich vor allem mit größeren Informationsasymmetrien bei den IPO begründen. Diese Informationsasymmetrien sollten um so geringer werden, je länger das Unternehmen bereits an der Börse notiert ist, wenn es zum Dividendenausfall kommt. IPO, die innerhalb von fünf Jahren nach dem Börsengang die Dividende ausfallen lassen (IPO i.e.S.), sollten dann eine schlechtere Long-Run-Performance aufweisen als die IPO, die beim Dividendenausfall schon mehr als fünf Jahre notiert sind. Deren Performance sollte ähnlich der der etablierten Unternehmen ausfallen, wenn das Kriterium „junges Börsenunternehmen“ für die Unterschiede im Umfang der Informationsasymmetrien vorrangig verantwortlich sein sollte.

---

[524] Denkbar ist in Einzelfällen auch, daß die Dividendenpolitik selbst einen Einfluß hat. Das Beispiel der Stixi AG läßt das vermuten. Die Stixi AG hat für 1991 zum ersten Mal die Dividende ausfallen lassen, dann für 1993 die Dividendenzahlung wieder aufgenommen. Bereits für 1994 mußte sie die Dividende ein zweites Mal ausfallen lassen. Die Ankündigung des ersten Ausfalls führte in den Monaten „-1“ und „0“ zu Überrenditen von +5,2% bzw. +13,9%. Die entsprechenden Überrenditen beim zweiten Ausfall hingegen betrugen -14,2% und -20%.

a. Long-Run-Performance (BHAR)

Die Untersuchungsgruppe der IPO wird dementsprechend unterteilt in „IPO i.e.S." und „keine IPO i.e.S." Die BHAR für das Zeitfenster (-11, 15) sind für die beiden Untergruppen in Abbildung 3.56 gegenübergestellt.

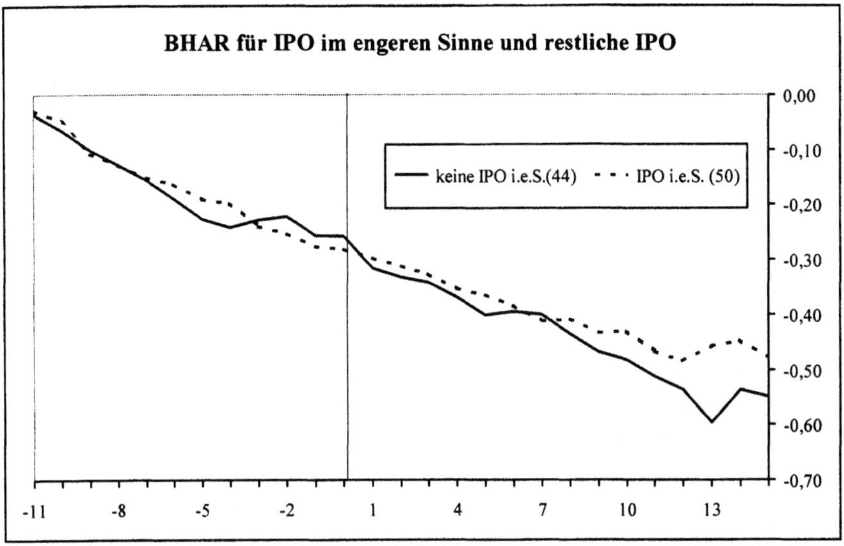

Abbildung 3.56 BHAR für IPO im engeren Sinne und restliche IPO mit Dividendenausfall (-11, 15)

Quelle: Eigene Untersuchung.

Tabelle 3.39 BHAR für IPO im engeren Sinne und restliche IPO mit Dividendenausfall (-11, 15)

	IPO i.e.S. (50)			Keine IPO i.e.S. (44)			Test Mittelwerte
Halte-periode	BHAR in %	t-Wert	Anteil negativ	BHAR in %	t-Wert	Anteil negativ	t-Wert
(-11, 15)	-47,87	-21,7***	82,0%	-54,93	-25,9***	88,6%	0,673
(-11, 0)	-28,00	-22,8***	82,0%	-25,81	-18,5***	79,5%	0,346

Quelle: Eigene Untersuchung.

Die Verläufe der BHAR liegen für beide Untergruppen relativ eng zusammen. Für das Jahr vor dem Dividendenausfall unterscheiden sich die beiden BHAR fast gar nicht (siehe Tabelle 3.39). Insbesondere hier konnte man erwarten, daß die IPO i.e.S. signifikant schlechter abschneiden. Die Underperformance aller IPO besonders im dritten Jahr nach dem Going Public hätte hier Einfluß haben können.[525]

Über den gesamten Untersuchungszeitraum (-11, 15) fällt die BHAR für die IPO im engeren Sinne sogar noch weniger negativ aus als für den Rest der Untersuchungsgruppe IPO. Aber auch dieser Unterschied ist nicht signifikant.[526] Die zuvor angestellten Überlegungen werden dadurch nicht unterstützt. Für die langfristigen Kursreaktionen auf einen Dividendenausfall hat es offenbar keine Bedeutung, wie lange ein IPO schon an der Börse notiert ist.

b. Ergebnisse für Teilintervalle (CAR)

Auch die Ergebnisse in den 3-Monats-Intervallen in Abbildung 3.57 unterscheiden sich, von einer Ausnahme abgesehen, nicht signifikant voneinander. Der einzige signifikante Unterschied im Intervall M(-8, -6) ist auf die Intervallabgrenzung zurückzuführen. Im Zeitraum von –8 bis –3 treten die stark negativen Überrenditen bei den IPO im engeren Sinne lediglich etwas später auf als in der Vergleichsgruppe (siehe Tabelle 3.40). Die CAR sind in diesem halben Jahr insgesamt für beide Untergruppen jedoch fast gleich negativ (jeweils -12%).

---

525 Zur Long-Run-Performance dieser IPO siehe Thies (2000), S. 379.

526 Das gilt auch, wenn man die längere Halteperiode mit der dann allerdings kleineren Stichproben des Zeitfensters (-11, 36) heranzieht. Dort ist die Underperformance der IPO i.e.S. etwas negativer, allerdings ebenfalls nicht signifikant.

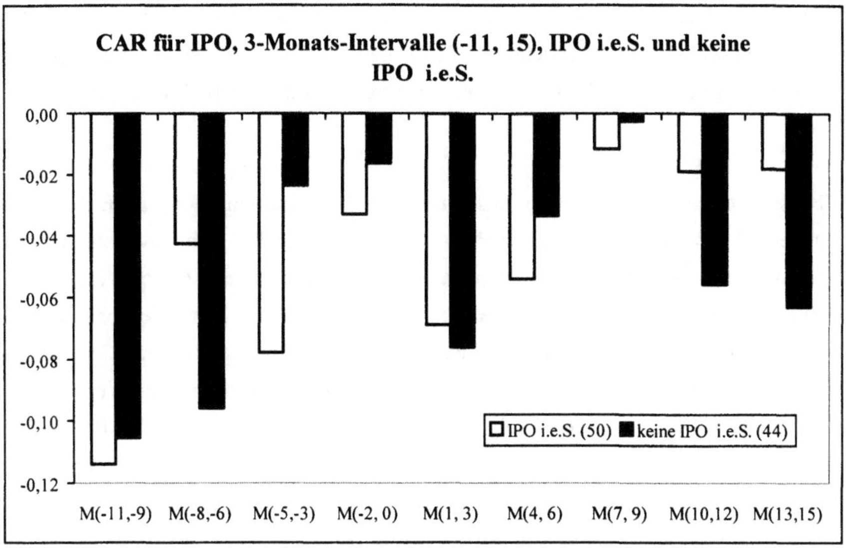

Abbildung 3.57 CAR für IPO, 3-Monats-Intervalle (-11, 15), IPO i.e.S. und keine IPO i.e.S.

Quelle: Eigene Untersuchung.

Tabelle 3.40 CAR für IPO, 3-Monats-Intervalle (-11, 15), IPO i.e.S. und keine IPO i.e.S.

Intervalle	**CAR IPO i.e.S.**	t-Wert IPO i.e.S.	**CAR IPO nicht i.e.S.**	t-Wert IPO nicht i.e.S.	t-Wert Diff. Mittelwerte
M(-11,-9)	**-11,38%**	-12,824***	**-10,56%**	-15,355***	0,212
M(-8,-6)	**-4,26%**	-7,914***	**-9,58%**	-13,569***	1,764*
M(-5,-3)	**-7,78%**	-9,362***	**-2,37%**	-3,193***	1,410
M(-2, 0)	**-3,29%**	-4,028***	**-1,63%**	-2,033**	0,425
M(1, 3)	**-6,88%**	-9,460***	**-7,60%**	-10,631***	0,207
M(4, 6)	**-5,40%**	-6,549***	**-3,36%**	-4,017***	0,506
M(7, 9)	**-1,17%**	-1,353	**-0,27%**	-0,283	0,205
M(10,12)	**-1,90%**	-2,472**	**-5,55%**	-6,607***	0,939
M(13,15)	**-1,81%**	-2,051**	**-6,29%**	-6,945***	1,034

Quelle: Eigene Untersuchung.

Für alle 3-Monats-Intervalle fallen die CAR in beiden Gruppen signifikant negativ aus. Eine Ausnahme bildet jeweils das Ergebnis für das Intervall M(7, 9). In den beiden nachfolgenden Intervallen sind die CAR für die Gruppe „keine IPO i.e.S." deutlich, allerdings nicht signifikant negativer als für die IPO i.e.S.. Warum hier gerade die beim Dividendenausfall schon länger an der Börse notierten IPO eine so schlechte Performance haben, ist nicht ersichtlich. Der Anteil der Unternehmen, die zu dem Zeitpunkt die Dividendenzahlungen wieder aufnehmen, ist in beiden Gruppen etwa gleich hoch.

Ebenso wie die Differenzierung hinsichtlich der Aktiengattung leistet auch die Differenzierung hinsichtlich der Zeitspanne vom Börsengang bis zum Dividendenausfall keinen Beitrag, um die signifikant negativere Performance der IPO im Vergleich zu den etablierten Unternehmen zu erklären. Die Long-Run-Performance vor und nach einem Dividendenausfall ist nicht abhängig davon, wie jung, gemessen an Börsenjahren, das Unternehmen war, als es zum Dividendenausfall kam. Die im Vergleich zu den etablierten Unternehmen größeren Informationsasymmetrien bei den IPO sollten deshalb vor allem in der Aktionärsstruktur und der damit verbundenen besonderen Corporate Governance begründet sein.

Zusammenfassung der Ergebnisse der Arbeit

Eine für alle Unternehmen empfehlenswerte Dividendenpolitik gibt es nicht. Jedes Unternehmen sollte die Dividendenpolitik verfolgen, die seinen SHV erhöht. Die Dividendenpolitik ist damit abhängig von Investitions- und anderen Finanzierungsentscheidungen. Verschiedene Stadien der Unternehmensentwicklung erfordern dementsprechend auch eine unterschiedliche Dividendenpolitik.

Entscheidend für die Gestaltung der Dividendenpolitik ist jedoch, wer letztlich über die Dividendenpolitik entscheidet und somit seine Interessen durchsetzen kann. In vielen der deutschen börsennotierten Unternehmen haben die jeweiligen Großaktionäre bzw. der Mehrheitsaktionär einen entscheidenden Einfluß. In Publikumsgesellschaften erlangen häufig die Großbanken über die Ausübung der Stimmrechtsvollmachten und die Besetzung des Aufsichtsratsvorsitzes eine ähnliche Stellung.

Großaktionäre dürften in aller Regel ein besonderes Interesse an dauerhaft stabilen Dividendenzahlungen in größerem Umfang haben. Das gilt insbesondere für Muttergesellschaften, deren eigener Gewinnausweis von den erhaltenen Dividendenzahlungen abhängig ist, und für Privatpersonen als Großaktionäre, die ein stetiges Einkommen aus ihrer Beteiligung erzielen wollen. Darüber hinaus kann die Besteuerung der Dividendenerträge beim Großaktionär einen Einfluß auf die Dividendenpolitik haben.

Ein genereller Einfluß der Steuern auf die Dividendenpolitik der Unternehmen ist empirisch nicht eindeutig zu belegen. Man kann davon ausgehen, daß Investoren steuerliche Überlegungen in ihre Anlageentscheidung mit einbeziehen. Aber die stark unterschiedlichen Steuerbelastungen der Dividendenerträge für die verschiedenen Gruppen von Investoren lassen keine allgemeingültigen Aussagen über die Auswirkungen zu. Diese Unterschiede führten jedoch dazu, daß sich sowohl in Deutschland als auch in den USA ein „Dividendenhandel" entwickelte. Dieses Dividendenstripping könnte auch eine Ursache dafür sein, daß eine Änderung der Dividendenpolitik nicht zu einer Änderung des Marktwertes führt, die auf Steuereinflüssen beruht.

Unter rein steuerlichen Gesichtspunkten gibt es für deutsche Unternehmen keine Dividendenpolitik, die für alle Aktionärsgruppen vorteilhaft ist. Das gilt insbesondere für den in dieser Arbeit untersuchten Zeitraum von 1977 bis 1998, in dem das körperschaftsteuerliche Anrechnungsverfahren galt. Jedoch gab es im Zusammenhang mit Steuersenkungsgesetzen die Möglichkeit, in den Übergangsphasen durch Ausschüttungsverzögerungen bzw. das Sahz-Verfahren Steuern sowohl beim Unternehmen als auch allen Aktionärsgruppen zu sparen.

Vermehrte Dividendensenkungen oder –ausfälle im Vorwege einer Steuersenkung würden auf eine Nutzung dieser Möglichkeiten hindeuten. Sie erfolgten jedoch nicht. Offenbar waren das Management und vor allem die Großaktionäre bereit, auf umfangreiche Steuerersparnisse zu verzichten, um die Konstanz der Dividendenzahlungen aufrecht zu erhalten. Möglicherweise fürchteten sie, daß der Hinweis auf die steuerlichen Gründe nicht ausreichen würde, um negative Reaktionen des Kapitalmarktes auf die damit verbundene Dividendensenkung bzw. auf den Dividendenausfall zu verhindern.

Auch die nach den Gesetzesänderungen geringeren steuerlichen Belastungen der Unternehmen wurden häufig nicht zur Erhöhung der Nettodividende der Aktionäre sondern zur Erhöhung der Nettothesaurierung genutzt. Die Dividendenpolitik der meisten untersuchten Unternehmen orientierte sich offenbar an der Konstanz der Bardividende und nicht an der Nettodividende der Aktionäre.

Lediglich einige wenige Unternehmen nutzen das Sahz-Verfahren, um gezielt die sich bietenden Steuervorteile in größerem Umfang zu nutzen. Diese Unternehmen weisen in aller Regel einen Mehrheitsaktionär bzw. Großaktionäre auf. Die Steuergesetzänderungen haben somit insgesamt nur in Ausnahmefällen Einfluß auf die Dividendenpolitik der Unternehmen gehabt.

Durch die aktuellen Steuergesetze zur Besteuerung von Dividendenerträgen und Kursgewinnen (Halbeinkünfteverfahren) verlieren steuerliche Aspekte weiter an Bedeutung für die Dividendenpolitik der Unternehmen. Das Sahz-Verfahren birgt keine steuerlichen Vorteile mehr gegenüber der direkten Thesaurierung. Der Aktienrückkauf ist steuerlich nicht benachteiligt und wird in größerem Umfang zur Ausschüttung von Gewinnen genutzt werden. Aktienrückkäufe werden insbesondere größere Bonuszahlungen und Sonderdividenden in Zukunft ersetzen.

Dividenden können Informationsasymmetrien verringern. Sie enthalten neue Informationen, wenn die Dividendenentscheidung unerwartet ausfällt. Die Erwartungen sind abhängig von der bisherigen Dividendenpolitik, der Gewinnverwendung des Vorjahres, der aktuellen Gewinnsituation und den Erwartungen bezüglich der zukünftigen Gewinnentwicklung. Eine unerwartete Dividendenentscheidung führt bei den Marktteilnehmern zu geänderten Erwartungen über die künftige Ertragslage und damit auch zu entsprechenden Marktwertänderungen. Deren Höhe ist abhängig von der Höhe der unerwarteten Dividendenänderung.

Die Ergebnisse der meisten empirischen Untersuchungen unterstützen die Signaling-Theorie für den US-amerikanischen und den deutschen Markt. Allerdings ermitteln einige Untersuchungen für die USA auch langfristig für die Monate nach der Dividendenänderung noch gleichgerichtete Überrenditen. Das kann als Hinweis auf die Richtigkeit des Signals über zukünftige Ertragsänderungen interpretiert werden. Aber es wirft auch die Frage auf, ob das Signal „Dividendenänderung“ nicht bereits bei Ankündigung zu stärkeren Kurseffekten aufgrund ihres Informationsgehaltes hätte führen müssen.

Neben der Signaling-Theorie gibt es weitere Erklärungsansätze für die Kursreaktionen bei Ankündigung einer Dividendenänderung. So kann die Dividendenentscheidung selbst bereits eine Information darstellen. Die Ausschüttung von Cashflows an die Aktionäre verringert c.p. die Agency-Costs der Anleger und vice versa. Die Folge sind entsprechende Kursreaktionen.

Kursreaktionen auf Dividendenentscheidungen lassen sich in aller Regel nicht eindeutig auf eine Ursache alleine zurückführen. Die ökonomischen Interpretationen empirischer Untersuchungen zu Kursreaktionen fallen deshalb unterschiedlich aus.

Deutsche Unternehmen zahlen in aller Regel bereits für das Jahr des Börsengangs eine Dividende.[527] Für die in dieser Arbeit untersuchten Neuemission der Jahre 1984 bis 1995 (IPO) war eine Dividendenzahlung offenbar Voraussetzung für den Gang an die Börse. Über die Hälfte dieser Unternehmen mußte allerdings in der Folgezeit die Dividende mindestens einmal ausfallen lassen. Eine wesentliche Ursache für diesen hohen Anteil dürfte in der Kombination „neues börsennotiertes Unternehmen" und „Rezession in den Jahren 1991 - 1993" gelegen haben. Im Unterschied zu den etablierten Unternehmen nimmt der Anteil der keine Dividende zahlenden IPO von Jahr zu Jahr zu.

Die untersuchten Neuemissionen der Jahre 1984 bis 1995 erzielen in den drei Jahren nach einem Dividendenausfall eine signifikante Long-Run-Performance von minus 40,9%. Die in dem Ereignis „Dividendenausfall" enthaltenen negativen Informationen über die zukünftige Ertragslage sind von den Marktteilnehmern bei den IPO offenbar nicht vollständig berücksichtigt worden. Die negative Überrendite für die IPO in der Ankündigungsperiode fällt relativ gering aus und deutet darauf hin, daß der Dividendenausfall bei den IPO anscheinend nicht überrascht. Bei den IPO treten bereits in den zwei Jahren vor dem Dividendenausfall starke relative Kursverluste auf. Der Markt geht offenbar davon aus, daß die negativen Informationen bereits in dieser Zeit vor dem Dividendenausfall in der Bewertung berücksichtigt sind und entnimmt dem Ereignis deshalb weniger neue kursrelevante Informationen.

Diese Fehleinschätzung mag an den Erfahrungen des Marktes mit den etablierten Unternehmen liegen. Ein Dividendenausfall führt bei den etablierten Unternehmen in den folgenden drei Jahren nicht zu einer Underperformance (+0,9%). Die im Gegensatz zu den IPO hohe Underperformance in der Ankündigungsperiode hat offenbar die mit dem Dividendenausfall verbundenen negativen Informationen gut reflektiert. Auch bei den etablierten Unternehmen treten bereits vor dem Ausfall stark negative Überrenditen auf. Allerdings beginnt diese Entwicklung bei ihnen erst ein Jahr vor dem Dividendenausfall, so daß der Dividendenausfall noch überraschend kommt.

---

[527] Für die Wachstumsunternehmen am Neuen Markt trifft diese bisher gültige Aussage nicht mehr zu.

Der Vergleich der Ergebnisse für beide Untersuchungsgruppen vor dem Dividendenausfall deutet darauf hin, daß viele IPO im Vergleich zu den etablierten Unternehmen erst sehr spät, mitunter zu spät die Dividende ausfallen lassen. Wenn abzusehen ist, daß sich ein Dividendenausfall in der nächsten Zeit unumgänglich sein wird, dann sollte er besser früher als später erfolgen. Ein in dieser Situation falsches Signal (z.B. konstante Dividende) führt beim nachfolgenden Dividendenausfall zu besonders negativen abnormalen Renditen. Hier zeigt sich, welchen negativen Einfluß eine verfehlte Dividendenpolitik auf die langfristige Entwicklung des Marktwertes haben kann.

Die langfristigen Kursreaktionen sind aber auch abhängig davon, in welcher Phase des Konjunkturzyklus der Dividendenausfall angekündigt wird. Die Reaktionen auf die Ankündigung des Dividendenausfalls sind zu Beginn einer Rezession stärker abnormal negativ als gegen Ende. Auch die Long-Run-Performance nach dem Ausfall ist konjunkturabhängig. Die vom Dividendenausfall betroffenen Unternehmen, hier insbesondere die IPO, reagieren auf einen wirtschaftlichen Abschwung mit stark negativen und auf einen Aufschwung mit positiven Überrenditen.

Die Wiederaufnahme der Dividendenzahlungen nach einem Ausfall sollte erst dann erfolgen, wenn davon auszugehen ist, daß die Dividendenzahlungen auch dauerhaft aufrecht erhalten werden können. Unternehmen, die nach zwei Jahren ohne Dividende die Dividendenzahlungen wieder aufnehmen, weisen die beste Performance auf. Das gilt gleichermaßen für beide Untersuchungsgruppen.

Anhang

Anhang I Unternehmen aufgeteilt in Kategorien der Dividendenänderungen im Vergleich zum jeweiligen Vorjahr

Unternehmen aufgeteilt in Kategorien der Dividendenänderungen im Vergleich zum jeweiligen Vorjahr																					
Geschäftsjahr	**76**	**77**	**78**	**79**	**80**	**81**	**82**	**83**	**84**	**85**	**86**	**87**	**88**	**89**	**90**	**91**	**92**	**93**	**94**	**95**	**96**
Zahl der Unternehmen																					
insgesamt	374	460	333	325	409	470	290	449	506	470	530	577	588	605	596	614	634	624	634	639	644
deren Dividende sich im Vergleich zum Vorjahr wie folgt darstellte																					
unverändert	178	204	172	157	189	235	135	188	211	205	243	278	276	274	276	275	272	147	206	231	213
erhöht	83	32	56	**83**	77	60	32	115	118	116	122	111	145	174	147	147	112	214	150	151	157
aufgenommen	20		8	**10**	17	11	7	13	31	24	18	20	18	19	20	14	18	14	27	25	17
gekürzt	31	224	41	34	43	61	46	22	33	36	41	53	32	36	55	52	74	79	74	58	53
ausgesetzt			10	**9**	17	16	15	14	18	15	19	20	14	20	19	36	48	37	23	30	37
unverändert ohne	62		46	**36**	66	87	55	97	95	74	87	95	103	82	79	90	110	133	154	144	167
	374	460	333	329	409	470	290	449	506	470	530	577	588	605	596	614	634	624	634	639	644

Quelle: Hansen, diverse Ausgaben des AG Report von 1977 bis 1997.

Unternehmen aufgeteilt in Kategorien der Dividendenänderungen in Prozent

Geschäftsjahr	**76**	**77**	**78**	**79**	**80**	**81**	**82**	**83**	**84**	**85**	**86**	**87**	**88**	**89**	**90**	**91**	**92**	**93**	**94**	**95**	**96**
Unternehmen																					
insgesamt	374	460	333	325	409	470	290	449	506	470	530	577	588	605	596	614	634	624	634	639	644
deren Dividende sich im Vergleich zum Vorjahr wie folgt darstellte																					
unverändert	47,6	44,3	51,7	48,3	46,2	50,0	46,6	41,9	41,7	43,6	45,8	48,2	46,9	45,3	46,3	44,8	42,9	23,6	32,5	36,2	33,1
erhöht	22,2	7,0	16,8	25,5	18,8	12,8	11,0	25,6	23,3	24,7	23,0	19,2	24,7	28,8	24,7	23,9	17,7	34,3	23,7	23,6	24,4
aufgenommen	5,3	0,0	2,4	3,1	4,2	2,3	2,4	2,9	6,1	5,1	3,4	3,5	3,1	3,1	3,4	2,3	2,8	2,2	4,3	3,9	2,6
gekürzt	8,3	48,7	12,3	10,5	10,5	13,0	15,9	4,9	6,5	7,7	7,7	9,2	5,4	6,0	9,2	8,5	11,7	12,7	11,7	9,1	8,2
insgesamt ohne	16,6	0,0	16,8	13,8	20,3	21,9	24,1	24,7	22,3	18,9	20,0	19,9	19,9	16,9	16,4	20,5	24,9	27,2	27,9	27,2	31,7
ausgesetzt	0,0	0,0	3,0	2,8	4,2	3,4	5,2	3,1	3,6	3,2	3,6	3,5	2,4	3,3	3,2	5,9	7,6	5,9	3,6	4,7	5,7
unverändert ohne	16,6	0,0	13,8	11,1	16,1	18,5	19,0	21,6	18,8	15,7	16,4	16,5	17,5	13,6	13,3	14,7	17,4	21,3	24,3	22,5	25,9
unverändert	64,2	44,3	65,5	59,4	62,3	68,5	65,5	63,5	60,5	59,4	62,3	64,6	64,5	58,8	59,6	59,4	60,3	44,9	56,8	58,7	59,0
erhöht u. aufgen.	27,5	7,0	19,2	28,6	23,0	15,1	13,4	28,5	29,4	29,8	26,4	22,7	27,7	31,9	28,0	26,2	20,5	36,5	27,9	27,5	27,0
gekürzt u. ausgef.	8,3	48,7	15,3	13,2	14,7	16,4	21,0	8,0	10,1	10,9	11,3	12,7	7,8	9,3	12,4	14,3	19,2	18,6	15,3	13,8	14,0

Quelle: Eigene Berechnungen

Unternehmen, die für 1993 die Bardiv. erhöht haben	Bar-div 1993	Boni, Sond. zahl.	Kst-Gut-haben	Brutto div. 1993	Bar-div 1992	Kst-Gut-hab.	Brutto div. 1992	Anstieg Bardiv. in %	Anstieg Brutto-div (%)
Leonberger	7	37,5	19,07	63,57	6,5	3,66	10,16	584,62	525,95
Fränk. Überland St.	7,5	25,6	14,19	47,29	6,5	3,66	10,16	409,23	365,59
Energievers. Oberfr.	7	28	15,00	50,00	7	3,94	10,94	400,00	357,15
Überl. Unterfranken	6,5	23,52	12,87	42,89	6,5	3,66	10,16	361,85	322,27
Dyckerhoff	11	34	19,29	64,29	10	5,63	15,63	350,00	311,44
Württemb. Vers.Bet.	12	31,5	18,64	62,14	11	6,19	17,19	295,45	261,57
Allianz Hold.	15	35	21,43	71,43	13,5	7,59	21,09	270,37	238,63
Schenck C. St	20		8,57	28,57	6,5	3,66	10,16	207,69	181,32
Dt.Hyp.Ffm	15	25	17,14	57,14	14	7,88	21,88	185,71	161,23
Fresenius St.	8,5	10	7,93	26,43	7,5	4,22	11,72	146,67	125,53
Vereinigte Vers.	18	25	18,43	61,43	21	11,81	32,81	104,76	87,21
Dywidag	10		4,29	14,29	5	2,81	7,81	100,00	82,86
Oldenb. Landesbk.	16	10	11,14	37,14	13	7,31	20,31	100,00	82,86
Rheiner	20		7,14	27,14	12	6,75	18,75	66,67	44,75
Dt. Verkehrsbk.	6		2,57	8,57	4	2,25	6,25	50,00	37,15
Vereins- u.Westbk	9		3,86	12,86	6	3,38	9,38	50,00	37,15
Thüga	10	3,5	5,79	19,29	9	5,06	14,06	50,00	37,15
Sto St	14	3	7,29	24,29	12	6,75	18,75	41,67	29,53
Wella St	12		5,14	17,14	9	5,06	14,06	33,33	21,91
IKB	11	1	5,14	17,14	10	4,29	14,29	20,00	19,97
Bankges.Berlin	9		3,86	12,86	7	3,94	10,94	28,57	17,55
Hornbach Hold. ST	16,5		7,07	23,57	13	7,31	20,31	26,92	16,05
Rhenag	10		4,29	14,29	8	4,50	12,50	25,00	14,29
Bayr. Vereinsbk.	14,5	1,5	6,86	22,86	13	7,31	20,31	23,08	12,53
Bayr.Handelsbk.	14,5	1,5	6,86	22,86	13	7,31	20,31	23,08	12,53
Mannheimer Vers.	11	5	6,86	22,86	13	7,31	20,31	23,08	12,53
SAP St	22		9,43	31,43	18	10,13	28,13	22,22	11,75

Unternehmen, die für 1993 die Bardiv. erhöht haben	Bardiv 1993	Boni, Sond. zahl.	Kst-Gut-haben	Brutto div. 1993	Bardiv 1992	Kst-Gut-hab.	Brutto div. 1992	Anstieg Bardiv. in %	Anstieg Brutto-div (%)
Badenwerk	8,75	1	4,18	13,93	8	4,50	12,50	21,88	11,43
Brau u. Brunnen	5,5	0,5	2,57	8,57	5	2,81	7,81	20,00	9,72
Commerzbank	12		5,14	17,14	10	5,63	15,63	20,00	9,72
Horten	6		2,57	8,57	5	2,81	7,81	20,00	9,72
MD Bau	10	2	5,14	17,14	10	5,63	15,63	20,00	9,72
Trinkhaus	12		5,14	17,14	10	5,63	15,63	20,00	9,72
Bamag	15		6,43	21,43	12,5	7,03	19,53	20,00	9,72
Nordhypo	7		3,00	10,00	6	3,38	9,38	16,67	6,67
WCM	3,5		1,50	5,00	3	1,69	4,69	16,67	6,67
DB Soft	15		6,43	21,43	13	7,31	20,31	15,38	5,50
VEW	7,5		3,21	10,71	6,5	3,66	10,16	15,38	5,50
Energiev. Ostbayern	8		3,43	11,43	7	3,94	10,94	14,29	4,49
Koenig&Bauer St.	8		3,43	11,43	7	3,94	10,94	14,29	4,49
Grohe St.	12,5		5,36	17,86	11	6,19	17,19	13,64	3,90
Rheinhyp	17		7,29	24,29	15	8,44	23,44	13,33	3,62
Nestle Dtl.	17,5		7,50	25,00	15,5	8,72	24,22	12,90	3,22
Bilfinger + Berger	13,5		5,79	19,29	12	6,75	18,75	12,50	2,86
DBV Holding	9		3,86	12,86	8	4,50	12,50	12,50	2,86
Dresdner Bank	13,5		5,79	19,29	12	6,75	18,75	12,50	2,86
Fuchs-Petrolub St.	4,5		1,93	6,43	4	2,25	6,25	12,50	2,86
Gerling St.	9		3,86	12,86	8	4,50	12,50	12,50	2,86
Hochtief	13,5		5,79	19,29	12	6,75	18,75	12,50	2,86
Holzmann	13,5		5,79	19,29	12	6,75	18,75	12,50	2,86
Kaufhof St.	13,5		5,79	19,29	12	6,75	18,75	12,50	2,86
Reinhold&Mahla	9		3,86	12,86	8	4,50	12,50	12,50	2,86
Rhön-Klinikum St.	13,5		5,79	19,29	12	6,75	18,75	12,50	2,86

Unternehmen, die für 1993 die Bardiv. erhöht haben	Bar-div 1993	Boni, Sond. zahl.	Kst-Gut-haben	Brutto div. 1993	Bar-div 1992	Kst-Gut-hab.	Brutto div. 1992	Anstieg Bardiv. in %	Anstieg Brutto-div (%)
Turbon	9		3,86	12,86	8	4,50	12,50	12,50	2,86
AMB	14		6,00	20,00	12,5	7,03	19,53	12,00	2,40
Douglas	14		6,00	20,00	12,5	7,03	19,53	12,00	2,40
Tiptel	14		6,00	20,00	12,5	7,03	19,53	12,00	2,40
Volksfürsorge	14		6,00	20,00	12,5	7,03	19,53	12,00	2,40
Bayer. Hypo	14,5		6,21	20,71	13	7,31	20,31	11,54	1,98
Beiersdorf	14,5		6,21	20,71	13	7,31	20,31	11,54	1,98
BHF-Bank	14,5		6,21	20,71	13	7,31	20,31	11,54	1,98
Südboden	14,5		6,21	20,71	13	7,31	20,31	11,54	1,98
Allianz Leben	10		4,29	14,29	9	5,06	14,06	11,11	1,59
Colonia Konz. St.	10		4,29	14,29	9	5,06	14,06	11,11	1,59
DePfaBank	10		4,29	14,29	9	5,06	14,06	11,11	1,59
Herlitz St.	10		4,29	14,29	9	5,06	14,06	11,11	1,59
Lech Elekt.	10		4,29	14,29	9	5,06	14,06	11,11	1,59
Salamander	10		4,29	14,29	9	5,06	14,06	11,11	1,59
Neckarwerke	7,75		3,32	11,07	7	3,94	10,94	10,71	1,23
Anzag	8	2,5	4,50	15,00	9,5	5,34	14,84	10,53	1,05
Dt.Beteiligungs AG	5,5		2,36	7,86	5	2,81	7,81	10,00	0,57
Hapag Loyd	11		4,71	15,71	10	5,63	15,63	10,00	0,57
Heilit u. Woerner St.	11		4,71	15,71	10	5,63	15,63	10,00	0,57
Münchener Rück	11		4,71	15,71	10	5,63	15,63	10,00	0,57
Reichelt, O.	11		4,71	15,71	10	5,63	15,63	10,00	0,57
Victoria Vers.	10	1	4,71	15,71	10	5,63	15,63	10,00	0,57
Walter Bau St	11		4,71	15,71	10	5,63	15,63	10,00	0,57
Wayss&Freytag	11		4,71	15,71	10	5,63	15,63	10,00	0,57
Deutsche Bank	16,5		7,07	23,57	15	8,44	23,44	10,00	0,57
Dt. Centralboden	16,5		7,07	23,57	15	8,44	23,44	10,00	0,57

Unternehmen, die für 1993 die Bardiv. erhöht haben	Bar-div 1993	Boni, Sond. zahl.	Kst-Gut-haben	Brutto div. 1993	Bar-div 1992	Kst-Gut-hab.	Brutto div. 1992	Anstieg Bardiv. in %	Anstieg Brutto-div (%)
Frankf. Hyp.	16,5		7,07	23,57	15	8,44	23,44	10,00	0,57
Schering	14,22		6,09	20,31	13	7,31	20,31	9,38	0,01
Baywa	7		3,00	10,00	6,4	3,60	10,00	9,38	0,00
Contigas	8,75		3,75	12,50	8	4,50	12,50	9,38	0,00
Kaufring	8,2		3,51	11,71	7,5	4,22	11,72	9,33	-0,04
Agiv	12		5,14	17,14	11	6,19	17,19	9,09	-0,26
IVG	12		5,14	17,14	11	6,19	17,19	9,09	-0,26
Victoria Holding	10	2	5,14	17,14	11	6,19	17,19	9,09	-0,26
ABB	19,25		8,25	27,50	17,75	9,98	27,73	8,45	-0,84
Buderus	13		5,57	18,57	12	6,75	18,75	8,33	-0,95
CeWeColor	13		5,57	18,57	12	6,75	18,75	8,33	-0,95
Gelsenwasser	6,5		2,79	9,29	6	3,38	9,38	8,33	-0,95
Heidelberger Zement	13		5,57	18,57	12	6,75	18,75	8,33	-0,95
Karstadt	13		5,57	18,57	12	6,75	18,75	8,33	-0,95
Kögel St	6,5		2,79	9,29	6	3,38	9,38	8,33	-0,95
Möbel Walther St	13		5,57	18,57	12	6,75	18,75	8,33	-0,95
Veba	13		5,57	18,57	12	6,75	18,75	8,33	-0,95
Eifelhöhen-Klinik	7		3,00	10,00	6,5	3,66	10,16	7,69	-1,54
DSL Holding	7,5		3,21	10,71	7	3,94	10,94	7,14	-2,04
Strabag St	8		3,43	11,43	7,5	4,22	11,72	6,67	-2,47
Isar-Amperwerke	8,5		3,64	12,14	8	4,50	12,50	6,25	-2,86

Quelle: Eigene Berechnung, Daten von Wadewitz (1994) und Saling Aktienführer (1994 und 1995)

Anhang IV Änderung der Ausschüttungsquoten bei Unternehmen, die ihre Bruttodividende für 1993 erhöhten

Unternehmen, die ihre Bruttodividende für 1993 erhöhten	Bardiv. für 1993	Sonderz. oder Bonus	Bardiv. für 1992	Änderung Bardiv.	Steigerung Bruttodiv. Summe	Änderung JÜvst aus EK56	Ausschütt.-quote 1993 (bei EK56)	Ausschütt.-quote 1992 (bei EK56)	Änderung Ausschütt.-quote	Kapital-erhöhung
Leonberger	7	37,5	6,5	584,6%	**540,0%**	25,7%	115,7%	22,7%	**409,3%**	
Fränk. Überland St.	7,5	25,6	6,5	409,2%	**357,2%**	-7,8%	408,8%	82,5%	**395,8%**	
Württemb.AG	12	31,5	11	295,5%	**357,2%**	32,2%	217,4%	62,8%	**245,9%**	1993
Dyckerhoff	11	34	10	350,0%	**313,4%**	-18,4%	352,6%	69,6%	**406,4%**	
Überl. Unterfranken	6,5	23,52	6,5	361,8%	**307,3%**	-14,1%	421,7%	88,9%	**374,1%**	
Energievers. Oberfr.	7	28	7	400,0%	**262,1%**	43,0%	238,1%	94,0%	**153,2%**	
Allianz Hold.	15	35	13,5	270,4%	**239,0%**	-3,4%	243,6%	69,5%	**250,8%**	
Schenck C. St	20		6,5	207,7%	**174,3%**	-120,8%	Verlust	101,1%		
Dt.Hyp.Ffm	15	25	14	185,7%	**171,0%**	-20,5%	89,6%	26,3%	**241,0%**	1993
Fresenius St.	8,5	10	7,5	146,7%	**149,4%**	8,3%	112,0%	48,7%	**130,1%**	1993
Oldenb. Landesbk.	16	10	13	100,0%	**98,1%**	33,1%	87,0%	58,5%	**48,8%**	1993
Vereinigte Vers.	18	25	21	104,8%	**82,9%**	89,0%	116,7%	120,7%	**-3,3%**	
Dywidag	10		5	100,0%	**69,8%**	549,0%	13,2%	50,6%	**-73,8%**	
Thüga	10	3,5	9	50,0%	**60,0%**	40,6%	84,5%	74,2%	**13,8%**	1993
Rheiner	20		12	66,7%	**44,8%**	57,8%	98,3%	107,1%	**-8,3%**	
Vereins- u.Westbk	9		6	50,0%	**39,0%**	39,0%	113,6%	113,6%	**0,0%**	
Dt. Verkehrsbk.	6		4	50,0%	**37,1%**	49,6%	60,3%	65,8%	**-8,3%**	

Unternehmen, die ihre Bruttodividende für 1993 erhöhten	Bardiv. für 1993	Sonderz. oder Bonus	Bardiv. für 1992	Änderung Bardiv.	Steigerung Bruttodiv. Summe	Änderung JÜvst aus EK56	Ausschütt.-quote 1993 (bei EK56)	Ausschütt.-quote 1992 (bei EK56)	Änderung Ausschütt.-quote	Kapital-erhöhung
Bankges.Berlin	9		7	28,6%	**31,3%**	30,0%	113,6%	112,6%	**1,0%**	7/1992
Mannheimer Vers.	11	5	13	23,1%	**29,2%**	197,9%	190,6%	439,6%	**-56,6%**	1993
Sto St	14	3	12	41,7%	**28,9%**	2,0%	43,6%	34,5%	**26,3%**	
Wella St	12		9	33,3%	**21,1%**	27,1%	59,4%	62,4%	**-4,7%**	
Commerzbank	12		10	20,0%	**20,7%**	-44,7%	67,3%	30,8%	**118,5%**	1993
Bayr. Vereinsbk.	14,5	1,5	13	23,1%	**20,5%**	15,1%	83,0%	79,3%	**4,7%**	
Hornbach Holding	16,5		13	26,9%	**15,1%**	180,0%	36,0%	87,7%	**-58,9%**	
Rhenag	10		8	25,0%	**14,3%**	-0,1%	73,4%	64,1%	**14,5%**	
Bayr.Handelsbk.	14,5	1,5	13	23,1%	**12,9%**	-9,5%	45,2%	36,2%	**24,8%**	
Trinkhaus	12		10	20,0%	**12,2%**	27,2%	60,3%	68,4%	**-11,8%**	
SAP St	22		18	22,2%	**10,9%**	-63,5%	68,3%	22,5%	**203,5%**	
Badenwerk	8,75	1	8	21,9%	**9,7%**	2,4%	124,9%	116,6%	**7,1%**	
Horten	6		5	20,0%	**9,7%**	9,7%	113,6%	113,6%	**0,0%**	
Brau u. Brunnen	5,5	0,5	5	20,0%	**9,7%**	10,0%	111,2%	111,5%	**-0,3%**	
IKB	11	1	10	20,0%	**9,2%**	13,1%	82,9%	85,9%	**-3,4%**	
MD Bau	10	2	10	20,0%	**9,2%**	39,1%	42,3%	53,9%	**-21,5%**	
Bamag	15		12,5	20,0%	**7,6%**	49,4%	38,1%	52,9%	**-28,0%**	

Quelle: Eigene Berechnungen, Daten von Wadewitz (1994) und Saling Aktienführer (1994 und 1995)

Anhang V Änderung der Ausschüttungsquote bei Unternehmen, die für 1993 die Bruttodividende konstant gelassen haben

Unternehmen, die für 1993 die Bruttodividende konstant gelassen haben	Bardividende für 1993	Bonus	Bardividende für 1992	Änderung Bardiv.	Steigerung Bruttodiv.-summe	Änder. JÜvst aus EK56	Änderung Ausschütt.-quote	Kapital-erhöhung
Tiptel	14		12,5	12,0%	**20,8%**	-44,6%	**118,0%**	7/1992
Möbel Walther St	13		12	8,3%	**-1,1%**	-53,5%	**112,9%**	
Eifelhöhen-Klinik	7		6,5	7,7%	**46,3%**	-9,6%	**61,9%**	1993
WCM	3,5		3	16,7%	**179,1%**	91,1%	**46,0%**	1993
Dt. Centralboden	16,5		15	10,0%	**0,6%**	-30,3%	**44,3%**	
Kögel St	6,5		6	8,3%	**-1,7%**	-28,7%	**37,9%**	
Heidelberger Zement St.	13		12	8,3%	**-1,1%**	-25,1%	**32,0%**	
Koenig&Bauer St.	8		7	14,3%	**2,9%**	-19,8%	**28,2%**	
Südboden	14,5		13	11,5%	**12,5%**	-11,4%	**27,1%**	1993
Anzag	8	2,5	9,5	10,5%	**2,1%**	-17,2%	**23,3%**	
Strabag St	8		7,5	6,7%	**9,7%**	-10,7%	**22,9%**	1993
DePfaBank	10		9	11,1%	**24,7%**	8,3%	**15,2%**	1993
Turbon	9		8	12,5%	**2,9%**	-9,9%	**14,2%**	
Hochtief	13,5		12	12,5%	**23,4%**	8,7%	**13,6%**	1993
Buderus	13		12	8,3%	**-1,6%**	-12,8%	**12,9%**	
IVG	12		11	9,1%	**10,5%**	-0,3%	**10,8%**	1993
Deutsche Bank	16,5		15	10,0%	**2,3%**	-4,9%	**7,7%**	

Unternehmen, die für 1993 die Bruttodividende konstant gelassen haben	Bardividende für 1993	Bonus	Bardividende für 1992	Änderung Bardiv.	Steigerung Bruttodiv.-summe	Änder. JÜvst aus EK56	Änderung Ausschütt.-quote	Kapital-erhöhung
Münchener Rück	11		10	10,0%	**1,0%**	-5,4%	**6,8%**	
Gelsenwasser	6,5		6	8,3%	**-1,0%**	-7,0%	**6,5%**	
Douglas	14		12,5	12,0%	**1,6%**	-4,1%	**5,9%**	
Dresdner Bank	13,5		12	12,5%	**12,5%**	7,0%	**5,1%**	1993
Kaufring	8,2		7,5	9,3%	**-2,0%**	-5,0%	**3,1%**	
Reichelt,O.	11		10	10,0%	**2,7%**	0,4%	**2,2%**	
Agiv	12		11	9,1%	**11,3%**	9,0%	**2,1%**	7/92, 93
ABB	19,3		17,75	8,5%	**-2,0%**	-3,9%	**2,0%**	
Victoria Holding	10	2	11	9,1%	**-0,3%**	-1,6%	**1,4%**	
Herlitz	10		9	11,1%	**13,1%**	11,7%	**1,3%**	1993
Dt.Beteiligungs AG St.	5,5		5	10,0%	**-0,3%**	-1,5%	**1,2%**	
Karstadt	13		12	8,3%	**-1,3%**	-2,4%	**1,1%**	
Walter Bau St	11		10	10,0%	**0,4%**	0,2%	**0,2%**	
Frankf. Hyp.	16,5		15	10,0%	**-0,3%**	-0,1%	**-0,2%**	
CeWeColor	13		12	8,3%	**48,6%**	48,9%	**-0,2%**	1993
Neckarwerke	7,75		7	10,7%	**0,6%**	1,6%	**-1,0%**	
Contigas	8,75		8	9,4%	**-0,7%**	1,1%	**-1,8%**	
Schering	14,2		13	9,4%	**-0,4%**	1,5%	**-1,8%**	
BHF-Bank	14,5		13	11,5%	**15,4%**	17,6%	**-1,9%**	1993

Unternehmen, die für 1993 die Bruttodividende konstant gelassen haben	Bardividende für 1993	Bonus	Bardividende für 1992	Änderung Bardiv.	Steigerung Bruttodiv.-summe	Änder. JÜvst aus EK56	Änderung Ausschütt.-quote	Kapitalerhöhung
Hapag Loyd	11		10	10,0%	**-1,0%**	1,5%	**-2,4%**	
Heilit u. Woerner St.	11		10	10,0%	**0,6%**	3,2%	**-2,6%**	
Kaufhof St.	13,5		12	12,5%	**4,0%**	8,3%	**-3,9%**	
Grohe St.	12,5		11	13,6%	**3,5%**	7,9%	**-4,1%**	
Nordhypo	7		6	16,7%	**6,9%**	14,9%	**-7,0%**	
Fuchs-Petrolub St.	4,5		4	12,5%	**2,0%**	9,9%	**-7,2%**	
VEW	7,5		6,5	15,4%	**5,5%**	13,6%	**-7,2%**	
Bayer. Hypo	14,5		13	11,5%	**21,2%**	30,6%	**-7,2%**	1993
AMB	14		12,5	12,0%	**2,3%**	10,4%	**-7,4%**	
Volksfürsorge	14		12,5	12,0%	**2,4%**	10,7%	**-7,5%**	
Isar-Amperwerke	8,5		8	6,3%	**-3,4%**	6,4%	**-9,2%**	
Allianz Leben	10		9	11,1%	**2,1%**	14,1%	**-10,5%**	
Rhön-Klinikum St.	13,5		12	12,5%	**23,6%**	41,4%	**-12,6%**	1993
DSL Holding	7,5		7	7,1%	**-2,0%**	14,2%	**-14,2%**	
Reinhold&Mahla	9		8	12,5%	**-1,0%**	19,9%	**-17,4%**	
Veba	13		12	8,3%	**4,1%**	26,1%	**-17,5%**	
Wayss&Freytag	11		10	10,0%	**18,9%**	47,9%	**-19,7%**	1993
DBV Holding	9		8	12,5%	**3,0%**	29,8%	**-20,7%**	
Energievers. Ostbayern	8		7	14,3%	**2,4%**	29,4%	**-20,9%**	

Unternehmen, die für 1993 die Bruttodividende konstant gelassen haben	Bardividende für 1993	Bonus	Bardividende für 1992	Änderung Bardiv.	Steigerung Bruttodiv.-summe	Änder. JÜvst aus EK56	Änderung Ausschütt.-quote	Kapital-erhöhung
Bilfinger + Berger	13,5		12	12,5%	**4,1%**	32,2%	**-21,2%**	
Beiersdorf	14,5		13	11,5%	**1,4%**	32,0%	**-23,2%**	
Salamander	10		9	11,1%	**3,6%**	39,9%	**-25,9%**	
Lech Elekt.	10		9	11,1%	**0,6%**	38,0%	**-27,1%**	
Holzmann	13,5		12	12,5%	**15,6%**	66,0%	**-30,3%**	1993
Victoria Vers.	10	1	10	10,0%	**0,6%**	50,7%	**-33,3%**	
Colonia Konz. St.	10		9	11,1%	**1,4%**	54,9%	**-34,6%**	
Baywa	7		6,4	9,4%	**-0,5%**	63,7%	**-39,2%**	

Quelle: Eigene Berechnungen, Daten von Wadewitz (1994) und Saling Aktienführer (1994 und 1995)

Anhang VI Beziehungen der Ausschüttungskomponenten untereinander für verschiedene Klassen des verwendbaren Eigenkapitals

Klassen verwendbaren Eigenkapitals	EK56		EK56		EK50		EK50		EK45	
Steuersatz bei Ausschüttung	sa = 36%		sa = 30%		sa = 36%		sa = 30%		sa = 30%	
	als Bruch	in %	als Bruch	in %	als Bruch	in %	als Bruch	in %	als Bruch	in %
gesuchte Größe	**im Verhältnis zum verwendbaren Gewinn**									
verwendb. Gewinn=100%		100,00%		100,00%		100,00%		100,00%		100,00%
Körpersch.st.minderung	20/44	45,45%	26/44	59,09%	14/50	28,00%	20/50	40,00%	15/55	27,27%
Bardividende	64/44	145,45%	70/44	159,09%	64/50	128,00%	70/50	140,00%	70/55	127,27%
Körpersch.st.anrechnung	36/44	81,82%	30/44	68,18%	36/50	72,00%	30/50	60,00%	30/55	54,55%
Bruttodividende	100/44	227,27%	100/44	227,27%	100/50	200,00%	100/50	200,00%	100/55	181,82%
gesuchte Größe	**im Verhältnis zu der verursachenden Bardividende**									
Bardividende=100%		100,00%		100,00%		100,00%		100,00%		100,00%
verwendbarer Gewinn	44/64	68,75%	44/70	62,86%	50/64	78,13%	50/70	71,43%	55/70	78,57%
Körpersch.st.minderung	20/64	31,25%	26/70	37,14%	14/64	21,88%	20/70	28,57%	15/70	21,43%
Körpersch.st.anrechnung	36/64	56,25%	30/70	42,86%	36/64	56,25%	30/70	42,86%	30/70	42,86%
Bruttodividende	100/64	156,25%	100/70	142,86%	100/64	156,25%	100/70	142,86%	100/70	142,86%

Klassen verwendbaren Eigenkapitals	EK56		EK56		EK50		EK50		EK45	
Steuersatz bei Ausschüttung	sa = 36%		sa = 30%		sa = 36%		sa = 30%		sa = 30%	
	als Bruch	in %	als Bruch	in %	als Bruch	in %	als Bruch	in %	als Bruch	in %
gesuchte Größe	im Verhältnis zu der verursachenden Bruttodivdende									
Bruttodividende = 100%		100%		100%		100%		100%		100%
verwendb.Gewinn	44/100	44%	44/100	44%	50/100	50%	50/100	50%	55/100	55%
Körpersch.st.minderung	20/100	20%	26/100	26%	14/100	14%	20/100	20%	15/100	15%
Körpersch.st.anrechnung	36/100	36%	30/100	30%	36/100	36%	30/100	30%	30/100	30%
Bardividende	64/100	64%	70/100	70%	64/100	64%	70/100	70%	70/100	70%
Bei folgenden Änderungen veränderte sich die Thesaurierung entgegengesetzt um die jeweils angegebenen Prozent der Änderung										
Änderung Bruttodividende		36,00%		30,00%		36,00%		30,00%		30,00%
Änderung Ausschütt.quote		54,55%		40,91%		72,00%		60,00%		72,73%
Änderung Bardividende		68,75%		62,86%		78,13%		71,43%		78,57%

Quelle: Eigene Zusammenstellung

Quellenverzeichnis

Aharony, Joseph und Amihud Dotan (1994), Regular Dividend Announcements and Future Unexpected Earnings: An Empirical Analysis, in: The Financial Review 29, 125-151.

Aharony, Joseph und Itzhak Swary (1980), Quarterly Dividend and Earnings Announcements and Stockholders' Returns: An Empirical Analysis, in: Journal of Finance 35, 1-12.

Aharony, Joseph und Itzhak Swary (1996), Additional Evidence on the Information-based Contagion Effects of Bank Failures, in: Journal of Banking and Finance 20, 57-69.

Akhigbe, Aigbe und Jeff Madura (1996), Dividend Policy and Corporate Performance, in: Journal of Business, Finance and Accounting 23, 1267-1287.

Allen, Franklin und Roni Michaely (1995), Dividend Policy, in: Jarrow, R. [Hrsg.], Handbooks in Operations Research and Management Science 9, 793-837.

Allen, Franklin und Roni Michaely (2001), Payout Policy, in: Working Paper, The Wharton School, University of Pennsylvania, erscheint in: Constandinides, George, Milton Harris und Rene Stulz (Hrsg.), North Holland Handbooks of Economics.

Allen, Franklin, Antonio E. Bernardo und Ivo Welch (2000), A Theory of Dividends Based on Tax Clientels, in: Journal of Finance 55, 2499-2536.

Ambarish, Ramasastry, Kose John und Joseph Williams (1987), Efficient Signalling with Dividends and Investments, in: Journal of Finance 42, 321-343.

Amihud, Yakov und Maurizio Murgia (1997), Dividends, Taxes and Signaling: Evidence from Germany, in: Journal of Finance 52, 397-408.

Amoako-Adu, Ben (1983), The Canadian Tax Reform and its Effect on Stock Prices: A Note, in: Journal of Finance 38, 1669-1676.

Ang, James S. und David R. Petersen (1985), Return, Risk, and Yield: Evidence from Ex Ante Data, in: Journal of Finance 40, 537-548.

Angel, James J., Gary L. Gastineau und Clifford J.Weber (1997), Using Exchange-Traded Equity FLEX Put Options in Corporate Stock Repurchase Programs, in: Journal of Applied Corporate Finance 10, 109-113.

Asquith, Paul und David W. Mullins Jr. (1983), The Impact of Initiating Dividend Payments on Shareholder's Wealth, in: Journal of Business 56, 77-96.

Bajaj, Mukesh und Anand M. Vijh (1990), Dividend Clienteles and the Information Content of Dividend Changes, in: Journal of Financial Economics 26, 193-219.

Barclay, Michael J. (1987), Dividend, Taxes, and Common Stock Prices - The Ex-Dividend Day Behaviour of Common Stock Prices Before the Income Tax, in: Journal of Financial Economics 33, 31-44.

Barclay, Michal J., Clifford W. Smith und Ross L. Watts (1995), The Determinants of Corporate Leverage and Dividend Policies, in: Journal of Applied Corporate Finance 7, 4-19.

Baums, Theodor (1996), Vollmachtstimmrecht der Banken - Ja oder Nein?, in: Die Aktiengesellschaft 41, 11-26.

Baums, Theodor und C. Fraune (1995), Institutionelle Anleger und Publikumsgesellschaft: Eine empirische Untersuchung, in: Die Aktiengesellschaft 40, 97-112.

Baums, Theodor und Philipp von Randow (1995), Der Markt für Stimmrechtsvertreter, in: Die Aktiengesellschaft 40, 145-163.

Bay, Wolf (1990), Dividenden, Steuern und Steuerreformen: Ein internationaler Vergleich, Wiesbaden.

Bellstedt, Christoph (1988), Körperschaftsteuer-Tarifsenkung ab 1990 und Kapitalertragsteuer auf Schachteldividenden nach den DBA, in: Recht der Internationalen Wirtschaft 34, 285-286.

Benartzi, Shlomo, Roni Michaely und Richard Thaler (1997), Do Changes in Dividends Signal the Future or the Past?, in: Journal of Finance 52, 1007-1034.

Bergemann, Achim (2000), Unternehmenssteuerreform 2001: Schwerpunkte des Steuersenkungsgesetzes, in: Deutsches Steuerrecht 34, 1410-1419.

Bernheim, B. Douglas und Adam Wantz (1995), A Tax-Based Test of the Dividend Signaling Hypothesis, in: The American Economic Review 85, 532-551.

Bessler, Wolfgang (1999), Equity Returns, Bond Returns, and the Equity Premium in the German Capital Market, in: The European Journal of Finance 5, 186-201.

Bessler, Wolfgang (1999a), Bank: Theoretische Fundierung, in: Enzyklopädisches Lexikon für das Geld-, Bank- und Börsenwesen, Schriftleitung F. Thießen, Frankfurt, 114-131.

Bessler, Wolfgang (2001), Dividendenpolitik von Wachstumsunternehmen, in: Achleitner, A.-K. und A. Bassen (Hrsg.), Investor Relations am Neuen Markt, 291-317.

Bessler, Wolfgang und Tom Nohel (1996), The Stock-Market Reaction to Dividend Cuts and Omissions by Commercial Banks, in: Journal of Banking and Finance 20, 1485-1508.

Bessler, Wolfgang und Tom Nohel (2000), Asymmetric Information, Dividend Reductions, and Contagion Effects in Bank Stock Returns, in: Journal of Banking and Finance 24, 1831-1848.

Bessler, Wolfgang und Stefan Thies (2000), Theoretische Überlegungen zur optimalen Kapitalstruktur, in: Achleitner, A.-K. und G. F. Thoma (Hrsg.), Handbook Corporate Finance, Neue Konzepte, Strategien und Praxiswissen für das moderne Finanzmanagement, Kapitel 3.4.2, 1-26.

Bessler, Wolfgang und Stefan Thies (2000), Kapitalstruktur, Kapitalkosten und Informationseffekte: Grundsätzliche Überlegungen, in: Achleitner, A.-K. und G. F. Thoma (Hrsg.), Handbook Corporate Finance, Neue Konzepte, Strategien und Praxiswissen für das moderne Finanzmanagement, Kapitel 3.4.1, 1-20.

Bessler, Wolfgang und Stefan Thies (2000a), Informationseffekte bei Finanzierungsentscheidungen, in: Achleitner, A.-K. und G. F. Thoma (Hrsg.), Handbook Corporate Finance, Neue Konzepte, Strategien und Praxiswissen für das moderne Finanzmanagement, Kapitel 3.4.4, 1-46.

Bessler, Wolfgang, Fred R. Kaen und Heidemarie C. Sherman (1998), Going Public: A Corporate Governance Perspective, in: Hopt, K. J./Kanda, H./Roe, M. J./Wymeersch, E./Prigge, S. [Hrsg.], Comparative Corporate Governance – The State of the Art and Emerging Research, Oxford, 569-605.

Bessler, Wolfgang, Andreas Kurth und Stefan Thies (2001), Zur Bedeutung der Kapital- und Aktionärsstruktur beim Going Public am Neuen Markt, in: Achleitner, A.-K. und A. Bassen [Hrsg.], Investor Relations am Neuen Markt, 225-263.

Bessler, Wolfgang, James P. Murtagh und Dona Siregar (2001), Dividend Policy of Bank Initial Public Offerings. Working Paper, Justus-Liebig-Universität Giessen.

BGBl. I 1998, S. 786.

BGBl. I 1991, S. 1318 ff.

BGBl. I 1993, S. 1569-1593.

BGBl. I 1993, S. 944.

BGBl. I 2000, S. 1433.

BGBl. I 2001, S. 3858.

BGH, Urteil v. 3.7.2000 - ZR 12/99.

Bhardwaj, Ravinder K. und LeRoy D. Brooks (1996), New Evidence on Relationship between Dividend Yields and the Ex-Dividend Day Behaviour of Stock Prices, in: Annual Meeting of the Eastern Finance Association, Charlotte, North Carolina, 1-12.

Bhattacharya, Sudipto (1979), Imperfect Information, Dividend Policy and the "Bird in the Hand" Fallacy, in: Bell Journal of Economics 10, 259-270.

Black, Fisher and Myron Scholes (1974), The Effects of Dividend Yield and Dividend Policy on Common Stock Prices and Returns, in: Journal of Financial Economics 1, 1-22.

Blume, Marshall E. (1980), Stock Returns and Dividend Yields: Some More Evidence, in: The Review of Economics and Statistics 62, 567-577.

Böhm, Jürgen (1992), Der Einfluß der Banken auf Großunternehmen, Hamburg.

Bolik, Andreas (2001), Der „Halbabzug" im Halbeinkünfteverfahren, in: Betriebs-Berater 56, 811-813.

Born, Jeffery A. und James N. Rimbey (1993), A Test of the Easterbrook Hypothesis Regarding Dividend Payments and Agency Costs, in: The Journal of Financial Research 16, 251-260.

Booth, L. D. und D. J. Johnston (1984), The Ex-Dividend Day Behavior of Canadian Stock Prices: Tax Changes and Clientele Effects, in: Journal of Finance 39, 457-476.

Brandi, Ernst (1977), Informationsauswirkungen der Jahresabschlußveröffentlichung auf Entscheidungen am Aktienmarkt, Augsburg.

Brealey, Richard A. und Stewart C. Myers (2000), Principles of Corporate Finance, 6. Aufl., Bosten.

Breid, Volker (1995), Aussagefähigkeit agencytheoretischer Ansätze im Hinblick auf die Verhaltenssteuerung von Entscheidungsträgern, in: Zeitschrift für betriebswirtschaftliche Forschung 47, 821-854.

Brennan, Michael (1970), Taxes, Marketvaluation and Financial Policy, in: National Tax Journal 23, 417-429.

Brennan, Michael J. und Anjan V. Thakor (1990), Shareholder Preferences and Dividend Policy, in: Journal of Finance 45, 993-1019.

Brickley, James A. (1983), Shareholder Wealth, Information Signaling and the Specially Designated Dividend, in: Journal of Financial Economics 12, 187-209.

Brigham, Eugene F. und Louis C. Gapenski (1997), Financial Management - Theory and Practice, 8. Aufl., Fort Worth u.a.

Brook, Yaron, William T. Charlton Jr. und Robert J. Hendershott (1998), Do Firms Use Dividends to Signal Large Future Cash Flow Increases?, in: Financial Management 27, 46-57.

Buckley, A. (1999), An Introduction to Security Returns, in: The European Journal of Finance 5, 165-180.

Busse von Colbe, Walther (1999) (Hrsg.), Ergebnis und Cash Flow nach DVFA/SG, DVFA/SG Earnings per Share: gemeinsame Empfehlung der DVFA (Deutsche Vereinigung für Finanzanalyse und Anlageberatung e. V.) und der SG (Schmalenbachgesellschaft) zur Ermittlung eines von Sondereinflüssen bereinigten Jahresergebnisses pro Aktie, 4. Aufl., Stuttgart.

Campbell, John Y., W. L. Andrew und A. Craig MacKinlay (1997), The Econometrics of Financial Markets, Princeton.

Capitelli, Rene (1989), The Dividend Puzzle: Some Empirical Evidence on the Swiss Stock Market, in: Finanzmarkt und Portfolio Management 3, 263-270.

Carl Schenck AG (1993), Geschäftsbericht 1992/1993.

Carroll, Carolyn und R. Stephen Sears (1994), Dividend Announcements and Changes in Beta, in: The Financial Review 29, 371-393.

Cattelaens, Heiner (1994), Eigenkapitalaufteilung bei der Körperschaftsteuer, in: Der Betrieb 47, 1641-1644.

Charest, Guy (1978), Dividend Information, Stock Returns and Market Efficiency - II, in: Journal of Financial Economics 6, 297-330.

Christie, William G. (1990), Dividend Yield and Expected Returns, in: Journal of Financial Economics 28, 95-125.

Christie, William G. (1994), Are Dividend Omissions Truly the Cruelest Cut of All?, in: Journal of Financial and Quantitative Analysis 29, 459-480.

Conroy, Rober M. und Kenneth M. Eades (1996), The Information Content of Dividend Changes in Japan, Working Paper, University of Virginia, Charlottesville.

DAI Factbook (1997), Deutsches Aktieninstitut (Hrsg.).

Daimler-Benz AG (1997), Geschäftsbericht 1997.

Damodaran, Aswath (2000), Corporate Finance: Theory and Practice, 2. Aufl., New York.

Daske, Stefan und Olaf Ehrhardt (2001), Der Kurs- und Renditeunterschied von Stamm- und Vorzugsaktien – eine Untersuchung am deutschen Kapitalmarkt, Discussion Paper/Humboldt-Universität zu Berlin, Sonderforschungsbereich S 73.

DeAngelo, Harry und Linda DeAngelo (1990), Dividend Policy and Financial Distress: An Empirical Investigation of Troubled NYSE Firms, in: Journal of Finance 45, 1415-1431.

DeAngelo, Harry, Linda DeAngelo and Douglas J. Skinner (1992), Dividends and Losses, in: Journal of Finance 47, 1837-1863.

DeAngelo, Harry, Linda DeAngelo und Douglas J. Skinner (1996), Reversal of Fortune - Dividend Signaling and the Disappearance of Sustained Earnings Growth, in: Journal of Financial Economics 15, 341-371.

De Angelo, Harry, Linda DeAngelo and Douglas J. Skinner (2000), Special Dividends and the Evolution of Dividends, in: Journal of Financial Economics 57, 309-354.

Denis, David J., Diane K. Denis und Atulya Sarin (1994), The Information Content of Dividend Changes: Cash Flow Signaling, Overinvestment, and Dividend Clienteles, in: Journal of Financial and Quantitative Analysis 29, 567-587.

Deutsche Bundesbank (1995), Die Entwicklung des Wertpapierbesitzes in Deutschland seit Ende 1989, in: Monatsbericht 47 (8), 57-69.

Deutsche Bundesbank (1997), Die Aktie als Finanzierungs- und Anlageinstrument, in: Monatsbericht 49 (1), 27-41.

Deutsche Bundesbank (2000), Die Beziehung zwischen Bankkrediten und Anleihemarkt in Deutschland, in: Monatsbericht 52 (1), 33-48.

Dewenter, Kathryn L. und Vincent A. Warther (1998), Dividends, Asymetric Information, and Agency Conflicts: Evidence from a Comparison of the Dividend Policies of Japanese and U.S. Firms, in: Journal of Finance 53, 879-904.

Dhillon, Upinder S. und Herb Johnson (1994), The Effect of Dividend Changes on Stock and Bond Prices, in: Journal of Finance 49, 281-289.

Dimson, Elroy und Paul Marsh (1986), Event Study Methodologies and the Size Effect, in: Journal of Financial Economics 17, 113-142.

Dötsch, Ewald (1979), Behandlung ausländischer Einkünfte bei der Gliederung des verwendbaren Eigenkapitals (I), in: Der Betrieb 32, 1428-1431.

Dötsch, Ewald (1993), Standortsicherungsgesetz: Auseinderfallen von Stammrecht und Dividendenschein - Dividenden-Stripping, in: Der Betrieb 46, 1842-1848.

Dötsch, Ewald (1993a), Standortsicherungsgesetz: Auswirkungen auf das körperschaftsteuerliche und auf das einkommensteuerliche Anrechnungsverfahren, in: Der Betrieb 46, 1790-1796.

Dötsch, Ewald (1993b), Föderales Konsolidierungsprogramm: Der neue Solidaritätszuschlag zur Körperschaftsteuer, in: Der Betrieb 46, 1440-1444.

Dötsch, Ewald (1993c), Beabsichtigte Änderungen des Standortsicherungsgesetzes durch das Mißbrauchsbekämpfungs- und Steuerbereinigungsgesetz im Bereich der Körperschaftsteuer, in: Der Betrieb 46, 2200-2201.

Dötsch, Ewald und Alexandra Pung (2000), Steuersenkungsgesetz: Die Änderungen bei der Körperschaftsteuer und bei der Anteilseignerbesteuerung, in: Der Betrieb 53, Beilage Nr. 10, 1-27.

Drukarczyk, Jochen und Hartmut Schmidt (1997), Permanente Unternehmenskontrolle statt gelegentlicher Schreckschüsse!, in: Wirtschaftsdienst, 261-263.

Dugan, Gary und Caroline Méroz (1996), Share Buybacks –Theory and Practice-,in: J.P.Morgan Securities Ltd. – Equity Research vom 24.10.1996, London.

Dyl, Edward A. und Robert A. Weigand (1998), The Information Content of Dividend Initiations: Additional Evidence, in: Financial Management 27, 27-35.

Eades, Kenneth M., Patrick J. Hess und E. Han Kim (1984), On Interpreting Security Returns during the Ex-Dividend Period, in: Journal of Financial Economics 13, 3-34.

Eades, Kenneth M., Patrick J. Hess und E. Han Kim (1985), Market Rationality and Dividend Announcements, in: Journal of Financial Economics 14, 581-604.

Eades, Kenneth M., Patrick J. Hess und E. Han Kim (1994), Time-Series Variation in Dividend Pricing, in: Journal of Finance 49, 1617-1638.

Easterbrook, Frank H. (1984), Two Agency-Cost Explanations of Dividends, in: American Economic Review 74, 650-659.

Edwards, Jeremy und Marcus Nibler (2000), Corporate Governance in Germany: The Role of Banks and Ownership Concentration, in: Economic Policy, 239-267.

Elton, Edwin J. und Martin J. Gruber (1970), Marginal Stockholder Tax Rates and the Clientele Effect, in: Review of Economics and Statistics 52, 68-74.

Elton, Edwin J., Martin J. Gruber und Joel Rentzler (1984), The Ex-Dividend Day Behavior of Stock Prices; A Reexamination of the Clientele Effect: A Comment, in: Journal of Finance 34, 551-556.

Ehrhardt, Olaf (1997), Börseneinführungen von Aktien am deutschen Kapitalmarkt, Wiesbaden.

Erhardt, Olaf und Eric Nowak (2002), Evolution von Aktionärsstrukturen, Kontrolltransfers und Performanceunterschiede bei Börsengängen deutscher Familienunternehmen, in: Zeitschrift für Betriebswirtschaft – Ergänzungsheft 2/2002, 25-31.

Fama, E. und H. Babiak (1968), Dividend Policy: An Empirical Analysis, in: Journal of American Statistical Association 63, 1132-1161.

Fama, Eugene F. und Kenneth R. French (2001), Disappearing Dividends: Changing Firm Characteristics or Lower Propensity to Pay?, in: Journal of Financial Economics 60, 3-43.

Fedenia, Mark und Theoharry Grammatikos (1991), Portfolio Rebalancing and the Effective Taxation of Dividends and Capital Gains Following the Tax Reform Act of 1986, in: Journal of Banking and Finance 15, 501-519.

Fedenia, Mark und Theoharry Grammatikos (1993), Risk Premia and the Ex-Dividend Stock Price Behaviour, in: Journal of Banking and Finance 17, 575-589.

Firth, Michael (1996), Dividend Changes, Abnormal Returns, and Intra-Industry Firm Valuations, in: Journal of Financial and Quantitative Analysis 31, 189-211.

Fischer, Lutz und Perygrin Warneke (1988), Internationale betriebswirtschaftliche Steuerlehre, 3. Aufl., Berlin.

Franks, Julian R. und Colin Mayer (2001), Ownership and Control of German Corporations, in: The Review of Financial Studies 14, 943-978.

Frotscher, Gerrit (2000), Die körperschaftsteuerliche Übergangsregelung nach dem Steuersenkungsgesetz, in: Betriebs-Berater 45, 2280-2293.

Gerke, Wolfgang, Marc Oerke und Arnd Sentner (1997), Dividendenänderungen auf dem deutschen Aktienmarkt, in: Die Betriebswirtschaft 57, 810-822.

Ghosh, Chinmoy und J. Randall Woolridge (1988), An Analysis of Shareholder Reaction to Dividend Cuts and Omissions, in: The Journal of Financial Research 11, 281-294.

Göppl, Hermann und Heinrich Schütz (1995), Die Konzeption eines Deutschen Aktienindex für Forschungszwecke (DAFOX), in: Diskussionspapier Nr. 182, Universität Karlsruhe.

Götz, Burkhard H. (1997), Die Beurteilung der Alternativen zur reinen Bardividende in Deutschland, Frankfurt am Main.

Gordon, M., (1959), Dividends, Earnings, and Stock Prices, in: Review of Economics and Statistics 41, 99-105.

Gordon, Roger H. und David F. Bradford (1980), Taxation and the Stock Market Valuation of Capital Gains and Dividends, in: Journal of Public Economics 14, 109-136.

Gorton, Gary und Frank A. Schmid (2000), Universal Banking and the Performance of German Firms, in: Journal of Financial Economics 58, 29-80.

Gosnell, Thomas F., Arthur J. Keown, John M. Pinkerton (1996), The Intraday Speed of Stock Price Adjustment to Major Dividend Changes: Bid - Ask Bounce and Order Flow Imbalances, in: Journal of Banking and Finance 20, 247-266.

Graham, B. und D. Dodd (1951), Security Analysis, 3. Aufl., New York.

Graham, B., D. Dodd und S. Cottle (1962), Security Analysis, 4. Aufl., New York.

Grammatikos, Theoharry (1989), Dividend Stripping, Risk Exposure, and the Effect of the 1984 Tax Reform Act on the Ex-Dividend Day Behavior, in: Journal of Business 62, 157-173.

Grullon, Gustavo, Roni Michaely und Bhaskaran Swaminathan (2002), Are Dividend Changes a Sign of Firm Maturity?, in: Journal of Business 75, 387-424.

Haegert, Lutz und Peter Lehleiter (1985), Das Ausschüttungsverhalten deutscher Aktiengesellschaften unter dem Einfluß der Körperschaftsteuerreform, in: Zeitschrift für betriebswirtschaftliche Forschung 37, 912-923.

Handjinicolaou, George und Avner Kalay (1984), Wealth Redistributions or Changes in Firm Value – An Analysis of Returns to Bondholders and Stockholders around Dividend Announcements, in: Journal of Financial Economics 13, 35-63.

Hansen, Herbert (1977), Die Durchschnittsdividende börsennotierter Aktien, in: Die Aktiengesellschaft 22, AG-Report 8/1977, XXII.

Hansen, Herbert (1979), Dividendenergebnisse, in: Die Aktiengesellschaft 24, AG-Report, R4.

Hansen, Herbert (1979), Leicht gestiegene Durchschnittsdividende, in: Die Aktiengesellschaft 24, AG-Report, R100.

Hansen, Herbert (1980), Die Dividenden der Börsengesellschaften, in: Die Aktiengesellschaft 25, AG-Report, R103-R106.

Hansen, Herbert (1981), Dividendenergebnisse nach Wirtschaftszweigen, in: Die Aktiengesellschaft 26, AG-Report, R143-R144.

Hansen, Herbert (1982), Geringere Gewinnausschüttungen, in: Die Aktiengesellschaft 27, AG-Report, R171-R172.

Hansen, Herbert (1983), Erneuter Rückgang der Gewinnausschüttungen, in: Die Aktiengesellschaft 28, AG-Report, R102-R106.

Hansen, Herbert (1984), Verbesserte Dividenden der Börsengesellschaften, in: Die Aktiengesellschaft 29, AG-Report, R166.

Hansen, Herbert (1985), Erhöhte Gewinnausschüttungen für das Geschäftsjahr 1984, in: Die Aktiengesellschaft 30, AG-Report, R255.

Hansen, Herbert (1986), Kräftiger Anstieg der Gewinnausschüttungen, in: Die Aktiengesellschaft 31, AG-Report, R214.

Hansen, Herbert (1987), Leichter Anstieg der Gewinnausschüttungen, in: Die Aktiengesellschaft 32, AG-Report, R314.

Hansen, Herbert (1988), Verbessertes Gesamtergebnis der Dividendenzahlungen, in: Die Aktiengesellschaft 33, AG-Report, R290-R292.

Hansen, Herbert (1989), Neuer Höchststand der Durchschnittsdividende, in: Die Aktiengesellschaft 34, AG-Report, R308-R312.

Hansen, Herbert (1990), Die Dividende der Börsengesellschaften stieg erneut an, in: Die Aktiengesellschaft 35, AG-Report, R371.

Hansen, Herbert (1991), Geringerer Anstieg der Durchschnittsdividende, größere Branchendifferenzierung, in: Die Aktiengesellschaft 36, AG-Report, R366-R367.

Hansen, Herbert (1993), Ausgeprägte Dividendenrückgänge bei Börsengesellschaften, in: Die Aktiengesellschaft 38, AG-Report, R353-R354.

Hansen, Herbert (1994), Dividendenrückgang in der Industrie, aber höhere Ausschüttungen bei Banken und Versicherungen, in: Die Aktiengesellschaft 39, AG-Report, R339-R340.

Hansen, Herbert (1995), Erhöhte Dividendenzahlungen der Börsengesellschaften, in: Die Aktiengesellschaft 40, AG-Report, R379-R380.

Hansen, Herbert (1996), Erhöhte Durchschnittsdividende für das Geschäftsjahr 1995, in: Die Aktiengesellschaft 41, AG-Report, R419-R420.

Hansen, Herbert (1997), Börsengesellschaften erhöhen Gewinnausschüttung auf 22,5 Mrd. DM, in: Die Aktiengesellschaft 42, AG-Report, R375-R378.

Hansen, Herbert (2001), Erhebliche Dividendenunterschiede zwischen dem Alten und Neuen Markt, in: Die Aktiengesellschaft 46, AG-Report, R278-R282.

Hansen, Herbert (2001a), Zum Jahresende 2000: 10582 Aktiengesellschaften, in: Die Aktiengesellschaft 46, AG-Report, R67-R68.

Hartmann-Wendels, Thomas (1986), Dividendenpolitik bei asymmetrischer Informationsverteilung, Wiesbaden.

Hartmond, Anette (1993), Bewertung junger Aktien, Wiesbaden.

Hax, Herbert (1979), Zur Bedeutung der Körperschaftsteuerreform von 1977 für die Dividendenpolitik von Aktiengesellschaften, in: Zeitschrift für betriebswirtschaftliche Forschung 31, 322-334.

Healy, Paul M. und Krishna G. Palepu (1988), Earnings Information Conveyed by Dividend Initiations and Omissions, in: Journal of Financial Economics 20, 149-175.

Heath, David C. und Robert A. Jarrow (1988), Ex-Dividend Stock Price Behavior and Arbitrage Opportunities, in: Journal of Business 61, 95-108.

Hefermehl, Wolfgang (2001), Einführung, in : Aktiengesetz GmbH-Gesetz, 33. Aufl., Deutscher Taschenbuchverlag München, IX-XXXX.

Heiden, Stefan (2001), Kursreaktionen auf Dividendenänderungen deutscher Unternehmen, Universität Frankfurt/Main.

Herzig, Norbert und Guido Förster (1987), Steuerwirkungen der geplanten Absenkung der körperschaftsteuerlichen Tarifbelastung, in: Der Betrieb 40, 1205-1210.

Herzig, Norbert und Oliver Hötzel (1988), Ausschüttungsbedingte Teilwertabschreibungen - Zugleich kritische Auseinandersetzung mit § 26 Abs. 8 KStG und § 8 Nr. 10 GewStG -, in: Der Betrieb 41, 2265-2272.

Herzig, Norbert und Uwe Lochmann (2000), Steuersenkungsgesetz: Die Steuerermässigung für gewerbliche Einkünfte bei der Einkommensteuer in der endgültigen Regelung, in: Der Betrieb 43, 1728-1735.

Herzig, Norbert und Joachim Schiffers (1994), Rechtsformwahl unter Beachtung der laufenden Besteuerung und von aperiodischen Besteuerungstatbeständen, in: Steuer und Wirtschaft 71 (24), 103-120.

Heß, Jürgen und Wolfgang Neyer (1994), Zwangsumgliederung der EK56 - Belastungswirkung und Gestaltungsmöglichkeiten, in: Der Betrieb 47, 2364-2366.

Hess, Patrick J. (1982), The Ex-Dividend Day Behavior of Stock Returns: Further Evidence on Tax Effects, in: Journal of Finance 37, 445-456.

Hess, Patrick J. (1983), Test for Tax Effects in the Pricing of Financial Assets, in: Journal of Business 56, 537-554.

Hockmann, Heinz J. (1981), Gewinnverwendungspolitik, Berlin.

Holtrup, Axel (1993), Ergebnisse der Börseneinführungen in Deutschland – Ursachen und ihre Lektionen für die Zukunft, in: Die Aktiengesellschaft 38, R98-R104.

Hoppenstedt , Aktienführer (1996 - 2000), Darmstadt u.a.

Hundsdoerfer, Jochen (2001), Halbeinkünfteverfahren und Lock-In-Effekt, in: Steuer und Wirtschaft 78 (31), 113-125.

Hundt, Florenz (1993), Standortsicherungsgesetz: Außensteuerliche Änderungen - Einfügung von § 8b KStG sowie Änderungen des § 26 KStG, des UmwStG und des AStG (Teil 1), in: Der Betrieb 46, 2048-2053.

Hubbard, Jeff und Roni Michaely (1997), Do Investors Ignore Dividend Taxation? A Reexamination of the Citizens Utilities Case, in: Journal of Financial and Quantative Analysis 32, 117-135.

Impson, Michael (1997), Market Reaction to Dividend-Decrease Announcements: Public Utilities vs. Unregulated Industrial Firms, in: Journal of Financial Research 20, 407-422.

Jagannathan, Murali, Clifford P. Stephens und Michael S. Weisbach (2000), Financial Flexibility and the Choice Between Dividends and Stock Repurchases, in: Journal of Financial Economics 57, 355-384.

Jensen, Gerald R. und James M. Johnson (1995), The Dynamics of Corporate Dividend Reductions, in: Financial Management 24, 31-51.

Jensen, Michael C. (1986), Agency Costs of Free Cash Flow, Corporate Finance, and Takeovers, in: American Economic Review 76, 323-329.

Jensen, Michael C. und William H. Meckling (1976), Theory of the Firm: Managerial Behaviour, Agency Costs and Ownership Structures, in: Journal of Financial Economics 3, 305-360.

John, Kose und Larry H. P. Lang (1991), Insider trading around Dividend Announcements: Theory and Evidence, in: Journal of Finance 46, 1361-1389.

John, Kose und Joseph Williams (1985), Dividends, Dilution, and Taxes: A Signalling Equilibrium, in: Journal of Finance 40, 1053-1070.

Jung, Axel und Frank Wachtler (2001), Die Kursdifferenz zwischen Stamm- und Vorzugsaktien, in: Die Aktiengesellschaft 46, 513-520.

Kaen, Fred und Heidemarie C. Sherman (1997), Die deutschen Banken und ihr Einfluß auf Unternehmensentscheidungen, in: IFO Schnelldienst 50, 23/97, 3-20.

Kalay, Avner (1982), The Ex-Dividend Day Behavior of Stock Prices: A Reexamination of the Clientele-Effect, in: Journal of Finance 39, 557-561.

Kalay, Avner (1982a), Stockholder-Bondholder Conflict and Dividend Constraints, in: Journal of Financial Economics 10, 211-233.

Kalay, Avner (1984), The Ex-Dividend Day Behavior of Stock Prices: A Reexamination of the Clientele-Effect: A Reply, in: Journal of Finance 37, 1059-1070.

Kalay, Avner und Uri Loewenstein (1986), The Informational Content of the Timing of Dividend Announcements, in: Journal of Financial Economics 16, 373-388.

Kane, Alex, Young Ki Lee und Alan Marcus (1984), Earnings and Dividend Announcements: Is there a Corroboration Effect?, in: Journal of Finance 39, 1091-1099.

Karpoff, Jonathan M. und Ralph A. Walkling (1988), Short-Term Trading around Ex-Dividend Days, in: Journal of Financial Economics 21, 291-298.

Karpoff, Jonathan M. und Ralph A. Walkling (1990), Dividend Capture in NASDAQ stocks, in: Journal of Financial Economics 28, 39-65.

Kaserer, Christoph und Andreas Brunner (1997), Die kurz- und langfristigen Kurseffekte von Kapitalerhöhungen aus Gesellschaftsmitteln - Eine empirische Untersuchung für den deutschen Kapitalmarkt, in: Finanzmarkt und Portfolio-Management 11, 77-95.

Keen Jr., Howard (1983), The Impact of a Dividend Cut Announcements on Bank Price Shares, in: Journal of Bank Research, 274-281.

Kellerhans, Philipp und Elmar Rausch (2000), Die Liberalisierung von Aktienrückkäufen: Bundesdeutsche Erfahrungen, in: Die Aktiengesellschaft 45, 222-225.

Klingberg, Dietgard (1998), Der Aktienrückkauf nach dem KonTraG aus bilanzieller und steuerlicher Sicht, in: Betriebs-Berater 53, 1575-1581.

Knobbe-Keuk, Brigitte (1979), Bilanz- und Unternehmenssteuerrecht, 2. Aufl., Köln.

Knobbe-Keuk, Brigitte (1993), Bilanz- und Unternehmenssteuerrecht, 9. Aufl., Köln.

Knoll, Leonhard, Jochen Knoesel und Uwe Probst (1997), Aufsichtsratvergütungen in Deutschland: Empirische Befunde, in: Zeitschrift für betriebswirtschaftliche Forschung 49, 236-253.

König, Rolf Jürgen (1990), Ausschüttungsverhalten von Aktiengesellschaften, Besteuerung und Kapitalmarktgleichgewicht, Hamburg.

Kopfer, Herbert, Franz Jürgen Marx, Petra Maria Rist und Jörn Schönberger (2001), Möglichkeiten und Grenzen aktueller Schütt-aus-hol-Zurück-Strategien unter Einsatz mathematischer Optimierungsverfahren, in: Betriebs-Berater 56, 1013-1019.

Koski, Jennifer Lynch (1996), A Microstructure Analysis of Ex-Dividend Stock Price Behaviour Before and After the 1984 and 1986 Tax Reform Acts, in: Journal of Business 69, 313-338.

Kotz, Ken (1999), IPO Underpricing, Information Asymmetry, and Dividend Policy, Working Paper University of Rochester, Rochester.

Krawitz, Norbert (2000), Betriebswirtschaftliche Anmerkungen zum Halbeinkünfteverfahren, in: Der Betrieb 35, 1721-1727.

Kullmann, Walburga und Rick van Aerssen (2000), Neuer Markt und EASDAQ: ein Vergleich der Zulassungsvoraussetzungen und Zulassungsfolgepflichten, in: Zeitschrift für Bankrecht und Bankwirtschaft 12, 10-32.

Kumar, P. (1988), Shareholder-Manager Conflict and the Information Content of Dividends, in: Review of Financial Studies 1, 111-136.

Kußmaul, Heinz und Stefan Beckmann (2001), Die Dividendenbesteuerung im nationalen und internationalen Kontext, in: Der Betrieb 54, 608-615.

Kussel, Ulrich (1994), Steuerliche Überlegungen zum Ausschüttungsverhalten von Kapitalgesellschaften im Jahr 1994, in: Der Betrieb 47, 552-555.

Küting, Karlheinz und Claus-Peter Weber (Hrsg.) (1989), Handbuch der Konzernrechnungslegung: Kommentar zur Bilanzierung und Prüfung, Stuttgart.

La Porta, Rafael, Florencio Lopez-de-Silanes, Andrei Shleifer und Robert W. Vishny (2000), Agency Problems and Dividend Policies around the World, in: Journal of Finance 55, 1-33.

Lakonishok, Josef und Theo Vermaelen (1983), Tax Reform and Ex-Dividend Day Behavior, in: Journal of Finance 38, 1157-1179.

Lakonishok, Josef und Theo Vermaelen (1986), Tax-Induced Trading around Ex-Dividend Days, in: Journal of Financial Economics 16, 287-319.

Lammert, Bernhard (1987), Selbstfinanzierungsentscheidungen: Quantifizierung des Einflusses von Ergebnisausweis- und Gewinnverwendungsentscheidungen auf Dividenden und Ertragssteuern, Hamburg.

Lang, Bianca (2001), Körperschaftsteuererhöhung und –minderung bei offenen und verdeckten Gewinnausschüttungen während der fünfzehnjährigen Übergangszeit, in: Der Betrieb 54, 2110-2115.

Lang, Larry H. P. und Robert H. Litzenberger (1989), Dividend Announcements: Cash Flow Signalling vs. Free Cash Flow Hypothesis, in: Journal of Financial Economics 24, 181-191.

Lasfer, M. Ameziane (1995), Ex-Day Behaviour: Tax or Short-Term Trading Effects, in: Journal of Finance 50, 875-897.

Lasfer, M. Ameziane (1996), Taxes and Dividends: The UK Evidence, in: Journal of Banking and Finance 20, 455-472.

Lease, Ronald C., Kose John, Avner Kalay, Uri Loewenstein und Oded H. Sarig (2000), Dividend Policy: Its Impact on Firm Value, Boston.

Lintner, John (1956), Distribution of Incomes of Corporations Among Dividends, Retained Earnings, and Taxes, in: American Economic Review 46, 97-113.

Lipson, M., C. Maquieira und W. Megginson (1998), Dividend initiations and earnings surprises, in: Financial Management 27, 36-45.

Litzenberger, Robert H. und Krishna Ramaswamy (1979), The Effect of Personal Taxes and Dividends on Capital Asset Prices, in: Journal of Financial Economics 7, 163-195.

Litzenberger, Robert H. und Krishna Ramaswamy (1982), The Effect of Dividends on Common Stock Prices – Tax Effects or Information Effects?, in: Journal of Finance 37, 429-443.

Loderer, Claudio F. und David C. Mauer (1992), Corporate Dividends and Seasoned Equity Issues: An Empirical Investigation, in: Journal of Finance 47, 201-225.

Löwe, Claus (1998), Feinsteuerung der Kapitalstruktur, in: Handelsblatt vom 28.04.1998, 26.

Long Jr., John B. (1977), Efficient Portfolio Choice with Differential Taxation of Dividends and Capital Gains, in: Journal of Financial Economics 5, 25-53.

Long Jr., John B. (1978), The Market Valuation of Cash Dividends – A Case to Consider, in: Journal of Financial Economics 6, 235-264.

Loos, Gerold (1976), Probleme der erstmaligen Anwendung des KStG/EStG 77 und Hinweise zur Übergangsphase, in: Der Betrieb 29, 2031-2034.

Lückmann, Reinhard (1998), Nach wie vor wird gekleckert statt geklotzt, in: Handelsblatt vom 17.08.1998, 19.

LZB (1998), Frankfurter Finanzmarkt-Bericht Nr. 29 vom Februar 1998, zitiert nach o.V. (1998), Dem Dividendenstripping auf der Spur, in: Die Aktiengesellschaft 43, AG-Report, R116-R122.

Maiterth, Ralf und Birk Semmler (2000), Kritische Anmerkungen zur geplanten Substitution des körperschaftsteuerlichen Anrechnungssystems durch das sogenannte „Halbeinkünfteverfahren" im Zuge des Steuersenkungsgesetzes, in: Betriebs-Berater 55, 1377-1387.

Manuel, Timothy A., LeRoy D. Brooks und Frederick P. Schadler (1993), Common Stock Price Effects of Security Issues Conditioned by Current Earnings and Dividend Announcements, in: Journal of Business 66, 571-593.

Marseguera, Giovanni (1998), Corporate Financial Decisions and Market Value: Studies on Dividend Policy, Price Volatility, and Ownership Structure, Heidelberg.

Megginson, William L. (1997), Dividend Policy, in: Corporate Finance Theory, 353-387.

Michaely, Roni (1991), Ex-Dividend Day Stock Price Behavior : The Case of the 1986 Tax Reform Act, in: Journal of Finance 46, 845-860.

Michaely, Roni und Jean-Luc Vila (1995), Investors' Heterogeneity, Prices, and Volume around the Ex-Dividend Day, in: Journal of Financial and Quantitative Analysis 30, 171-198.

Michaely, Roni, Richard H. Thaler und Kent L. Womack (1995), Price Reactions to Dividend Initiations and Omissions: Overreaction or Drift?, in: Journal of Finance 50, 573-608.

Miller, Merton H. (1987), The Informational Content of Dividends, in: Dornbusch, Ridiger, Stanley Fischer und John Bossons (Hrsg.), Macroeconomics and Finance: Essays in Honor of Franco Modigliani, Cambridge, 37-58.

Miller, Merton H. und Franco Modigliani (1961), Dividend Policy, Growth and the Valuation of Shares, in: Journal of Business 34, 411-433.

Miller, Merton H. und Kevin Rock (1985), Dividend Policy under Asymmetric Information, in: Journal of Finance 40, 1031-1051.

Miller, Merton H. und Myron S. Scholes (1978), Dividend and Taxes, in: Journal of Financial Economics 6, 333-364.

Miller, Merton H. und Myron S. Scholes (1982), Dividend and Taxes: Some Empirical Evidence, in: Journal of Political Economy 90, 1118-1141.

Mitra, Devashis und Muhammad Rashid (1997), The Information Content od Dividend Initiations and Firm Size: An Analysis Using Bid-Ask Spreads, in: The Finacial Review 32, 309-329.

Morgan, I. (1982), Dividends and Capital Asset Prices, in: Journal of Finance 37, 1071-1086.

o.V. (1997), Breitere Streuung soll Aktienkurse beflügeln, in: Handelsblatt vom 15.05.1997, 20.

o.V. (1997a), Die Zeit der unbeweglichen Aufsichtsräte ist vorbei, in: Handelsblatt vom 31.10./1.11.1997, 18.

o.V. (1997b), Urteil bedroht Existenz von Börsenmaklern, in: Handelsblatt vom 14.03./15.03.1997, 37.

o.V. (1998), Aussicht auf Aktienrückkäufe gibt Impulse für die Börse, in: Handelsblatt vom 26.10.1998, 14.

o.V. (1998a), Kein Pardon mehr für „Dividendenstripper", in: Handelsblatt vom 20.02./21.02.1998, 25.

o.V. (1998b), Kögel plant weitere Rückkäufe, in: Börsen-Zeitung vom 22.12.1998.

o.V. (1999a), Turbon verspricht wieder bessere Zeiten, in: Handelsblatt vom 13./14. 08.1999, 16.

o.V. (2002), Lohnender Aktienrückkauf – Gerke: Nach Ankündigung Renditen von bis zu 9 Prozent festgestellt, in: Börsen-Zeitung vom 25.09.2002, 10.

Ofer, Aharon R und Daniel R. Siegel (1987), Corporate Financial Policy, Information, and Market Expectations: An Empirical Investigation of Dividends, in: Journal of Finance 42, 889-911.

Ofer, Aharon R und Anjan V. Thakor (1987), A Theory of Stock Price Responses to Alternative Corporate Cash Disbursement Methods: Stock Repurchases and Dividends, in: Journal of Finance 42, 365-394.

Olson, Gerard T. und Douglas McCann (1994), The Linkages between Dividends and Earnings, in: The Financial Review 29, 1-22.

Pape, Ulrich (1998), Kapitalmarktorientierte Ausschüttungspolitik am Beispiel der Daimler-Benz AG: Sonderausschüttung und Kapitalerhöhung, in: Betriebs-Berater 43, 1783-1788.

Pellens, Bernhard und Ralf Schremper (2000), Theorie und Praxis des Aktienrückkaufs in den USA und in Deutschland, in: Betriebswirtschaftliche Forschung und Praxis 52, 132-156.

Pellens, Bernhard und Franca Hillebrandt (2001), Vorzugsaktien vor dem Hintergrund der Corporate Governance-Diskussion, in: Die Aktiengesellschaft 46, 57-67.

Peltzer, Oliver (1998), Die Neuregelung des Erwerbs eigener Aktien im Lichte der historischen Erfahrungen, in: Wertpapiermitteilungen, Zeitschrift für Wirtschafts- und Bankrecht 52, 322-331.

Perlitz, M. und F. Seger (1994), The Role of Universal Banks in German Corporate Governance, in: Journal of Business and the Comtemporary World 6, 49-67.

Pettit, R. Richardson (1972), Dividend Announcements Security Performance, and Capital Market Efficiency, in: Journal of Finance 27, 993-1007.

Pettit, R. Richardson (1977), Taxes, Transactions Costs and the Clientele Effect of Dividends, in: Journal of Financial Economics 5, 419-436.

Poterba, James M. (1986), The Market Valuation of Cash Dividends, in: Journal of Financial Economics 15, 395-405.

Poterba, James M. und Lawrence H. Summers (1984), New Evidence That Taxes Affect the Valuation of Dividends, in: Journal of Finance 39, 1397-1415.

Prigge, Stefan (1998), A Survey of German Corporate Governance, in: Hopt, K. J./Kanda, H./Roe, M. J./Wymeersch, E./Prigge, S. [Hrsg.], Comparative Corporate Governance – The State of the Art and Emerging Research, Oxford, 943-1044.

Prigge, Stefan und Hartmut Schmidt (1999), Macht der Banken, in: Enzyklopädisches Lexikon des Geld-, Bank- und Börsenwesens, Band 2: M-Z, 4. Aufl., Frankfurt am Main, 1281-1284.

Prowse, Stephen D. (1995), Corporate Governance in an International Perspective: A Survey of Corporate Control Mechanisms Among Large Firms in the U.S., U.K., Japan and Germany, in: Financial Markets, Institutions and Instruments 4, 1-63.

Prowse, Stephen (1996), Corporate Finance in International Perspective: Legal and Regulatory Influences on Financial System Development, in: Federal Reserve Bank of Dallas [Hrsg.], Economic Review, 2-15.

Raman, Kartik (1998), Two Essays on Signaling in Finacial Markets, Dissertation in the Graduate School of Binghamton University State University of New York.

Rams, Andreas (1997), Aktienrückkauf: Flexibilisierung der Unternehmensfinanzierung, in: Die Bank, 216-221.

Rappaport, Alfred (1998), Creating Shareholder Value, 2. Aufl., New York u.a.

Rinne, Horst (1997), Taschenbuch der Statistik, 2. Aufl., Frankfurt am Main.

Ritter, Jay R. (1991), The Long-Run-Performance of Initial Public Offerings, in: Journal of Finance 46, 3-27.

Rödder, Thomas und Andreas Schumacher (2002), Unternehmenssteuerfortentwicklungsgesetz: Wesentliche Änderungen des verkündeten Gesetzes gegenüber dem Regierungsentwurf, in: Deutsches Steuerrecht 40, 105-113.

Rogall, Matthias (2001), Das Ausmaß der steuerlichen Attraktivität beim Rückkauf eigener Aktien im Rahmen der Eigenfinanzierung, in: Die Wirtschaftsprüfung 17, 867-879.

Rose, Gerd (1975), Betrieb und Steuer, Erstes Buch: Die Ertragsteuern, 3. Aufl., Wiesbaden.

Rose, Gerd (1978), Betrieb und Steuer, Erstes Buch: Die Ertragsteuern, 5. Aufl., Wiesbaden.

Rose, Gerd (1981), Betrieb und Steuer, Erstes Buch: Die Ertragsteuern, 6. Aufl., Wiesbaden.

Rose, Gerd (1986), Betriebswirtschaftliche Steuerlehre, Wiesbaden.

Rose, Gerd (1990), Betrieb und Steuer, Erstes Buch: Die Ertragsteuern, 11. Aufl., Wiesbaden.

Rose, Gerd (1994), Betrieb und Steuer, Erstes Buch: Die Ertragsteuern, 13. Aufl., Wiesbaden.

Rosen, Rüdiger von (1999), Reform der Dividendenbesteuerung und ihre Folgen für die Aktienkultur, in: Wirtschaftsdienst XI, 653-659.

Rosen, Rüdiger von und Leonhard Helm (1996), Der Erwerb eigener Aktien durch die Gesellschaft, in: Die Aktiengesellschaft 41, 434-442.

Rosen, Rüdiger von und Wolfgang Gerke (2001), Kodex für anlegergerechte Kapitalmarktkommunikation, Gutachten, Frankfurt am Main/Nürnberg.

Sahling, Claus (1980), Die Reaktion des Aktienmarktes auf wesentliche Ausschüttungsänderungen, Hamburg.

Salzberger, Wolfgang (2000), Wechselwirkung zwischen Corporate Governance und Besteuerung, in: Die Betriebswirtschaft 60, 214-221.

Saling, Aktienführer (1980-1995), Darmstadt u.a.

Scheffler, Wolfram (2001), Gewerbesteuerbelastung von Einzelunternehmen und Personengesellschaften nach der Unternehmenssteuerreform, in: Wirtschaftsstudium 30, 477-482.

Scherrer, Gerhard (1994), Konzernrechnungslegung, München.

Schickentanz, Chris-Oliver (1999), Der deutsche Kurszettel explodiert, in: Hoppenstedt Aktienführer 1999, V1-V4.

Schindler, Ambros (2001), Auswirkungen der Unternehmenssteuerreform auf steuerbefreite Körperschaften, in: Der Betrieb 54, 448-451.

Schmidt, Hartmut, Jochen Drukarczyk, Dirk Honold, Stefan Prigge, Andreas Schüler und Görke Tetens (1997), Corporate Governance in Germany, 1. Aufl., Baden-Baden.

Schneider, Dieter (1994), Hochsteuerland Deutschland 1994/95, in: Der Betrieb 47, 541-549.

Schrader, Torsten (1993), Geregelter Markt und geregelter Freiverkehr, Wiesbaden.

Schreiber, Ulrich und Matthias Rogall (2000), Der Einfluss der Reform der Körperschaftsteuer auf Investitionsentscheidungen und den Wert der Gewinnrücklagen von Kapitalgesellschaften, in: Die Betriebswirtschaft 60, 721-737.

Schremper, Ralf (2002), Aktienrückkauf und Kapitalmarkt – Eine theoretische und empirische Analyse deutscher Aktienrückkaufprogramme, Frankfurt/M u. a.

Schult, Eberhard (2001), Reformphantasien des Steuergesetzgebers – jetzt auch Kirchensteuersätze über 100%!, in: Betriebs-Berater 56, 1019-1020.

Schultz, Florian (1993), Auswirkungen des Standortsicherungsgesetzes und des Gesetzes zum förderalen Konsolidierungsprogramm auf die nationale und internationale Steuerplanung, in: Der Betrieb 46, 2193-2199.

Schultz, Florian (1999), Rückkauf eigener Aktien nach dem KonTraG, in: Breuninger, G. E., W. Müller, und E. Strobl-Haarmann (Hrsg.), Steuerrecht und europäische Integration, Festschrift für Albert J. Rädler zum 65. Geburtstag, München.

Schwedhelm, Rolf und Burkhard Binnewies (2001), Realisierung von Körperschaft-steuerguthaben zum Systemwechsel, in: Der Betrieb 54, 503-508.

Schwiete, Mark und Jürgen Weigand (1997), Bankbeteiligungen und das Verschuldungsverhalten deutscher Unternehmen, in: Kredit und Kapital 30, 1-34.

Shleifer, Andrei und Robert W. Vishny (1997), A Survey of Corporate Governance, in: Journal of Finance 52, 737-783.

Sigloch, Jochen (2000), Unternehmenssteuerreform 2001 – Darstellung und ökonomische Analyse, in: Steuer und Wirtschaft 77 (30), 160-176.

Slovin, Myron B., Marie E. Sushka und John A. Polonchek (1999), An Analysis of Contagion and Competitive Effects at Commercial Banks, in: Journal of Financial Economics 54, 197-225.

Spence, M. (1973), Job Market Signalling, in: Quarterly Journal of Economics 87, 137-152.

Stangl, Ingo (2001), Die systemtragenden Änderungen der Unternehmensbesteuerung durch das Steuersenkungsgesetz, Frankfurt/M. u. a.

Stützel, Wolfgang (1976), Wert und Preis, in: Grochla, Erwin und Waldemar Wittmann (Hrsg.), Handwörterbuch der Betriebswirtschaftslehre, 4. Aufl. Stuttgart, 4404-4426.

Teichmann, Georg A. (2000), Rückkauf eigener Aktien – Eine ökonomische Analyse unter Berücksichtigung der steuerlichen Behandlung, in: Arnhold, Hansjörg, Joachim Englert und Steffen Eube (Hrsg.), Werte messen – Werte schaffen, Wiesbaden.

Thiel, Jochen (1998), Bilanzielle und steuerrechtliche Behandlung eigener Aktien nach der Neuregelung des Aktienerwerbs durch das KonTraG, in: Der Betrieb 51, 1583-1586.

Thiel, Rudolf (1976), Wegweiser durch den Irrgarten der körperschaftsteuerlichen Anrechnungsvorschriften, in: Der Betrieb 29, 1495-1502.

Thies, Stefan (2000), Finanzierungsentscheidungen, Informationseffekte und Long-Run-Performance am deutschen Kapitalmarkt, Wiesbaden.

Tischer, Frank (1976), Ausschüttungspolitik im Übergang vom alten zum neuen Körperschaftsteuersystem, in: Der Betrieb 29, 14-15.

Tipke, Klaus (1978), Steuerrecht - Ein systematischer Grundriß, 5. Aufl., Köln.

Unfried, Alexander (2000), Besteuerung des Dividendenstripping nach der neueren Rechtsprechung des BFH, in: Deutsches Steuerrecht 38, 993-999.

Venkatesh, P.C. (1989), The Impact of Dividend Initiation on the Information Content of Earnings Announcements and Returns Volatility, in: Journal of Business 62, 175-197.

Vigelius, Christoph (2000), Aktienrückkauf am Neuen Markt, in: Finanz Betrieb, 221-230.

Wadewitz, Sabine (1994), Steuersenkung stützt Dividenden für das Krisenjahr 1993, in: Börsen-Zeitung vom 19.07.1994, 6.

Watts, Ross (1973), The Information Content of Dividends, in: Journal of Business 46, 191-211.

Wesselbaum-Neugebauer, Claudia (2001), Unternehmenssteuerreform 2001: Die optimale Ausschüttungsstrategie, in: Betriebs-Berater 56, 1381-1388.

Wiese, Götz Tobias (1999), Die steuerliche Behandlung des Aktienrückkaufs im Lichte des BMF-Schreibens vom 2.12.1998, in: Deutsches Steuerrecht, 187-189.

Williams, Joseph T. (1992), Signaling with Dividends, in: Newman, Peter, Murray Nilgate und John Eatwell [Hrsg.], The New Palgrave Dictionary of Money and Finance I, London, 458-461.

Wöhe, Günter (1976), Betriebswirtschaftliche Steuerlehre Band 1: Grundlagen: der Einfluß der Besteuerung auf das Rechnungswesen des Betriebes, 4. Aufl., München.

Wöhe, Günter (1978), Betriebswirtschaftliche Steuerlehre I, 5. Aufl., München.

Zeitler, Franz-Christoph und Hans-Joachim Krebs (1993), "Europataugliches" Anrechnungsverfahren im Standortsicherungsgesetz, in: Der Betrieb 46, 1051-1054.

Zielke, Rainer (1994), Vorteile der Schütt-aus-Hol-zurück-Politik im Jahre 1994, in: Betriebs Berater 49, 2177-2185.

Zöllner, Wolfgang und Carsten Peter Claussen (1991), Kölner Kommentar zum Aktiengesetz, Band 4: Rechnungslegung der Aktiengesellschaft, Köln.

GPSR Compliance

The European Union's (EU) General Product Safety Regulation (GPSR) is a set of rules that requires consumer products to be safe and our obligations to ensure this.

If you have any concerns about our products, you can contact us on ProductSafety@springernature.com

In case Publisher is established outside the EU, the EU authorized representative is:

Springer Nature Customer Service Center GmbH
Europaplatz 3
69115 Heidelberg, Germany

Batch number: 10815964

Printed by Printforce, the Netherlands